Jürgen Alberts

Wilder Mann Lauf

Jürgen Alberts

Wilder Mann Lauf

Mein Leben in Romanen

Autobiografie

Edition Falkenberg

Titelabbildung: fotolia/Tomfry

1. Auflage 2016

Bgm.-Spitta-Allee 31, 38329 Bremen

produktsicherheit@edition-falkenberg.de

ISBN 978-3-95494-101-8
www.edition-falkenberg.de

Inhalt

Vorort oder Vorwort, das ist hier die Frage

Warum überhaupt eine Autobiografie schreiben? Um die eigene Eitelkeit zu befriedigen, na klar. Um ein paar Dinge richtig zu stellen? Wenn das mal nicht gelogen ist. Um sich zu erinnern, was wann wie und warum geschah? Wenn da einen die Erinnerung nicht trügt. Also sollte man die Idee aufgeben??

Wahrscheinlich schon. Andererseits macht es Spaß, 50 Jahre im literarischen Leben Revue passieren lassen …

Und zwar anhand der Romane. Nicht als Anekdotensammlung aus aller Herren Länder, nicht als *name-dropping,* wann ich wen Bedeutendes wo getroffen habe.

Warum die Romane? Weil das die Zeit des Lebens gewesen ist, in der ich mir am nächsten war. Immer, wenn ich einen neuen Roman begonnen habe, konnte ich darin versinken. Die Stunden des Schreibens waren die besten des Tages. (Ein Hochgefühl, wenn etwas gelang – und keine Panik, wenn etwas misslang.)

Dieses intensive Er-Leben geschah mir nicht als Medienarbeiter, der stets gutes, wenn nicht sehr gutes Geld verdient hat, aber doch erhebliche Kompromisse eingehen musste – nicht als Viel- und Schnellschreiber, dem man morgens sagen konnte, wir brauchen noch einen 5-Minüter und zwar in einer Stunde zu diesem oder jenem Thema – und auch nicht als Fernsehnase, den man gern geholt hat, weil man wusste, der sagt irgendetwas Komisches, wenn die Kamera auf ihn gerichtet ist.

Die Romane also. Das bedeutet, ich werde alle 44 (43 veröffentlichte und einen unveröffentlichten) nochmal lesen, manches abdrucken, was nicht in Buchform erschien, manches kommentieren und mit Rechercheergebnissen konfrontieren, manches wieder hervorholen, dass ich und meine Leser vergessen oder nie gewusst haben. Unser gut sortiertes Archiv wird da einiges preisgeben.

Und zum Schluss: Einer sollte es aufschreiben. Warum nicht ich?

Für Marita

Wie alles anfing …

1969: NOKASCH u.a. – Drei Romane für eine Person
Wenn ich zurückdenke, wie es zu meinem Roman-Erstling kam, den ich schon wenige Jahre später als ein bourgeoises Literaturprodukt ablehnte und jedem verkündete, den Roman könne man gar nicht lesen, ich verstünde ihn selbst nicht, bin ich versucht, von einem ungeheuerlichen Zufall zu sprechen, oder besser gleich von mehreren ungeheuerlichen Zufällen. Fast 20 Jahre später habe ich in der Bremer Literaturzeitschrift SCRIPT ein wenig den Vorhang gelüftet, wie mir diese Veröffentlichung »zu-fiel«.

Abenteuer aus dem Literaturbetrieb – 1988

Der Literaturbetrieb ist ein Dschungel, in dem es gilt, Abenteuer zu bestehen. Das weiß man nicht erst, seitdem ein ehemaliger Zuchthäusler, der jetzt fürs ZDF Krimis schreibt, berichtet, dass die Welt der Kriminellen weniger kriminell ist als die Literaturmafia in diesem unseren Kulturland. Nachdem mein erster Roman glücklicherweise nicht veröffentlicht wurde … (Moment, da stocke ich für eine Erklärung: Es handelte sich um ein biblisches Thema, in die Gegenwart verlegt – ich reichte den Text meiner Deutsch-Jahresarbeit beim Suhrkamp-Verlag ein und wurde zu einem Gespräch eingeladen: der Lektor Chris Bezzel fand das alles sehr interessant, aber noch nicht veröffentlichungsreif. Während der ersten Semester in Tübingen schrieb ich Kurzprosa. Bald kam da eine Sammlung von 60 Seiten zusammen, die den schönen Titel, (der hiermit geschützt ist) »Fälle und Todesfälle« trug, und ich begann den Versand. (Wer kennt dieses vorsintflutliche Verfahren nicht: Der Autor schreibt und schreibt und schickt und schickt und wartet und wartet und dann kommt mit der Post: ABLEHNUNG!)

Bei mir war das anders: Drei kleine Erzählungen wurden ausgewählt für die Zeitschrift »Der Monat«. (Erst später erfuhr ich, dass sie vom CIA mitfinanziert wurde. Wie gesagt, Mafia.) Der Mann, der sich so großzügig meiner Texte annahm, war Peter Härtling.

Als ich ihm sagte, ich fände gut, wenn die Kurzprosa in einem kleinen Band erscheinen würde, Härtling war schließlich Cheflektor bei S. Fischer, sagte er: »Als erstes Buch eines Autoren sind Erzählungen ganz schlecht. Warum schreiben Sie keinen Roman?« Also gut.

1969 erschien mein erster Roman »Nokasch u.a.« und ich lernte die Maßstäbe für gute Lektoratsarbeit kennen. Drei Tage saßen wir zusammen über dem Manuskript.

Als Härtling später gefragt wurde, warum er ausgerechnet diesen Tübinger Autor verlege, sagte er: »Man muss die Roulettekugel irgendwo fallen lassen.«

Merke, erstens: Es ist ein Vabanque-Spiel, wenn etwas veröffentlicht wird. Besonders, wenn das Casino gerade erst geöffnet wurde. Aber das war nicht die Geschichte, die ich erzählen wollte. Denn bei einem späteren Besuch im Verlagshaus stellte sich eine Sekretärin als meine eigentliche Entdeckerin heraus. Frau Wiesinger, Härtlings erste Kraft, hatte meine »Fälle und Todesfälle« gelesen, ihr gefielen die Texte so sehr, dass sie ihren Chef darauf aufmerksam machte.

Merke, zweitens: Man muss nicht nur ganz anständig schreiben können, sondern auch noch die Hilfe eines doppelten Zufalls in Anspruch nehmen, um veröffentlicht zu werden.

Ich muss diesem kleinen Text aus SCRIPT ein paar Tatsachen hinzuzufügen. Erstens, dass der Roman in acht Monaten entstand, ein rauschhaftes Gefühl, jeden Tag viele Seiten zu füllen, zweitens, dass Marihuana ein nicht unwesentliches Hilfsmittel bei der Verfertigung war, aha, daher der Rausch, und drittens, dass mein Erstling häufiger rezensiert wurde als jeder meiner späteren Titel. Es waren wohl an die zweihundert Rezensionen. Der SPIEGEL schrieb unter der Überschrift: *Wirrnis mit Leiche* von *»durchaus unbiederer, zynisch-satter Rülpsprosa … aus des deutschen Spießers Plunderland … Chic changiert der Text zwischen diversen, gerade noch erkennbaren Alltagspartikeln schwäbischer Herkunft … Das liegt wohl daran, daß Alberts seine mäßige Verachtung des Roman-Handwerks durch kompositorische Biegungen und Brechungen strapaziert, mit denen andere schon zeitgemäßer waren … Alles läßt vermuten, daß der Autor besser ist als sein Erstling.«* Na, danke auch sehr. Kritiken kamen aus der Schweiz, Österreich und es erschien sogar eine halbe Seite im alternativen *Groene Amsterdamer*. Und letztlich: Der Roman war Grundlage für das Stipendium in der Villa Massimo. Aber das ist eine andere Geschichte.

Nokasch u.a. – Drei Romane für eine Person

Als Beamter im mittleren Dienst hatte ich ein eigenes Dienstzimmer, nach sieben Monaten hatte ich eine Sekretärin und ein Vorzimmer und ein privates Telefon, und nach neun Monaten hatte meine Sekretärin einen Dienstboten, den man für alles schicken konnte, armes Kerlchen, und einen direkten Anschluß zum Bereitschaftsdienst, wenn man dringend zur Sparkasse mußte, Einheitsschrank für Vorgänge aller Art, Rüster oder Kirsche, nichts durfte fehlen, vier Bilder in gleicher Höhe, Picassos Don Quichotte und andere Landschaften, drei Einheitsstühle für Volk aller Art, Sonne von rechts, vor mir auf dem Tisch: das Gesetz, ich hätte gern etwas umgestellt, aber die Einrichtungsliste mit der Zeichnung hinderte mich daran, nicht verzeichnet waren Schreibmaschinenpapier und Bleistifte, die ich abends mitgehen ließ, obwohl ich alle Arbeiten im Büro machen konnte, erst unberufliche Handlungen zeigen die Unabhängigkeit vom Beruf.

Nokasch arbeitete 36 Monate im Staatsdienst, aber sein Gehalt holte er nicht ab, sondern ließ es auf dem Konto der Privatbank, überwiesen monatlich von der Staatsbank, Nokasch lebte vom Geld der reichen und doch toten Tante.

Es soll Maler gegeben haben, die hatten schon vor dem Krieg eine Ausstellung, denen hat man im Krieg die Hände abgehauen, die wurden nach dem Krieg Postkartenmaler mit dem Mund, dennoch, aber das waren andere Zeiten, so einer stand mal vor mir, ich habe ihn umgeleitet, wie man sagt.

Auf eigene Faust konnte ich kaum etwas erledigen, so konnte ich auch nicht in Widerspruch zum Gesetz kommen, gegengezeichnet, weil ich durch das Gesetz geschützt wurde, und wer durch das Gesetz gedeckt wird, der wird kein Unrecht zeugen, die Maschen des Gesetzes sind Zivilrecht und Strafrecht, und wer meint, Faustrecht gehöre auch dazu, dem wird man auf die Finger klopfen, Recht geht vor Gewalt, und wenn Recht vorgeht, dann muß es zurückgestellt werden, als ich das festgestellt hatte, ließ ich abends die Sekretärin mitgehen, die in einem Treueverhältnis zu mir stand, mit nach Hause, wo sie es besser hatte.

Es soll Pianisten gegeben haben, konzertreif, die wurden zum Kriegs- und Wehrdienst eingezogen, durften Gewehre trommeln und Griffe spielen und sich auch hinlegen, hatten keine Finger mehr, nur noch Fäuste, die gingen in den Schuldienst, aber das war eine andere Zeit.

Öfters rief die Bank Nokasch an: holen Sie Ihr Geld denn nicht ab, Nokasch fragte, ob es ihnen nicht recht sei, sie entschuldigten sich, später haben sie Nokasch nicht mehr angerufen, damals wußte Nokasch noch nichts von seinem Plan, besondere Art der Überweisung.

Ich mußte jederzeit für die freiheitdemokratische Grundordnung eintreten, niemandem darf aus einer Weltanschauung ein Nachteil entstehen, Näheres regelt die Bundeslaufbahnordnung, ohne Rücksicht auf Geschlecht, Abstammung, politische Anschauung, jederzeit für die freiheitdemokratische Grundordnung, und Beziehung, anderen hat das auch zu schaffen gemacht, die Maske, die sie sich mit der Zeit vors Gesicht wachsen ließen, griff das Gehirn an und schließlich aufs Gehirn über, also entlassen, wenn sie wegen einer vorsätzlichen Tat mindestens 1 Jahr, mich haben sie nie geschnappt, ich meine gekascht, eingelocht, auf Wunsch auch. 18000 Mark waren es etwa, die Nokasch auf der Bank liegen hatte, er freute sich über das Geld, und Geld rostet nicht.

Ich habe es gelernt und fand meine Lehrer nicht in der Altstadt, sondern lustigwandelnd auf dem Bürgersteig, man hat mir die Griffe gezeigt, als Hobby auf Du, Freizeitbeschäftigung, Stethoskop gleich neben das Kombinationsschloß halten, ich fand es ziemlich einfach, den Schweißbrenner nur im Notfall einsetzen, Alarmanlage ausschalten, den Rest kennen Sie aus dem Kino.

Menschen sind Aktenbündel und Spardosen. Nokasch hat die Privatbank, gleich neben der Deutschen Bank, um 18000 Mark erleichtert, eine Umstellung nach seiner ständigen Büroarbeit, kurz nach Feierabend, die zwei Leute Schmiere haben sich den Rest geteilt, nichts gegen die Beamten, Nokasch ist ehrlich, solange man ihn gewähren läßt.

Gesucht wegen schweren Diebstahls, 18000 Mark aus einem Gebäude oder umschlossenen Raum, Bank, mittels Einbruchs, Einsteigens oder Erbrechens von Behältnissen, Kasse, nicht weit von seinem Arbeitsplatz, der sich nicht gelohnt hat, Ausgleich auf finanzieller Basis, sage ich, was wollen die mehr, sage ich.

Wie schon erwähnt hatte der Genuss von Marihuana einen wesentlichen Anteil beim Schreiben dieses Romans. Ein paar Züge aus der selbstgebastelten Wasserpfeife und dann, manchmal nach dem Genuss eines Puddings (Vanille- und Schokocreme, Obst, Kekse mit Likör getränkt) an die Schreibmaschine. Wie besessen tippte ich auf der mechanischen Monica von Olympia auf blauem Papier Textfetzen, Gedichte, Blitze. Die meisten der damals entstandenen Skizzen blieben unbearbeitet, aber manches konnte ich beim *Nokasch* verwenden.

Für den Mittelteil meines Romans waren einige Recherchen erforderlich. Bei einer Anti-NPD-Demonstration in Tübingen wurde ich von der Polizei hopp genommen und musste mit auf das Revier, um eine Aussage zu machen. Ein Kommissar mit Namen Pfister, der mit unseren Zielen sympathisierte, gab zu erkennen, dass diese Aussage nur eine Formsache sei und ich gleich danach wieder auf freien Fuß gesetzt werde. Als ich dann auf die Idee kam (oder besser: wahrscheinlich kam ich wegen dieser Erfahrung auf die Idee) einen Kripomann als Person einzuführen, bat ich Pfister, ob er mich mit der Polizeiarbeit vertraut machen könne. Er war durchaus aufgeschlossen für dieses Anliegen und zeigte mir eine ganze Reihe von Mordfall-Akten (ein wenig außerhalb der Legalität) und ließ mich mit den Unterlagen allein. Diese erste Konfrontation mit der Polizeiarbeit war sicherlich durchaus prägend für mein weiteres Schaffen. (Kein Zufall, dass in späteren Kriminalhörspielen der Name Pfister häufiger auftauchte. Ob er je etwas davon mitbekommen hat? Ich weiß es nicht.)

Wichtiger bei der Recherche war der Ausflug in die Welt der Prostitution. Wo konnte man als Tübinger Student die besser studieren als im Stuttgarter Drei-Farben-Haus. Eins der ersten Eros-Center der Republik. Insgesamt 72 Prostituierte, in drei Häusern, die dort ihren Hauptwohnsitz haben sollten und keinen Nebenwohnsitz haben durften, was sie aber nicht einhielten. Ich hatte mir ein Deckmäntelchen ausgedacht, denn ich war viel zu aufgeregt, dorthin zu gehen und meine Fragen zu stellen. Damals studierte ich bei Professor Bausinger am Institut für empirische Kulturwissenschaft und hatte mich in einem Oberseminar angemeldet. Auf der Frage Bausingers, worüber ich zu arbeiten gedenke, sagte ich: »Mich interessieren die Lesegewohnheiten der Prostituierten!« Das interessierte auch den Professor und er gab mir ein Schreiben mit: »Herr Alberts untersucht die Lesegewohnheiten im Auftrag meines Institutes. Ich bitte, seine Arbeit zu unterstützen.« Bewaffnet mit diesem Din-A5-Blatt, Stempel und Unterschrift, betrat ich zum ersten Mal das Drei-Farben-Haus. Gegen 14 Uhr. Es war schon Betrieb, wenn auch nicht sehr viel. Die meisten der Prostituierten lehnten es ab, auf meine Fragen zu antworten. Eine im Baby-Doll rief ganz laut: »Hier wird nicht gefragt, hier wird gefickt!« Ich lief rot an und verließ das Eros-Center, um in der nächsten Beize erst mal ein Bier zu trinken. Zur Beruhigung der Nerven. Von da an wurde ich mutiger. Insgesamt habe ich etwa ein Drittel der Bewohnerinnen befragen können. (Sie lasen übrigens neben Illustrierten keine Liebesromane, die hielten sie für Blödsinn, sondern Krimis! Soso! Weht daher der Wind?)

Ich durfte die Seminararbeit, wahrscheinlich wegen des leicht schlüpfrigen Vokabulars, vortragen, wichtiger waren die Erfahrungen für eine meiner Hauptfiguren des Romans, die Prostituierte Eha.

Der S. Fischer Verlag hatte eine Reihe von Lesungen organisiert, die ich aber nach dem zweiten Termin in Stuttgart, ich glaube, es war in einem kleinen Theater, absagte, weil ich keinen Sinn darin sah, aus dem Roman vorzulesen. (Wie hat sich das im Laufe meines Lebens geändert!)

Nokasch u.a. – Drei Romane für eine Person

Dann komme ich:

Der Sarg war nur Attrappe, mein Fahrer hat genaue Anweisungen, erst wenn man sich zum Trauerzug formiert hat, ertönt ein Peitschenknall hinter der Kapelle, alle drehen sich um, mein Fahrer kommt mit einer Schubkarre mit einem Sarg mit mir, nicht zu schnell, angemessen, ich setze mich in meinem Sarg auf der Schubkarre durch meinen Fahrer an die Spitze des Zuges, vorbei an Kemmler, den Leuten aus Entringen, der Frau aus der Küche und an Schüttle, dem beerdigten Kaufmann, ich sehe ihre Mienen, die aus Bequemlichkeit nichtssagend sind, um nichts zu sagen, sie werden sich von jedem Schreck erholen.

Die Sargträger lachten noch, sie nehmen den leeren Sarg, ihre Gesichter sind maskiert, trauerfarben, Tränen gegen Aufgeld, sehen den Fahrer mit der Schubkarre, und lassen den Sarg an anderer Stelle, unter Begleitung eines Bläsertrios, das die dritte Strophe spielt, an Seilen hinunter.

Kinderlachen wird meist mit Ohrfeigen beantwortet. Das Symphonieorchester ist eingestimmt, pro Grabstein ein Musiker, wenn ich am Kopf der Menschenschlange zu meiner Erdhöhle fahre, werden »I heard the news today« spielen, die Angebinde bleiben farbenfroh, Flower Power, die Toten in verschiedenen Farben, blauleuchtende Glühbirnenaugen, marschieren mit, zwischen kleinen gelbweißlichen Wölkchen: der Pfarrer, oder der, der sich dafür ausgibt, in Schwarz mit violetten Perlen auf seinem zugeknöpften Talar, schweben zusammen zu einem Reigen um meinen Sarg. Dann kippt mein Fahrer mich, mich mit meinem Sarg von der Schubkarre, auf Befehl ins Grab, der Sargdeckel springt auf, und ich kann sehen, wie den Leuten die Gebete im Hals steckenbleiben, mein Fahrer darf und wird keine Hand rühren, sollte sanfter kippen lernen, der Sarg steht schräg, wie ihnen die Hand in der Erde erstarrt, daß sie die Blumentopferde, gereinigt, verkrümeln, wie sie beten und mir die Blumen in den Mund stecken, die Gebete und Gemurmel bleiben am Grab, die Beter flüchten.

Die Beerdigung sollte bei kaltem Wetter stattfinden, daß einer eine Lungenentzündung als Dank mit sich nach Hause trägt, bei dessen Beerdigung wieder drei Rippenfellentzündungen verteilt werden, bei deren Beerdigungen weitere, aber: in einer Universitätsstadt scheitert der Plan, darum hat Nokasch ihn aufgegeben. Jeder Besucher des Friedhofs hat den Weisungen des Friedhofsaufsehers, seines Stellvertreters und der Polizeibeamten Folge zu leisten, ich habe einen Stellvertreter gekauft, auf Verlangen den Namen zu nennen, der wird sie namentlich zurückrufen, die Ausgänge bleiben besetzt, sie sollen Nokasch zuhören.

Ein kleines Intermezzo – Nummer eins

Oh well a young man
Ain't nothin' in this world these days

Na gut, nennen wir ihn nicht beim richtigen Namen, weil er gegenwärtig immer noch in gehobener Position eine Krankenkasse leitet, nennen wir ihn: Sammy. Der kam eines Abends im Oktober des Jahres 1969 an, brachte ein solides *piece* Marihuana mit und rollte einen Wunderjoint. Dazu hörten wir Musik, um uns in Fahrt zu bringen.

I said a young man
Ain't nothin' in this world these days

An diesem Abend ging es darum, die Interessenten der Tübinger Studiobühne zusammen zu bringen, um mit ihnen über das Stück für das Wintersemester zu sprechen. Lauter Neulinge, nur wenige vom alten Stamm dabei. Wir hatten in den letzten Semestern ein paar starke Abende hinter uns: Von Brechts *Baal* über Peter Weiss' *Vietnamdiskurs*, mal Sprechtheater à la Handke oder Boulevardtheater im englischen Landhausstil. Was also jetzt noch auf die Bühne bringen?

Oh well a young man
Ain't nothin' in this world these days

Die Theaterinteressierten kamen, 17 an der Zahl, darunter eine Japanerin, die wollte Goethe auf Japanisch rezitieren. Was wir, bekifft wie wir waren, schon mal eine sehr gute Idee fanden. Es tobte hin und her – Ideen flogen wie Vögel auf und fielen tot vom Himmel. Außer Sammy und mir saßen die anderen im Probenraum weitgehend nüchtern rum und warteten auf die Eingebungen der »alten Hasen«, Sammy und mich. Wir kicherten. Und wie!

I said a young man
Ain't nothin' in this world these days
In the old days
When the young man was a strong man

All the people stand back
When the young man walked by

Mose Allisons *Back country suite*, ein giftgrünes Plattencover zeigt eine verschlossene Holztür. Was war dahinter?

Wir einigten uns, dass wir »nichts« machen wollten. Und zwar den ganzen Abend. Einfach mal »nichts« auf die Bühne bringen. Geht das? Das geht!

All the people stand back
When the young man walked by

Im oberen Saal, dem Uhland-Saal der Tübinger Landesbühne, war der Eingangsbereich mit Kunstdrucken gepflastert, so daß die Zuschauer etwas mit Füßen zu treten hatten. Auf dem kirchenvioletten Streifenplakat stand: Tübinger Studiobühne spielt *BASF, oder: einen drin, zwei im Sinn.* In der Flugblattwerbung hieß es: Im *Baal* haben wir einen Striptease gezeigt, bei Antonin Artauds *Stein der Weisen* drei kopulierende Männer, jetzt …

Wir hatten Dekostücke und Klamotten aus früheren Produktionen, unseren gesamten Fundus, ein Piano (was ein Fehler war) ein paar Stühle und 17 Schauspieler auf die Bühne gestellt, um »nichts« zu machen.

All the people stand back
When the young man walked by

Es gab eine Dia-Projektion, die darauf hinwies, daß heute Abend nichts passieren würde, aber wenn man jetzt losgehe, dann könne man im Kino »Blaue Brücke« noch diesen oder jenen Film ansehen.

Gut, der Saal war gepackt voll, 300 Leute, die sich zum Teil auf dem Schoß saßen. Und auf der Bühne »Nichts!« – Die Japanerin kicherte vor sich hin, ohne dass sie was Verdächtiges zu sich genommen hätte, hat aber eingesehen, dass Goethe selbst auf Japanisch nicht ins Konzept passte. Die anderen Mitspieler grinsten, lachten leise, spielten Fußball, schossen ab und zu einen Ball ins Publikum.

Dann wechselte wieder die Dia-Projektion: »Heute Abend gibt's hier nix – aber in 4 Minuten fängt die Vorstellung im Hirsch-Kino an! Das können Sie noch schaffen! Wenn Sie jetzt sofort losgehen ...«

All the people stand back
When the young man walked by

Nach 45 Minuten wurde der Hauptschalter im Uhlandsaal betätigt. Stockdunkel. Schreie. Gekreische. Tohuwabohu. Riesenkrach. Kriegsgeheul.

Als eine viertel Stunde später das Licht wieder anging, war die Kasse weg. (Huch, wassen Schreck!) Die Bühne ein Schlachtfeld, die Kostüme überall verstreut, das Piano zertrümmert und Himbeersirup auf dem Bühnenboden ausgegossen. (Welcher Idiot von einem Verbindungsstudenten hatte den Himbeersirup dabei?)

Der Hausmeister tobte. Das wird ein Nachspiel haben. (Hatte es!) Wir müssten auf den Rechtsanwalt Guckes, den Vorsitzender der Theaterfreunde, warten, der würde uns die Leviten lesen. Wir haben die Zeit genutzt, um die zerrissenen Kunstdrucke, die überall herumflogen, einzusammeln, die Bühne weitgehend aufzuräumen. Langsam wurden wir nüchterner, blieben aber gleichermaßen vergnügt.

Es war nach Mitternacht, als wir die Abrechnung präsentiert bekamen. (Vorher erfuhren wir aus geheimen Kanälen, daß unser besorgter Kassierer die volle Abendkasse in Sicherheit gebracht hatte! Der Mann hatte Weitblick. Keine Ahnung, was aus dem geworden ist.)

But now 'days the old man got all the money
And the young man
Ain't nothing in the world these days.

Guckes hielt eine Standpauke. Wir dürften den Saal nie wieder benutzen. (Wir wollten *Nichts* sowieso nur einen Abend auf die Bühne bringen. Mehr geht ja nun wirklich nicht.) Wir sollten den Schaden bezahlen. Auch klar. Wir sollten dies, wir sollten das. Und dann sollten wir machen, daß wir nach Hause kommen. Ob der Rechtsanwalt um diese Uhrzeit nüchtern war, kann ich nicht beschwören. Wir jedenfalls trollten uns. Es wurde noch viel gelacht. In dieser Nacht. Auch den Mose Allison Titel haben wir noch ein paar Mal gehört.

All the people stand back
When the young man walked by.

Als wir alle Schulden bezahlt hatten, nicht gerade wenig, blieb immer noch ein Rest in der Kasse. Davon haben wir unser Publikum in den Schlachthof eingeladen, zwei Abende lang. Es gab gebratene Hähnchen satt, kosteten damals 2 Mark fuffzig das Stück. Um das Ende vom Lied zu feiern. Die Studiobühne Tübingen hat danach mehrere Semester »Pause« gemacht.

Ich habe Mose Allison viele Jahre später mal in einem Jazzclub gehört und ihn gebeten, *on parchman farm* zu spielen. Das Lied von einem Gefangenen, der sich keiner Schuld bewusst ist (wie so viele Knackies) und trotzdem eingebuchtet ist. In der letzten Zeile gibt er zu, daß er seine Frau erschossen hat. Das Lied hat nicht nur in den USA einen ziemlichen Protest ausgelöst. Mose hatte keine Lust auf Krawall, aber den *Blues,* den hat er gern gespielt.

Er wurde zum Motto des 1. Bandes meiner hanseatischen Juristentrilogie »Familienfoto«.

Ein Jahr später, 1970, erschien der von mir gewünschte Band mit den Kurz- und Kürzestgeschichten mit dem Titel: *Aufstand des Eingemachten.*

Wie und daß

Wie der Fernsehapparat auseinanderfällt und die
Zeilen sich zu einem Gitter verstricken
Wie eine Landeszentralbank ihren Haupteingang
öffnet und Geld den Berg auf einer Achterbahn
bergab rutscht und unten der Direktor steht der alles
aufhalten will der mit dem ganzen Geld im Wasser
versinkt
Wie ein Eisschrank schmilzt
Wie Nachrichten in ein Ei gespritzt werden und
Spionage bei Gartenzwergen getrieben wird
Wie ich mich langsam in einen Ofen verwandelt habe
Wie ein Beamter Blumen sammelte und immer weiter
sammelte und unter der Last der Blumen
zusammenbrach
Wie einer mit 34 der noch nie gelacht hatte einmal
lachte und sich das Genick brach und man seinen
Körper im Krankenhaus ausschlachtete
Wie Prinz Eisenherz die Augendeckel hochklappte
und das Turnier gewonnen hatte
Wie aus einem verschimmelten Käse ein neuer wuchs
und aus einer verfaulten eine frische Wurst wurde
und wie jemand damit ein Geschäft machte

möchte ich schreiben

aber ich höre

daß die Bildungspläne verschiedener Institutionen
darauf abzielen, in Zukunft den Bedarf an
Naturwissenschaftlern besonders an spezialisierten
Ingenieuren zu decken
daß Minderheiten z.B. Homosexuelle trotz gesetz-
licher Änderungen weiterhin diskriminiert werden
daß bescholtene Politiker trotz eindeutigen Angriffen
wieder Posten einnehmen

aber ich lese

daß unliebsame Studenten von der Universität
relegiert werden und andere Studenten dafür sind
daß unliebsame Studenten nicht nur 2 sondern
5 Jahre relegiert werden sollen
daß die Bundeswehr wieder einen neuen Panzertyp
erhalten soll
daß auch weiterhin kaum Schulpsychologen
eingestellt werden
daß man sich staatlicherseits nach demoskopischen
Untersuchungen richtet nach Meinungen die man
staatlicherseits gemacht hat

was soll ich schreiben
solange

Mit diesem Text endete mein Prosabändchen, das 1970 im S. Fischer Verlag erschien. Wieder half ein kleiner Zufall – und ich sage immer: es gibt keine Zufälle, verdammt – Peter Härtling hatte eine neue Buchserie installieren lassen: *aus der Reihe …* hieß sie und versammelte Texte von Charms, Holm, Jandl, Horkheimer, Schlesak und anderen.

Aufstand des Eingemachten war der Titel meines Büchleins, nicht, wie ich gewünscht hatte, *Fälle und Todesfälle*. Aber man kann nicht alles haben. (Das war das zweite Buch eines gerade mal 23-jährigen Studenten, welches ebenfalls für die Vergabe des Villa-Massimo-Stipendiums in Betracht gezogen wurde.)

Der Text zeigt, was geschehen war: Mir waren die politischen Aktivitäten wichtiger als das Schreiben von weiteren Texten literarischer Art. Zum Beispiel die Herausgabe einer Lehrlingszeitung, die Teilnahme an Demos, Sitzblockaden, Mitgliedschaft im SDS, Herstellung und Verbreitung von Flugblättern. (Da muss ich etwas einschieben: Eine der besten Aktionen war gegen die BILD-Verdummung gerichtet. Wir hörten ab Mitternacht Radio, fassten die wichtigsten Nachrichten zu Überschriften zusammen und formulierten ein Flugblatt: DAS LESEN SIE HEUTE IN DER BILD – DAS LESEN SIE HEUTE **N I C H T** IN DER BILD. Die Flugblätter wurden in die

BILD-Zeitungen geschmuggelt, die ab morgens 5 Uhr in den Kästen auslagen. Ein paar Tage konnten wir unbemerkt agieren, dann hatten wir die Polizei auf den Hacken und mussten die Aktion abblasen.)

Aufgrund meines ersten Romans, aus dem der Literaturredakteur des Süddeutschen Rundfunks, der geschätzte Autor Helmut Heißenbüttel, eine ganze Stunde vorlesen ließ und im Westdeutschen Rundfunk dazu ein langes Interview gesendet wurde, bekam ich einen Auftrag vom WDR-Redakteur Peter Faecke, eine Sendung zu produzieren. Titel: *Modelle der politischen Literatur.* Eine 120-Minuten-Sendung für einen kompletten Newcomer? Kann sich das heute noch jemand vorstellen? (Wenn ich später Studenten davon berichtete, wurde mir entgegengehalten: Herr Alberts, hören Sie bitte auf, Märchen zu erzählen!)

Ich lernte bei den Interviews für dieses erste Hörfunk-Feature (es sollten über 30 werden!) Autoren wie Franz Xaver Kroetz und Martin Walser kennen, aber auch Erasmus Schöfer, der mit einigen Kollegen den *Werkkreis Literatur der Arbeitswelt* gegründet hatte, ein Zusammenschluss von Arbeitern, Angestellten und Intellektuellen. Er fragte mich nach dem Interview, ob ich nicht Lust hätte, in Tübingen eine Werkstatt für Arbeiterliteratur zu gründen, da gebe es schon jemand, der im Suhrkamp-Verlag Lehrlingsprotokolle herausgegeben habe.

Werkkreis Literatur der Arbeitswelt

Ich nahm Kontakt mit Klaus T. auf und wir begannen mit der politisch-literarischen Arbeit. Genau das, was ich gesucht hatte. Im Piper-Verlag brachten wir zwei Anthologien mit Texten von Arbeitern und Angestellten heraus: *Lauter Arbeitgeber* und *Ein Baukran stürzt um.* Ich wurde Lektor des »Werkkreises Literatur der Arbeitswelt« und vier Jahre lang dessen erster Sprecher.

Die wohl erfolgreichste Errungenschaft dieser weltweit einmaligen Organisation, immerhin hatten wir über 300 Mitglieder, organisiert in mehr als 20 lokalen Werkstätten, war eine Buchreihe im S. Fischer Verlag. Sie brachte es auf über 60 Titel mit einer Gesamtauflage von zwei Millionen Exemplaren.

Im ersten Band *Gehen oder kaputtgehen*, ein Romantagebuch des Aachener Ingenieurs Helmut Creutz, findet sich ein Vorspruch, der manchem Kollegen noch heute den Atem stocken lässt.

Mit diesem Band beginnt der Werkkreis Literatur der Arbeitswelt eine Reihe im Fischer Taschenbuch Verlag, in der etwa 4 bis 6 Bände pro Jahr erscheinen sollen. Wir wollen in dieser Reihe literarische und dokumentarische Produktionen in Einzel- und Sammelpublikationen vorlegen. Unser Ziel ist es dabei, mit ›billigen‹ Büchern über Buchläden und Kioske diejenigen zu erreichen, die von den beschriebenen Zuständen betroffen sind: die Lohnabhängigen. Der Werkkreis Literatur der Arbeitswelt ist sich dabei bewußt, daß er unter den Bedingungen einer kapitalistischen Produktion die Möglichkeiten eines Medienkonzerns zu nutzen hat, um die Bücher massenhaft zu verbreiten.

Werkkreis Literatur der Arbeitswelt, Lektorat

Kaum zu glauben, dass es damals keiner langen Diskussion bedurfte, diesen Vorspruch (wie eine Parole) ins Buch zu drucken. Wir hatten vertraglich das Endlektorat zugesichert bekommen – d.h. beim Verlag wurde zwar nochmal Korrektur gelesen, am Inhalt durfte nichts mehr geändert werden. (Nur in einem Falle, bei Betriebsreportagen, erhob der Justiziar des Verlages Einwände, einige Namen mussten anonymisiert werden.) Über Cover und Buchtitel wurde gestritten, weil der Verlag sich dort ein Einspruchsrecht gesichert hatte.

Wie verlief die Arbeit? Auf halbjährlichen Vollversammlungen des Werkkreises wurden die Titel diskutiert, ausgewählt und abgestimmt, in den lokalen Werkstätten erarbeiteten wir die Texte, die dort im Kollektiv besprochen wurden, und dann gab es eine Reihe von Lektoren, die sich um die letzten Fassungen der Manuskripte kümmerten. Der Werkstättenrat, so hieß die halbjährliche Vollversammlung, war das Entscheidungsgremium. Einmal monatlich tagte der ›Sprecherrat‹, dem ich viele Jahre angehörte. Die meisten Veröffentlichungen erreichten in kurzer Zeit mehr als 50.000 Exemplare. In der Presse sprach man von »Schwarzbrot«, nach dem ein neuer Hunger entstanden sei. Besonders in Schulen kamen unsere Bände zum Einsatz. Es gab auch enorme Bestseller, wie Margot Schroeders »Ich stehe meine Frau«, mit mehr als 150.000 Exemplaren, ein Roman, der als einer der ersten Frauenromane in der BRD bezeichnet werden kann. Erschienen im Januar 1975.

Und was schrieb ich? Auf jeden Fall keine Romane.

Eine Reihe von Kriminal-Hörspielen, ein Fernsehspiel mit Günter Wallraff *Ermittlungen gegen Unbekannt* (1973), Features im Rundfunk und Fernsehen, Beiträge zu den Werkkreis-Bänden. Sehr, sehr viele Lektorate für Kollegen und Kolleginnen habe ich übernommen.

Wie schon erwähnt, erhielt ich 1972 aufgrund meiner beiden ersten Veröffentlichungen das Villa Massimo Stipendium. Gleichzeitig wurden ein Maler, ein Komponist und ein Architekt aus Baden-Württemberg ausgewählt. Ich kann mich noch erinnern, dass ich meine Co-Stipendiaten nach Tübingen eingeladen habe, um ihnen mitzuteilen, dass ich mich durch das Stipendium vom Bundesinnenministerium nicht kaufen lasse und momentan Wichtigeres zu tun habe, als mich müßig in Rom um eine bourgeoise Literaturproduktion zu kümmern. Als ich mit meiner Frau ein paar Monate später in Rom den Maler Ben W. besuchte, wurde ich mit dem Satz begrüßt: »Na, verrätst du noch immer die Kunst?«

Wie es dazu kam, dass ich sechs Jahre später dann doch das Stipendium antrat, soll im Folgenden erzählt werden.

1981 – Die zwei Leben der Maria Behrens

Die Arbeit im Werkkreis Literatur der Arbeitswelt hat viele Früchte getragen, auch in meiner eigenen Biografie. Während ich die Texte von anderen lektorierte, während ich versuchte, die auseinander strebenden politischen Linien zusammenzuhalten, während ich mehrfach in meiner Funktion als erster Sprecher mit Vertretern der »Ich schreibe«-Bewegung in der DDR konferierte …

Halt, hier gehört eine Anekdote hin, die mir ein Leipziger Professor für sozialistisch-realistische Literatur erzählte:

Otto Bauer, so hieß ein Kumpel im Bergbau, der sich immer gerne mit kleinen Gedichten präsentierte. Eines Tages fragten ihn die Genossen, sag mal du kannst doch schreiben! Ja, erwiderte Otto. Warum schreibst du nicht mal ein revolutionäres Gedicht? Er ließ sich nicht lange bitten und schrieb:
Im Wald, da liegt ein Ofenrohr, stellt euch mal die Hitze vor.

Die Genossen waren entsetzt und kritisierten Otto. Haben wir denn so viele Ofenrohre übrig? Und einfach den Wald beheizen, können wir uns schon gar nicht leisten. Das ist weder realistisch noch sozialistisch. Schreib was Neues!
Damals gab es gerade ein Bergbauunglück und Otto reimte:
Rumpeldipumpel, weg war der Kumpel.
Da strahlten die Genossen und sagten, jawoll, das ist Realismus, aber wo bleibt denn die sozialistische Perspektive? Otto fragte vorsichtig nach, ob er denn die beiden Zeilen weiter verwenden dürfe. Na gewiss doch, bekam er zu hören. Wir leben in einem freien Land.
Und so reimte Otto Bauer:
Rumpeldipumpel, weg war der Kumpel.
Seht mal, wie er aus dem Schacht rauskriecht,
der Sozialismus siecht.
Damit waren die Genossen überaus zufrieden und Otto durfte weiterdichten.

Während ich das hinschreibe, merke ich, dass ich schon wieder eine neue Version dieser Anekdote aufgeschrieben habe. So ist es mir meist gegangen, im Moment des Einfalls verändern sich die Anekdoten.

Zurück zum Werkkreis.

Einer Tradition linker Parteien und Gruppen folgend musste ich jedes Jahr eine Grundsatzrede halten. (Nein, ich habe keine fünf Stunden wie Fidel gesprochen, aber eine Stunde war es meist schon.) Später wurden die Reden in dem Band *Arbeiteröffentlichkeit und Literatur* zusammengefasst, erschienen 1977 bei der VSA (Verlag zum Studium der Arbeiterbewegung) Die drei Reden trugen die Titel: *Der Werkkreis ergreift Partei in der Arbeiteröffentlichkeit – Zum Gebrauchswert der Arbeiterkunst – Der Werkkreis muss massenwirksam werden.* Es waren Standortbestimmungen und Forderungen an die Literatur, die unter allen Umständen parteilich zu sein habe. Bei einer Delegiertenkonferenz, ich glaube, es war in Frankfurt, hatten wir Martin Walser eingeladen, der in seiner Rede eine Parteilichkeit der Literatur unter allen Umständen ablehnte. Ich ging in die Bütt, um ihm heftig zu widersprechen. Der Beifall war geteilt. Einen Walser zu kritisieren, das mochten weder die SPD- noch die DKP-Anhänger. (Letztere versuchten zu jener Zeit, ihn zu einer festen Bindung an ihre Partei zu bewegen.)

Im Frühjahr 1977 klingelte bei mir das Telefon und ein Referatsleiter aus der Kulturbehörde in Bremen meldete sich. (Seit 1972 lebten wir in Bremen und ich schloss dort auch meine Promotion über die BILD-Zeitung ab. Titel: *Die Massenpresse als Ideologiefabrik.)* Ich wurde gefragt, ob ich Zeit für ein Treffen mit dem Kultursenator habe. Ich wollte wissen, worum es gehe, schließlich gehörten wir nicht zu den gleichen politischen Lagern. Es gehe um das Villa Massimo Stipendium, das ich doch vor Jahren erhalten habe. Zwei Jahre war die Villa in Rom umgebaut worden und nun sollten wieder Stipendiaten einziehen. Bremen sei schon viele Jahre dort nicht mehr vertreten gewesen, also … Der Kultursenator Horst W. F.: Es würde uns eine Ehre sein, Sie dorthin zu schicken. Wie lange könnten Sie bleiben? Eigentlich gar nicht, erwiderte ich, es gibt so viel zu tun. Ich solle es mir überlegen.

Was gab es so viel zu tun? Einerseits die gutlaufenden Rundfunk- und Fernsehprojekte, andererseits, und das war mir noch wichtiger, das nach einem Jahr Vorlauf gerade erscheinende BREMER BLATT, das in unserem Souterrainzimmer in der Kohlhökerstraße zusammengeklebt wurde. Acht Seiten im Zeitungsformat, für 50 Pfennig monatlich, Informationen von unten. Ähnlich den ersten »Volkszeitungen« in Köln und Aachen. (Wir hatten zwar eine kleine Auflage von ein paar tausend Exemplaren, aber wurden überall zur Kenntnis genommen.)

Im Gespräch mit meiner Frau und Freunden kam ich zu der Entscheidung, nicht nur drei, sondern sechs Monate in Rom zu bleiben, obwohl der bezahlte Aufenthalt für ein Jahr gewährt wird.

Warum ich das Stipendium nun doch antrat? Ich sah die Chance, einen längeren, literarischen Text zu schreiben. Nicht nur anderen auf den Weg der Veröffentlichung zu helfen. Es sollte ein politischer Roman werden. Thema: Berufsverbot.

Mir fiel der Abschied durchaus schwer. Ich hatte gerade erst eine lange Fernsehdokumentation über das Thema *Wie couragiert ist unsere Presse?* fertig gestellt und musste mit schon vollbepacktem Wagen eine Woche in Köln »ganz schnell« eine 15-minütige Satiresendung *Fußnoten* produzieren.

Dann ging es los. An einem Freitag, Anfang März 1978. Da ich noch nie gut in Geografie war, fuhr ich auf den Gotthardt-Pass, um dort vor einem »Durchfahrt gesperrt« Schild zu landen. Die Schneemassen am

Straßenrand hatte ich übersehen. Stunden später ließ ich den Wagen auf den Autozug verladen, um endlich nach Bella Italia zu gelangen. In Rom hatte es einige Anschläge der *Brigate Rosse* gegeben und die deutschen Zeitungen waren voll mit Schlagzeilen wie »Bürgerkrieg in Italien«. (Was meine übervorsichtigen Eltern dazu veranlasste, mir in letzter Minute abzuraten, nach Rom zu fahren.)

Der erste Eindruck war überwältigend, aber auch zugleich furchteinflößend. Allein das Atelier maß mehr als 60 Quadratmeter, plus zwei Schlafzimmer, Küche, geräumiges Bad und eine Terrasse mit Blick in den Garten. Das alles nur für mich?

Ich rückte den Schreibtisch samt *Monica*, meiner Olympiaschreibmaschine, in das hinterste Eckchen des Ateliers, um ein wenig geschützter zu sein. Täglich rief der Redakteur des WDR an und fragte, ob ich neues Material für die Satiresendung habe und wann ich endlich wieder nach Köln komme ... Ein paar Mal habe ich Szenen geschickt, aber strikt abgelehnt, sie in Film umzusetzen.

Was tun? *Què cosa fai a Roma?* Die Stadt erkunden, italienisch lernen, ins Kino gehen, arbeiten? Ja klar, arbeiten, was denn sonst. Und sich in Rom engagieren, auch das war klar. Es gab ein Berufsverbote-Komitee, dem ich mich anschloss und für dessen *bolletino* ich Artikel über die neuesten Fälle in der BRD schrieb. (In Florenz gab es eine öffentliche Veranstaltung zum Thema: *Il berufsverbot!)*

Gewohnt in der Tretmühle der Produktionen, immer schnell und forsch durchzuarbeiten, dachte ich, in sechs Monaten müsse es zu schaffen sein, einen Roman zu schreiben. Ich hatte mich geirrt. Die ersten 50 Seiten des Manuskriptes, das ich angefangen habe, landeten im Papierkorb. Zu journalistisch, zu klischiert, zu *rapido*. Ich setzte kurz darauf wieder an und schrieb jeden Tag drei bis vier Stunden an dem Roman.

Die zwei Leben der Maria Behrens

Maria lehnte sich im Sitz zurück, versuchte zu entspannen. Sie drehte die Scheibe hoch, weil die Luft, die in den Wagen strömte, voller Abgase war.

Eine lange Schlange, Stau – wahrscheinlich bis zur Erdbeerbrücke, wo sie abbiegen mußte, das konnte eine halbe Stunde Warten bedeuten. Vielleicht wäre ich schneller durch die Neustadt gefahren.

Die Ampel ließ nur fünf Wagen vorrücken. Der Morgen war ganz gut gelaufen, sogar Erdkunde hatte der Klasse mal wieder Spaß gemacht.

Maria drehte das Radio an, Hansa-Welle, Werbung, sie suchte einen anderen Sender, NDR, Pop-Musik. Sie hatte Rosie versprochen, im Laden zu helfen, sie mußte dringend zwei Briefe schreiben, ihr Vater hatte Geburtstag, Küche aufräumen, da stand noch das Geschirr von zwei Tagen. Unterricht vorbereiten. Am liebsten wäre sie schwimmen gefahren, vielleicht war es der letzte warme Tag. Dann sah sie die Polizeisperre.

Bullen, mitten im Berufsverkehr eine Kontrolle, Mist. Sie griff nach ihrer Schultasche, die Autopapiere müssen doch irgendwo sein.

Maria fand sie zwischen Schulheften und Federmäppchen. Sie war erleichtert.

Der Wagen muß zum TÜV, aber er ist schon angemeldet. Die Anmeldungskarte hatte Maria zu Hause neben dem Telefon stehen.

Immer wieder diese Angst, wenn Polizei auftaucht. Bullen, sie ärgerte sich über das Wort, weil es so klang, als seien Polizisten Tiere.

Wenn sie aber die festen Reihen so stehen sah, in Brokdorf am Bauzaun, Maschinengewehr im Anschlag, Astronauten-Helm auf dem Kopf, die großen, durchsichtigen Hartplastik-Schilder, den Knüppel locker am Gürtel, dann fiel es ihr schwer, Menschen in dieser brutalen Verkleidung zu erkennen.

Das sind alles Roboter, täuschend ähnlich hergestellt, wir wissen es nur noch nicht, hatte Peter mal gesagt, der wahrscheinlich zu viele Science-Fiction-Filme gesehen hatte. Sie mußte wieder vorrücken.

Am Straßenrand konnte sie zwei Mannschaftswagen erkennen, die hintere Tür offen, darin Polizisten in Bereitschaft, auf dem Sprung, den großen Fang zu machen. Davor zwei weitere mit MPs, sind also schon so weit gekommen, mitten in der Stadt, auf der Straße nochmals drei Polizisten, die einzelne Wagen aus der Kolonne anhielten.

Maria klopfte mit der Hand den Rhythmus der Musik auf das Steuerrad. Dann sah sie in den Rückspiegel, ihr Gesicht angespannt, konzentriert. Vorrücken. Antreten.

Sind doch mindestens zwanzig Polizisten im Einsatz, halten den ganzen Verkehr auf.

Ein Autofahrer sprang aus dem Wagen, als er angehalten wurde, mit schnellen gebückten Bewegungen hantierte er am Kofferraum, nickte unentwegt, servil, zu Diensten, was darf es sein, wollen Sie nicht auch noch unter die Sitzpolster sehen. Maria hätte gerne sein Gesicht angeschaut, seine Miene, aber sie war nicht dicht genug dran.

Als hätte die Polizei ein Recht, die Bevölkerung einzuschüchtern.

Vorrücken. Stillgestanden.

Der junge Polizist am Straßenrand, der sich hinter der MP versteckte, verkrampfte Haltung. Der andere schon älter, eher gelangweilt.

Auf jeden Fall keine falsche Bewegung. In Hamburg war eine Frau angeschossen worden, weil sie mit einem Sprung aus ihrem BMW gehopst war. Der Bulle hatte das für einen Fluchtversuch gehalten. Maria fuhr einen roten Volkswagen. Vorrücken. Augen geradeaus. Dann die Kelle.

Maria fuhr rechts ran, drehte langsam die Scheibe runter. »Machen Sie das Radio aus«, sagte der junge Polizist, sich um Freundlichkeit bemühend.

Maria folgte der Anweisung, gab ihm wortlos die Papiere. Nur nicht aufregen. »Bitte steigen Sie aus.«

Der Polizist ging um den Wagen herum. Maria sah seine Augenbrauen zucken, als er die Atomkraft-Nein-Danke-Aufkleber beäugte, dann bückte er sich, um das Nummernschild zu lesen.

»Sie müssen zum TÜV, sonst gibt's eine Anzeige.«

»Ich hab' nächste Woche den Termin, bin schon angemeldet.«

Maria ärgerte sich, daß sie so schnell geantwortet hatte. Der junge Polizist gab den Reisepass einem Kollegen, der damit zum Mannschaftswagen ging. »Öffnen Sie den Kofferraum!« Der Ton des Polizisten hatte an Schärfe zugenommen. »Der klemmt«, sagte Maria, sprang in den Wagen und zog an dem Griff neben dem Lenkrad. Der Kofferraumdeckel rührte sich nicht. »Da müssen Sie schon mal mithelfen, runterdrücken«, Maria forderte den Polizisten auf, der dastand und wartete, daß sich der Kofferraum öffnete. Sein Kollege trat hinzu und drückte den Kofferraumdeckel nach unten. Maria zog mit aller Kraft. »Wir müssen da reinsehen, Vorschrift.« Aber der Kofferraumdeckel blieb verschlossen. Einer von den beiden MP-Männern kam hinzu. Der junge Polizist forderte Maria auf auszusteigen, dann setzte er sich auf den Fahrersitz. Zu dritt versuchten die Männer den verklemmten Deckel zu öffnen. Nach einigem Bemühen klappte es. »Was machen Sie denn, wenn Sie eine Reifenpanne haben?« fragte der junge Polizist spöttisch.

»Es gibt immer hilfsbereite Leute«, erwiderte Maria. Maria sah zu, wie die drei Polizisten in den Kofferraum starrten, als sei dort eine Bombe versteckt. Mit schnellen Griffen sortierte der junge Polizist den Inhalt, Werkzeuge, Gummistiefel, die gelbe Öljacke. Maria stand daneben und freute sich, daß der Kofferraum nicht aufgeräumt war. Dann zog der Polizist einen Stapel Flugblätter hervor. Maria ließ ihn eine Weile lesen, dann sagte sie: »Sind von der Gewerkschaft, das ist ja wohl erlaubt, oder?«

»Ach so«, der Polizist war verlegen, »da bin ich auch drin.« Er legte den Stapel ordentlich hin, nachdem er die Gummistiefel beiseitegeschoben hatte. Dann zögerte er einen Augenblick. Maria war irritiert.

»Es ist alles in Ordnung«, er gab ihr die Wagenpapiere zurück, »Sie können weiterfahren.«

Maria wollte schon einsteigen, als der junge Polizist rief: »Moment, Ihren Pass.« Er reichte ihn durchs Wagenfenster. Abrücken.

Maria bedankte sich. Startete den Wagen, mußte aber sofort wieder bremsen, weil ein Mercedes schnell die Lücke geschlossen hatte, die in der Schlange entstanden war. In diesen Tagen kann man bestimmt volltrunken fahren, weil alle Polizisten in der Fahndung tätig sind. Maria lachte, entspannt.

Sie sah auf die Uhr. Die Küche konnte sie auch morgen aufräumen. Wie der eine Polizist mit seiner MP dagestanden hatte, ein Denkmal für die öffentliche Sicherheit. Als sie die Erdbeerbrücke hinter sich gelassen hatte, mußte sie an der Ampel stoppen. Auf der großen Plakatwand war auf schwarzem Grund eine große, weiße Brille abgebildet: »Die Brille, die Thomas H. am Straßenrand fand, war die 445. Spur im Entführungsfall R. Die heißeste.« Stand da in geraden, weißen Buchstaben, darunter in kleiner Schrift, verziert mit einem Stern: »Danke für die Aufmerksamkeit. Ihre Polizei.«

Das Material zu diesem Roman hatte ich in Bremen recherchiert und im BREMER BLATT veröffentlicht. Die junge Lehrerin Christiane S. setzt im Unterricht ein Gedicht von Erich Fried über Baader-Meinhof ein, wird von Eltern angezeigt, die Sache kommt auf die Tagesordnung in der Bürgerschaft und dort, während einer hitzigen Debatte, zwischenruft ein CDU-Abgeordneter: »So ein Gedicht würde ich lieber verbrannt sehen ...« Was einen Sturm der Entrüstung hervorrief. Es gab Flugblätter und Demos, Podiumsdiskussionen, heftige Proteste. Nicht zuletzt weil der CDU-Mann Landesvorsitzender war und der führende Kopf der Opposition. Sein Name sei nicht verschwiegen: Bernd Neumann, der spätere Kulturstaatssekretär. In einem Hörfunkfeature und einem Hörspiel haben die betroffene Lehrerin und ich den Vorfall rekonstruiert. In der fiktionalen Fassung, wie sie später auch in den Roman Eingang gefunden hat, habe ich das Gedicht von Erich Fried durch eins meines Kollegen Peter-Paul Zahl ersetzt. Eine Satire! Darin ging es um die Verhaftung aller Tankstellenbesitzer und Chiantiflaschenverkäufer, weil sie das Material für die Herstellung von Molotowcocktails liefern würden.

In der Villa Massimo gab es einmal pro Woche einen Empfang. Die Direktorin Frau W. lud auf Staatskosten ihre Freunde ein und die Künstler durften mitessen und mittrinken, was wichtiger war. Ab und zu fragte jemand, was man denn so treibe. »Und Sie schreiben einen Roman über Berufsberatung?«, sprach mich eine Dame vom Auswärtigen Amt an. »Nein, über Berufsverbote«, erwiderte ich, was das gerade begonnene Gespräch umgehend beendete.

Drei Jahre sollte es dauern, bis der Roman veröffentlicht wurde, denn mein Manuskript musste den im Werkkreis vorgeschriebenen Prozess durchlaufen: Abgabe beim Lektorat, Gutachten für den Werkstättenrat, Diskussion und Beschluss über die Annahme in die Reihe, intensives Lektorat mit mindestens zwei Kollegen. Das dauerte ... Christian Schaffernicht fertigte Fotomontagen mit dem Porträt meiner Frau Marita, die auf dem Cover und im Roman abgedruckt wurden.

Die Arbeit an dem Roman, die mir das Villa Massimo Stipendium ermöglichte, dankedankedanke, wurde zu einem Wendepunkt für mich. In Zukunft wollte ich ein halbes Jahr Literatur produzieren und ein halbes Jahr die lukrative Medienarbeit betreiben.

Für die Broschüre der Villa Massimo zum Stipendiaten-Jahrgang 1978 schrieb ich ein Gedicht:

Land aus Stein oder: Rückkehr aus der Villa Massimo

Massimisten, kommt ihr zurück
in dieses Land aus Stein
steinkalt
das die Italiener reich nennen
an Arbeitslosigkeit und Schnüffelei
sagt: wir kommen aus dem Süden
(man siehts euch nicht an,
ihr seid nichtmal braun)
dann denkt daran: ihr habt
auf Staatskosten gelebt wie
Pensionäre
(so frei die Kunst auch ist)
hier muß wieder konkurriert
werden euch die Träumen nicht
loslassen von schwarzem Grün

und Cappuccino
von freien Plätzen
und warmer Luft
von Inselruhe
und Reihenhausidylle
es müßte immer so sein
wenn nicht soviel zu tun wäre
um diesem bundesdeutschen
Gebirge Leben einzuhauchen
damit die Verhältnisse anfangen
zu tanzen.
Und tanzen haben wir gelernt,
wir Massimisten.

1984–1990 Die Gehirnstation oder: Die Lust am Krimi

Die Bücherwand meiner Eltern barg ein Geheimnis. Die bis an die Decke reichenden Regale füllten die gesamte Rückseite des Wintergartens. Der Zimmermann hatte gute Arbeit geleistet und die Bücherregale aus hellem Buchenholz eingepasst. Nur der Fernseher störte. Für ihn hatte er extra einen Platz in der Ecke gelassen.

Prächtige Bände, Gesamtausgaben von Kleist und Schiller gab es da zu entdecken, neben wertvollen Gartenbüchern und großformatigen Reisebildbänden tauchten die wichtigen deutschen Romanautoren Lenz und Böll auf. Mein Vater las fast nur Sachbücher. Also fand sich ein ganzes Regal mit Biografien von großen Persönlichkeiten. Von Bismarck bis Adenauer. Meine Mutter liebte ihre Pflanzen, die den umbauten Wintergarten verschönten, und ihre Tiere, sie hatte mehrere Regalreihen für diese ihre Lese-Vorlieben. Was aber das Geheimnis ausmachte, war etwas anderes.

Auf dem Nachttisch meiner Mutter entdeckte ich immer wieder mal einen kleinen Stapel von Büchern, der plötzlich auftauchte und in ein paar Tagen völlig abgetragen war. So als hätten sich die Bücher über Nacht selbst weggezaubert. Wohin wanderten diese Bücher? Meistens waren diese Taschenbücher grabsteinschwarz, auch mal feuerwehrrot. Oder gallegelb. Ganz so, als hätten die bundesdeutschen Nationalfarben die Umschlaggestaltung beeinflusst.

Tagsüber sah ich meine Mutter nie lesen, sie hatte als Apothekerin auch gar keine Zeit dazu. Bei der Tagesschau fielen ihr zumeist die Augen zu. Immer wenn Karl Heinz Köpcke auf dem Bildschirm erschien, nickte sie ein. Als würde der Mann Schlafmittel verabreichen. Was machten also diese Bücher auf ihrem Nachttisch?

Des Rätsels Lösung fand ich, als ich eines Tages auf einen Hocker stieg, um mir aus einer der höheren Regalreihen ein Buch herauszunehmen. Da fiel mein Blick in den Zwischenraum hinter den Klassikerausgaben. Dort lagerten sie, die schwarzen, roten und gelben Bücher. In der zweiten Reihe. Unordentlich übereinander aufgestapelt. Abgelegt. Versteckt, muss man wohl sagen. Den Blicken der Besucher entzogen. Eine große Menge einmal gelesener Taschenbücher. Offensichtlich nicht zur Wiederverwendung vorgesehen. Bei Risiken und Nebenwirkungen … den Satz kannte ich schon in meiner Kindheit und muss heute noch über ihn lachen. Was hatten diese Bücher für Risiken und Nebenwirkungen, dass sie vor den Augen der Kinder versteckt werden mussten?

Nun ist die Auflösung nicht mehr schwer. Meine Mutter las jede Nacht einen ganzen Kriminalroman. Sie hatte große Schlafprobleme und ein probates Mittel gefunden, damit umgehen zu können. E i n Krimi pro Nacht. In zwei, zweieinhalb Stunden hatte sie die meist um 160 Seiten starken Taschenbücher verschlungen. Die Bücher mussten natürlich entsorgt werden. Und wohin? Ab in die zweite Reihe, hinter Kleist und Schiller und Storm. Später sagte sie mir, sie habe schon mehrere Bücherkisten voll Krimis der Gemeindebücherei geschenkt.

Eine frühe Prägung? Vielleicht.

In den Sommerferien konnte meine Mutter die Krimis nicht verstecken. Also kamen die mit. Nach Langeoog. In die Pension Oldewurtel. Barkhausenstraße. Vorne gab es ein Modegeschäft, in dem hauptsächlich Wollmützen verkauft wurden und im Hinterhaus erholte sich die kleine Schar der Pensionsgäste, die sich Jahr für Jahr aufs Neue einfand. Die liebevolle Betreuung durch die Oldewurtels würde einen ganzen Roman füllen.

Damals habe ich angefangen zu lesen. Meine Mutter hatte nichts dagegen. Auch wenn sie zu Hause die Krimis versteckte, sie stand zu ihrem »Leselaster«, wie sie es nannte.

Und was las ich damals? Agatha Christie, Edgar Wallace, Rex Stout, Victor Gunn und viele andere mehr. Meist aus der roten Goldmannreihe. Die liebte meine Mutter besonders. Sie hatte diese Reihe komplett. Aber auch die schwarzen Rowohltkrimis und die Gelben von Ullstein. Sie kaufte in der Langeooger Inselbuchhandlung immer gleich alle neuen Titel aus den Krimireihen. Leider ist ihre große Sammlung nicht mehr vorhanden.

Derart eingeführt, infiziert, angefixt würde man heute sagen, schaute ich mich auch während der ersten Studienjahre nach weiterer spannender Lektüre um. Inzwischen gab es deutsche Autoren: Hansjörg Martin, Irene Rodrian, Michael Molsner, -ky, Felix Huby, Friedhelm Werremeier. Und die von mir besonders verehrten Amerikaner: Raymond Chandler und Dashiell Hammett. Es handelte sich meist um die Rowohltkrimis, herausgegeben vom »Leichenflesch«, so wurde Richard K. Flesch in der Branche genannt. Ein gestrenger Oberlehrer seiner Autoren, die ihm beim Vernichten von Whiskyflaschen helfen mussten. Er haute ihnen jede schwache Formulierung um die Ohren und markierte jedes fehlende Satzzeichen mit Rotstifthaken. (Es gibt übrigens die Legende, dass das lange gehütete Pseudonym von – ky nichts anderes als die letzten beiden Buchstaben des Lektoren Lieblingsgesöffs seien. Aber das ist eine Legende, die nur allzu gerne erzählt wird.) Das Motto auf der zweiten Seite der schwarzen Rowohltromane hatte Richard K. Flesch von William Shakespeare entlehnt: *A Faint Cold Fear Thrills Through My Veins.*

Im Tübinger germanistischen Seminar, in dem ich mich mit Kafka und Fontane zu beschäftigen hatte, war von Krimis nie anders die Rede als von minderwertiger Literatur. Zweitklassig. Nicht der Rede wert. Ist das überhaupt Literatur? Das Wort Schund war damals noch in Mode, wenn es auch eher für die billigen Heftchen à la Jerry Cotton verwandt wurde. (Kam vielleicht daher das Bestreben meiner Mutter, den Besuchern unseres Wohnzimmers nichts von ihrem Leselaster preiszugeben. Ganz sicher sogar. Niemand aus den sogenannten gebildeten Schichten gab damals zu, Krimis zu lesen. Es war verpönt. Wie anders ist das heute geworden.

Irgendwann kam die wohl bekannteste Zehnerserie der europäischen Kriminalliteratur in mein Blick- und Lesefeld: Maj Sjöwall und Per Wahlöös Stockholmer Polizistenromane, die viele meiner Kollegen und auch mich tief beeindruckt und beeinflusst haben.

Aber deswegen selbst Krimis schreiben? Nein. Das mochte gute Unterhaltungsware sein, manchmal auch gesellschaftskritisch, was mir schon damals überaus wichtig war. Ein interessantes Genre gewiss, mehr aber auch nicht. Wenn mich jemand befragt hätte, ob ich eines Tages mal einen Krimi schreiben würde, hätte ich das bestimmt von mir gewiesen oder bestenfalls keine Antwort gewusst.

Meine beiden ersten Veröffentlichungen waren der sogenannten »E-Literatur« zuzurechnen. *Nokasch u.a.* und *Aufstand des Eingemachten* enthalten zwischen den Zeilen ein paar Krimi-Elemente, mehr aber auch nicht. *Die zwei Leben der Maria Behrens* war gewiss der politischen Literatur zuzuordnen.

Es bedurfte eines weiteren Umwegs, um zum Genre zu gelangen. Mit meinem Freund Sven Kuntze saß ich nächtelang in Tübinger Kneipen und wir dachten uns Krimi-Plots aus. Daraus sollte eine Reihe von Kriminalhörspielen werden. (Ich hatte gerade meine ersten Gehversuche beim WDR in Köln gemacht.)

Gute Plots, das war eine unserer Maximen, müssen immer mehrdimensional ein. Einfach ein Verbrechen oder eine Serie von Morden aufzuklären, fanden wir nicht interessant. Agatha Christies Romane lehnten wir rundweg als Kreuzworträtselkrimis ab. Mehrdimensional heißt: Es gibt verschiedene Verbrechen, die ineinander verwoben sind, deren erster Augenschein stets trügt. Ziemlich raffinierte Gebilde sind damals entstanden. Leider gibt es nicht mal mehr die Ideenskizzen dazu.

Ich kann mich noch erinnern, dass wir am meisten von dem Gedanken fasziniert waren, ein nicht aufklärbares Verbrechen zu erfinden. Keine Spuren hinterlassen. Eine Tat völlig ohne Motive. Kein Hinweis auf einen Täter. Zum Beispiel einen Unfall inszenieren. Alle Spuren verwischen. Ein Mörder sollte einen überaus starken Scheinwerfer genau in dem Moment aufblitzen lassen, in dem eine Autofahrerin eine scharfe Kurve zu nehmen hat. Sie prallt mit voller Wucht gegen die Mauer und ist sofort tot … Stopp, rief Sven irgendwann, wir sind gerade dabei, meine Mutter umzubringen. Unser Plot war so konstruiert, dass die Autofahrerin von Paris einmal im Monat ins Elsass fährt, um einen Liebhaber zu treffen. Svens Mutter lebte damals in Paris und fuhr gerne ins Elsass. Aus diesem Plot haben wir nie etwas gemacht.

Wir waren angefixt. Infiziert von dem Genre. Und doch sollte es noch mal 10 Jahre dauern, bis der erste Kriminalroman erschien.

Aufgrund einer missratenen Produktion eines unserer Hörspiele beim WDR haben Sven und ich unsere Namen von diesem Samstagsabendkrimi zurückgezogen und das auch noch in der Branchenpresse veröffentlicht. Der *Evangelische Pressedienst* und die *Funkkorrespondenz* waren begeistert, dass zwei junge Autoren mal aus dem Nähkästchen plauderten, wie bei Hörfunk-Produktionen geschlampert wird. Es ist gewiss leicht nachzuvollziehen, dass dies das Ende unserer Zusammenarbeit mit der WDR-Krimiredaktion war. Plots hatten wir noch in Hülle und Fülle. Noch heute vermisse ich die Kneipenabende mit Sven, an denen wir gemeinsam Plots entwickelten. Spielerisch. Und zunächst auch ohne jede Verwertungsabsicht. So lange mit Ideen umhertänzeln, bis eine Geschichte wasserdicht, plausibel und hochspannend ist, kann ein wahrer Hochgenuss sein.

1983 kam unsere Chance. Bei mir fiel die Regieassistenz für eine englische TV-Produktion mit Ken Loach aus und ich verfügte plötzlich über sechs Wochen Zeit. Verloren? Gewonnen? Wie man es nimmt.

Der Heyne-Verlag hatte einen Krimiwettbewerb ausgeschrieben. Ich fuhr zu Sven nach Bonn, er arbeitete damals im Bonner ARD-Studio, und fragte, ob wir unseren Plot von der »Gehirnstation« schreiben sollten. Er sah mich etwas verblüfft an. Wie das denn gehen solle?

Ich hatte eine Lösung parat. Du schickst mir jeden Tag einen Brief, wie es weitergeht und ich schreibe die Kapitel. Du bekommst die erste Fassung zur Korrektur. Bis zur Hälfte des Romans funktionierte das gut. Jeden Tag ging die Post hin und her, ab und zu telefonierten wir auf Kosten des WDR, manchmal stundenlang. Sven schickte Ideen, ich pinselte sie aus. Hin und wieder kamen dicke Briefumschläge mit heftig korrigierten Seiten aus Bonn.

Wir schafften den Abgabetermin knapp.

Eine Zeitlang hörten wir nichts aus München. Waren beide schon wieder mit anderen Arbeiten beschäftigt, als eines Tages ein Brief eintraf.

Der Lektor Bernhard Matt meldete sich: Der Roman bekomme zwar keinen Preis, aber er wolle *Die Gehirnstation* veröffentlichen. Immerhin aus 420 Romanen ausgewählt. Und zwar von der ersten Riege der deutschen Krimiautoren: Rodrian, Molsner, -ky. Und so erschien im Herbst 1984 *Die Gehirnstation.* Ein Stoff, der es in sich hatte. (Sven Kuntze musste ein Pseudonym wählen, Fritz Nutzke, weil sein Chef im Bonner Studio, Friedrich Nowottny, ihn vor die Alternative gestellt hatte, Journalismus oder »Dichterei«.)

Die Grundidee unseres Romans war: Unter der provisorischen Hauptstadt (damals dachten wir schon nicht mehr an Bonn) befindet sich auf vielen Ebenen ein Computerzentrum, in dem alle Daten gesammelt werden und ein Menschheitstraum verwirklicht wird: die zuverlässige Prognose – nicht nur, was das Handeln des Einzelnen, sondern auch was die Bewegungen der Massen angeht. Eine konsequente Weiterschreibung von Orwells 1984 – mit dem Unterschied, dass die Beeinflussung vollkommen unbemerkt von den Bürgern vonstattengeht. In den ersten Reaktionen auf den Roman spürte man, dass unsere »Utopie« manchem Kritiker zu düster und zu negativ war. (Wer den Roman heute liest, wird uns vorwerfen, dass wir nicht radikal genug gewesen sind.)

Der Lektor bat um eine Fortsetzung. *Die Entdeckung der Gehirnstation.* Schnell von mir allein geschrieben, allerdings missraten. Nun wenige gute, neue Einfälle, wie das Ruhigstellen eines Journalisten mittels Drogen- und Fernsehkonsum.

Sechs Jahre später gab es eine Zusammenfassung beider Bände, wobei ich die Gelegenheit bekam, die misslungenen Teile aus dem zweiten Band zu streichen. *In der Gehirnstation* so lautete der Titel dieses Buches.

In der Gehirnstation

»Die Karre fährt übrigens nach dem Leitstrahl-Prinzip, aber das kennen Sie ja sicher.«

Gisbert Binder nickte, obwohl er kaum mehr wusste, als dass Kraft durch Wellen übertragen werden konnte. Daran arbeiteten mehrere Unternehmen, um ein neues Massenverkehrssystem zu entwickeln.

Gisbert Binder hatte von technischen Problemen wenig Ahnung, was ihn jedoch nicht davon abhielt, kundige Artikel darüber zu schreiben. Der Orter, den ihm ein Freund geschenkt hatte, damit er seine Wohnung auf Abhörgeräte überprüfen konnte, lag immer noch unbenutzt im Wäscheschrank, er wusste nichts damit anzufangen.

Simmoneit nahm ihn am Arm, weil der Gang jetzt enger wurde.

Er zog die rote Karte aus dem Mantel, fühlte mit der Hand nach dem Metallschlitz und steckte die Karte hinein. Sie verschwand darin, zugleich öffnete sich eine Tür, helles Licht flutete in den Gang.

»Kommen Sie, wir müssen uns identifizieren.« Simmoneit zog Binder in den kurzen, hellen Gang. Die Tür schloss sich hinter ihnen.

»Anton Simmoneit mit einem Besucher.«

Neben der zweiten Tür leuchtete ein kleines Schild auf:

Bitte identifizieren.

»Die wollen Ihren Namen hören!«

»Was?« fragte Binder, dem immer noch die Ohren von der Fahrt dröhnten.

»Sagen Sie Ihren Namen.«

»Gisbert Binder, geboren...«

Simmoneit winkte ab: »Das genügt.«

Sie warteten einen Augenblick, dann ging das Licht aus.

»Röntgenaufnahme«, erklärte Simmoneit, »das ist die Routine-Kontrolle.«

Die zweite Tür öffnete sich.

»Hier kommt also nicht jeder rein, was?«, Gisbert Binder versuchte einen Witz.

»Doch natürlich, und Sonntag ist Tag der offenen Tür«, gab Simmoneit zurück, »ich muß mich bei Ihnen entschuldigen, Herr Binder, ich wusste natürlich, dass unser Ausflug hierher etwas länger dauern würde, aber Sie sind der erste Journalist, dem wir diese Einrichtung zeigen. Wir wissen zwar, dass Sie verschwiegen sein können, aber wir wollten völlig sicher sein, deswegen diese Geheimniskrämerei.«

»Und meine Termine, ich bin schließlich Journalist, und Pünktlichkeit ist mein Kapital.«

»Wenn Sie mit dieser Geschichte wieder auftauchen, wird Ihnen niemand einen versäumten Termin vorhalten«, gab Simmoneit zurück, »im Übrigen werden wir alles für Sie regeln, aber jetzt sehen Sie sich doch erst einmal um.«

Viel zu sehen war nicht. Nur ein weiterer Gang, mit Magnetspeichern an beiden Seiten, deren Spulen sich zuckend vor und zurück bewegten. Leises Klicken, rhythmisch, aber ohne Takt. Hundert, zweihundert oder mehr Maschinen nebeneinander, grauer Teppichfußboden, Neonröhren, am Ende des Ganges war eine Glastür.

Gisbert Binder erinnerte sich an ein Gespräch, das er vor einigen Wochen mit Baumann vom Innenressort gehabt hatte. Der Staatssekretär hatte ihm bereitwillig über die Entwicklung im Bodenrecht Auskunft gegeben und auf Binders Vermutungen über die langfristigen Konsequenzen der geplanten Gesetzesänderungen erwidert: »Wissen Sie, Binder, die Gesellschaft wächst wie ein Baum, das, was von Wichtigkeit ist, geschieht unter der Erde. Die Journalisten hocken meistens auf den Zweigen in der hellen Sonne und lärmen über ein paar verfaulte Früchte. Ich nehme ihnen das nicht übel, es ist gemütlich da oben, und sie tun niemandem weh. Uns kann das nur recht sein.« Daraufhin hatte er sich knapp verabschiedet. Baumann gehörte zu jener Sorte von Spitzenpolitikern, die es sich leisten konnten, fast jeden Gesprächspartner nach Gutdünken stehenzulassen. Vielleicht bin ich hier am Wurzelwerk, überlegte Binder. Noch bevor sie die Glastür erreicht hatten, tauchte ein hagerer Mann auf, schütteres Haar, braungebrannt, obwohl seine Bräune die fahle Haut darunter nicht verdecken konnte.

»Das ist Dr. Scheerer, der wird Sie jetzt in Empfang nehmen«, sagte Simmoneit.

»Wieso, wollen Sie mich verlassen?« fragte Binder.

»Na ja, ich kenne hier schon alles. Sie wollen doch die Informationen haben, nicht wahr?«

Dr. Scheerer hielt die Glastür offen, die erste Tür seit einiger Zeit, die nicht automatisch funktionierte.

»Das ist Gisbert Binder, Herr Doktor, ein Fachjournalist, mit dem Sie Ihre Freude haben werden, hat schon manchen Skandal aufgedeckt und ist auch sonst ein angenehmer Zeitgenosse.«

»Wir werden uns sicherlich verstehen, Herr Binder«, die Stimme von Dr. Scheerer war brüchig und leise. Binder schätzte ihn auf Ende vierzig.

»Ich will mich dann verabschieden«, sagte Simmoneit, »ich weiß Sie ja in guten Händen, mein lieber Binder. Schön, sehr schön.«

Simmoneit nickte Scheerer zu und drehte sich um.

»Moment«, Scheerer griff in die Jackentasche seines hellgrauen Cordanzuges, »vergessen Sie die rote Karte nicht«, er zog sie hervor und überreichte sie Simmoneit mit kleinem Lächeln.

Sparsame Gesten hier unten, dachte Binder, er sah Simmoneit einen Moment lang nach, dann ging er mit Scheerer durch die Glastür.

Sie befanden sich in einem Großraumbüro, angenehmes Licht, vielleicht vierzig Schreibtische, auf denen Bildschirme standen, aber niemand saß davor.

Scheerer wandte sich zu ihm und zupfte sich am Ohrläppchen, einmal, zweimal, legte den Kopf ein bisschen schief und zog die Oberlippe hoch. Er bekam dadurch einen etwas höhnischen Ausdruck, der gar nicht zu ihm passen wollte. Die Bewegungen kamen Binder bekannt vor und er überlegte, wo er sie schon einmal gesehen hatte, während Scheerer ihm vorausging. Dann fiel es ihm ein: Humphrey Bogart. Auch das knappe Lächeln vorhin.

Er wollte darauf aufpassen.

Dr. Scheerer führte ihn in einen Salon, der am gegenüberliegenden Ende des großen Büroraums lag.

Ein schöner, heller Raum, fast so wie Simmoneits Büro, ein paar Fotos an der Wand, Bilder aus Lucca und Florenz erkannte Binder sofort, an den anderen Orten war er noch nicht gewesen.

»Die Sorte mögen Sie doch«, Dr. Scheerer hielt ihm eine Weinflasche hin. Santa Cristina, der Wein, den Binder sich manchmal auf Elba gönnte.

»Sicher«, sagte Binder, der sich auf einen der weißgepolsterten Sessel fallen ließ. Das Sitzen tat gut. Dann fiel ihm auf, dass man durch die Scheiben in einen Garten sehen konnte. Er stand auf, ging zum Fenster.

»Das ist eine kleine Spielerei von uns«, sagte Scheerer, »zwei Kollegen sind Blumenliebhaber, da haben wir uns einen Garten angelegt.«

»Vierzig Meter unter der Erde?«

»Genau dreiundfünfzig Meter. Das geht, Sie sehen ja.« Scheerer fasste sich ans Ohrläppchen.

»Sie mögen Humphrey-Bogart-Filme?« fragte Binder. Scheerer sah ihn erst erstaunt, dann ein wenig traurig an: »Wie kommen Sie auf den, was für ein eigentümlicher Hinweis.« Er schwieg einen Augenblick, dann setzte er jenes berühmte Lächeln aus dem *Malteser Falken* auf: »Natürlich mag ich seine Filme.«

Binder nickte, während sein Gastgeber zwei Gläser aus einem Schrank holte und sie füllte.

»Prost«, sagte Binder. Er kannte das von offiziellen Empfängen, immer wenn irgendjemand irgendetwas ganz Wichtiges oder Unwichtiges mitzuteilen hatte, gab es zu trinken, manchmal sogar zu essen. Als ob sich die Informationen so besser verdauen ließen. Der Unterschied war nur, dass er noch nie seinen Lieblingswein bei einem Empfang zu trinken bekommen hatte. Dr. Scheerer stellte sein Glas ab und sagte mit einem Anflug von Lächeln: »So, nun fragen Sie, was Sie wollen.«

Gisbert Binder lehnte sich im Sessel zurück. »Am besten ist es, Sie fangen an zu erzählen, schließlich habe ich keine Ahnung.«

Dr. Scheerer sah auf das Weinglas: »Nun gut, aber unterbrechen Sie mich, wenn Ihnen etwas unklar ist.« Er setzte den Kopf wieder leicht schief, eine perfekte Einheit von Haarfarbe und Anzug, dachte Binder.

»Sie befinden sich hier im Dokumentationszentrum unserer Republik. Das heißt, hier sind alle Daten gespeichert, die für unsere Bürger, unser Land, für überhaupt alles von Bedeutung sind. Im Moment arbeiten hier rund dreihundert Menschen, aber unsere Kapazität ist sehr viel größer. Sie werden das nachher noch im Einzelnen sehen. Sie können übrigens gerne Ihr Diktaphon laufen lassen, wenn Sie möchten, es kann später abgeschrieben werden.«

Gisbert Binder winkte ab: »Das ist noch nicht nötig, ich kann auch eine Reihe von Informationen speichern.«

»Wie Sie wollen, Herr Binder, also, wo war ich stehengeblieben? Sie werden sich erinnern, dass es jahrelang Diskussionen um den Datenschutz gab und insbesondere um den Datenmissbrauch. Auch ich war übrigens einer der schärfsten Kritiker dieser ganzen, ich möchte mal sagen, stümperhaften Datensammelei. Ständig gab es Verwechslungen, ständig gab es Ärger um das Löschen von Daten, und immer wieder wurde durch höchst unpräzises Arbeiten die ganze Datentechnik in Frage gestellt. Auch Sie, Herr Binder, haben ja über eine Reihe von Fällen berichtet.«

»Richtig«, versuchte Gisbert Binder dem Thema auszuweichen. Es war ihm unangenehm, von einem Fachmann auf Artikel angesprochen zu werden, die er ohne rechte Sachkenntnis für ein breites Publikum geschrieben hatte.

»Ich habe mir mal Ihre Artikel der letzten zehn Jahre angesehen, darunter waren immerhin fast vierzig zum Thema Daten und Datenschutz.« Scheerer nahm sein Weinglas, zeigte seine Zähne, die weiß durch das geschliffene Glas glänzten, und trank einen Schluck.

»Als Journalist vergisst man, was man geschrieben hat, es ist wie eine Blackbox, das fällt da rein und verschwindet.« Binder begann dieses Zentrum zu interessieren. Der Aufbau mußte Jahre gedauert haben.

»Worum es mir geht«, fuhr Scheerer fort, »ist, Ihnen verständlich zu machen, wie sehr wir auf ein solches technisch perfektes Dokumentationszentrum angewiesen waren. Es galt, drei Aufgaben zu bewältigen: Alle bisherigen Daten, die in den verschiedenen Systemen gespeichert waren, zusammenfließen zu lassen, das war die erste Stufe und sie war die einfachste. Bis auf wenige Speichergeräte sind ja die meisten kompatibel, so dass wir ohne weiteres die vorhandenen Systeme übernehmen konnten. Die zweite Stufe war, die noch ausstehende Datenlücke zu schließen, denn nur auf diese Weise kann die notwendige technische Perfektion erreicht werden, das heißt jeder Bürger musste erfasst werden, auch diejenigen, die bisher durch das Datennetz gefallen waren. Jede Information musste zugeordnet werden, gleich in welcher Dimension sie anzusiedeln war. Wenn Sie mitbekommen hätten, wie lächerlich unvollständig die meisten Systeme, wie zufällig die Auswahl der Daten war und wie unglaublich oberflächlich gesammelt worden ist, dann wird die Kritik jener Zeit verständlich. Von unseren heutigen Möglichkeiten her gesehen, waren die damaligen Versuche Schwindelunternehmen, von denen die Kunden kaum seriöse Auskunft erwarten konnten. Es herrschte jene Goldgräbermentalität, die immer dann ausbricht, wenn neue Techniken auf den Markt kommen und gerissene Geschäftsleute sich ihrer bedienen, um schnell zu Geld zu kommen.« Scheerer stellte sein Weinglas behutsam ab, er beobachtete Binder konzentriert. »Ich will Ihnen ein fiktives Beispiel geben: Nehmen wir an, ein Herr Schefers taucht in einer Datei eines Versicherungsträgers auf, da konnte es passieren, dass er nicht weniger als drei Wohnorte hatte, also wurden alle drei Wohnorte, wenn man das ganze Programm kontrollierte, ausgedruckt. In einer zweiten Datei war dieser Herr Schefers mit einem abweichenden Alter angegeben, mal handelte es sich um einen Neunzehnjährigen, mal war er siebenunddreißig Jahre alt. In der Verkehrssünderkartei tauchte Herr Schefers mit zwei verschiedenen Autos auf, nur weil er einmal den Wagen eines Kollegen gefahren hat. Um es abzukürzen: Stellen Sie sich vor, dieser Herr Schefers wurde in zehn Dateien geführt, dann mussten wir davon ausgehen, dass sich mindestens zwanzig Fehler in den Angaben versteckten. Also brauchten wir ein Rasterprogramm, um all diese Irrtümer zu beseitigen.«

»Das klingt fantastisch«, sagte Binder, »es gibt also keine Irrtümer mehr?«

»Zu neunundneunzig Prozent sind sie ausgeschlossen. Und wir werden hundert Prozent erreichen.« Dr. Scheerer stand auf und schenkte Binder Wein nach. »Sie werden verstehen, warum wir dieses Zentrum geheim halten mussten, es wären zu viele Interessen gewesen, die dieses technisch perfekte und ehrgeizige Projekt hätten beeinflussen wollen. Wir sind Wissenschaftler, die sich nicht gerne reinreden lassen.«

»Das kann ich verstehen«, sagte Binder.

Er überlegte einen Augenblick und wartete, ob Scheerer noch etwas sagen wollte. »Sie sagten eingangs, dass Sie sich mit drei Problemen konfrontiert sahen, bis jetzt haben Sie mir lediglich zwei Aufgaben näher geschildert, die Sie bewältigt haben.«

Scheerer lächelte. »Sie sind ein aufmerksamer Zuhörer. Tatsächlich sind die ersten beiden Projekte nur Vorarbeiten gewesen, für den dritten, den umfangreichsten und schwierigsten Komplex. Aber das will ich Ihnen nicht abstrakt erklären, sondern während eines kleinen Rundgangs. Bevor wir jedoch beginnen, möchte ich Ihnen Ihr Zimmer zeigen. Ich hoffe, dass Sie unserem Plan zustimmen, Sie für ein paar Tage hier zu behalten, damit Sie sich alles in Ruhe ansehen können.«

»Gerne«, willigte Binder ein, »aber ich bin darauf nicht vorbereitet.«

»Keine Sorge, wir werden es Ihnen an nichts fehlen lassen. Ich denke, dass unser lieber Simmoneit für Sie die überirdischen Probleme lösen wird.«

Binder ließ die Termine, die ausfallen konnten, Revue passieren. Das war alles nichts gegen die Geschichte, mit der er demnächst aufwarten würde, ein Knüller der gehobenen Klasse, sollten sich Kollegen und Redaktionen wundern, dass er verschwunden war.

Sie verließen das Büro von Dr. Scheerer, kamen durch eine weitere Glastür in einen lichten Empfangsraum, wo kleine Sitzgruppen zusammengestellt waren, in einem tiefen Orange gehalten, sehr angenehm. Ein neuer Gang führte sie in den Wohntrakt.

»Gisbert Binder«, stand auf dem Türschildchen, Dr. Scheerer drehte sich um und lächelte sein Bogart-Lächeln, »ein kleiner Scherz, wir sind ein fröhliches Völkchen, aber das werden Sie noch merken.« Der Raum war gemütlich eingerichtet.

Ein breites Bett, ein Schrank, in dem ein paar Anzüge hingen, Binder tippte darauf, dass sie ihm passen würden. In der Ecke stand ein schwerer Eichenschreibtisch, der gewisse Ähnlichkeit mit seinem eigenen besaß.

»Das hier ist eine ganz praktische Schreibmaschine. Sie können eine Tonkassette hier auflegen, dann gehen Sie spazieren, und wenn Sie zurückkommen, ist das Manuskript getippt. Ich werde Ihnen nachher ein entsprechendes Aufnahmegerät geben. Leider hatten wir kein Zimmer mit Gartenblick frei, aber diese Aussicht ist ja auch ganz schön.«

Gisbert Binder stellte fest, dass er noch das Weinglas in der Hand hatte.

»Wenn Sie sich etwas frisch machen wollen, dort hinter der Tür ist Ihr Bad«, Dr. Scheerer zeigte ihm den Weg, »wenn Sie mich suchen, ich bin in meinem Büro.«

Mit einem Lächeln verabschiedete sich Dr. Scheerer. Das Badezimmer sah nicht gerade so aus, als hätte jemand bei der Einrichtung gespart. Gisbert Binder war froh, dass er allein war, schließlich musste er sich auf die neue Situation einstellen. Nicht so sehr die technischen Fakten verwirrten ihn, sondern die Tatsache, dass es so ein Zentrum gab. Dass es möglich gewesen sein sollte, ohne dass irgendjemand davon Wind bekam, dieses Zentrum, tief unter der Erde, zu bauen. Es mußte Hunderte von Arbeitern, Ingenieuren und Technikern geben, die den Stollen angelegt hatten und von seiner Existenz wussten. Wie konnte so etwas geheim bleiben?

Seine Rolle war ihm sofort klar: Er sollte die Public Relations machen, man wollte ihn von dem neuen System überzeugen und seine, die erste Geschichte über dieses Dokumentationszentrum sollte gleich alle Kritiker verstummen lassen. Immerhin faszinierend, wenn alles stimmte, was Dr. Scheerer gesagt hatte.

Muss an dieser Stelle betont werden, dass ich nach der *Gehirnstation* weitere Kriminalromane schreiben wollte. Startauflagen waren damals 20.000 Exemplare, kann man sich heute kaum vorstellen, dementsprechend waren die Vorschüsse auch reichlich. Zwischen 5.000 und 10.000 Mark – je nach Verlag. In den Anfangsjahren des SYNDIKATS – der Vereinigung deutschsprachiger KriminalschriftstellerInnen – haben wir eine Umfrage gestartet, in welcher Höhe Vorschüsse gezahlt werden. Heyne, Rowohlt, Ullstein waren in der Spitze, am schlechtesten zahlte damals Diogenes, wie uns ein enttäuschter Kollege berichtete. Magere 1500 Mark, die sparsamen Schweizer halt.

Die Reaktionen auf die *Gehirnstation* waren gemischt. Die meisten Kritiken beschäftigten sich mit der Frage, ob das überhaupt ein Krimi sei oder nicht viel eher ein Pamphlet.

Es gab einen Versuch, den Stoff als Grundlage für ein Fernsehspiel zu entwickeln, aber der blieb im Ansatz stecken.

Gleich zwei Projekte habe ich Mitte der 80er Jahre mit meinem Freund und Lektor Bernhard Matt bei Heyne verabredet: *Tod in der Algarve,* ein erster Reiseroman, den ich zusammen mit meiner Frau Marita schreiben wollte, und die Mammutaufgabe: zehn Romane, die in der Hansestadt Bremen spielen sollten. Jedes Jahr ein Band. Ich weiß nicht genau, was mich damals geritten hat, diesen Plan zu offerieren.

Ein kleines Intermezzo, Nummer zwei

Gestrandet zwischen ABM und IBM

Oder: warum ich kein Standortvorteil bin?

Es war einmal ein Kunstsenator, dem war das Warzenschwein entlaufen. Das Warzenschwein war das Gastgeschenk einer mittelamerikanischen Partnerstadt. Und nun war es weg. Also rief er mich eines Tages an: »Alberts«, sagte er, »Alberts, Sie sind doch so ein Spezialist in Krimis, ich hab da was läuten hören. Mir ist das Warzenschwein entlaufen, und nächste Woche kommt der Bürgermeister aus der Partnerstadt, und wenn dann sein Gastgeschenk hier nicht mehr rumläuft, dann gibt es diplomatische Verwicklungen. Oder die denken, wir hätten das Schwein verspeist. Alberts, können Sie den Fall übernehmen.« Ich überlegte nicht lange. Und sagte ab. Sollen die doch selber ihre Warzenschweine einfangen, dachte ich und erfand diese Geschichte.

Nun war es aber auch dieser Kunstsenator, der meinte, wenn sich schon kein Schwein für Kunst interessiert, oder anders: wenn die Kunst keine Schweinelobby hat, oder noch anders: wenn überhaupt niemand mehr in Kunst investieren will, weil da nichts in schwarzen Zahlen bei herauskommt, dann muss man mit neuen Argumenten auffahren. Echt schweinemäßig.

Da nahm er dann die Kunst im Allgemeinen, und die Oper im Besonderen und klopfte solange auf sie drauf, bis ein Argument herausfiel: Wir müssen ein künstlerisches Ambiente schaffen, damit sich potentielle Investoren hier wohl fühlen. Also Standortvorteil Bremen, weil Bremen auch Kunst bietet.

Auf diesem Ohr hören auch andere Senatoren – Kunst als Feierabend-labend-laber-Wohnraumschmückung – Kunst als öffentlicher Raum für Industriellengattinnen – Kunst als Sensation für Möchtegroß und Menschenklein – integrativ, innovativ, introvertiv, aber protzig. Dick und protzig. Glänzend und großschnäuzig und protzig.

In Bremen gebe es nun gar keine richtigen Künstler – und der Senator wehrte die heimische Kritik gerne ab – mit dem Hinweis auf das hiesige Mittelmaß (ein Totschlageargument allererster Güte, denn damit brauchte er gar keine Kritik mehr zuzulassen), aber Künstler gibt es anderswo. Und tolle Ausstellungen und tolle Zugpferde und Warzenschweine und Edelfedern und Strahlemänner und Justus Frantz nicht zu vergessen. Also, her damit, damit sich Mercedes und IBM und MBB und SPD wohlfühlen.

Das Image als Realität: In Bremen ist der Kunstbär los, fast noch mehr als in Bärlin.

So, so, sagten da die Künstler, hier gelten wir nichts, oder maximal ABM, oder zu holen ist auch nicht viel, also gehen wir weg und nochmals weg, und überlassen Bremen den vier Stadtmusikanten. Denn etwas Besseres als den Tod finden wir überall.

Nun bin ich gar kein Standortvorteil, auch wenn ich Bremen liebe und seine Lüfte und seine halben Viertel und seinen Dorfcharakter und und und, weil ich gar nicht zum Vorzeigen bin. (Darf ich dann trotzdem hier noch Künstler sein?) Denn wenn man mich vorzeigen will, dann weiß ich mich nicht zu benehmen. (Darf ich da noch Stadt- und IBM-integrierter Künstler sein?) Und wenn man mich vorzeigt, weil ich mich nicht zu benehmen weiß, dann komme ich erst gar nicht. (Darf ich mit dieser gewissenlosen Gesinnung noch Stadtschreiber sein?) Bremen ist nun mal keine Literaturstadt, sagen die einen. Und die anderen lachen: Da ist es leicht, ein kleines Licht zu sein, wo die Einäugigen noch Warzenschweine verspeisen.

Bremen ist nun mal nicht an Büchern interessiert, wenn Stadtbibliotheken mit Personal unterbesetzt sind, die Zentralbibliothek aussieht wie eine Abfertigungshalle einer viertklassigen Versicherung. Wenn die doppelte Tageszeitung am Ort es nicht mal für nötig hält, eine Buchseite im Feuilleton einzuräumen. (Übrigens: Darin sind die Bremer-Tageszeitungs-AG-Leute wirklich bundesrepublikanische Spitze).

Bremen ist nun mal keine Lesestadt – Bücher stören überhaupt beim Geschäftemachen, es sei denn, es handelt sich um Geschäftsbücher über Handel und Wandel. Obwohl die Buchhandlungen so dünn gesät sind, wie anderswo auch, oder Sparkassen eine Lesereihe machen mit den weltberühmten, auch in Delmenhorst bekannten Bremer Literaturpreisträgern, wie ehrenvoll. Wenn Kolleginnen und Kollegen aus anderen Städten herkommen und vor fünf Lesehungrigen vorlesen dürfen.

Das alles deutet darauf hin, dass mit unserer Literatur kein Standort zu machen ist. Also streicht die Förderungen, lasst es sein. Und Ihr Mitschreiberlinge, hofft nicht auf die goldene Hand des Mäcenas, alias Kunstsenat, macht euch selbstständig, insbesondere im Kopf. Wenn ihr nur schreibt, weil damit Pensionen zu erreichen sind, es gibt weichere Stühle -, wenn ihr nur schreibt, weil der eine oder andere Preisregen euch benetzen soll -, es gibt mittwochs Lotto und samstags auch -, wenn ihr nur schreibt, weil ihr jeden Tag Warzenschwein essen wollt -, fahrt nach Mittelamerika, da ist es ein billiges Hauptgericht.

Nur lasst ab von dem Gedanken: Durch Förderung würde man Künstler. Das ist weit gefehlt.

Und alle die denken, man braucht nur ein Literaturbüro, und dann schreibt man ein paar gute Seiten, irren sich genauso.

Ich habe angefangen mit einer Lügengeschichte, und so will ich auch aufhören.

Es war einmal ein Autor, der hatte gar keinen Einfall mehr, und das fiel solange nicht auf, wie er Geld auf dem Konto hatte. Als aber das Geld verbraucht war, wurde aus dem Autor ein brauchbarer Silberschmied, der sein gutes Geld verdiente. Und manchmal schaute er hinunter in die rechte Schublade seines Schreibtisches und weinte seinen unveröffentlichten Manuskripten keine Träne nach. So lebt er heute, fast glücklich und zufrieden. Weil er sich täglich neu versilbert. (aus Script Nr. 7, 1990.)

1987 – 1996 Die Bremen-Polizei-Serie

Nach den ersten Versuchen im Genre Krimi, zwei Hörspielen und drei Romanen, spürte ich, dass ich mich in dieser Gattung ausgesprochen zuhause fühle. Einerseits hatte ich spannende Geschichten zu erzählen, andererseits lässt das Genre genügend Raum für die kritische Sicht auf die Gesellschaft. Und diese Sicht habe ich mir bis heute erhalten. Das Genre Krimi bietet auch Schutz, in die Fänge der bürgerlichen Kritik zu geraten. Wenn man mal davon absieht, dass es ein paar Kritikerpäpste gibt, die genau zu wissen scheinen, wie ein Krimi zu sein hat. (Ich studierte damals zwar nicht allzu oft die Feuilletons, aber eins wusste ich, auch die größten Dichter bekommen gelegentlich eins übergebraten. Vernichtende Schläge, von denen sich manche nur schwer erholten.)

Nach langer Pause beim Romanschreiben, fast 15 Jahre, und einem Nicht-Krimi *Die zwei Leben des Maria Behrens* (1981), wagte ich mich an ein Projekt, dass mich zwischenzeitlich zu überfordern drohte. Die Erfahrungen mit den Kriminalromanen *Gehirnstation* (1984), *Entdeckung der Gehirnstation* (1985) und *Tod in der Algarve* (1985) gaben mir genügend Schwung, als erster deutschsprachiger Autor solch ein Vorhaben zu beginnen.

Ohne Zweifel waren die schwedischen Krimiautoren Maj Sjöwall/ Per Wahlöö mit ihrer 10er-Serie Vorbild für mein Romanprojekt. Ich habe deren Bücher damals »verschlungen«. Die Schweden demonstrierten für mich auf unterhaltende Weise, wie Literatur und Gesellschaftskritik sich gegenseitig befruchten können.

Ohne große Probleme konnte ich mit meinem Freund und Lektor beim Heyne-Verlag, Bernhard Matt, einen Vertrag über meine 10er-Serie aushandeln. Eine Liste von kurz skizzierten Plots reichte damals noch aus, um mit den großen Verlagen zu verhandeln. (Wenngleich ich nur 3-Buch-Verträge bekam, weil man es mir bei Heyne vielleicht doch nicht zutraute, jedes Jahr für den Bücher-Herbst einen Roman zu liefern. Um gleich eine weitere Frage zu beantworten, die mir oft bei Lesungen gestellt wurde: pro Roman bekam ich 6.500 DM am Anfang, das steigerte sich auf 8.500 DM als nicht rückzahlbarer Vorschuss. Die meisten Romane haben über die 6%–7% Tantiemen-Regelung weit mehr eingespielt.) Startauflagen damals waren 20.000 Exemplare – eine Zahl, von denen die meisten Kollegen heutzutage nur träumen.

Die allererste Übersicht, in eine schwarze Kladde geschrieben, verweist auf mehr als zwanzig Themen, Fälle und Todesfälle, Stories und Plots. Aus der Zeit des BREMER BLATTES, dem alternativen Monatsblättchen, das ich 1976 zusammen mit einigen KollegInnen gestartet habe, hatte ich für den regionalen Hintergrund genügend Material gesammelt. (Von den Krawallen am WESER-Stadion bei der Rekrutenvereinigung am 6. Mai 1980 bis zu der Einkesselung der Demonstranten in einem Bahnhofstunnel während der Feiern zum 3. Oktober 1993). Die bundesrepublikanische Kulisse, die ebenfalls im Hintergrund erscheinen sollte, musste ich recherchieren. Was meist im Institut für deutsche Presseforschung an der Bremer Universität geschah. (Herzlichen Dank für die Unterstützung.) Dort saß ich wochenlang und fischte nach Neben-Plots, Zitaten, kurzum Material, das ich einzubauen gedachte. Wie sich später herausstellte, waren nur etwa 10% der Fundstücke zu gebrauchen. Aber wer mit einem großen Schleppnetz fischt …

Auf blauen Karteikärtchen habe ich das gesamte Personal festgehalten – Alter, Aussehen, Charaktereigenschaften, Beruf, Freunde/Feinde,

Erfahrungen etc. Da es manchmal *role models* gab, habe ich manchen Bekannten/Freund/Unsympath in den Romanen »verwurstet«. Die einzelnen Personen waren mir stets präsent. Ich wusste immer, mit wem ich es zu tun hatte, wenn Kommissar Lindow oder der Journalist Klaus Grünenberg in Erscheinung traten. Das Denunziantenpärchen Else und Otto Holzmann oder die beiden Streifenpolizisten Rapka und Kuhlebert, selbst die Nebenrollen waren mir stets präsent. Immer nach Fertigstellung eines Titels habe ich die blauen Kärtchen ergänzt und neuere Entwicklungen angefügt. Trotz der mehr als zwei Dutzend handelnden Personen habe ich die Kärtchen kaum gebraucht.

Die Materialmappe zu jedem Band umfasste eine Vielzahl von Artikeln, Fotokopien, Ausschnitten aus Magazinen, Unterlagen von polizeilichen Protokollen, Anklageschriften, Spickzettel und Notizen und, was ganz besonders war: zu jedem Buch gibt es den handschriftlichen Aufriss der einzelnen Kapitel, den ich – meist in einer Woche – gedanklich entwickelt habe. Struktur machen, habe ich dieses Verfahren genannt. Zwar bin ich während des Schreibens häufig davon abgewichen, aber es war wie bei einem Tanz auf dem Seil, es braucht ein Auffangnetz. Wenn mir nichts Neues einfiel, konnte ich mich in dieses Netz fallen lassen. Diese strukturellen Handlungsabläufe, die in den zehn Jahren detaillierter wurden und mir auch immer leichter von der Hand gingen, zeigen einen Handwerker, einen Konstrukteur, keinen Künstler, Literaten oder gar Dichter, jemanden, der sich darum bemüht, gesellschaftliche Entwicklungen, regional und bundesweit, und persönliche Erfahrungen seiner *dramatis personae* zusammenzubringen, um eine spannende Handlung zu konstruieren. Gisbert Haefs, mein geschätzter Kollege, schrieb über die Krimi-Reihe: »In seiner Bremen-Polizei-Serie legt Jürgen Alberts einen Beweis dafür vor, dass ein Polizeiroman spannend, straff und lakonisch sein kann.«

Was war der Auslöser, dass ich begann, mich so intensiv mit der Arbeitswelt Polizei zu befassen? In der *Schwarzen Beute Nr.2*, Reader zum Thema Kriminalroman, die im Rowohlt Verlag in lockerer Folge erschienen, habe ich 1988 über eine grundlegende Erfahrung geschrieben.

Polizistenwut

Eine direkte Konfrontation und ein überraschender Ausgang

Zehn Jahre ist diese Geschichte her, und sie spielt in einer deutschen Großstadt; ich glaube, jetzt kann ich sie erzählen, ohne jemanden zu gefährden. Dennoch wird der Mann, von dem diese Geschichte handelt, Angst haben, wenn er sie liest. Er wird die gleiche Angst haben, die er damals gehabt hat.

Eine ungewöhnliche Aussage

Gabriele G. erzählt von einem Bildungsurlaub, ausführlich wie immer, da sei auch ein Polizist gewesen, der habe dicke Backen gemacht: »Der ist bestimmt bereit auszupacken!«

Ich rufe den Mann an. Er macht einen sehr zögernden Eindruck, sehr bedächtig, sehr langsam. Er spricht nicht wie ein Polizist. Ich merke, dass ich feste Vorstellungen habe, wie ein Polizist sprechen muss. Ich frage Freunde, wie sie einen Polizisten beschreiben würden. »Einen Bullen?«, fragen sie zurück.

Wir vereinbaren einen Termin. Das Gespräch findet in seinem Wohnzimmer statt. Ich lasse einen Kassettenrecorder laufen, das Band wird er nach der Abschrift zurückbekommen. (Ich werde ihn nicht beschreiben, aus verständlichen Gründen, nenne ihn Korytowski, um ihm einen Namen zu geben.)

Herr Korytowski, Sie arbeiten bei der Polizei, seit zwanzig Jahren, was machen Sie dort?

Korytowski: Ich bin Polizist. Verkehrsüberprüfung. 19 Jahre und 4 Monate sind es genau, so lange bin ich bei der Polizei.

Haben Sie immer in der Verkehrsüberprüfung gearbeitet?

Korytowski: Nach meiner Ausbildung da war ich erst auf Streife,

Innenstadt, fast fünf Jahre. Ich arbeite im Schichtdienst, drei Schichten, früh, mittel, spät, jeweils sieben Stunden. Muss mich immer wieder umstellen. Das ist das Schlimmste. Die Familie. Manchmal sehe ich meine Frau ein paar Tage nicht. Das ist schon schlimm.

Wie sieht das diese Woche aus, zum Beispiel, mit dem Schichtdienst?

Korytowski: Montags Spätschicht von 13 bis 20 Uhr, dienstags Frühschicht von 6 bis 13 Uhr, und abends dann Nachtschicht von 20 Uhr bis morgens um 6, Donnerstag frei, und Freitag dann geht's wieder von vorne los. Und kein einziges freies Wochenende im Monat. Mal ein freier Samstag, mal ein freier Sonntag. Das muss irgendwie aufhören, kaum zum Aushalten.

Frau G. hat mir gesagt, daß Sie bereit sind, Aussagen darüber zu machen, wie es bei der Polizei zugeht…

Korytowski: Wieso Aussagen?

Nein, nicht Aussagen, klar, sondern daß Sie aus eigener Anschauung sagen, was Sie dort erleben. Verstehen Sie, ich mache das doch nur, weil ich glaube, daß es etwas zu berichten gibt. Die Polizei ist nicht öffentlich, großes Schweigen.

Korytowski: Da gibt es einiges zu berichten.

Was stört Sie an der Polizei?

Korytowski: Viel, da stört mich sehr viel. Ich komme manchmal nach Hause, sitze zwei, drei Stunden im Sessel, kann an nichts anderes denken als an das, was ich am Tag erlebt habe. Ich darf dann nicht angesprochen werden. Meine Frau fragt mich, aber ich krieg den Mund nicht auf. Das ist der Job, der macht einen stumm, ich sehe Sachen … Zum Beispiel nachts, wenn da einer gejagt wird, hat nicht angehalten, als sie ihm die Kelle gezeigt haben, Fahrerflucht, wenn der dann gejagt wird, drei, vier Streifenwagen, und dann, wenn sie ihn haben, dann wird er geschlagen.

Passiert so etwas häufiger?

Korytowski: Oft, fast immer. Muss sich die Aggression entladen, meistens sind die ja betrunken, wollen den Führerschein nicht verlieren, fahren durch und denken, sie könnten entkommen, ich halt mich da raus, aber die anderen …

Haben Sie das in der Zeitung gelesen, oder war es in der Illustrierten, von den beiden Polizisten, die in Itzehoe das Mädchen in der Zelle vergewaltigt haben?

Korytowski: Ja, das hab ich gelesen, hab den Artikel zu Hause liegen. Schlimm. Aber da ist es wenigstens rausgekommen, die Frau hat sich gewehrt, Anzeige gemacht. Aber die meisten…

Kennen Sie auch so einen Fall?

Korytowski: Nein, nicht direkt. Wenn so ein Penner, ich meine, so ein Alkoholiker nachts aufs Revier gebracht wird, den sie aufgegabelt haben, keinen richtigen Wohnungsnachweis, keine feste Adresse, und wenn der nicht richtig spurt, der kriegt eins in die Fresse. Es gibt Reviere, die sind bei uns bekannt dafür, da wird geschlagen, das wissen alle. Wenn ich früh meinen Dienst antrete und dorthin fahre, da ist ein Kollege, der denkt ähnlich wie ich, manchmal hat er das sogar mitmachen müssen, sonst sind Sie ein Waschlappen. Der spricht mich direkt an, natürlich nur, wenn wir alleine sind: »Mensch, heute Nacht, ich halt das nicht mehr aus.« Das sagt er schon seit zwei, drei Jahren. Hat sich weg beworben, aber es hat bis jetzt nicht geklappt.

Haben Sie eigentlich immer so über Ihren Beruf gedacht, ich meine, fast zwanzig Jahre …

Korytowski: Nein, natürlich nicht.

Wissen Sie noch, wann sich das geändert hat, wann Sie angefangen haben, Ihren Beruf mit Abstand zu betrachten. Gibt es da ein Beispiel?

Korytowski: Schwer zu sagen, das liegt schon Jahre zurück. Einmal, aber das ist schon lange her, am Fußballstadion, als es da jeden Samstag zu Krawallen kam, mussten wir Kontrolle von Fans machen. Da kamen die Kollegen zurück und haben sich gerühmt, haben geprahlt, den und den haben wir geschnappt. Da wurde ich auch mal eingesetzt, obwohl ich gar keinen Dienst hatte, war auch ein anderes Revier. Ich bin dahin. Anfangs war alles ganz friedlich, einige hatten Schlagwerkzeuge dabei, die mussten wir ihnen abnehmen, und plötzlich kommt der Befehl, jemand festzunehmen, der hatte gar nichts getan, kam da an, wollte ins Stadion, ich wurde abkommandiert, festnehmen. Als der uns kommen sah, begann er zu laufen, wir hinterher, und dann auf ihn, ich hab auch zugeschlagen. Einfach drauf, vier zu eins. Ich hab das Bild noch vor mir, wie ihm das Blut am Kopf runterlief, helles rotes Blut, wie ein Strahl schoss es heraus. Ich hab tagelang drüber nachgedacht …

Aber so was passiert doch bei jeder Demonstration: Knüppel frei und draufhauen.

Korytowski: Bisher hatte ich Glück, bin noch nicht eingesetzt worden, wo was los war. Hab mich nie darum gerissen.

Glauben Sie, dass es Ihren Kollegen Spaß macht, den Knüppel zu schwingen und auf die Demonstranten einzudreschen?

Korytowski: Nein, bestimmt nicht. Einigen vielleicht, aber das sind nur ein paar, die meisten haben Schiss, die haben mehr Angst als die Demonstranten.

Das nehme ich Ihnen nicht ab, wenn ich das so sehe, wie die zur Sache gehen.

Korytowski: Sie irren sich, was Sie sehen, das sind nur die draufschlagenden Polizisten, was Sie nicht sehen, ist der Mann, der den Befehl gibt: Knüppel frei. Die Demonstranten können doch nach Hause gehen oder sich unbeteiligt hinstellen, zusehen, wenn sie eins drüber gekriegt haben, wir haben dann nicht Dienstschluss. Was glauben Sie, warum die Verletztenziffern bei der Polizei so hoch sind? Da meldet sich jeder, der auch nur den kleinsten Kratzer hat, um nicht mehr weitermachen zu müssen. Gut, es gibt einige, die sehen das als Mutprobe an, manche hassen auch die Demonstranten, aber das sind nur wenige.

Aber warum, meinen Sie, ist die Polizei so brutal, der Name ›Bulle‹, den ich auch nicht mag, kommt nicht von ungefähr?

Korytowski: Den meisten ist das nicht bewusst, was sie da tun, erst mal sind die im Recht. Und dann wissen sie, wenn die anderen nicht parieren, dann können sie körperliche Zwangsmaßnahmen anwenden. Die Frage: ist das überhaupt richtig, die stellt sich doch kaum einer. Befehl von oben. Muss eine Kundgebung von NDP-Leuten geschützt werden? Müssen Atomgegner mit Gewalt von einem Bauplatz geräumt werden? Wie hat das zu geschehen? Das fragt sich keiner. Und mit den Bauchschmerzen müssen Sie selbst fertig werden, dürfen nicht mal zeigen, daß Ihnen das nahegeht. – Haben Sie mal jemand verprügelt, bis er geblutet hat?

Wie kommen Sie darauf?

Korytowski; Dann können Sie sich nicht vorstellen, was es heißt, Menschen so abzurichten, dass sie das in Kauf nehmen, tun müssen. Und Sie können sich auch nicht vorstellen, mit was für Gefühlen man hinterher dasteht, um damit klarzukommen.

Das Gespräch dauerte mehr als zwei Stunden, ich kann natürlich hier nur wenige Auszüge wiedergeben. Der Tenor war fast immer: Brutalität und Amtsanmaßung, alles hinter den Kulissen, selten wird etwas bekannt. Schon während des Gespräches denke ich an den V-Effekt, Verwertung, wo kann ich diese freimütigen Aussagen eines Polizisten unterbringen, gleichzeitig wird damit meine eigene Betroffenheit und Wut geringer.

Journalistische Routine oder Rücksicht auf den Informanten? Was einer recherchiert hat, das wird er so schnell nicht wieder hergeben, es sei denn in veröffentlichter Form.

Ich habe die Bänder abgetippt, eine gekürzte Fassung hergestellt, dem Polizisten die Toncassetten zurückgegeben und, wie ausgemacht, den Artikel, damit er überprüfen kann, was ich geschrieben habe. Zwei Tage höre ich gar nichts.

Dann kommt ein Anruf: Wir müssen uns sehen.

Bedingung: nicht bei ihm zu Hause.

Ich denke, zu seinem eigenen Schutz wird das besser sein.

Wir treffen uns in einem Café.

Korytowski spricht über die Aufrüstung der Polizei, damals waren Hundestaffeln in Mode gekommen, die speziell darauf trainiert wurden, Demonstranten zu beißen, bei Hausbesetzungen in West-Berlin wurden sie eingesetzt. Korytowski ist darüber empört. Auch über die chemische Keule.

Ich mache Notizen, stelle Fragen, lasse wieder das Tonband laufen.

Warum sind Sie Polizist geworden?

Korytowski: Wie man so etwas wird, die einen wollen Lokführer werden, die anderen Maschinenbauer, wieder andere Polizisten. Ich wollte kein Polizist werden, aber es gab keine andere Lehrstelle. Ich hatte auch nichts dagegen, mein Vater hat mit einem Bekannten gesprochen, der wohnte uns schräg gegenüber, war bei der Kripo. Und dann haben die mich angemeldet. Direkt nach der Hauptschule. Anfangs fand ich das prima. Nach einem Jahr Bereitschaft wurde ich Wachtmeister, mit Urkunde, die hatte ich jahrelang im Wohnzimmer hängen, jetzt liegt sie auf dem Speicher. Mit 25 wurde ich Polizeihauptwachtmeister, dann drei Jahre später Beamter.

Wie war die Ausbildung?

Korytowski: Beschissen! Aber das sag ich heute, damals fand ich sie toll. Wir durften in Uniform zu zweit durch die Straßen gehen und hatten uns nur eine Frage einzuprägen: Darf der das? Das ist ein Gefühl, wenn man so durch die Straße geht. Wir durften nicht einschreiten, klar, aber trotzdem, wir fühlten uns groß. Darf der Autofahrer dort parken? Darf die Frau die Straße an dieser Stelle überqueren? Darf der Lebensmittelhändler seine Ware auf der Straße aufstellen? Ein Machtgefühl,

Macht über andere Menschen, die verleitet. Das war erst nur ein Spiel. Welcher Paragraph ist anzuwenden, welche Verordnung. Und dann die Uniform, die kommt dazu. Sie können, müssen natürlich nicht, Sie können jederzeit jeden kontrollieren, Fahrzeuge stoppen, Führerscheine beschlagnahmen, Türen zu jeder Tag- und Nachtzeit öffnen. Law-and-order, so läuft das. Und von Verständnis für die Probleme des einzelnen Bürgers steht in den Dienstvorschriften nichts drin.
Aber Sie sind doch oft wie Sozialarbeiter eingesetzt, bei Randgruppen, Leuten, die mit der Realität nicht fertig werden.

Korytowski: Die interessieren uns nur, wenn sie Gesetze übertreten.

Ich merke, dass Korytowski über den Artikel reden will, aber er traut sich nicht. Ich lasse ihn eine Zeitlang zappeln, dann frage ich nach seiner Meinung.

Er wird bleich, ist entsetzt. So könne das auf keinen Fall erscheinen. Ich habe zwar seinen Namen weggelassen, aber natürlich wörtliche Zitate verwandt. Die müssen alle verschwinden, sagt er.

Ich gerate ins Schwitzen, dann bleibt von dem Artikel nichts mehr übrig.

Korytowski hat bestimmte Ausdrücke verwandt, z. B. sagt er, dass die Polizei oft »menschenfeindlich« handelt. Das müsse auf jeden Fall raus. Denn das hat er mal auf einer Personalversammlung gesagt. (Ich habe dieses Wort hier mit einem Synonym ausgetauscht, in Wirklichkeit ging es um eine andere Bezeichnung.) Wir diskutieren. Er will auch, dass ich herausbringe, was das für ein Scheißjob ist – und nicht nur, wie brutal die Polizei (unkontrolliert von der Öffentlichkeit) zuschlägt.

Ich verspreche, den Artikel zu verändern, so wenig wie möglich Zitate von ihm zu verwenden. Selbstverständlich bekommt er ihn wieder zu lesen, bevor ich den Text veröffentliche.

Und eins habe ich auch zugesagt: Ich will auf keinen Fall riskieren, dass er wegen der Veröffentlichung Schwierigkeiten bekommt, dann soll der Artikel lieber nicht erscheinen.

Auf dem Nachhauseweg denke ich lange über die Zusage nach, mal halte ich sie für richtig, dann wieder für falsch; nur weil ein Polizist Angst hat, kann ich doch nicht wichtige Informationen über den Polizeialltag unterdrücken.

Die Veröffentlichung lässt auf sich warten

Ich hatte vor, die Entwicklung Korytowskis in den Mittelpunkt meiner Reportage zu stellen – weil so, an der individuellen Biografie eines Polizisten, der Prozess der Distanzierung vom eigenen Berufsstand deutlich werden konnte; jetzt musste ich umdisponieren, allgemeiner werden.

Ich versuchte, die Einwände meines Gesprächspartners zu berücksichtigen, ohne den Artikel zu entschärfen.

Tagelang bekomme ich Korytowski nicht ans Telefon, seine Frau ist einmal dran, sie sagt, er habe momentan keine Zeit. Ich spüre die Ausrede.

Ärgere mich wieder über meine Zusage, meinen Informanten zu schützen.

Dann erwische ich ihn, bringe ihn dazu, mit mir einen Termin zu machen, wieder in einem anderen Café, lege ihm den Artikel vor.

Korytowski liest und liest, es dauert mindestens eine halbe Stunde, bis er überhaupt etwas sagt. (Auf jeden Fall muss ich meinen Kassettenrecorder ausgeschaltet lassen.)

Er lehnt ab.

»Wer gibt mir die Garantie, dass ich nicht meinen Job los bin, wenn das erscheint.«

Ich kann ihm die Garantie nicht geben.

Wir sitzen da, sehen uns an, schweigen, manchmal minutenlang. Korytowski spricht von Angst, ich versuche, ihm Mut zu machen. Ich biete ihm eine letzte Möglichkeit an: Der Artikel wird so geschrieben, als habe ich mit mehreren Kollegen gesprochen, deren Namen ich zwar anonymisiere, aber der Trick muss zu seinem Schutz erlaubt sein. Mir ist nicht wohl bei der Sache. Korytowski ist erleichtert.

Wir trennen uns.

Wieder eine Nachtschicht, der Artikel wird länger und gaukelt vor, dass mehrere Polizisten über die alltägliche Brutalität auf den Revieren ausgepackt hätten.

Zugleich bitte ich um ein Interview mit dem Polizeipräsidenten. Das wird für den nächsten Tag gewährt.

Der PP spricht von:

- einigen Vorfällen, die aber nun wirklich die Ausnahme darstellen

- der Kriminalitätsrate, die bei der Polizei im Durchschnitt genauso hoch sei wie in der gesamten Bevölkerung
- der Konfrontation der Ordnungshüter mit den »unordentlichen Verhältnissen«, er meint damit Randgruppen, Demonstranten und ähnliches
- schwarzen Schafen, die man nicht hochspielen dürfe
- die Polizei sei durchaus in der Lage, sie herauszufinden und »unschädlich zu machen«
- die Kameraderie sei längst nicht mehr so wie noch vor 20, 30 Jahren.

Ein Interview, wie es zu erwarten war, die üblichen Ausflüchte, Verneblungen.

Dennoch baue ich einiges in meinen Text ein und stecke ihn Korytowski in den Briefkasten.

Der überraschende Ausgang einer langen Recherche

Ein paar Tage später kommt Korytowski mit seiner Frau in meine Wohnung. Er hat sie zur Verstärkung mitgebracht. Er legt das Manuskript auf den Tisch und sagt, es habe keinen Zweck, ihm fehle der Mut. Er ist den Tränen nah. Seine Frau erzählt, dass er zwei Nächte nicht schlafen konnte, dass er immer wieder grübelt, was passiert, wenn sie ihn erwischen. Korytowski kann sich seine Wut nicht erlauben, darf sie nicht rauslassen, muss in falsch verstandener Kameradschaft den Ärger runterschlucken. Wir stehen da, reden kaum noch.

Zehn Minuten später sind die beiden gegangen. Ich habe versprochen, dass die Reportage nicht erscheint.

Im BREMER BLATT, unserem alternativen Monatsblättchen, erschien über dieses Zusammentreffen mit einem Polizisten nur eine kurze Notiz von zehn Zeilen. »An dieser Stelle sollte ein Artikel über einen Polizisten stehen, der es nicht mehr aushält …«

Diese Begegnung war so prägend für mich, dass ich sie 1984 in einem fiktiven Hörspiel mit dem Titel *Freund und Helfer* für Radio Bremen nachgezeichnet habe. Ein Zwei-Personen-Stück, das zeigt, in welch schwierigen Lagen sich Polizist und Journalist befinden. Das Hörspiel greift die Thematik der alltäglichen Polizeigewalt ebenso wie den

Verwertungszwang in den Medien auf. Als das Stück bei Radio Bremen wiederholt wurde, hörten es sich Polizisten sogar in Streifenwagen an, weil die Polizeipressestelle glaubte, es handele sich um eine Reportage aus dem berüchtigten 6. Revier in Bremen.

Damals begann meine Beschäftigung mit der Arbeitswelt Polizei, ihren Machtstrukturen, der strengen Hierarchie, mit Kameraderie und Machogehabe, in einem Beruf, der mit der Bezeichnung »Prügelknabe« durchaus zu Recht beschrieben wird. In des Wortes doppelter Bedeutung! Auch wenn es manchen so erscheinen mag, ich war nicht ausschließlich ein Polizei-Kritiker, für den es nur schwarz oder weiß gab. Bei vielen Diskussionen habe ich dafür plädiert, das System Polizei transparent zu machen und auch dafür zu sorgen, dass die wahrlich anstrengende Arbeitswelt der Polizisten der Öffentlichkeit vor Augen geführt und möglichst bald geändert wird. Momentan erleben wir, was es bedeutet, dass in den letzten Jahren 16.000 Stellen bei der Polizei eingespart wurden.

Für das WDR-Fernsehen habe ich damals zwei Dokumentationen über »Polizei-Aussteiger« gedreht. Ein Fall in Bremen und einer in Berlin: Beide Jungpolizisten haben den Dienst quittiert, weil sie mit den täglichen Übergriffen ihrer Kollegen nicht mehr klarkamen.

Der Streifenpolizist, mit dem ich Ende der 70er Jahre das für mich so prägende Interview führte, hat sich ein paar Jahre später umgebracht.

Das Kameradenschwein (1987)

Im ersten meiner Romane der Bremer-Polizei-Serie, *Das Kameradenschwein*, ist die »Polizistenwut« das beherrschende Thema. Kriminalhauptkommissar Lindow, der *main character* des ersten Bandes, bekommt einen Zeugen zugeführt, der von zwei Streifenbeamten zusammengeschlagen worden ist. Wie wird er sich entscheiden? Schweigt er über diese Tätlichkeit im Amt oder bringt er sie zur Anzeige?

Die Aufgabe, gleich zu Beginn der Serie alle Personen für die späteren Romane auftauchen zu lassen, fiel mir nicht so schwer wie die Tatsache, dass ich hypertroph Material gesammelt hatte, das ich unterzubringen versuchte. Das Schwierigste beim Schreiben ist das Streichen, der Satz eines bedeutenden Kollegen. Schon damals habe ich pro Tag rund zehn Seiten geschrieben, ganz so wie der schreibwütige Lokaljournalist Klaus Grünenberg im Roman, um am nächsten Tag drei bis acht Seiten wieder im Papierkorb zu versenken. So blieb alles unter Spannung. Ich wollte mich von Anbeginn, trotz ausführlicher ausgeklügelter Struktur, auch selbst überraschen. Ich kann Kollegen gut verstehen, wenn sie behaupten, sie schreiben wie im *jet-stream*. Es kommt plötzlich zu überraschenden Entwicklungen und Wendungen, mit denen man niemals gerechnet hat.

Zwei Prinzipien für meine Zehner-Serie, die sich von denen meiner schwedischen Vorbilder unterscheiden sollten, hatte ich zu Beginn formuliert: In jedem Band gibt es eine andere Hauptperson und die Serie ist chronologisch angelegt. Im Hintergrund werden die Entwicklungen in der BRD, auf lokaler und überregionaler Ebene dargestellt.

Von Seite zu Seite fiel mir das Schreiben leichter, machte mehr Spaß, hat so viel Schwung erzeugt, dass ich niemals mit einem *writers block* zu kämpfen hatte. Die Angst vor dem ersten Satz, vor dem weißen Papier, wie auch immer Kollegen diesen Zustand beschreiben, gab es bei mir nie.

Bei allen Romanen, nicht nur bei den Krimis, ist Schreiben ein Grund zur Freude, die Lust zu fantasieren, fabulieren, fabrizieren, sie überwiegt die Anstrengung, jeden Tag an der Maschine zu sitzen und mehrere Stunden (bis zu sechs Stunden, mehr waren es nie) zu schreiben.

Teil der Recherche für *Das Kameradenschwein* war auch ein früheres Gespräch mit einem bekannten Makler, das ich für mein ZDF-Fernsehspiel *Der Aufsteiger* geführt hatte. Darin erklärte er mir, wie auf sehr leichte Weise bei der Makelei erhebliche Summen verdient werden können, wenn man nur die richtigen Insider-Informationen bekommen hat. Und wie bekommt man die? Na, durch Bestechung der Beamten in den zuständigen Behörden. Welcher Art sind diese Bestechungen? Mal ein Briefumschlag, mal ein Umbau des Privathauses, was gerade so reinpasst. Und warum kommt das nie raus? Weil es nie jemanden gibt, der davon Nachteile hat … na ja, ein paar gibt es schon, aber die haben dann Pech gehabt. Soweit aus der Erinnerung ein paar Gesprächsfetzen aus dem damaligen Interview, bei dem ich übrigens genau wie bei dem

Polizisten mehrfach das Tonband abstellen musste, damit der Makler mir ein paar seiner Geheimnisse verriet. (Als das Fernsehspiel im Oktober 1981 ausgestrahlt wurde, gab es wütende Proteste des Makler-Gewerbes. Drei Aktenordner füllten diese Briefe. Der Film durfte nie wieder ausgestrahlt werden und kam in den Giftschrank des ZDF.)

Das Kameradenschwein

Kaum hatte er sich an seinen Schreibtisch gesetzt, wurde die Tür aufgestoßen, und zwei Uniformierte schoben einen hageren Mann hinein.

»Was soll das!« schrie Lindow, »das ist hier kein Asyl. Bringt den Mann raus.«

»Moment, Moment«, erwiderte der ältere der Beamten. »Das ist eine Vorführung. Sie wollten doch Herrn Kandel vernehmen.« Er machte Meldung. Wie beim Militär.

»Ach so.« Lindow erinnerte sich. Es war der Vertreter, der zur Tatzeit im Wohnblock der Frau Merthen gesehen worden war.

»Was hat er?« fragte er den älteren Beamten.

»Ihm ist nicht gut«, der Polizist war wortkarg.

»Setzen Sie ihn mal ab.«

Lindow half, Franz Kandel auf seinen Plastikstuhl zu hieven.

»Krank?« Der hagere Mann schwieg.

»Was ist los, Kollege? Wie heißen Sie überhaupt?« Lindow wurde böse. »So kurz vor Feierabend. Können Sie ihn nicht morgen vorführen?«

»Wir gehen«, sagte der ältere Beamte und schob den hochaufgeschossenen jungen Polizisten vor sich her.

»Das ist doch die Höhe. Ich habe Sie gefragt, wie Sie heißen.« Mit einer Hand hielt Lindow Kandel auf seinem Stuhl, die andere griff an die Uniformjacke. Mit einem kräftigen Schlag wurde dieser Griff gelöst.

»Wir haben einen Mann zur Vorführung gebracht. Auftrag erledigt.«

Lindow verlor beinahe das Gleichgewicht.

Nacheinander verließen die Streifenbeamten das Büro.

»Können Sie nicht reden, Herr Kandel?« Lindow schüttelte ihn vorsichtig.

An seinem verzerrten Gesicht stellte er fest, dass Kandel starke Schmerzen haben musste. Vielleicht war er deswegen nicht früher erschienen. Mehrfach war Lindow in der Absteige gewesen, die sich Pension bezeichnete. Kandel hatte dort ein Zimmer gemietet. Dreimal hatte er dem schmuddeligen Besitzer seine Karte gegeben und gebeten, dass Kandel ihn anrufen solle. Er werde als Zeuge dringend gebraucht. Aber er war nicht erschienen. Vielleicht war er krank gewesen.

»Herr Kandel, sagen Sie bitte, was mit Ihnen ist, ich habe nicht den ganzen Tag Zeit.«

Von dem hageren Mann war nur ein Stöhnen zu vernehmen.

»Brauchen Sie einen Arzt?«

Kandel schüttelte den Kopf.

Auch die schriftliche Vorladung hatte Kandel nicht beachtet.

»Was ist mit Ihnen?« Er war doch nicht zu krank, um den Mund aufzumachen. Vielleicht war er verstockt. Ein Vertreter, der nicht reden kann, ein seltenes Exemplar seiner Zunft. Der Hinweis auf ihn lag mindestens drei Wochen zurück. Ja, dieser Mann hatte Klinken geputzt, im ganzen Viertel, auch im Wohnblock der Frau Merthen.

Lindow traute sich nicht, den Mann loszulassen. Der würde glatt vom Stuhl fallen. Die grau-blauen Augen waren getrübt. Das Kinn schief.

»Soll ich Sie einsperren lassen, bis Sie reden?« Langsam war seine Geduld zu Ende. Auf jeden Fall ein guter Schauspieler, dachte Lindow. Er rückte den Stuhl mitsamt der halben Portion durch das Büro und lehnte ihn an einen Aktenschrank. Unsanft drückte er Kandel gegen das Holz.

»Au«, zischte der Mann.

»Herr Kandel, wo waren Sie am 14. Dezember, zwischen achtzehn und vierundzwanzig Uhr?«

Keine Reaktion.

»Haben Sie meine Frage verstanden?«

Der Hagere nickte. Langsam.

»Können Sie nicht sprechen? Wie heißen Sie?«

Die Fragen wurden sinnlos.

Hat keinen Zweck, aus dem krieg' ich nichts raus. Lindow griff zum Telefon, um den Polizeiarzt zu rufen. Sollte der doch feststellen, was mit seinem Zeugen los war. Er hatte die Nummer noch nicht zu Ende gewählt, als Kandel sagte:

»Die haben mich geschlagen, Herr Kommissar.«

Lindow hielt inne. »Was ist?«

»Geschlagen.«

»Wer?«

»Die beiden.«

Lindow legte den Hörer auf die Gabel.

»Welche beiden? Sie sprechen in Rätseln.«

Kandel blieb stumm. Er rutschte vom Stuhl.

Mit einem Sprung war Lindow bei ihm, aber er konnte nicht verhindern, dass der Hagere auf dem Boden aufschlug. Er schrie vor Schmerz.

Behutsam hob Lindow ihn wieder auf den Sitz.

Das passte zum Mordfall Merthen. Ein Zeuge, der nichts sagte. Außer der toten Frau war kein Beweis für einen Mord vorhanden. Natürlich keine Fingerabdrücke. Wenn ein Mörder Fingerabdrücke am Tatort hinterließ, dann musste man ihn schon wegen Dummheit einsperren. Die dünne Spurenakte. Und jetzt dieser Schweiger. Ein so guter Schauspieler kann er nicht sein, dass er die Schmerzen simuliert. Die sind echt.

»Können Sie sich aufrecht halten, Herr Kandel?«

Lindow versuchte, das Gespräch fortzusetzen.

»Ja.« Sein schiefes Kinn bewegte sich.

»Wer hat Sie geschlagen?«

»Die beiden Bullen …«

»Reden Sie keinen Quatsch, Mann«, entfuhr es Lindow, »das ist doch bloß vorgeschützt.«

»Ich sage Ihnen, die beiden Bullen haben mich verprügelt!« Franz Kandel lehnte zusammengesunken an seinem Aktenschrank, der hellgraue Anzug, unpassend für diese Jahreszeit, war an zwei Stellen aufgerissen.

»Warum?«

Lindow nahm wieder seinen Platz hinter dem Schreibtisch ein.

Kandel zuckte mit den Schultern. Seine Miene war angespannt.

»Wie ist es passiert?«

Keine Reaktion.

Lindow konnte sich zwar vorstellen, dass Streifenbeamte ihre Befugnisse überschritten, das wäre nicht das erste Mal, aber dass sie einen Zeugen krankenhausreif schlugen … Wenn er auch nicht simulierte, so übertrieb er doch ganz gewaltig, dieser Herr Kandel.

Der Kriminalhauptkommissar ging mit raschen Schritten aus seinem Büro, um den Polizeiarzt zu holen. Mit einem Blick stellte er fest, dass Matthies bereits nach Hause gegangen war. Ihm fiel ein, dass an diesem Abend der Betriebsausflug der Mordkommission stattfand. Da durfte er nicht fehlen. Aber wie wurde er diesen Mann wieder los? Auch der Polizeiarzt war nicht in seinem Zimmer. Die Sekretärin wusste, dass er schon seine Stammkneipe aufgesucht hatte und gab Lindow die Nummer. Er versprach, gleich zu kommen.

Lindow kehrte in sein Büro zurück. Hatte Kandel sich überhaupt bewegt?

»Jetzt reden Sie mal keinen Schmus, Herr Kandel. Bis der Polizeiarzt kommt, will ich genau von Ihnen wissen, was vorgefallen ist? Vergessen wir erstmal die Aussage zum Mordfall Merthen …« Kandel schreckte hoch. Als sei er eingedämmert.

»Ich bin verprügelt worden. Glauben Sie's mir. Die beiden Bullen haben zugeschlagen.«

»Wann?«

»Vorhin.«

»Wo ist das passiert?«

»Vor der Pension.«

»Haben Sie Zeugen dafür?«

Kandel versuchte ein Lächeln, aber sein Gesicht spielte nicht mit.

»Sie können Fragen stellen, Herr Kommissar.« Wenigstens redete der Mann.

Eine halbe Stunde später war der Polizeiarzt da. Mürrisch, weil er schon den Feierabend eingeläutet hatte.

»Und ich, was glaubst du denn, was ich hier mache, bezahlte Überstunden, oder was?« Lindow fürchtete um seine Geduld. Bei jeder Berührung des Arztes hatte Kandel aufgestöhnt.

»Der ist ganz schön alle«, sagte der Polizeiarzt, »wird in den nächsten Tagen mit blauen Flecken zu kämpfen haben.« Lindow nahm ihn zur Seite.

»Er behauptet, das sind Kollegen gewesen.« Er flüsterte, aber bemerkte im gleichen Moment, dass Kandel ihn gehört hatte.

»Den flick ich dir schon wieder zusammen, Wolfgang. Behalt ihn zwei Tage hier. Das wird schon wieder.« Lindow sah Kandel an. Der Polizeiarzt wollte gehen.

»Nein, ich denke, wir lassen ihn in ein Krankenhaus schaffen«, sagte Lindow mit lauter Stimme, »damit nachher keine Klagen kommen.« Der Polizeiarzt zeigte ihm den Vogel. Lindow bestand darauf. Mit Kandel konnte er in der nächsten Zeit nicht rechnen. Er bestellte eine Trage. So konnte er in Ruhe zum Betriebsausflug gehen, anstatt hier, unter sehr erschwerten Bedingungen, eine Zeugeneinvernahme durchzuführen.

Bevor er das Präsidium verließ, erfragte er die Namen der Streifenwagenbesatzung. Die wollte er sich zur Brust nehmen.

Die zahlreichen Reaktionen auf diesen Roman zeigten: Es gab einige Polizisten, die sich ähnlich wie mein *role model* – der Streifenpolizist, der auspacken wollte – in ihrem Job unbehaglich fühlten und versuchten, mit mir Kontakt aufzunehmen. Ich bekam Material geschickt, vertrauliche Unterlagen, unglaubliche Stories aus einer Welt, die sich offenbar gegen jede öffentliche Aufmerksamkeit abzuschotten versteht. (Ich hätte mehr als ein Dutzend Fälle aufgreifen können, die ähnlich dem im *Kameradenschwein* geschilderten waren.)

Der Spitzel (1988)

Getreu meinem Prinzip, in jedem Roman eine andere Hauptfigur in den Mittelpunkt zu stellen, trat Lindow im zweiten Band der Serie, *Der Spitzel*, in den Hintergrund, um für Oberkommissar Fritz Pinneberger Platz zu machen.

Der Roman spielt zur Hoch-Zeit der Anti-AKW-Demonstrationen 1976/77 gegen die Atomkraftwerke in Itzehoe, Brokdorf, Grohnde etc. Wie viele Kilometer sind wir gelatscht, um überhaupt zum Bauzaun zu gelangen. Wie viele Regenschauer haben wir über uns ergehen lassen. (Der Wettergott steht auf der Seite der Atomlobby!) Nicht wenige unserer Freunde sind von der Polizei dort mit Wasserwerfern, Schlagstöcken, Tränengas empfangen worden. Eine Gruppe von Journalisten hat Interviews mit Betroffenen und Verletzten gemacht und das Material veröffentlicht. Mein Kamerateam (Henner Reichel und Karsten Müller) und ich haben daraus einen 20-minütigen Film erstellt: *Hier baut der Rechtsstaat*. Eine Text- und Bildmontage, in der eindrücklich unsere Erfahrungen mit der Ordnungsmacht festgehalten wurden. Ein Stück veritabler Agitation gegen die Polizeieinsätze. Auf Videocassetten wurde der Film vervielfältigt und den Anti-AKW-Initiativen vor Ort zur Verfügung gestellt. Über 400 Mal wurde der Film gezeigt.

Ein zweites Thema im Roman *Der Spitzel* war die Schleyer-Entführung im Deutschen Herbst 1977. Wenn ich mir diesen Roman heute anschaue, stelle ich fest, dass die Diskussionen um die Vorgänge im »Deutschen Herbst« immer noch kein Ende gefunden haben. Die entscheidenden Veränderungen der Bundesrepublik durch dieses »Stahlbad« zeigen sich nach wie vor. Stillstand und sogar Roll-Back wurden damals markiert. Der Aufbruch, individuell und gesellschaftlich, den wir nach 1968 erlebt haben, fand sein Ende. Mein Roman versucht diese Markierung zu beschreiben.

1983 wurde in der Bremer Friedensbewegung ein Spitzel enttarnt, der zwei Jahre für die Polizei und den Verfassungsschutz arbeitete. Das BREMER BLATT hat damals ausführlich über den Fall berichtet. Diese Geschichte hat meinen Roman inspiriert. Es wurden Abrechnungsbelege bei dem Spitzel gefunden, auch für kleinste Geschenke an seine Wohngemeinschaft. Ein besonderer Treppenwitz: Der Bremer Innensenator, der sich selbst als Mitglied der Friedensbewegung bezeichnete, spielte die Affäre als kleinen Formfehler herunter. Niemand trat zurück.

Der Spitzel

Ein langer Fußmarsch und kein Ende abzusehen.

Von einer kleinen Anhöhe konnten sie die eingezäunte Wiese betrachten, doppelter NATO-Draht, zwei Meter hohe Betonmauer, davor ein zwei Meter breiter Wassergraben, dahinter nichts als grüne Wiese. Kein Baum. Gräben durchzogen das mehrere Hektar große Areal. Ein paar Lastwagen, ein hoher Kran. Und jede Menge Hundertschaften.

Seitdem der Kampf um Symbole der Macht ging, um Demonstration des Herr-im-eigenen-Land-Standpunktes, um die Frage: Wer hat das Sagen in einer Volksherrschaft, die man mit einem Fremdwort auch Demokratie nannte, seit dieser Zeit kam es zu massenhaften Auseinandersetzungen. Mal waren es fünfzigtausend, die sich an einem Wochenende in Bussen zum Protest in Bewegung setzten, mal waren es hunderttausend. Ziel: die Bauplätze der Atomkraftwerke, die aussahen wie militärische Stellungen.

Über ihnen kreisten Groß-Hubschrauber, die gelegentlich auf dem freien Feld landeten und fünfzig Polizisten mobil einsetzten. Der ganze Platz vor den endlosen Zäunen war in gelblichen Nebel der Tränengasbomben gehüllt. Überall husteten Demonstranten und Polizisten.

Schon dreißig Kilometer vor dem Ort der Demonstration hatten die Polizeitaktiker eine Sperre errichten lassen, so dass dort die Fußmärsche begannen. Schon im Umkreis von zweihundert Kilometern wurden auf den Autobahnen alle Fahrzeuge angehalten, die mit der Nein-Danke-Sonne beklebt waren, die Fahrer überprüft und alle Waffen gegen Bescheinigung sichergestellt. So kam die Polizei zu einer großen Menge von Scheren, Messern, Zitronen, Motorradhelmen, Motorradbrillen. Seltener fanden sie Bolzenschneider, Stemmeisen, Hämmer, Zwillen oder andere Wurfgeschosse. Viele Busse aus der weiteren Entfernung des Demonstrationszieles wurden gar nicht erst durchgelassen. Die effektivste Möglichkeit, den Teilnehmerkreis zu begrenzen.

Immer wieder versuchten kleinere Gruppen von vermummten Demonstranten, den Graben im Sprung zu überwinden, aber dann standen sie vor dem messerscharfen Stacheldraht, einigen gelang es, dieses Hindernis durch zu knipsen, manche saßen auf der hohen Betonmauer. Aber meistens konnten sie sich dort nicht lange halten, denn sie wurden vom Strahl eines Wasserwerfers von der Mauer gespritzt.

Sie wollten es wissen, sie wollten ausprobieren, ob durch den massenhaften Protest die Pläne der Bundesregierung, das Land mit einem Netz von Atomkraftwerken zu überziehen, nicht gestoppt werden konnten. Die Unterschriftenlisten erreichten die Länge von mehreren Kilometern, die anhängigen Einspruchsverfahren vor Gerichten beschäftigten Tausende von Juristen, aber die Regierung bewegte sich nicht. Zwar wurden die Stimmen immer lauter, die ein neues Nachdenken über die Gefährlichkeit der Kerntechnik forderten, aber die Technokraten fanden, dass hier ein Exempel statuiert werden müsse. Für sie stand der Fortschritt auf dem Spiel, das nächste Jahrtausend, der Anschluss an den Weltmarkt, die globale Perspektive gegen die Ängste von ein paar hunderttausend Bürgern, so sahen sie jedenfalls diese symbolische Auseinandersetzung.

Die eingesetzten Polizisten sahen das anders. Sie zählten die Überstunden, trockneten ihre Uniformen und versuchten, den Gestank des Angstschweißes herauszuwaschen. Einige meldeten sich verletzt, weil ihnen übel geworden war, einige wurden tatsächlich verletzt vom Wurfhagel der mitgebrachten Gegenstände. Und sie waren sauer. Einerseits mussten sie stundenlang in Reih und Glied stehen, durften sich nur bewegen, um ihre Plastikschilde über den Kopf zu halten, andererseits hatten sie selbst auf diese sehr eingeschränkte Aktivität oft schon tagelang warten müssen.

Die Einsatzleiter hatten meist gegen Abend ein Einsehen und ließen die Hunde von der Kette.

So war es auch an diesem Tag im September.

Die Demonstranten befanden sich schon auf dem Rückweg zu den Bussen, erschöpft von den langen Märschen und der erfahrenen Ohnmacht, ihre Gespräche drehten sich um diejenigen, die in vorderster Front der Wasserschlacht standen und in der Abendkühle eine Lungenentzündung riskierten.

»Knüppel frei!«

Die Parole schallte über das Gelände.

Die meisten rannten los, stolperten über den Acker, fielen in Gräben. Ein Demonstrant hieb mit einer Schaufel auf einen Polizisten ein, der im Schlamm steckte.

Die Hundertschaften, die aus dem großen Tor des Baugeländes strömten, verteilten sich in alle Richtungen.

Gejohle.

Geschrei.

Wie Hasenjagen.

Kaum hatten sie einen erwischt, wurde er, noch am Boden liegend, verprügelt. Die aufgestauten Aggressionen entluden sich. Dazu ließ der Einsatzleiter ausrücken.

Jeder Krieg braucht Gefangene.

Die in der Eile zurückgelassenen Gegenstände wurden von Polizisten zu großen Scheiterhaufen aufgetürmt und verbrannt. In der Abenddämmerung sahen die Demonstranten, die in ihren eingeklemmten Bussen auf die Abfahrt warteten, wie zertrampelt die Äcker waren.

Die eingezäunte Wiese war unbeschädigt.

In den abendlichen Nachrichten wurde von einem weitgehend ruhigen Verlauf des Tages gesprochen, und dann wurden ein paar bewegte Bilder von der Hasenjagd gezeigt. Die verantwortlichen Politiker sahen sich die Auseinandersetzungen im Fernsehen an und waren ganz zufrieden.

Gegen dreiundzwanzig Uhr wurde ein Mann gefunden.

Verbrannt.

In einer Feuerstelle.

Das Gesicht verkohlt, der Parka bis auf den Reißverschluss weggebrannt, die schwarzen Reste der Turnschuhe an die Füße geschmort.

Die Leiche wurde durch Zufall von einem Bauern entdeckt, der in Gedanken zusammenrechnete, wie hoch der Verlust bei der Ernte sein würde.

Die Spätnachrichten meldeten nichts über dieses Ende eines symbolischen Tages.

Auch eine weitere Szene aus dem Roman geht auf eigenes Erleben zurück. Fritz Pinneberger recherchiert in einer Wohngemeinschaft und versucht herauszubekommen, was es mit dem Spitzel auf sich hat. Dabei entdeckt er Marihuana-Pflänzchen auf dem Fensterbrett. Die hat er noch nicht gesehen. Kann vorkommen. Er betrachtet die Pflanzen, lässt sich aber nichts anmerken.

So ähnlich war es mir ergangen. Eines Tages in einer Mordermittlung, eine Frau aus der Bremer Werkstatt Literatur der Arbeitswelt war ermordet worden, standen zwei Kripo-Beamte in meinem Arbeitszimmer und fragten mich nach meinem Alibi. Frage eines guten Rechtsanwaltes bei Gericht: »Weiß ein Nicht-Mörder, wo er sich zur Tatzeit aufgehalten hat?« Ich wusste es nicht. Konsultierte meinen Kalender, behauptete, ich sei in Tübingen gewesen, bis Marita aus dem Nebenzimmer rief: »Du warst in Köln, bei Dreharbeiten. Tübingen musste abgesagt werden.« Alle lachten. Dann fiel ihr Blick auf den Boden! Dort lagen Bilder von ermordeten Frauen! Und ich musste erklären, was es damit auf sich habe. »Ich schreibe an einem Roman über den Frauenmörder Landru, in den 20er Jahren in Paris.« Ein misstrauischer Blick, mehr konnte ich nicht ausmachen. Plötzlich fragte einer der beiden Beamten: »Sind das Cannabis-Pflanzen?« Die Töpfchen mit den Schösslingen standen auf der Fensterbank. Ich bejahte und wollte wissen, ob sie mich nun verhaften würden. »Keine Sorge, wir sind von der Mordkommission und nicht vom Drogendezernat.«

Die Chop-Suey-Gang (1989)

Ein Jahr vor den Auseinandersetzungen auf dem *Platz des Himmlischen Friedens* in Peking reisten wir mit einer kleinen Gruppe unter der Leitung eines Tübinger Bekannten fünf Wochen durch China. Er hatte vier Jahre als Deutschlehrer in Shanghai gearbeitet und wollte uns an die Orte führen, die ihm besonders in Erinnerung geblieben waren.

Spannende Erfahrungen aus einer fremden Welt, selten kamen wir in direkten Kontakt mit Chinesen, weil nur wenige von ihnen genügend Englisch sprachen, so sehr sie sich auch bemühten, mit ein paar gestotterten Anfangssätzen Kontakt zu uns aufzunehmen. Damals gab es Millionen Fahrräder, wo heute Millionen Autos die Luft verpesten. Und interessante Einsichten wurden uns geboten. Zum Beispiel, was es heißt, nicht das Gesicht verlieren zu dürfen. Und lieber die Langnasen-Touristen, also uns, zu belügen.

In Restaurants stellten wir fest, dass es ein Gericht wie Chop-Suey, das auf allen Speisekarten der China-Restaurants in Europa steht, gar nicht gibt. Schon das Wort ist für die meisten Chinesen unaussprechlich.

Als ich den dritten Band meiner Serie schrieb, *Die Chop-Suey-Gang*, konnte ich manche dieser Eindrücke und Erfahrungen verwerten.

Der Anfang des Romans beruht auf einem Erlebnis, das so grotesk wie erhellend war. Zusammen mit dem Hamburger Filmemacher, Lukas B., saß ich an der Alster bei unserem Lieblingsitaliener. Zu vorgerückter Stunde kam der Besitzer zu uns und sagte, alles, was wir jetzt noch bestellen würden, ginge auf seine Rechnung, wir möchten doch bitte dableiben. Wir waren etwas verwundert, aber ließen uns darauf ein. Nach einer halben Stunde waren wir bereits die letzten Gäste. Kurz nach Mitternacht ging die Tür auf und drei Herren in schwarzen Anzügen betraten das Restaurant. Sie marschierten durch das Lokal bis zur hintersten Ecke und verließen es fünf Minuten später wieder. *»La Mafia«*, sagte ich, noch im Scherz. *É così*, erwiderte der Besitzer. Lukas wollte wissen, was er bezahlt habe. »7.000 Mark«, der Besitzer machte eine Pause, »im Monat.«

Zu dieser Zeit wurden in Hamburg zwei italienische Lokale abgefackelt und es kam zu einem Prozess gegen einen mutmaßlichen Brandstifter. Der Besitzer des Alsterrestaurants war als Zeuge geladen worden. Lukas B. filmte für »Panorama«, das NDR-Magazin. Als der Besitzer nach seiner Zeugenaussage aus dem Gerichtssaal kam, wollte

Lukas vor laufender Kamera von ihm wissen, was er ausgesagt habe. Er zündete sich eine Havanna an, ging wortlos die Treppen des Justizgebäudes hinunter. Und winkte dabei. Die Szene wurde in »Panorama« gezeigt. Aber zur Aufklärung trug sie nichts bei. (2012 wurde meine Anti-Mafia-Oper *MUNDTOT* uraufgeführt – der Vorfall im Alsterrestaurant war gewiss ebenfalls eine Initialzündung.)

Ich habe diese Begebenheit aus Hamburg in ein China-Restaurant meiner Heimatstadt verlegt.

In jenem Jahr, in dem der Roman spielte, gab es eine Auseinandersetzung zwischen Demonstranten und Polizisten, die bundesweit Schlagzeilen machte: die Vereidigung von Rekruten im Bremer Weser-Stadion. Wir hatten uns mit dem BREMER BLATT und unserer WG verabredet, um dort gegen das militaristische Spektakel zu demonstrieren. Es waren viele tausend Demonstranten da, anfangs sah es so aus, als könnten wir die Zugänge zum Weser-Stadion blockieren und so den Polit-Promis den Weg versperren. Als die ersten Polizeiwannen in Flammen aufgingen und wir spürten, dass es sehr eng werden konnte, habe ich mit Marita (gegen ihren Willen) den Rückzug angetreten. Was sich als sehr vorausschauend erweisen sollte, denn viele unserer Freunde wurden von nachsetzenden Polizeikräften auf offener Straße verprügelt. Manche versteckten sich stundenlang in Vorgärten.

Der Roman beschreibt die Vorbereitungen bei den polizeilichen Kräften, die Misshelligkeiten zwischen Polizei und Verfassungsschutz, die Konzeptlosigkeit auf allen Ebenen, geplant war eine De-Eskalation, tatsächlich wurden *agents provocateurs* eingesetzt, um die Stimmung weiter anzuheizen und einen Vorwand für knüppelharte Einsätze zu liefern.

Zentrales Thema des Romans sollten aber die Aktivitäten der China-Mafia sein, die sich in Europa immer weiter ausbreiteten.

Die Chop-Suey-Gang

Was haben die Amsterdamer für freundliche Büros, dachte Joe Hartung neidvoll, als er Grijpstra gegenübersaß. Große, hohe Räume mit viel Licht. »Wissen Sie, wer da wohnt?«

»Sie müssen es mir sagen.«

Grijpstra grinste: »Da wohnt Chan Kong, den wir seit zwei Jahren beobachten lassen, mit dem Ergebnis Null. Null, Komma, Null. Aber wir wissen, dass er Dreck am Stecken hat.«

»Woher?«

»Er hat eine Reihe von China-Restaurants in Amsterdam und anderen holländischen Städten. Jedes Jahr kauft Chan Kong mindestens drei oder vier hinzu. Lässt sie ganz teuer renovieren, da kommt es auf ein paar Millionen nicht an, und dabei florieren die Lokale nicht besonders gut. Er und seine Leute haben bei uns den Spitznamen *Die Chop-Suey-Gang.* Aber alles, was wir bisher in Erfahrung bringen konnten, war, dass manche Besitzer zum Verkauf ihres Restaurants gedrängt wurden. Die Gang hat nachgeholfen. Körperverletzung, mehr ist da nie rausgekommen.« Joe Hartung machte sich Notizen.

»Aber wenn da jetzt Rauschgift im Spiel ist ...« Adjutant Grijpstra rieb sich die Hände: »Der stumme Chan Kong, das wär' die Lösung.«

Hartung sah auf: »Wieso stumm?«

»Er spricht kein Wort. Niemals. Alle Verhöre nur schriftlich und mit chinesischem Dolmetscher. Das dauerte Stunden.«

Joe Hartung durfte seinen holländischen Kollegen nicht ins Fragen kommen lassen: »Haben Sie nie irgendeine andere Straftat feststellen können?«

»Niemals. Und dabei sind wir alle hier sicher, auch der Commissaris, dass das nicht stimmen kann. Die Finanzprüfung hat ergeben, dass das Unternehmen gesund ist. Bei mehr als dreißig schlecht gehenden Restaurants, schwer vorzustellen.«

Dieser Grijpstra war nicht nur am Telefon ein netter Mensch. Er freute sich richtig, weil Bewegung in seinen Fall kam.

»Haben Sie von der Triade gehört?«

»Ja, sicher. Meinen Sie diese Leute mit dem gleichschenkligen Dreieck in der linken Handhälfte?« Hartung stutzte, fragte nach.

»Ja, die haben alle eine blaue Tätowierung in der linken Handfläche. Ein Dreieck, das mit seinen drei Seiten die Begriffe Himmel, Erde und Mensch symbolisieren soll.«

»Früher waren die Triaden in China eine Rebellenorganisation, sie hießen die Rebellen mit dem roten Stirnband und kämpften gegen die Fremdherrschaft der Mongolen und deren rücksichtslose Steuerpolitik, sie waren Volkshelden, auch im Kaiserreich, als sie sich gegen Korruption und Ausbeutung einsetzten. Ihre Generäle hießen die Herren der zehn Tiger und waren besonders sittenstrenge Männer. Später dann, im 17. Jahrhundert, nahmen sie den Namen Triade an, kämpften für die ausgebeuteten Bauern. Immer die magische Zahl drei, die kommt überall vor. Jede

Triade hatte einen dreiköpfigen Vorstand, dann drei Offiziersränge, dann die Kampftruppe, die immer aus drei Leuten besteht.«

Joe Hartung kam nicht mehr mit dem Aufschreiben mit. Auf jeden Fall waren es drei Männer, die im BMW saßen und in der Hansestadt nachts abkassierten.

»Woher wissen Sie das alles, Kollege Grijpstra?«

»Ach, ich habe einen guten Freund, van de Wetering heißt er, der kennt sich gut in Asien aus. Der hat erzählt, wie in Hongkong das ganze Geschäftsleben von Triaden beherrscht wird. Mehr als 300.000 Mitglieder gehören dazu. Reine Erpresserbanden. Die ganze Geschichte ist auf dem Niveau von miesen Kriminellen gelandet.«

Adjutant Grijpstra reichte Hartung seine Zigaretten. Sie rauchten. Hartung ließ sich berichten, dass der Chef der Triade der Shan Chu sei, der im Dreieck das Symbol der Erde vertritt und für alle weltlichen Vorgänge zuständig zu sein hat. Ihm zur Seite stehe der Heung Chu, der hohe Priester, das Symbol des Himmels. Und der dritte im Bunde sei der Sin Fung, der Leiter der Kampftruppen. »Eine der größten Triaden-Gesellschaften hat sich den Namen 14 K gegeben. 14 war die Hausnummer des Hauptquartiers, K bedeutet Karat und soll die Güte der Triade hervorstreichen. Die hatten in Hongkong 80.000 Mitglieder Die sind auch bei uns tätig.«

Joe Hartung horchte auf: »In Amsterdam?«

»Ja! Es gibt eine lange Blutspur, Leute erschossen, Spielclubs in die Luft gesprengt, ein Mann mit vier Schüssen in den Rücken niedergestreckt. Und jedes Mal haben wir enorme Schwierigkeiten gehabt, die Verbrecher in Verbindung mit der Triade zu bringen. Die schweigen. Und dabei arbeitet das 14 K offen. Die Drohungen, die bei Restaurant-Besitzern eingehen, sind ganz unverblümt. Wenn sie wieder jemand zur Warnung umgelegt haben, dann sollen es auch die anderen erfahren.«

»Gehört denn der Chinese Chan Kong in der Keizersgracht dazu?« Joe Hartung wusste, dass er nicht nur die Rückendeckung seiner holländischen Kollegen brauchen würde. Er spürte, wie ihm der Fall entglitt, soweit er auch schon gekommen war.

»Da sind wir uns ganz sicher, dass er nicht dazugehört. Das haben wir überprüft, in all den Jahren. Der zahlt wahrscheinlich an die 14 K, regelmäßig, aber eine Beteiligung ganz bestimmt nicht. Das ist ja das Schlimme, dass wir ihm in Holland keine Unregelmäßigkeiten nachweisen können.«

»Aber vielleicht in Deutschland«, warf Hartung ein, »vielleicht ist er hier der biedere Restaurant-Besitzer und bereitet bei uns den Rauschgiftring vor.«

Adjutant Grijpstra schüttelte den Kopf.

»Das kann sein, aber wir brauchen Beweise. Der Mann hat eine ganze Batterie von Rechtsanwälten, die für ihn arbeiten, da müssen konkrete Beweise auf den Tisch, sonst haben wir keine Chance. Der Commissaris würde mich sofort zurückpfeifen, wenn ich allein nur ein bisschen gegen ihn unternehme.«

Joe Hartung hatte den Beweis, aber er wollte ihn nicht herausrücken. Nicht so kurz vor der Lösung des Falles. Damit würde er sie alle überraschen.

Grijpstra drückte seine Zigarette aus: »Was wollen Sie denn nun mit Ihrem Ah San Chan machen?«

»Ich werde ihn weiter beobachten«, sagte Hartung ruhig, »irgendwann geht er uns in die Falle.«

»Ich muss Sie darauf hinweisen, Kollege Hartung, dass Sie hier in Amsterdam nichts unternehmen dürfen. Aber das wissen Sie selbst, nicht wahr?«

Joe Hartung verstand die Drohung, obwohl er sie von diesem netten Adjutanten nicht erwartet hätte.

Der dezente Hinweis in diesem Text auf meinen geschätzten Kollegen Janwillem van de Wetering hat seine Ursache darin, dass wir beide zum weltgrößten Krimifestival, der *Semana Negra* in Gijon, eingladen waren und viele Stunden damit verbracht haben, unsere Diskussionsbeiträge in Spanisch zu verbessern. (Leider bin ich seiner Einladung nach Maine niemals gefolgt.)

Im Jahre 1983 veröffentlichte der STERN unter der Überschrift *Gelbe Erpresser* einen Bericht über die Aktivitäten der chinesischen Triaden in der BRD, der Ausgangspunkt meiner Recherchen war. In späteren Zeiten hat es kaum weitere Reportagen zu diesem Thema gegeben. Alle Versuche, auch mit Restaurantbesitzern über die China-Mafia zu sprechen, schlugen fehl. Eines Tages erschien im WESER-KURIER eine ganze Seite mit Todesanzeigen für einen Chinesen. Bei nächsten Besuch in einem asiatischen Restaurant, wir kannten den Besitzer seit vielen Jahren, fragte ich nach dem Gestorbenen. Ein stummes Lächeln war seine Antwort.

Als der Roman *Die Chop-Suey-Gang* erschienen war, gab es beim Verlag sofort eine Anfrage, ob die Filmrechte zu optionieren seien. (Es wurde auch keine ganz kleine Summe für die Option gezahlt.) Das Thema Mafia, in diesem Falle die chinesischen Triaden, war bis dato nicht behandelt worden. Auch nicht im TATORT. Die Hamburger Produktionsfirma wollte den Stoff verfilmen, Regisseur und Hauptdarsteller waren einverstanden. Aber das Projekt scheiterte. Aus dem NDR hieß es, man könne dem Zuschauer zur besten Sendezeit keinen schwulen Polizisten als Hauptfigur zumuten. Wohlgemerkt: der Roman erschien im Jahr 1989. Soviel zur fortbestehenden Ausgrenzung von Homosexuellen. Nach der Aufhebung des Paragrafen 175.

Später wurden sogar auf die komplette 10er-Serie für mehrere Jahre Optionen gezahlt. Besonders geärgert hat es mich, dass der heimische Sender, Radio Bremen, nie auf einen meiner Stoffe zurückgegriffen hat. Im Sender saßen zwar einige gute Bekannte, aber mindestens doppelt so viele Neider, die glaubten, ich sei durch meine Romane längst Millionär geworden und ihren Teil dazu beitrugen, mich im Programm zu verhindern. Einmal ist sogar ein zehnminütiges Interview mit mir gelöscht worden ... Aber dazu später.

Die Falle (1990)

Der vierte Band der Bremen-Polizei-Serie, *Die Falle*, beschäftigte sich in erster Linie mit den Medien.

Grundlagen waren meine eigenen langjährigen Erfahrungen: Chefredakteur der Schülerzeitung *spektrum* und freier Mitarbeiter bei *Rhein-Zeitung* und *Westfälischer Rundschau* während meiner Schulzeit in Betzdorf/Sieg; seit 1970 freier Autor für Rundfunk und Fernsehen, Regisseur und Realisator von mehreren Dutzend FS-Produktionen, Chef vom Dienst beim BREMER BLATT und Kenner der Zustände in der bremischen Lokalpresse (weil einige der dort arbeitenden Journalisten auch bei uns – unter Pseudonym, versteht sich – schrieben)

Zum *main character* des Romans *Die Falle* wurde Klaus Grünenberg.

Ein Lokaljournalist, der mit seinem Whiskey spricht und heimlich Bestseller verfasst. Sein erster Bestseller sollte den Titel tragen: *Wie mache ich auf mich aufmerksam!* Noch heute bin ich überzeugt, dass dieses Thema für einen Bestseller taugt, wenn jemand ein Ratgeber-Sachbuch, ernst gemeint als Lebenshilfe, schreibt, und nicht ironisch, wie ich diese allgemein interessierende Frage nur behandeln könnte.

Wie wurde dieser »Bestseller« Klaus Grünenbergs veröffentlicht? Er schnürte die 500 getippten Seiten zu einem Paket zusammen und warf es in die Weser.

Parallel zu diesem Roman recherchierte ich seit 1985 bei der Stasi für meinen Roman über den westdeutschen Verfassungsschutz, um an die drei in die DDR abgewanderten Geheimdienstler zu gelangen: Heinz Felfe, BND, Günther Guillaume, der »Kanzlerspion« unter Willy Brandt, und Hans-Joachim Tietjen, der beim Kölner Verfassungsschutz als Chef der Gegenspionage arbeitete. *Die Falle* spiegelt einiges von den Recherche-Vorarbeiten zu dem Roman *Zielperson unbekannt* wider. (Wahrscheinlich ist die Idee, dass der Chef des Landesamtes für Verfassungsschutzes auch ein Zuträger der Stasi sein könnte, damals schon entstanden. Mehr über den Roman in der nächsten Abteilung.)

In erster Linie ist *Die Falle* aber ein kritischer Blick auf die sich verändernde Medienwelt. In den siebzehn Jahren, in denen ich für öffentlich-rechtliche Anstalten gearbeitet habe, wurde für mich der Wandel persönlich spürbar. Während es zu Beginn der siebziger Jahre zunächst um die Frage ging, warum ist eine Sendung, eine Fernseh-Dokumentation, ein Hörfunk-Feature wichtig, und was wollen wir damit erreichen, gab es ab Mitte der achtziger Jahre nur noch ein Argument: Das reimt sich auf Zote.

Und so wurde, unter dem Druck der privaten Fernsehsender, auch bei den Öffentlich-Rechtlichen immer mehr auf die Quote und immer weniger auf die Inhalte geschaut. Mein Ausstieg im Jahre 1987 aus dieser Einbahnstraße Massengeschmack hat mit dieser sich deutlich abzeichnenden Veränderung bei den Sendern zu tun. Ich war nicht länger bereit, mich an diesem Rattenrennen zu beteiligen. (Bei meinem letzten Fernseh-Projekt: sechs Dokumentationen à 60 Minuten über den deutschen Adel für das ZDF, Etat: Drei Millionen, sollte ich dazu gebracht werden, ein Produkt à la *Yellow Press* herzustellen. Trotz meines ausführlichen Exposés, in dem ich explizit diese Goldene-Blatt-Perspektive ausgeschlossen hatte, versuchte der Redakteur, mir den Glamour-Aspekt aufzuzwingen. »Wo bleiben denn die Bälle, Jagden, Hochzeiten? Wo sind Marbella und Saint Tropez? Wo sind Klatsch und Tratsch? Das interessiert unsere Zuschauer!« Ich bin aus diesem Projekt ausgestiegen, was mich u.a. eine Menge Geld gekostet hat …)

Heute sieht die Lage für einen Medienarbeiter, speziell im Bereich des Dokumentarfilms, viel verheerender aus. An den Arbeitsbedingungen einiger meiner damaligen Mitstreiter kann ich ersehen, wie sehr sie geknebelt werden: Quotendruck, Finanz- und Terminzwänge sind an der Tagesordnung. Während wir früher drei Wochen Drehzeit für eine 45-Minuten-Dokumentation hatten, muss das heute in sieben Tagen erledigt sein. Viele Sendungen kommen nur noch dadurch zustande, dass Hörfunk- und Filmemacher Selbstausbeutung betreiben.

Verschweigen will ich nicht, dass in einige meiner Sendungen massiv eingegriffen worden ist.

In einem roten Oktavheft, das seit mehreren Jahrzehnten in meinem Bücherregal steht und dessen Inhalt ich mich nie zu veröffentlichen traute, sind all die Verletzungen notiert, die ich mir im öffentlich-rechtlichen Mediensystem eingefangen habe.

Ein kleines Buch der Zensur, so lautet die lapidare Überschrift auf der ersten Seite des roten Oktavheftes. Dabei waren die Auseinandersetzungen um Sendeinhalte keineswegs klein und unbedeutend. In jedem einzelnen Fall wurden die Machtverhältnisse deutlich. Wer hat wem zu befehlen, was gesendet werden darf? Der freie Autor ist nicht selten der Willkür der »Machthaber« ausgesetzt. Insgesamt sind es 23 Fälle gewesen, in denen an meinen Hörfunk- oder Fernsehsendungen herumgeschnippelt wurde. Es würde zu weit führen, alle Geschichten zu erzählen.

Aber eine hat es in sich.

Zusammen mit unseren langjährigen Freunden Ingrid und Jens-Ulrich Davids haben wir im Butjadinger Land ein altes Bauernhaus gekauft. Der Makler versprach uns, nach dem Kauf das Haus »warm abzubrechen«. Wir sollten die Versicherungssumme auf das Doppelte erhöhen und ein paar Sperrmüll-Möbel reinstellen. Dann wollte er ein Gewitter nutzen, um im Heu mittels einer Kerze und einem Eimer brennbarer Flüssigkeit ein Feuer zu entzünden. Dafür wollte er 10.000 Mark. Schon damals besaß ich ein Mini-Tonband und brachte den Makler dazu, nach der Unterzeichnung des Kaufvertrages beim Notar, mir noch mal seinen Plan zu erzählen.

Ich hatte also den akustischen Beweis für sein kriminelles Vorhaben. Noch gut in Erinnerung die Fahrt zu eventuellen Kauf-Objekten, bei der er uns erzählte, welche Häuser er bereits »warm abgebrochen« hatte. Ich schlug dem zuständigen ZDF-Redakteur ein Fernsehspiel über das Maklerwesen vor, für das ich schon einen Baustein aus eigener Erfahrung hatte. Ich habe auch bei vielen, durchaus seriösen Maklern recherchiert und so die erste Fassung geschrieben. Der Redakteur wollte das

Manuskript aber erst der Rechtsabteilung zur Prüfung vorlegen. Dann kam die Ernüchterung. Die Hausjuristen bemängelten 33 Stellen in meinem Drehbuch, ich sollte lauter kleine Änderungen vornehmen.

»Am besten aber wäre es, den ganzen Strang mit dem sogenannten ›Feuermakler‹ herauszunehmen. Dann wären unsere Juristen zufrieden und Sie könnten die Bagatell-Änderungen vergessen«, sagte der ZDF-Redakteur. Und so wurde es auch gemacht. Motto: Verzichte auf deine eigenen Erfahrungen, dann senden wir das.

Der Aufsteiger wurde nur ein einziges Mal ausgestrahlt und kam in den Giftschrank. Es hagelte Beschwerden von bundesdeutschen Maklern, einer schrieb: »Sie hetzen in diesem Film gegen unser Gewerbe schlimmer als die Nazis gegen die Juden!« (So viel zur Aufarbeitung der deutscher Geschichte.)

Es steht immer noch an, in einem größeren Artikel diese durchaus nicht nur subtilen Eingriffe zu schildern, unter denen viele der freien AutorInnen zu leiden haben und über die nur unter vorgehaltener Hand berichtet wird. Nicht zuletzt in der Angst, keine weiteren Aufträge in den Sendeanstalten zu bekommen.

Wenn ich dieses rote Oktavheft in die Hand nehme, spüre ich wieder die Ohnmacht. In der konkreten Auseinandersetzung hieß es oft: Friss Autor oder wir senden nicht! Eine fatale Alternative.

Die Falle

»Ich hoffe, wir werden zusammen ein gutes, neues Programm machen, das ist jedenfalls meine feste Absicht.« Der leiernde Ton des neuen Besens löste nicht gerade Begeisterung bei den Mitarbeitern des Funkhauses aus.

Seit mehr als einer halben Stunde dozierte der Programmdirektor, das graue Haar im Stoppelschnitt, einen legeren Anzug mit heruntergezogener Krawatte. Er sprach, ohne ein Manuskript zu benutzen. Seine Antrittsrede.

»Wir müssen die Rundfunkprogramme entflechten, entmischen, wir müssen klar und deutlich voneinander zu unterscheidende Wellen schaffen, so dass der Hörer und auch die Hörerin gleich wissen, was sie eingeschaltet haben. Das geht natürlich nicht ohne Strukturreform an Haupt und Gliedern, so möchte ich das mal nennen.«

Die Kantine des Funkhauses, die gerade eine mehrmonatige Renovierung hinter sich hatte, war bis auf den letzten Platz gefüllt. Schließlich wollten die Redakteure und Cutterinnen, die Techniker und Sekretärinnen erfahren, was der Neue vorhatte.

»Schon wieder eine Strukturreform«, sagte Dr. Legeisen, Redakteur im Aktuellen, der schon länger beim Hörfunk war als die Geräte, mit denen die Aufnahmen gemacht wurden. Er sprach leise vor sich hin. »Die letzte Strukturreform steckt uns noch in den Gliedern.« Auch in anderen Ecken wurde gemurmelt.

»Wir brauchen eine populäre Welle, ein Massenprogramm für die Vielen, die sich schnell informieren wollen, wir brauchen einen Kulturkanal für eine Minderheit. Ich glaube, da wird mir niemand widersprechen, und wir brauchen, im Angesicht der privaten Konkurrenz, die unweigerlich auf uns zukommt, eine Welle für die Jugend, mit viel Pop und Pep.«

»Haste gehört? Pep, das ist ein Wort aus den Fünfzigern, der weiß nicht, wovon er redet.« Das war der Jugendfunkredakteur, der selbst schon Mitte vierzig war.

Nur die Betriebsgruppe war froh, dass Dotterei der neue Hörfunkchef geworden war, denn schließlich war er ihr Kandidat und hatte sich durchsetzen können. Auch die Kinderfunkredakteurin verhielt sich still, sie hatte schon private Kontakte zu dem Neuen geknüpft.

»Unser Programm muss offen sein, demokratisch, durchsichtig, wir müssen Service bieten und Unterhaltung, wir dürfen das kritische Wort nicht vernachlässigen, auch wenn es gelegentlich wieder etwas kürzer sein könnte.«

»Und biste noch so fleißig, der Kommentar wird nur eins dreißig«, murrte der Feature-Redakteur vor sich hin. »Alles klar. Einschränkung der Wortbeiträge, alles kürzer, auf dem Weg zum unpolitischen Radio. Gute Nacht, Hörer.«

»Auch unsere Bildungsprogramme müssen neu überlegt sein, es kann doch nicht angehen, dass wir immer noch Schulfunk machen, als habe sich unsere Welt nicht grundlegend verändert. Auch da tun kurze, aber prägnante Formen mehr Gutes, als man gemeinhin annimmt. Ich möchte Sie ermuntern, gemeinsam mit mir diese Experimente zu wagen. Schließlich brauchen wir ein Konzept für den Rundfunk im letzten Jahrzehnt vor dem Jahr 2000.«

Die angesprochene Redakteurin des Schulfunks ergänzte flüsternd: »Und für das erste Jahrhundert des nächsten Jahrtausends. Der will doch bloß Seichtwellen, sonst nichts.«

Hörfunkdirektor Dotterei kam zum Ende, er verbeugte sich einige Male. Der Beifall fiel mager aus.

»Bitte, wenn Sie Fragen haben, jetzt sitzen wir zusammen.«

Zwar hatten viele gemurrt, gemäkelt, waren gar nicht einverstanden mit dem neuen Besen, aber niemand meldete sich.

Dotterei sah in die Runde und genoss die Stille.

Ein Techniker meldete sich, er hatte etwas von Sparen gehört und wollte wissen, ob man dennoch den neuen Übertragungswagen bekommen würde. »Der alte Ü-Wagen stammt nämlich noch aus dem Jahre 1951.«

»Alles, was geplant wurde, wird auch ausgeführt«, beruhigte ihn der Programmdirektor, »da mische ich mich nicht ein.«

Dann war wieder Pause. Keine Wortmeldung. Einige tranken Kaffee, andere starrten aus dem Fenster oder auf den Boden, wieder andere standen auf, um zu gehen. Rüdiger Behmer, ein Paradiesvogel im Sender, meldete sich.

»Ja, bitte.« Dotterei gab ihm das Wort, sichtlich erleichtert, dass nun doch eine Frage kam.

»Ich habe heute Morgen ein Gedicht geschrieben, das würde ich gerne vorlesen, wenn sonst niemand etwas sagen will.«

Dotterei lachte gekünstelt: »Bitte, warum nicht mal ein Gedicht.« Er machte eine gnädige Geste.

Rüdiger Behmer zog einen Zettel aus der Tasche und las:

»Generalansage
die Sendung eines Gedichts im Rundfunk
muss verantwortet werden
redaktionell verantwortet von einem Redakteur
übergeordnet verantwortet von einem Abteilungsleiter
hauptverantwortet von einem Hauptabteilungsleiter
oberverantwortet von einem Programmdirektor
allein verantwortlich von einem Intendanten.
Bei so viel Verantwortung muss sich der Hörer keine Gedanken mehr machen.
Meine Damen und Herren
in unserer Sendereihe das neue Gedicht
hörten Sie heute ein neues Gedicht
von Rüdiger Behmer
Generalansage.«

Der Beifall war überragend, einige johlten.

»Nicht schlecht«, sagte Dotterei, »das sollten wir senden: Wie gesagt, ich bin für Experimente, wissen Sie.«

Auf den Fluren und Gängen kamen dann die Gegenargumente, die zurückgehaltene Wut über die angekündigte Programmreform wurde deutlich.

Der Feature-Redakteur nahm Rüdiger Behmer zur Seite, zog ihn in sein Redaktionsbüro. »Was für ein lächerliches Gedicht, Rüdi. Viel zu schlapp. Das hier, das ist ein Gedicht.« Er stellte sich vor seine Pinnwand und las mit lauter Stimme:

Ich möchte einmal am Sender stehn

und sprechen dürfen ohne Zensur.
Ein einziges Mal. Eine Stunde nur.
Hetzen und Hass und Feuer säen.
Lasst mich einmal am Geräte stehn
und nur einen Tag aus meinem Leben
wahrhaft und nüchtern zum besten geben.
Nichts weiter. Es würde ein Wunder geschehen.
Ich möchte die wütenden Fratzen sehn,
wenn's hieße: Achtung – Deutsche Welle –
eine Arbeiterin spricht. Thema: Hölle.

Der Feature-Redakteur drehte sich um. »Das ist ein Gedicht, zwanziger Jahre, was anderes als dein ...«

»Aber in der Betriebsversammlung hast du keinen Ton gesagt«, erwiderte Behmer, ging hinaus und zog die Tür hinter sich zu. Wie ein Peitschenknall.

Beim Wiederlesen des Romans *Die Falle* merke ich, wie viel darin von den »blutigen Nasen« auftaucht, die ich mir bei öffentlich-rechtlichen Stationen eingefangen habe: unverhohlene Zensur, Eingriffe in meine Manuskripte, Ablehnungen von Projekten, Zurückweisungen. Allesamt narzisstische Kränkungen, wie ein Psychotherapeut das nannte. (»Sie haben sich den falschen Beruf ausgesucht«, sagte Dr. H., »wenn Sie so auf Kränkungen reagieren ... oder vielleicht war es doch der richtige Beruf.«)

Die Tatsache, dass ich damals schon nicht mehr bei den Medienanstalten arbeitete, war für mich wie eine Befreiung. Wollte ich endlich etwas von den Kränkungen abarbeiten? Wenn auch nur in Romanform? Das hat mich bei dem vorletzten Titel der Bremen-Krimi-Reihe *Mediensiff* einige Freundschaften gekostet.

Die Falle spielt 1983, dem Jahr, in dem die angeblichen Hitler-Tagebücher entdeckt wurden. Während mein Held Klaus Grünenberg an der Story bastelt, dass der Chef des Landesamtes für Verfassungsschutz ein Zuträger des KGB sei und damit die Wellen eines regionalen Skandals hochpeitscht, wird ihm durch diese Enthüllung des STERN die Schau gestohlen. Diese Illustrierte, bis dahin ein eher kritisches Magazin mit starker Tendenz zum Boulevard und in steter Konkurrenz zum SPIEGEL, posaunte das Jahrhundert-Ereignis heraus. Hier nochmal die Ankündigung, die ein fatales Licht auf die Medienwelt wirft. Zitat aus dem Editorial.

Unsere anfängliche Skepsis wandelte sich rasch in kopfschüttelndes Staunen. Es ist schlicht unglaublich. Schon der Umfang der Dokumentenfunde rechtfertigt die Schlussfolgerung: Die Geschichte des Dritten Reiches muss teilweise umgeschrieben werden. Der Inhalt erst recht: In völlig neuem Licht erscheint der Fall Heß, der Flug des Führer-Stellvertreters nach England. Wer ahnte auch nur, wie Hitler insgeheim seinem obersten Folterknecht Himmler misstraute. Noch immer rätseln die Historiker, wann der Diktator den Entschluss zum Überfall auf die Sowjetunion fasste. Die Tagebücher enthüllen es. Am heikelsten: Hitlers Äußerungen über die Juden.

Die Tagebücher enthüllten gar nichts. Sie waren schlicht gefälscht. Schlecht gefälscht, wie das BKA bald feststellte. (Anhand von lächerlichen Indizien wie z.B. dem Papier, auf dem der Fälscher Kujau das Tagebuch geschrieben hatte.) Aber der Skandal zeigte eines: In der Medienwelt herrscht Scheckbuchjournalismus. Es geht um Auflagenzahlen und Rendite, Quote, Quote, Quote, ohne Rücksicht auf Wahrheitsgehalt und Aufklärungsauftrag. Die Idee der vierten Macht ist längst verraten.

Die Selbstmörder (1991)

Der folgende Roman, der fünfte meiner Serie, hat eine ausführliche Recherche als Basis. Anfang der 70er Jahre habe ich zusammen mit drei Ex-Mitarbeitern von IBM im Rotbuch-Verlag ein Sachbuch herausgebracht: *Mit IBM in die Zukunft. Berichte und Analysen über den Fortschritt des Kapitalismus.* Neben zwei Betriebsreportagen gab es eine ausführliche Untersuchung der IBM-Ideologie. (Es wird kaum jemanden verwundern, dass eine fest verabredete Hörfunk-Sendung zu diesem Thema, die im WDR und bei Radio Bremen laufen sollte, von den jeweiligen Programmverantwortlichen untersagt wurde. Ein offener Angriff auf einen Industriekonzern, wie bitte, da müssen wir mit Gegendarstellungen rechnen, nein, nein, sowas können wir nicht senden. Da halfen auch keine weiteren Argumente. Oder zum Beispiel, dass IBM gar nicht mit Namen genannt, sondern anonymisiert werden könnte. Später kam heraus, dass das Justiziariat von Radio Bremen mein Manuskript der Pressestelle von IBM zur Begutachtung vorgelegt hatte. Ein ungeheuerlicher Vorgang in der Sparte Kotau!)

Sven Kuntze und mir gelang es, ein Krimihörspiel über das Thema Industriespionage beim WDR unterzubringen. (Auch wenn das Stück miserabel produziert wurde ...)

Den damals erarbeiteten Plot habe ich für den Roman verwandt.

Die Selbstmörder

Der letzte Schritt kam überraschend, obwohl er sorgfältig geplant war.

Ein warmer Septemberabend, kurz nach Einbruch der Dunkelheit, eine leichte Böe brachte die erste Kühlung.

Er war in seine eigene Wohnung eingebrochen, hatte mit Hammer und Meißel die Tür beschädigt, das Schloss zeigte deutliche Spuren. Die Wohnungstür in weißem Schleiflack blieb angelehnt. Auf dem Tisch standen zwei Gläser, die Flasche Wodka bis auf einen trüben Rest geleert. Er warf die Sessel um, randalierte in den eigenen vier Wänden.

Niemand hörte ihn. Keiner kam zu ihm herauf. Der letzte Schritt, um endlich frei zu sein. Nach Wochen des Versteckspielens, nach Monaten der Qual.

Im Badezimmer zertrümmerte er den Spiegel, der ihm rotunterlaufene, verquollene Augen zeigte, ein mutwillig zerkratztes Gesicht, eine Platzwunde an der Schläfe. Die hatte er sich selbst zugefügt.

Der Wodka hatte die Schmerzen gelindert.

Wenn wenigstens Sonja bei ihm geblieben wäre. Nur dieses eine Mal hätte er sie wirklich gebraucht. Sie hätte ihn abbringen können von seiner Raserei.

Mit Hilfe des Computers und seiner physikalischen Kenntnisse hatte er ausgerechnet, wie lange es dauern würde, bis er aufschlug. Die Sekunden zählen. Einfach laut zählen.

Schulten hatte sich die Pulsadern aufgeschnitten. Längs. Darüber munkelte man, obwohl keiner es erwähnen durfte.

Strengstes Geheimnis.

Den Schlüssel platzierte er gut sichtbar neben dem Telefon.

Es hatte ein Kampf stattgefunden. Über Wochen, Monate, ein Kampf, den er jetzt aufgab. Keine Lösung in Sicht.

Nicht mal mit Sonja hatte er sprechen können. Die Kollegen wussten nichts.

Die Überraschung würde perfekt sein. Er wollte, dass sie wenigstens ein paar Minuten erschraken.

Nur ein paar Minuten innehalten, aufmerken. Mehr nicht. An ihn denken.

Lange hatte er gezögert, ob er sich eine Binde um die Augen legen sollte. Damit er nicht zurückschreckte, den letzten Schritt zu tun. Doch es störte seinen Plan.

Sonja, Sonja, warum bist du nicht hier? Ich bräuchte deine Wärme, nur für einen Augenblick.

Die Wohnung lag im Dunkeln, die Terrassentür geöffnet, einen Vorhang hatte er heruntergerissen.

Der Lichtstrahl, der durch die Zimmertür fiel, kam vom Flur. Ein weißer, schmaler Streifen.

Bei Schulten soll es wüst ausgesehen haben. Es ging das Gerücht, dass seine Toilette mit Scheiße beschmiert war, Berge fleckiger Wäsche im Schlafzimmer aufgetürmt.

Die Teller hatte er abgespült, die Essensreste weggeworfen, morgen würde die Putzfrau gründlich saubermachen.

Er legte Wert auf Ordnung, auf Übersicht, auf rechteckiges Denken.

Auch sein Büro in der Firma hatte er vor zwei Tagen verlassen, als habe er dort nie gearbeitet. Die Vorgänge geordnet, die Unterlagen verfügungsbereit, die Berechnungen zugänglich.

Er hatte sogar eine kleine Anweisung im Programm des Computers hinterlassen, aus der ersichtlich war, welche Zugänge man benutzen musste, um an seine Aufzeichnungen heranzukommen. Passwörter. Urlaubsantrag.

Man sollte ihn nicht gleich vermissen.

Nicht wie bei Schulten, da wusste es am nächsten Tag schon die ganze Abteilung.

Ein kleiner Fehler in der Planung.

Menschliches Versagen. Mal wieder.

Ich bin kein Versager, Sonja, bestimmt nicht, ich bin kein Versager, auch wenn du das immer behauptet hast.

Er nahm den letzten Rest Wodka, trank die Flasche leer und warf sie gegen das Sideboard.

Dann wieder Stille.

Sie hätten ihn hören müssen.

Zwei Tage nichts gegessen. Wie ein Wahnsinniger in der Wohnung herumgelaufen. Fünf Meter zwischen Terrassentür und der gegenüberliegenden Wand. Fünftausend Meter in zwei Tagen.

Er brauchte die Entscheidung.

Schulten war im schwarzen Anzug gestorben. Er hatte getrunken. Billigen Korn. Sparsam, wie immer. Eigentlich kannte er Schulten nicht. Geordnetes Besäufnis. Die Haut versaufen, bevor es andere tun.

Von seiner Penthouse-Wohnung konnte er über die Häuser sehen, langsam wurden die Lichter ausgeknipst, nach und nach die Fenster dunkel, wie ein tausendäugiger Drachen, ein letztes Aufbäumen.

Er trug den blauen Monteuranzug der Firma, den er in den ersten Jahren täglich benutzt hatte.

Bügelfalte, polierte Knöpfe, frisch aus der Reinigung, ein wenig steif an den Schultern.

Er würde auf dem betonierten Spielplatz aufschlagen. Die leichte Böe würde ihn nicht bis zu dem schmalen Rasenstück tragen.

Auch darüber hatte er Berechnungen angestellt. Nicht auszudenken, wenn er mit schweren Verletzungen davonkommen würde.

Er konnte sich Sonjas Gesicht vorstellen, wenn sie ihn im Krankenhaus besuchte. Dieses abschätzige Lächeln. Spezifisches Gewicht der menschlichen Hirnknochen. Zertrümmerungsfaktor.

Sollbruchstellen.

In diesem Augenblick, kurz nach dem letzten Schritt, fiel ihm dieser Witz ein, von dem Versuchsflugzeug, dessen Tragflächen immer abrissen, bis ein Lehrling auf die Idee kam, man solle sie perforieren, denn beim Klopapier würde an diesen Stellen nie etwas reißen.

Er lachte, als er stürzte.

Aus dem dreizehnten Stock.

Ein paarmal bläulich grässliche Schimmer, Fernsehbilder, rauschende Tänze. Was sollte schon geschehen. Niemand würde die Arbeit unterbrechen.

Ein Nichts. Gelöscht. Eine Nummer aus dem Verkehr gezogen. Den Platz schnell besetzt.

Aufprall.

Zweimal flackerte wüstes Traumgebirge auf, dann ruhiges Weiß.

Fast leicht.

Der festliche Abend der Firma ABP im Parkhotel schien ein voller Erfolg zu werden.

Die Smoking-Direktoren hatten die üblichen Drei-Minuten-Witz-Reden vom Stapel gelassen. Zur dezenten Musik einer englischen Tanzcombo bewegten sich linksgestrickte Kid-Mohair-Pullis mit nicht alltäglichen Kombinationen aus Sakkos und mutigem Karomuster und Streifenhosen aus festem, männlich-rustikalem Stoff.

Die Firma ABP mochte es nicht, wenn die Mitarbeiter in die formelle Kleiderordnung deutscher Festlichkeit eingezwängt wurden.

Es galt: amerikanisches Management, amerikanische Offenheit, amerikanisches

Lets-have-some-fun.

So waren nur die Führungsspitzen als deutsche Kleiderständer erschienen, allerdings in weißen Smoking-Jacken.

Beim flotten Foxtrott kamen sich das wuschelweiche Abendkleid und der schnittige Fischgrät-Anzug näher, und auch das kurze Jersey-Kleid, für Sexy-girls auch ohne Hose zu tragen, verschwand mal kurz mit dem Chicago-Sakko hinter den blickdichten Stoffvorhängen.

Die Firma ABP liebte es an ihren Mitarbeitern, dass sie wussten, wie viel Offenheit ein jeder vertrug.

Fred F. Neusser hatte in seiner launigen Ansprache gesagt: »Wir von American Business Products haben immer nur ein Ziel vor Augen, wir wollen die Besten sein. Zweite Plätze gibt es nicht. Nur die Spitze ist für uns gerade gut genug. Und ich kenne viele unter Ihnen, die sich nicht mit weniger zufriedengeben.«

Der Beifall der Sakkos in Stratoblau und der witzigen Wuschelrollies war überwältigend. Selbst für diesen weißen Smoking, der seit zwei Jahren die Personalabteilung leitete.

»Wir von American Business Products haben uns nie gescheut, den anderen ein Schnippchen zu schlagen, wie man in Deutschland sagt, sie vom Markt zu verdrängen, wenn wir die Spitze erreichen wollten. Wir haben nie vornehme Zurückhaltung gewahrt, weil wir überzeugt sind, es gibt so etwas wie freie Marktwirtschaft.«

Neusser machte eine Pause und sah in die Runde. Die Firma ABP liebte es, ihre Mitarbeiter zu schockieren. THINK BIG war einer der Wahlsprüche, THINK FAST ein anderer.

»Wir sind die Haie im Hechtteich, und wir bleiben bissig, wenn es darum geht, unsere Spitzenposition zu verteidigen. Wir sind die einsamen Berglöwen, die um jedes Stück Beute kämpfen, wir sind die Klapperschlangen, wenn es um die Werbung geht: giftig, verschlagen, gerissen. Aber nun genug der Tierwelt – ich weiß, der letzte Satz meiner Rede ist immer am beliebtesten: Das Buffet ist eröffnet!«

Neusser nahm die Ovation stehend entgegen. Sogar die drei Smoking-Direktoren waren für diesen Beifall aufgestanden.

Aber erst als Neusser die letzten Sätze in den Sprachen der ausländischen Business-Partner wiederholt hatte, stürzten die Mitarbeiter zum Buffet.

Die Auswahl, die das Parkhotel für diesen Abend anbot, war überwältigend: isländischer Lachs, afrikanisches Reh, argentinisches Steak. Die ganze Dritte Welt stand dieser Firma zur Verfügung. Nicht nur, wenn es ans Buffet ging.

Die Harris-Tweed-Jacke gab artig dem quergestreiften Stehkragenpullover eine Portion von dem russischen Beluga-Kaviar. Ein lindgrüner Taillenrock probierte die köstlichen Feigen und verwöhnte ihren Kollegen, der einen Anzug von Mr. Carefree trug.

Es wurde gelöffelt, ausgelöffelt, eingelöffelt, leise geschlürft, gesüffelt, genippt.

Die Firma ABP verstand sich als Familie. Nicht im deutschen Sinne der alten Generationen-Hierarchie, sondern als friendship family, offen, jeder konnte jeden ansprechen, alle Türen, auch die der Vorgesetzten, stets geöffnet, auch für die Beschwerden der untersten Mitarbeiter.

Es wurde niemals von Betriebsklima gesprochen, sondern stets von good vibrations. Jeder sollte sich wohlfühlen, denn jeder wurde nicht nur acht Stunden am Tag gebraucht. Das waren die alten Klassenkampf-Parolen. Jeder war stolz, ein Mitglied der ABP-Family zu sein.

Die Feier im Parkhotel bewies das. Andere Firmen veranstalteten Kohl-und-Pinkel-Fahrten in den Blauen Heinrich oder Betriebsfeste auf der Kegelbahn im Kuhhirten oder sogar gemeinsames Radfahren in den Wümmewiesen mit anschließendem kalten Getränk und Schnittchen an der Schleuse.

ABP feierte im Nobelhotel und ließ sogar die ausländischen Freunde dort übernachten. Zum special prize.

Der hellblaue Glencheck-Anzug tanzte mit dem Seidenblazer in Schwarz und Orange den einzigen Rock'n'Roll, den die Combo am Abend spielte.

Die ersten Mitarbeiter verzogen sich, entweder nach Hause oder um an der geschützten Bar ein bisschen weniger diskret zu saufen oder um ein Stück weiter beim gerade angeknüpften Flirt zu kommen.

Auf der Einladung hatte gestanden: »Bitte haben Sie Verständnis dafür, dass ABP nicht auch Ihre Familienmitglieder einlädt. Das geschieht in gewohnter Weise auf Bereichsebene. Wir wollen unter uns sein und good vibrations verbreiten.«

Die Computerfirma ABP, der Marktführer weltweit, hatte in der Hansestadt für seine dreitausend Mitarbeiter einen eigenen Bowlingclub, Squash- und Tenniscenter, Opern-Abo und Theaterservice, organisierte Busfahrten zu kulturellen Großereignissen und ließ die vorbestellten Plätze auf der Tribüne von Werder niemals leer.

Die Computerfirma war Spitze.

Als der weiße Smoking-Personalchef gegen drei Uhr morgens erfuhr, dass einer seiner Mitarbeiter aus der Marketing-Abteilung zu Tode gekommen war, ließ er sich nichts anmerken. Er verbot dem Pressemann den Zutritt zum Festsaal und vertröstete ihn auf den nächsten Morgen. »Sie würden nur einen schönen Abend stören.«

Der Journalist ließ sich an der Bar mit ein paar ausgewählten Leckerbissen beruhigen und trank einige Gläser des einheimischen Bieres.

Eine Serie von Selbstmorden in der Firma ABP, American Business Products, beschäftigt die Kripo, obwohl es eigentlich nicht zu ihren Aufgaben gehört. (Das wurde mir von mehreren Seiten nach der Veröffentlichung angekreidet. Ich konnte mich nur damit rausreden, dass der erste beschriebene Selbstmord auch ein Mord hätte sein können.)

Im Roman *Der Falle* geht es auch um die Frage: Ist der finale Rettungsschuss, z.B. bei Geiselnahmen, erlaubt? Es hatte bereits einige Fälle in der BRD gegeben. Die öffentliche Debatte war im Gange. Als ich herauszufinden versuchte, wie dieses Thema bei der Bremer Polizei diskutiert wurde, bekam ich mitgeteilt, dass längst ein Erlass existiert, der nur nie das Licht der Öffentlichkeit erblickte. Der trägt den Namen des Unterzeichners: Recknagel. Die Debatte in meiner Heimatstadt war nur Show, um einige Gemüter zu beruhigen. Schließlich drängten Polizeigewerkschaft und höhere Ränge auf eine klare Anweisung und wollten auch die rechtlich abgesicherte Anweisung zum finalen Rettungsschuss haben. (Dass dieser Vorgang so heißt und nicht Todesschuss, wie er eigentlich heißen müsste, gehört zu den alltäglichen sprachlichen Verbrämungen.)

Ein kleines Zitat aus dem Recknagel-Erlass macht deutlich, an wie viele Dinge ein Polizist zu denken hat, wenn er den Todesschuss abgeben will.

In keinem Fall darf die Tötung des Angreifers Absicht und Ziel polizeilichen Schusswaffengebrauchs sein. Ganz gleich, wie schwer der polizeilich abzuwehrende rechtswidrige Angriff ist. Allerdings muss es zulässig sein, in der Extremsituation auf einen Körperteil des Angreifers zu zielen, bei dessen Treffen der Schuss sofortige Angriffsunfähigkeit bewirkt, oder auch mehrere Schüsse abzugeben, um dieses Ziel zu erreichen. Die mit hoher Wahrscheinlichkeit zu erwartende Todesfolge darf dabei missbilligend, weil nicht beabsichtigt und nicht Ziel des polizeilichen Handelns, in Kauf genommen werden.

Ein Eiertanz! Ohne Frage. Wie nimmt man missbilligend den Tod in Kauf? Schriftlich oder wie?

Oberkommissar Karl Schlink war in diesem Roman so etwas wie eine zweite Hauptfigur, was schon mein kommendes Dilemma anzeigte. Mir schien das Personal auszugehen. Hatte ich nicht richtig nachgedacht, als ich für meine Bremen-Polizei-Serie formulierte, jeder Roman bekomme eine neue Hauptfigur aus dem Personal des ersten Bandes?

Ja und nein. Denn es gab durchaus weitere Aspiranten. Zugleich wollte ich aber nicht den Bogen überspannen. Manche Personen waren einfach auserzählt. Ich kannte das Problem von meinen Kollegen, insbesondere amerikanischen Krimiautoren, die schon 20 oder gar 50 Bände mit dem gleichen Personal bestritten und sich allzu häufig in der Beschreibung, z.B. der Marotten ihrer Charaktere, wiederholten.

Karl Schlinks Freundin Marianne wird im Verlauf des Romans immer wichtiger, was auch der Tatsache geschuldet ist, dass vermehrt Frauen im Polizeidienst eingestellt wurden.

Nicht nur in dem NDR-Polizeimärchen »Großstadtrevier« … halt! … da sollte ich berichten, wie es zu dieser am längsten laufenden und sehr erfolgreichen Vorabendserie gekommen ist. Ich war in die Entwicklung eingebunden, noch vor der Ausstrahlung der ersten Staffel. Jürgen Roland, der Regisseur des Spielfilms »Große Freiheit«, hatte meine Romane gelesen und wollte unbedingt, dass ich für die geplante Serie schrieb.

In Hamburg hatte es damals einen großen Polizeiskandal gegeben: Fast das gesamte Raubdezernat war in kriminelle Geschäfte verwickelt. Immerhin über 150 Beamte, die zügig auf andere Stellen versetzt wurden. Der Innensenator L. stand vor einem Dilemma. Das Image der Polizei war durch die vielen Enthüllungen erheblich beschädigt. Jemand aus der Innenbehörde muss auf die Idee gekommen sein, eine positiv getrimmte Serie über »Freunde und Helfer«, die einfachen Revierbeamten, zu machen. Studio Hamburg bekam den Auftrag, eine solche PR-Serie zu entwickeln. Es gab ein besonderes Zuckerle von der Innen-Behörde: Die teuren Ausstattungen, Polizeiwagen, Wasserschutzpolizei-Schiffe, Hubschrauber etc. wurden der Produktionsfirma kostenlos zur Verfügung gestellt, sowie je nach Bedarf uniformierte Polizisten. Dafür las man in der Innen-Behörde die Drehbücher gegen, um … Na ja, das kann man sich denken.

Jürgen Roland hatte immer wieder Kontakt zu mir aufgenommen. Sobald ein Roman meiner Serie erschien, konnte ich mit einem Anruf von ihm rechnen. (Ich habe gerade deinen Roman gelesen, super, super, wir sollten unbedingt etwas zusammen machen. Das sind Polizei-Romane im Stile der großen Amis. Wann können wir uns treffen? – So seine häufig wiederholten Worte.) Wenn es schon nicht mit der Serie klappen würde, warum ich nicht für ihn ein Drehbuch zu einem hart gesottenen Polizei-Spielfilm schreibe. Ich sei der einzige deutsche Autor, der dazu in der Lage sei. Und auch durchaus kritisch, bitte sehr.

Bei einem Treffen von Krimikollegen, ich glaube, es war im Ruhrgebiet während einer CRIMINALE des SYNDIKATS, erfuhr ich, dass einige meiner Kollegen den gleichen Anruf bekommen haben, auch sie sollten d a s Drehbuch für Jürgen Roland schreiben. (Bei einem späteren Treffen bei Studio Hamburg gestand er mir, dass er wesentlich von unseren Romanen, speziell auch von dem geschätzten Kollegen Joseph Wambaugh aus Los Angeles, profitiert und oft in seinen Filmen Szenen aus unseren Romanen eingebaut habe. Man kann es auch deutlicher sagen: er hat uns beklaut.)

Zurück zu Marianne, die mit einem knallharten Kollegen namens Brettschneider auf dem Bock sitzt und Streife fährt. Sie erlebt die ruppige Polizeiwelt und fragt sich, ob es eine weibliche Form des Wortes »Kameradenschwein« gibt. Immer wieder berät sie sich mit Pinneberger und Lindow, ob sie dabeibleiben oder den Dienst quittieren soll. Früher hat sie als Barfrau in der *Roten Spinne* gearbeitet. Damals erschien ein sehr lesenswertes Buch von Annegret Held: *Meine Nachtgestalten*, darin berichtet sie über ihre Erfahrungen bei der Polizei. Eine spezifisch weibliche Perspektive auf die alltäglichen Vorkommnisse und wie man lernen muss, damit umzugehen, ohne gleich die Brocken hinzuschmeißen. (Die Verfasserin hat später übrigens die Polizei verlassen und ist zur Schriftstellerin geworden.)

An dieser Stelle kann ich gefahrlos erzählen, was es mit den Namen meiner Figuren auf sich hat. Manche erscheinen mit »Klarnamen«, wie der Geheimdienstler das nennt: z.B. Mammen, der immer tänzelnde Feuilletonredakteur, andere mit leicht veränderten Namen, z.B. Michael Geyer wurde zu Michael Adler – Klaus Wolschner wurde zu Klaus Waterman. Ein kleines Rätselspiel, wer ist Dr. Legeisen, der Rundfunkreporter? Dem Betroffenen fiel es nicht auf, aber seiner Freundin. Die Namen der Polizisten sind samt und sonders erfunden.

Probleme gab es beim Roman *Die Geiselnehmer.* Bei mir erschien der Busfahrer, der den gekaperten Bus steuern musste, mit vollem Namen. (Man fand ihn auch in sämtlicher Berichterstattung, sei es Presse oder Fernsehen.) Unter Androhung einer Klage wegen Verletzung von Persönlichkeitsrechten zwang der Anwalt des Busfahrers den Verlag dazu, den Namen in der nächsten Auflage zu anonymisieren.

Und ein Letztes gibt es zu dem Roman *Die Selbstmörder* festzuhalten. Es wird auf eine Bremer Affäre angespielt, bei der ein Personalchef des Mercedes-Konzerns einen Doktor ehrenhalber verliehen bekam, obwohl die zuständigen Gremien der Universität dies ablehnten. Der Kultursenator F. setzte den Rektor der Universität unter Druck, dieses gegen die Gremien durchzusetzen, weil der Mann so wichtig für die einheimische Wirtschaft sei. (Was sich als durchaus richtig herausstellte!)

In meinem Roman geht es nicht um Mercedes, sondern um eine Computerfirma mit Namen American Business Products. Aber der Vorgang ist der gleiche. Im Roman gibt es eine Szene, in der der Rektor der Universität gezwungen wird, diese Promotion durchzuziehen.

Nach einer hitzigen Diskussion mit dem damaligen Kultursenator F. im Saal der Bremer Kunsthalle las ich ihm die Stelle aus dem Roman vor – zum Vergnügen der anwesenden Gäste. »Woher wissen Sie davon?«, fragte F. durchaus amüsiert. »Pure Fantasie«, erwiderte ich. »Aber genauso ist es vonstattengegangen«, gab der Senator zu: »Da musste ich ein Machtwort sprechen!«

Der Tiermörder (1992)

Der nächste Roman war eine Farce. Schon von Anbeginn so angelegt. Eine satirische Abrechnung mit Kleinbürgern und Spießertum, mit Denunzianten und Petzern. Auch in den vorherigen fünf Romanen gab es immer mindestens eine Szene mit dem Ehepaar Else und Otto Holzmann, dem Denunziantenpärchen, wie sie genannt wurden. Diesmal rückten sie in den Mittelpunkt.

Das Motto des Romans gab die Tonart vor: *»Als Frau Herta B. zum dritten Mal durchgerechnet hatte, dass sie auch im Monat August nicht mit der Ratenzahlung für einen Fuchspelz anfangen konnte, schlachtete sie ihren Hund Michael, gerbte sein Fell und schneiderte sich daraus eine Stola.«*

Text für eine Pelzwerbung (die jedoch nie erschien.)

Aus diesem Roman habe ich nur ein einziges Mal vorgelesen, weil die zentrale Szene das Publikum derart »vereisen« ließ, dass ich es trotz größter Anstrengung nicht wieder auftauen konnte. (Meiner Mutter habe ich diesen Roman vorenthalten. Sie hätte mich wohl nie wieder um ein neu erschienenes Buch gebeten.)

Der Tiermörder

Schon am Montag wurde der Einsatz der Woche von der Notrufzentrale gekürt.

Rapka und Kuhlebert übernahmen den Auftrag. Der Anrufer hatte gesagt: »Aus der Wohnung unter uns kommen so merkwürdige Geräusche.«

Rapka startete den Streifenwagen im Rennfahrerstil. Kuhlebert schaltete volle Beleuchtung und das große Lalülala ein. So fühlten sich die beiden am wohlsten. Hermann Rapka pfiff ein Lied vor sich hin, eine Mischung aus dem Donauwalzer und dem Fridericus-Rex-Marsch. Bernd Kuhlebert trommelte dazu auf das Armaturenbrett.

Jagdgefühle.

Wie schön war es, verkehrt durch eine Einbahnstraße zu fahren, weil das Blaulicht es erlaubte, dringender Einsatz. Die Gesichter der Autofahrer, besorgt um ihr Blech, wie sie sich an den Straßenrand zwängten. Rapka kannte kein Pardon.

Indianerspiel.

Es fehlten nur noch die Federn am Kopf, die blaurote Bemalung und der Tomahawk. Rapka und Kuhlebert auf Kriegspfad. Es galt, böse Übeltäter zu erwischen.

Hab-Acht-Haltung.

Die Leute standen am Straßenrand, sprangen zur Seite, offene Münder, da ist was los, kann man was sehen, die Zuschauer brachten ihnen Aufmerksamkeit entgegen. Wer wird gefasst, überführt, bestraft? Und dann Auftritt der Ordnungshüter.

Hermann Rapka, der in der Ausbildung einen Schäferhund erschossen hatte, Gegenstand seiner Personalakte und durchaus hinderlich bei der Beförderung, passte zwar kaum hinter das Steuer, aber er ließ sich nicht den Spaß nehmen, auf öffentlichen Straßen Rennen zu fahren. Bernd Kuhlebert stieß gelegentlich Bewunderungsschreie aus.

Sie bremsten.

Vor dem großen, grünen Haus wartete schon der Anrufer.

»Da oben, dritter Stock, kommen Sie!«

Er hatte alle Türschlüssel in der Hand, öffnete bereitwillig den Polizisten. Endlich beruhigt, dass nun bald wieder Ordnung herrschte.

Die drei Männer liefen die Treppe hoch.

Rapka schnaubte heftig. Zweimal blieb er stehen. »Hier, hier ist es. Hören Sie mal!«

Aus der Wohnung drang Musik. Nicht besonders laut. Rapka nahm für die letzten Stufen Anlauf. Dann schlug er hart gegen die Wohnungstür.

»Aufmachen!«

Sein Gesicht war schweißüberströmt.

»Aufmachen, ihr Schweine!«

Der Anrufer stand erwartungsvoll neben den beiden Polizisten. Jetzt konnte es nur noch Minuten dauern, bis alles geregelt war.

Der Staat in Aktion.

Niemand öffnete. Obwohl doch jemand in der Wohnung war.

Rapka sah Kuhlebert an. Der nickte. Lüstern.

Dann ging der dicke Polizist zwei Schritte zurück, bis zum Treppenansatz, holte Schwung und warf sich gegen die Wohnungstür.

Der Anrufer erschrak ein wenig, aber wenn es der Ordnung diente …

Die Tür hielt dem ersten Ansturm stand.

Beim zweiten Mal hatte sie keine Chance, weil Kuhlebert seinen älteren Kollegen unterstützte.

Mit der Tür ging auch Rapka zu Boden.

Sie blickten ins Wohnzimmer.

Auf dem Sofa und dem schweren Sessel saßen drei Schweine.

Sie lauschten der Musik, die von der Schallplatte kam. Nun erkannten auch die Polizisten das Lied. »Kein schöner Land in dieser Zeit …«

Der Skatabend verlief in geregelten Bahnen. Zwischen Bock und Ramsch durfte nicht über die tägliche Kleinarbeit gesprochen werden, zwischen Kontra und Re wurde verbissen gekämpft.

Marianne hatte von Lindow die Kasse übernommen, dem es einerseits peinlich war, dass er einen Überschuss von zwölf Mark siebzig nicht ausreichend begründen konnte, und dies zur Gelegenheit nahm, seinen Spruch über das Nachrücken der jüngeren Kräfte loszuwerden. Andererseits konnte er so besser anmahnen, wenn der Skatabend aus dem Ruder zu laufen schien. Für eine Bemerkung aus der Mordkommission waren zwei Mark Strafgeld fällig.

Pinneberger führte in der laufenden Statistik. Schlink war seit Wochen das Schlusslicht.

Während des Winters hatte der Wirt die Kneipe geschlossen gehalten, um sie zu renovieren. Bei der Wiedereröffnung kannten nicht nur die Skatpolizisten sie nicht wieder, auch andere Stammgäste mussten sich erst mal einen genehmigen. Aus dem Raum mit den geschrubbten Holztischen war ein Glitzerparadies geworden. An den Wänden silbergerahmte Fotos, das Gestühl in dezentem Türkis mit gemusterten Polsterbezügen, selbst die Toilette hatte einen neuen Anstrich erhalten. Die Pinkelrinne war aus rostfreiem Stahl.

Mehrmals hatte die Viererbande überlegt, ob sie nicht die Lokalität wechseln sollten. Aber sie waren es gewöhnt, jeden Donnerstag hier anzutreten, kannten den

Heimweg, gleich, in welchem alkoholischen Stadium sie sich befanden. Nur Lindow musste stets ein Taxi bemühen, während Schlink angetrunken das Fahrrad bestieg.

Heute war vor dem Ende der zweiten Stunde Spielzeit nur mäßig konsumiert worden.

Während Marianne den Endstand ausrechnete, bat Schlink, austreten zu dürfen und dann um ein Wort in eigener Sache.

Als er den dunkelblauen Schleiflacktisch verlassen hatte, sagte Pinneberger: »Hast du eine Ahnung, worum es geht? Der Karl ist den ganzen Tag schon so angedetscht.«

Hauptkommissar Lindow, der stets nach dem Spielen die Hemdsärmel wieder herunterließ, schüttelte den Kopf: »Wir werden es gleich erfahren.«

Im Laufe des Abends hatte er wieder alle seine Skatausdrücke heruntergebetet, hatte nicht gespart mit Hinweisen über verpasste Chancen, schlechtes Spiel und falsches Ablegen. Mehr und mehr wurde er zum Skatoberlehrer. Pinneberger führte das darauf zurück, dass Lindow im Dienst kaum etwas zu sagen hatte. Die Rückversetzung zur Mordkommission hatte nicht dazu geführt, dass man ihm nicht weiterhin argwöhnisch gegenüberstand.

Als Schlink wieder Platz genommen hatte, gab Marianne den Endstand bekannt und kassierte die Beiträge für die Skatkasse. Pinneberger durfte acht Mark siebzig mit nach Hause nehmen. Kein strahlender Sieger.

»Ich hoffe, dass ihr mich ein paar Minuten ausreden lasst, bevor wir zum gemütlichen Teil übergehen«, begann Schlink zögernd. In seinem Gesicht ein paar Fragezeichen, die Nase gerümpft.

»Wenn es sein muss«, stöhnte Lindow.

»Jetzt lass es nach«, zischte Marianne Kohlhase. Nur mit Mühe hatte sie die Schicht verlegen können, um an diesem verschobenen Skattreff teilnehmen zu können. Der neue Revierleiter war zwar nicht so ein hintertriebener Obermotz wie der alte, aber sie musste eine kranke Tante vorschieben, damit sie frei bekam.

»Ich möchte euch mitteilen, dass ich bei der Bundesarbeitsgemeinschaft kritischer Polizistinnen und Polizisten mitarbeite. Einmal müsst ihr es erfahren, und weil wir nun schon ein paar Jahre befreundet sind …«

Karl Schlink unterbrach sich, weil er mit dieser Reaktion nicht gerechnet hatte. Lindow hustete vor sich hin. Pinneberger schaute an die Decke. Marianne sah sich um, ob ihnen jemand zuhörte. Was Schlink soeben offenbart hatte, würde einige Folgen haben.

»Ich habe mich zu diesem Schritt entschlossen, weil ich glaube, dass es Leute geben muss, die das Schweigen brechen. Es hat keinen Sinn, immer nur im

Hinterzimmer zu motzen, hier zu lamentieren, dort zu resignieren. Ich will etwas tun, damit sich unser Laden verändert. Ich weiß nicht, wie ihr dazu steht, aber jetzt ist es mal gesagt.«

Schlink konnte nicht so recht erfahren, wie die anderen drei dazu standen, weil sie nichts sagten. Als habe er vom bevorstehenden Weltuntergang gesprochen. Immerhin war keinem der Skatpolizisten entgangen, wie gelegentlich mit kritischen Polizisten verfahren wurde: Strafversetzung, Umsetzung, Dienstaufsichtsbeschwerden, Zurückstufung und was die Mittel der Polizeiführung mehr waren.

»Eine Gesellschaft des Schweigens, als hätten wir Zustände wie in Italien. Mafia, versteht ihr? Alles schweigt, sieht zu, was für ungeheuerliche Vorgänge passieren. Hauptsache, Klappe halten und mitmachen. Jeder sitzt an irgendeiner Stelle, ganz gleich, ob das unser Beruf ist oder ein anderer, nicht zu reden von den Leuten in Parteien und Gewerkschaften oder den oberen Etagen der Rüstungsindustrie. Mitmachen, Klappe halten, Richter, Ärzte, was weiß ich, sie akzeptieren Missstände …«

»Ist das eine verdammte Lehrstunde hier, oder was?«, entrüstete sich Lindow. »Ich muss mir das nicht anhören. Warum brauchst du eine Rechtfertigung, dass du bei dieser Gruppe mitmachst? Das ist doch ganz und gar deine Sache.«

Marianne trank ihr Bier aus, bevor sie darauf hinwies, dass es natürlich sein könne, dass Karl irgendwann mal ihre Unterstützung brauchen werde. »Das ist ja nicht auszuschließen, oder?«

»Willst du denn damit an die große Glocke, Karl?«, fragte Pinneberger besorgt. Er stellte sich auf harte Zeiten ein. Wenn im ersten Kommissariat herum war, dass Schlink mit diesen Nestbeschmutzern paktierte, dann hatte auch er nichts mehr zu lachen. Da waren sich die meisten einig: Nicht die miserablen Zustände bei der Polizei waren das Übel, sondern diejenigen, die darauf hinwiesen. So hatte ein Polizeipräsident sich über die kleine Gruppe geäußert, die in der Bundesrepublik nicht einmal 200 Mitglieder zählte: »Ein Haufen durchgeknallter Systemkritiker, die wären am besten Dorfpriester geworden.«

Karl Schlink zögerte lange, bis er antwortete. »Wir wollen demnächst eine öffentliche Veranstaltung machen, dann wissen alle Bescheid.«

»Der Angeklagte geht zum Richtplatz und hängt sich selber auf, gute Aussichten.« Lindow zog seine Jacke an. Obwohl dieser Februar überraschend warm war, benutzte der Hauptkommissar eine gefütterte Holzfällerjacke, in der er aussah, als hätte er gerade einen Bären erwürgt.

»Karl, ich würde mir das an deiner Stelle gut überlegen. Die machen dich fertig.« Leise ergänzte Lindow: »So wie die mich damals fertiggemacht haben.«

Marianne stand auf. »Ich finde, wir sollten das nicht hier in diesem Schickimicki-Puff besprechen. Fritz, wir können doch alle zu uns rübergehen?«

Pinneberger war nicht gerade angetan von dieser Idee, besonders, weil er wusste, wie schnell die Bierbestände reduziert werden würden. Aber er sah ein, dass die Kneipe nicht der ideale Ort für ein solch vertrauliches Gespräch war.

Sie zahlten.

»Und wenn du bis zum nächsten Mal nicht alles wieder so hergerichtet hast, wie es früher war, Bernd …« Lindow schlug dem Wirt auf die Schulter, dass der zusammenfuhr. »Nichts für ungut!«

Als sie die Wohnung in der Feldstraße erreicht hatten, sagte Pinneberger: »Eins möchte ich festhalten: Ich will auf keinen Fall die Frage hören, ob wir auch bei deiner Kritikergruppe mitmachen. Sag es lieber gleich, willst du uns anwerben?«

Karl Schlink verneinte.

Seit dem Mord an Joe Hartung, der niemals aufgeklärt worden war, hatte Schlink mit Pinneberger das Büro geteilt. Nun war mit einem Schlag die Situation verändert.

Drei Stunden stritten sie, vergaßen dabei zu trinken, wie es sonst nach dem Skatabend üblich war.

Marianne bestand darauf, dass Schlink aussprechen durfte. Sie selbst sei manchmal in der Gefahr, die Klamotten hinzuschmeißen, einfach den Dienst zu quittieren. »Was wir für billiges Geld machen, ist nichts anderes, als die Löcher im sozialen Netz flicken. Alle Gestrandeten her zu uns.«

Lindow wollte das nicht gelten lassen. »Wir haben Verbrechen aufzuklären, das tun wir. Wir haben Verbrecher zu fangen, das tun wir auch. Und wenn es manchmal von oben Einschränkungen gibt, Einmischungen, und ich weiß, wovon ich rede, dann ist das nicht zu ändern. Die haben die Hierarchie, wir haben zu parieren.«

Pinneberger verhielt sich still, sagte nicht viel. Er dachte darüber nach, was auf ihn zukommen würde, wenn Schlink sich an den Pranger stellte. Er malte sich in Gedanken aus, wer ihn anscheißen, wer ihm die Schuld in die Schuhe schieben würde.

Karl Schlink wurde unsicher. »Ich will mich wenigstens vor euch nicht verstecken, wenigstens ihr solltet es wissen, darum hab' ich gesagt, dass ich mitmache bei der Arbeitsgemeinschaft. Ihr seid mir eben nicht egal. Wenn ich an Dehmel denke oder Sönksen, mein Gott, was die von mir halten, ist mir wurscht. Aber irgendwann ist der Punkt gekommen, wo man das Schweigen brechen muss.«

»Gut gebellt, Löwe«, gab Lindow von sich, »wenn ich so jung wäre wie du, vielleicht …« Er lächelte, fasste nach Karl Schlinks Hand, als wollte er sich mit ihm verbrüdern.

Dann erzählte der jüngste der vier Polizisten, warum er gerade jetzt der Meinung sei, dass man an die Öffentlichkeit gehen müsse. »Seitdem die Haushalte Einsparungen machen, leisten wir ohne Mehrbezahlung das Doppelte und dreifache. Die Stellen sind eingefroren, obwohl man weiß, dass die Kriminalität steigt. Es ist aber nicht nur ein ökonomischer Zwang, der uns drückt, die Auswirkungen sind in jedem Bereich zu spüren: im Kontakt zu den Kollegen, im aggressiven Verhalten gegenüber Tätern. Vor Jahren sah es so aus, als ob die Polizei in der Lage wäre, sich in eine offenere Institution mit weniger Hierarchie zu verwandeln. Jetzt sind wir wieder auf dem Rückmarsch, alles wieder an die Ausgangsplätze, und es kommt noch schlimmer.«

Als sie gegen drei Uhr morgens auseinandergingen, wussten sie, dass der Schritt ihres Kollegen Schlink sie die weiteren Skatabende beschäftigen würde.

Die »vereisende« Stelle aus dem *Tiermörder* wollte ich hier nicht wiedergeben, die kann jeder für sich im E-Book lesen.

Beim Wiederlesen des Romans fällt mir auf, dass ich neben Farce und Satire fast vergessen habe, dass im *Tiermörder* die Geschichte eines Mannes erzählt wird, der Jahrzehnte in der Psychiatrie eingebuchtet war und sich am Schluss selbst gerichtet hat. Er hat einige Therapiesitzungen auf Tonband aufgezeichnet, was den Fall besonders brisant machte. So gibt es ein Vexierspiel in diesem Roman: Was ist normal, was ist abstrus? Was wird gesellschaftlich geduldet, was fällt aus der Norm? Meine Freundin und Kollegin Marion Schmidt hat damals die Bänder abgetippt und aus dem originalen Fall eine Hörfunk-Dokumentation gemacht. Ich durfte auf das Material zurückgreifen als eine Art Folie, auf der ich dann die Gespräche zwischen Therapeut und Patient improvisieren konnte.

Der Roman spielt im Jahr von Tschernobyl 1986 und zitiert gelegentlich Leitglossen der FAZ. So auch die folgende:

Noch lässt sich das ganze Ausmaß des Reaktorunfalls nicht beurteilen. Es müssen erhebliche Mengen radioaktiver Stoffe in die Umwelt gelangt sein. Über die Schäden kann man angesichts der spärlichen Informationen nur spekulieren. Man darf jedoch hoffen, dass alles glimpflicher endet als befürchtet.

Der Bundesinnenminister sagte in einer ersten Stellungnahme im Fernsehen zu dem Unglück: *Die Bundesrepublik wird nicht von den*

Auswirkungen betroffen sein, da Tschernobyl mehr als zweitausend Kilometer weit weg liegt.

Ob es im Bundesinnenministerium keine Weltkarte gab? Ein Bundesinnenmysterium.

Da es beim *Tiermörder* auch um Tierquälerei ging, musste ich die einschlägigen Paragrafen studieren und stieß auf eine hanebüchene Formulierung, die jeder Satire gut anstand. Hier nur ein paar Sätze aus dem Tierschutzgesetz, § 5:

An einem Wirbeltier darf ohne Betäubung ein mit Schmerzen verbundener Eingriff nicht vorgenommen werden.

Eine Betäubung ist nicht erforderlich:

1. *Für das Kastrieren von unter zwei Monaten alten männlichen Rindern, Schweinen, Ziegen, Schafen, Kaninchen, sofern kein von der normalen anatomischen Beschaffenheit abweichender Befund vorliegt …*
2. *Für das Enthornen oder das Verhindern des Hornwachstums bei unter sechs Wochen alten Rindern.*
3. *Für das Kürzen des Schwanzes von unter vier Tage alten Lämmern und unter acht Tage alten Lämmern …*
4. *Für das Absetzen des krallentragenden Zehengliedes bei Masthähnchen, die als Zuchthähnchen Verwendung finden sollen, während des ersten Lebenstages.*

Im *Tiermörder* taucht zum ersten Mal explizit die These von der »kriminellen Gesellschaft« auf, sie stammt nicht von mir, sondern vom Hamburger Professor Fritz Sack. Fast jeder greift das ab, was er in der Regel gefahrlos sich aneignen kann, jeder auf der Höhe seiner beruflichen Position, es gibt nur noch eine Spielregel und die lautet: Du darfst dich nicht erwischen lassen. (Ich habe diesen Grundsatz in meinem Roman *Der Anarchist von Chicago* das einzig gültige Gebot genannt, die anderen zehn seien eine Fälschung, behauptet ein Prediger der *Freedom Tabernacle Bible Church.)*

Die Selbstbedienungsmentalität, z.B. der Parlamentarier, die mein Bruder Hans in seinen Artikeln immer wieder gegeißelt hat, zieht sich wie ein roter Faden durch unsere Gesellschaft. Kaum tut sich ein neuer Skandal auf, folgt schon der nächste: Steuerflucht, illegale Hähnchenmast, versaute Lebensmittel, Krabben, die durch halb Europa geschleppt werden, um Subventionen zu erschwindeln ... die Liste ist so lang, dass sie den Rest dieses Buches füllen könnte. Ich nehme die Reporte aus der »kriminellen Gesellschaft« zur Kenntnis, obwohl ich mir dabei bewusst bin, dass die ausgedehnten Grauzonen die meisten Bereiche immer noch abdunkeln. FIFA-Mafia, so klang es bei der letzten WM, man bekommt als Zuschauer öffentlich vorgeführt, wie sich alle die Taschen füllen und ungeschoren davonkommen. Siehe Blatter, Berlusconi und wie sie alle heißen. Man vergisst die meisten Skandale, weil am nächsten Tag schon wieder ein neuer, noch ungeheuerlicher Vorfall die Spalten füllt. Der Konsens der Schweiger, so habe ich das gängige Verfahren genannt, diese geheime Übereinkunft führt dazu, dass über lange Zeit nichts von den kriminellen Vorgängen an die Öffentlichkeit kommt. Jeder, der davon profitiert, sieht keinen Grund etwas nach außen dringen zu lassen. Im Gegenteil. Die »kriminelle Gesellschaft« bedarf, ganz im Sinne der italienischen *omertá*, des Konsenses der Schweiger. Und wenn doch etwas herauskommt, oberster Grundsatz: Immer nur so viel zugeben, wie unbedingt erforderlich ist ...

Nach diesem Roman, einer Farce, habe ich ein drittes Prinzip für meine Serie aufgestellt. Die letzten vier Titel sollen jeweils eine Spielart des Krimi-Genres bedienen. Ein Kammerspiel, ein semidokumentarisches Stück ...

Tod eines Sesselfurzers (1993)

Der nächste Roman wurde ein Renner. *Tod eines Sesselfurzers* erlebte in kurzer Zeit drei Auflagen.

Ich kann mich erinnern, dass die adlige Sekretärin meines Lektors Bernhard Matt anfragte, ob man Sesselfurzer mit z oder c schriebe, und ob mir kein anderer Titel einfallen würde – der sei nun wirklich degoutant. Ich blieb dabei und hatte Kritiker und Lacher auf meiner Seite.

Wieder einmal stand ein persönliches Erlebnis Pate für das erste Kapitel des Romans. In unserem Haus wohnte vorübergehend ein amerikanisches Ehepaar, Norman und Reeba W. Eines Morgens klingelte es sehr früh. Noch im Schlafanzug öffneten wir. »Kripo«, sagte einer der beiden Zivilbeamten, »wohnt in diesem Haus Norman W.?« Wir fragten, warum sie das wissen wollten. »Er wird von Interpol gesucht. Wir haben einen Haftbefehl für ihn!« Den wollte ich sehen. Der Kriminalbeamte zeigte einen Zettel. In der Aufregung hab ich nicht richtig gelesen, was da stand. Dann gingen sie in die Wohnung im dritten Stock und suchten Norman. Der hielt sich im Wandschrank versteckt, wie wir später erfuhren. Als er in Handschellen die Treppen hinuntergeführt wurde, fragte ich ihn: *»What's cooking, man?«* Und er antwortete: *»Nothing, they are going to check my identity.«* Norman W. sollte 15 Millionen $ hinterzogen haben. Er kam in Untersuchungshaft. Ich habe ihm einen Rechtsanwalt besorgt, der ein halbes Jahr seine Auslieferung verzögern konnte, dann wurde er in die USA abgeschoben und hat ein paar Jahre in Atlanta eingesessen. Seine Version der Geschichte war eine völlig andere: Er sei als *Detective* in die Ermittlung in den Fall Giotti in Chicago eingebunden gewesen und habe nach der Festnahme des mächtigen Mafiosos Polizeischutz verlangt. Weil er zu viel wusste, habe man ihm eine Falle gestellt. Das Strafmaß, er kam nach drei Jahren wieder frei, zeigt an, dass keine der beiden Versionen stimmte.

Ein weiterer Vorfall spielt im *Tod eines Sesselfurzers* eine Rolle. Inzwischen hatte ich angefangen, Hinweisen meiner Leser nachzugehen, mir reale Fälle anzusehen und zu prüfen, ob sie für die Serie geeignet sein könnten. Es gab den Fall eines korrupten Gewerkschaftssekretärs, dessen Durchstechereien ganze Ordner füllten und der seit Jahren die örtliche Gewerkschaftstruppe hinters Licht führte, und den eines Beamten im mittleren Dienst, der Mädchen-für-alles beim Wirtschaftssenator war. Dieser Mann schrieb einer Staatsrätin die Diplomarbeit, kümmerte sich um ihren Unfallwagen, ganz diskret, renovierte ihr Bad und Wohnung, schwarz natürlich, undundund ... und eines Tages wollte er höher eingruppiert werden, weil er doch so viele Dienstleistungen erbracht hatte. Erst versuchte er es mit einem Antrag auf Beförderung, dann mit einer Ein-Mann-Demonstration vor der Behörde, mit Transparent und Flugblättern, und als das nicht half, pinkelte er der Staatsrätin an den Schreibtisch. Wer kann an so einer Story vorbeischreiben? Ich nicht. Mir erzählte sein Rechtsanwalt den Fall. Der Beamte wurde fristlos entlassen und versuchte, seine Wiedereinstellung vor dem Verwaltungsgericht zu erstreiten. Was ihm aber nicht gelang.

Als der Roman erschien, wurde fieberhaft danach gesucht, wo, oder besser: Wer die undichte Stelle war. Allerdings suchte man in der falschen Behörde. Ich hatte den Fall fiktionalisiert und in die Umweltbehörde verlegt. Damals war ein Grüner der Umweltsenator. Zwar gab es dort nie jemand, der einem Staatsrat an den Schreibtisch gepinkelt hatte, aber die im Roman erwähnten Skandale der Umweltbehörde waren realistisch wiedergegeben. Schließlich gibt es Korruption überall, wo öffentliches Geld zur Verteilung kommt, auch wenn deren Beamte vorwiegend grün waren. (Bei einem Symposion »Weser- Stadt am Strom« las ich meine Kurzgeschichte »Die Weser is wech« – der Fluss protestiert gegen die fortgesetzten schmutzigen Einleitungen – der grüne Umweltsenator war *not amused*, weil ich mich über die hilflosen Versuche seiner Behörde, dagegen etwas zu unternehmen, lustig machte.)

Hauptperson dieses Romans ist wieder ein Journalist, wie schon in Band 4, diesmal jemand aus der alternativen Szene. Für Bremer unschwer auszumachen, für Klaus Waterman war der Bremer Journalist Klaus Wolschner das *role model.* (Mit ihm und einigen weiteren KollegInnen haben wir, nachdem das *Bremer Blatt* sich zu einem Freizeitblättchen entwickelt hatte, eine Regionalausgabe der Berliner *tageszeitung* erstellt. Ein Jahr lang habe ich jeden Donnerstag Artikel um Artikel für diese wöchentlich erscheinende 4-Seiten-Ausgabe geschrieben. Bis dann die jährlich tagende TAZ-Vollversammlung grünes Licht gab, dass Bremen eine der wenigen Regionalausgaben täglich betreiben darf. Ein schöner Erfolg, fanden wir damals.)

Tod eines Sesselfurzers

Klaus Waterman war seinem letzten eisernen Grundsatz untreu geworden: mit besoffenem Kopf keinen Geschlechtsverkehr nach zwei Uhr morgens. So war es ihm mit allen eisernen Grundsätzen gegangen. Ob es sich um das Schwarzfahren, die Verweigerung der Atomsteuer oder die Essensaufnahme bei McDonalds handelte. Der Hamburger hatte ganz entgegen seiner Erwartung passabel geschmeckt.

Das Bett ließ nichts zu wünschen übrig. Zwei mal zwei Meter Erotik in glänzender Seide, schwarz die Unterseite, weiß der obere Bezug. »Wo ich arbeite, tut nichts zur Sache«, hatte die Frau mit den großen Brüsten geantwortet. Leider war sie schon verschwunden. Ein Replay am nächsten Morgen konnte etwas sehr Angenehmes haben. Wie hieß sie eigentlich? Diese Frage wusste Waterman zur Hälfte zu beantworten: Irene.

Nachdem seine Beziehung zu Beate ihren tiefsten Tiefpunkt erreicht hatte, war sie aus der Wohnung ausgezogen. Beate wollte mit ihrem Klaus nur Höhepunkte erleben, nur Sonntage mit Frühstück im Bett und Sex unter der Dusche und Urlaub in exotischen Ländern. Jetzt lebte sie mit einem festangestellten Redakteur des heimischen Rundfunksenders zusammen. Sie hatte sich verbessert, denn der Redakteur verfügte über eine Menge Sendezeit, von der Beate die eine oder andere Stunde füllen durfte. Klaus Waterman war auf der Strecke geblieben. Er schlug die gut riechende Bettdecke zurück und sah sich in der fremden Wohnung um. Ihm stellten sich mehrere Fragen, auf die er mehrere Antworten geben konnte. Wie sind wir hierhergekommen? Wer hat wen abgeschleppt? Wo bin ich überhaupt? Nach dem heftigen Aufeinandertreffen mit Moor hatte es ihn in die Kneipe gezogen. Soviel konnte er rekonstruieren. Dann kam der Filmriss.

Er blickte auf den Schreibtisch, der aus Plexiglas war, mit Chrom verziert. Säuberlich aufgereiht standen in silbernen Rahmen Fotos: Männer, bärtige, bartlose, schmale und breite, meist lächelnde Gesichter. Irene schien sich der Vielmännerei hinzugeben. Haben wir ein Kondom benutzt? Auch auf diese Frage gab es zwei Antworten.

Klaus Waterman wachte lieber in seiner eigenen Wohnung auf. Dennoch war die Erkundung nicht ohne Reiz. Er nahm einen der geöffneten Briefe in die Hand und las die Zeilen. Es war ein Mahnschreiben von Irenes Mutter, sich doch endlich mal wieder blicken zu lassen. Er steckte den Brief in den Umschlag und platzierte ihn so, wie er gelegen hatte.

»Du bist zwar nicht mein Typ, Klaus, aber irgendwas gefällt mir an dir.« Dieser Satz Irenes kam ihm jetzt in den Sinn. Hatte sie ihn noch in der Kneipe gesagt oder schon in ihrer Wohnung?

Das Telefon klingelte.

Waterman stand nackt und ziemlich unentschlossen vor dem modernen Tastengerät. Das Micky-Mouse-Modell der Bundespost.

Wenn ich abnehme und es ist für Irene, wird es ihr nicht recht sein, dachte er, bevor er den Hörer ergriff.

»Ich sollte dich um zehn Uhr wecken«, sagte eine ihm vertraute Stimme.

»Meine innere Uhr war pünktlich«, erwiderte Waterman.

»Und?«

»Was und?«

»Was machst du gerade? Schnüffelst du in meiner Post rum?« Irenes Stimme klang nach zwanzig französischen Zigaretten.

»Nein, nein. Ich muss gleich los. Darf ich noch duschen?«

Waterman kratzte sich am Schamhaar. Irgendwie die Sünde der Nacht loswerden, etwas Wasser der Genügsamkeit.

»Fühl dich wie zu Hause! Ich hab zwei Bitten: Erstens hätt ich gerne ein Foto von dir mitsamt Adresse, und zieh die Wohnungstür fest hinter dir zu, sie klemmt meistens. Ich will nicht nach Hause kommen und dann die Polizei rufen müssen.«.

Waterman versprach beides und legte auf. Diese Disney-Figur, die mit verschiedenen Stimmen sprechen konnte, schaukelte hin und her. Er durfte nicht zu lange darauf schauen, sonst wurde ihm schwindlig. Dann tauchten neue Fragen auf. Wo ist meine Mappe mit den Unterlagen? Wo sind Socken, Unterhose, Autoschlüssel? Wer hat den Bierdeckel in der Kneipe bezahlt?

»Memmert« war eine von jenen Kneipen, die sich nie veränderten, nur die Besitzer wechselten im Laufe der Jahre. Waterman besuchte diesen Szenetreff häufig. Die Kneipe verfügte über eine Stammkundschaft, die ihr unverbrüchlich treu blieb. Ein Uni-Professor hatte seine Wohnung in die Nähe dieser Kneipe verlegt, damit der Nachhauseweg kürzer war. Ein Schauspieler ohne Engagement saß immer in derselben Ecke und sprach von großen Rollen, die er noch spielen würde. Ein Journalisten-Kollege berichtete, meist ungefragt, von dem großen Scoop, der ihm entgangen sei, er dürfe seinen Enkeln nie davon erzählen, sonst würden sie ihn nicht mehr ansehen. Er war jedoch nicht mal verheiratet. Der jetzige Wirt liebte die Nachtstunden. Er kam erst nach eins in seine Kneipe und löste die letzte Schicht ab.

Waterman genoss die Dusche, sie bot Genüsse von sechs verschiedenen Brausen. Haben wir uns noch mal verabredet? Habe ich irgendwas versprochen? Als was habe ich mich ausgegeben? Waterman wusste, was sie mit seinem Foto machen wollte. Er wollte ihr keins schicken.

Der Journalist machte einen Plan und verwarf ihn wieder. Dann kam ein zweiter Plan, der auch keine Zustimmung fand. Am besten war es, er würde in eins dieser Frühstückscafés gehen und sich verwöhnen lassen. Mit der Arbeit konnte er auch am Nachmittag anfangen. Die zweite Folge der Serie musste abgeliefert werden. Da gab Grünenberg kein Pardon.

Es schellte Sturm.

Micky Mouse war es nicht.

Waterman nahm sich das weiche Badetuch vom Haken und schlang es um den Körper. Gewohnheitsmäßig erwartete er den Postboten. Um diese Zeit klingelte er, wenn er mal wieder ein Päckchen nicht durch den Briefschlitz schieben konnte.

Waterman öffnete die Tür.

Die beiden Herren kannte er nicht.

»Fahndung, Kripo. Sind Sie Klaus Waterman?«

Der Journalist nickte. Verdutzt.

»Würden Sie sich bitte anziehen?«

»Ja, Moment, was …« Klaus Waterman sah in zwei Paar Beamtenaugen, zwei Herren in Windjacken, nicht viel älter als er.

»Warum soll ich mitkommen?«

»Das wird Ihnen Hauptkommissar Dehmel mitteilen!«

»Kenne ich nicht!« erwiderte Waterman. Er spürte, wie das Badetuch ins Rutschen geriet. Waterman hielt es eine Weile krampfhaft, dann ließ er es fallen.

Der jüngere der beiden Herren starrte auf sein Glied. Der andere sagte: »Jetzt ziehen Sie sich an, aber ein bisschen plötzlich. Wir können auch anders.«

»Haben Sie einen Haftbefehl dabei?« fragte Waterman, der es genoss, unbekleidet der Ordnungsmacht entgegen zu treten. Das ersparte zumindest eine Leibesvisitation.

»Sie kommen jetzt mit. Hauptkommissar Dehmel wird Ihnen …«

»Sie haben kein Recht«, unterbrach der Journalist den Fahnder. Der jüngere Kollege nahm das Badetuch vom Boden und hielt es Waterman hin. Der reagierte nicht.

»Wir haben den Auftrag, Sie vorzuführen, Herr Waterman. Mehr nicht. Wir erfüllen nur unseren Auftrag.«

»Das kann ich mir denken. Aber ich habe das Recht …«

»Sie haben jetzt mitzukommen.«

Mit diesem Satz beendete der Fahnder die Kommunikation und wurde handgreiflich. Er drehte Waterman den rechten Arm auf den Rücken, schob ihn in die Wohnung. Der Jüngere stand Schmiere, nachdem er die Tür geschlossen hatte.

»Ich möchte meinen Anwalt anrufen.« Waterman zog den Beamten zum Schreibtisch, wo Micky Mouse wartete.

»Können Sie alles, aber vom Revier aus. So viel Zeit haben wir nicht. Sie sind nicht der einzige faule Kunde …«

Waterman versuchte, sich aus dem Polizeigriff zu befreien, aber je mehr er drückte, desto fester hielt ihn der Fahnder.

»Ich kann auch körperliche Zwangsmittel anwenden, wenn Sie es nicht anders wollen«, sagte der Mann, dessen hellblaue Windjacke mit einem Fallschirmspringer verziert war, »haben Sie schon mal versucht, sich in Handschellen anzuziehen? Das ist keine leichte Übung, was, Bonzo?« Er versicherte sich der Zustimmung seines Kollegen. Der Jüngere lachte.

»Wo sind Ihre Klamotten?« fragte er.

Dem Journalisten kam ein schlimmer Verdacht. Hatte Irene etwas mit dieser Festnahme zu tun, war ihr Anruf vorhin …

Der Fahnder bediente sein Walkie-Talkie. »Mac, bitte kommen, für Luchsi.«

»Hier Mac.«

»Wir haben ihn! Ist zwar noch nackt, aber bald kriegt er Silber! Sagst du Dehmel Bescheid, dass er die Fahndung abblasen kann. Ende, over.«

»O K. Luchsi, meldet euch, wenn ihr geliefert habt.«

Waterman beschloss, keinen Widerstand zu leisten. Er traute den beiden Polizisten zu, dass sie ihn sofort in die Mangel nahmen. Und er würde eine Anzeige von der Staatsgewalt kriegen. Immerhin waren sie zu zweit.

»Ihre Papiere«, sagte der Fahnder, der sein Sprechgerät wieder in der Windjacke verschwinden ließ. Jetzt sah Waterman die Dienstpistole, die am Gürtel angeschnallt war.

»Hab ich schon«, rief der Jüngere, dessen Gesicht den Journalisten an einen Bekannten erinnerte. Diese engstehenden Augen, die darüber zugewachsenen Brauen.

»Leg ihn in Silber«, sagte der Fahnder, während er sich den Personalausweis besah. »Sie könnten auch mal das Kinderfoto im Ausweis auswechseln lassen.« Er lächelte jetzt, als sei die Zeit zum Scherzen gekommen.

Klaus Waterman schaltete auf stur. Kein Wort mehr. Seine Gedanken kreisten nur um den Moment, wenn er diesen beiden staatlichen Kriminellen die Rechnung für ihren Auftritt präsentieren würde. Schade, dass er keinen Zeugen hatte.

Zum ersten Mal Handschellen. Sie schnürten nicht besonders eng, weil Waterman schmale Gelenke hatte. Aber kräftigeren Tätern musste dieses Standardformat …

Als sie die Wohnung verließen, zog der jüngere Beamte die Wohnungstür fest zu, so dass sie ins Schloss rastete.

Waterman lief Spießruten.

Die Nachbarin von gegenüber sagte: »Den Mann kenn ich nicht. Aber diese Frau schläft ja mit allen.«

Auf der Straße hatte sich schon ein Grüppchen gebildet und diskutierte heftig. Als Waterman abgeführt wurde, rief einer: »Endlich ham sie den Dealer geschnappt. Wurde aber auch Zeit.«

Der Journalist sah, dass er seinen weißen Volkswagen-Käfer in der Nacht schräg eingeparkt hatte. Ziemlich schräg, diese letzte Nacht.

Die Fahrt zum Polizeipräsidium dauerte nicht lange. Die beiden Polizisten rauchten. Stumm. Im Autoradio die Elf-Uhr-Nachrichten. Von seiner Verhaftung brachten sie nichts.

Vor einigen Jahren war er Zeuge, als die Polizei einen Mann abführte. Sie traktierten ihn mit Schlägen, bis er in den Wagen einstieg. Er schrie laut. Niemand der Umstehenden griff ein. Niemand fragte, was los sei. Dieses verschüchterte Gesicht, das verstrubbelte Haar, der Mann war im Bademantel aus seiner Wohnung geholt worden. Der gebückte Gang. Jeder musste glauben, dass er schuldig war und die Polizisten sich im Recht befanden.

Es war dieses verdammte Gefühl der Ohnmacht, das in Waterman aufstieg, die Hilflosigkeit: Ihm war nicht ganz klar, welche Rechte er in dieser Situation hatte. Durften zwei Polizisten, die sich nicht einmal ausgewiesen hatten, ihn mit auf die Wache schleppen? Durften sie das in einer fremden Wohnung? Ihn wurmte, dass er sich nicht wehrte, dass er mit Handschellen auf der schmalen Rückbank des Wagens saß, hinter einem Drahtgitter.

Waterman wollte, ganz gleich, was nun mit ihm geschehen würde, als erstes mit seinem Rechtsanwalt telefonieren. Keine Frage beantworten, schon gar keine Aussage machen. Nur die Feststellung der Personalien war zulässig. Darüber hinaus kein Wort. Erst wenn er mit Rechtsanwalt Größer gesprochen hatte.

»War es schön bei der Frau?« fragte der Fahnder, während der Jüngere grinste.

Waterman sah aus dem Fenster. Sie fuhren den Wall hinauf, vorbei an den vornehmen Geschäften, die in der Stadtmitte das Flair einer Weltstadt kreierten. Zwei bis drei Straßen weit.

»Auch gut«, beantwortete der Polizist die Frage.

»Wenigstens ein letztes Mal anständig gefickt. Kann man nichts gegen haben, was?« Der jüngere stieß seinen Kollegen an. Sie lachten laut.

Waterman wurde den Gedanken nicht los, in eine Falle geraten zu sein. Hatte er Irene bloß zufällig getroffen? Wie konnte sie wissen, dass er zu »Memmert« ging?

»Bringst du ihn rauf, Bonzo? Ich park die Karre im Hof«, sagte der Fahnder, »und richte dem Dehmel einen Gruß aus, dass wir es mit einem nackten Widerständler zu tun hatten. Wenn er pampig wird, dann … weißt schon. Auf Wiedersehen, Herr Waterman.«

Für den Roman *Tod eines Sesselfurzers* bekam ich den »Deutschen Krimipreis für den besten deutschsprachigen Kriminalroman« (Dritter Platz, immerhin), wahrscheinlich wegen des Titels und seinen fortgesetzten Frechheiten.

Ich weiß nicht, wie viele Lesungen ich mit dem Roman *Tod eines Sesselfurzers* bestritten habe, ich weiß aber, dass selten so viel gelacht und zugleich heftig diskutiert wurde.

Hier taucht zum zweiten Mal die »Bundesarbeitsgemeinschaft Kritischer Polizisten« auf, bei der ich eine Zeitlang mitgearbeitet habe. Für mich war das folgenlos, für Polizisten nicht. Sie wurden in den eigenen

Reihen als Kameradenschweine behandelt, isoliert, diffamiert, in die Ecke gedrängt.

Das Thema der durchkriminalisierten Gesellschaft ist auch in diesem Roman wieder eingeflochten. »Wie kann ich mir meinen Stuhl versilbern?« – So lautete eine Überschrift eines SPIEGEL-Artikels aus dem Jahre 1988. Darin hieß es:

»Sizilianische Verhältnisse« hat der Frankfurter Staatsanwalt Wolfgang Schaupensteiner schon ausgemacht, obwohl wir »wahrscheinlich nur an der Oberfläche kratzen«. Ihn erstaunt, trotz aller Routine, dass die Verflechtung so flächendeckend ist, und er weiß nicht mehr so genau, ob die deutsche Beamtenschaft noch integer ist. Ein berechtigter Zweifel. Denn Bestechung und Bestechlichkeit und der Griff in die Kasse sind in westdeutschen Behörden an der Tagesordnung. Staatsdiener versilbern Nachtkonzessionen und Autozulassungen, Führerscheine und Kirmesstandplätze – nichts, was es nicht zu kaufen gibt auf dem breit sortierten Markt der öffentlichen Hand: Postler vermarkten Plattenspieler und Videogeräte aus unterschlagenen Paketen, Bundesbahner zweigen gleich tonnenweise Schienen, Schotter und Weichen an private Gleisbauunternehmer ab. Der Zeitgeist, wonach fünfe gerade sind, ist den öffentlich Bediensteten nicht mehr fremd … es heißt Abschied nehmen von einer sozialen Figur, auf die der Deutsche auch in schwerer Zeit, wenn zum Stolz sein nicht mehr da war, immer noch verweisen konnte – den unbestechlichen Beamten. In den neunziger Jahren wird der Staat als Selbstbedienungsladen begriffen. Parteimandarine und Minister, Gewerkschafter und Wirtschaftsgrößen, die untereinander und miteinander kungeln, als sei die Republik ihr Basar.

Die Geiselnehmer (1994)

»Alberts' Bremen-Polizei-Serie ist als Attacke angelegt und als Attacke geschrieben«, formulierte Thomas Wörtche in der »Nürnberger Zeitung«. Wie wütend meine Attacke erwidert wurde, als ich einen semidokumentarischen Roman *Die Geiselnehmer* verfasste, bekam ich bald nach dem Erscheinen zu spüren.

Zum Fall des sogenannten Gladbecker Geiseldramas, das die Grundlage für meinen Roman bot, habe ich die Akten des Untersuchungsausschusses in der Bremer Bürgerschaft, mehr als 500 Blatt, ausgewertet, dazu sämtliche Zeitungsausschnitte und Fernsehsendungen sowie die persönlichen Protokolle des Bildjournalisten Peter Meyer. Er war damals zwischen Geiselnehmern und Polizei hin- und hergependelt, um die Lage zu entspannen. (Aber von der Polizei fand sich niemand bereit, in die direkten Verhandlungen einzutreten oder sich gar als Geisel zur Verfügung zu stellen.)

Von dem Drama spielten mehr als 24 Stunden auf bremischem Boden, die Geiselnehmer kurvten durch Vegesack, kaperten in Huckelriede einen ganzen Bus und versuchten, mit den 30 Insassen zu fliehen. Ein Medienspektakel! Denn immer wieder gaben die Gangster vor laufenden Kameras Interviews. Besonders in Erinnerung das Bild, als einer der beiden, Hans-Jürgen Rösner, sich die Pistole in den Mund steckte und drohte abzudrücken, wenn die Polizei das Trio nicht in Ruhe lasse.

Ich stieß bei meiner Recherche auf das ominöse, mehrfache Zusammentreffen der Geiselnehmer mit Beamten in Zivil, die einen weißen Audi 80 des Mobilen Einsatzkommandos fuhren. An entscheidenden Punkten, in denen es meist zur Verschärfung der Lage kam, prallten sie aufeinander. Und das führte auch zum Tod des 15-jährigen Italieners Emanuele di Giorgi an der Autobahn-Tankstelle Grundbergsee. Er saß mit seiner Schwester im gekaperten Bus. (Die MEK-Beamten hatten die Geiselnehmerin Marion Löblich arretiert, als sie auf die Toilette ging, und sie vom Geschehen weggebracht. Einer der beiden Männer drohte, jemanden umzulegen, wenn sie nicht in fünf Minuten wieder bei ihnen war. Kurz darauf erschoss er den jungen Italiener.)

Nach der Recherche stand fest, dass ich zwei MEK-Polizisten in den Mittelpunkt des Romans stellen würde. Meine Leser kannten sie schon aus allen früheren Bänden: Kuhlebert und Rapka, die »Hau-Drauf-Typen«, die es genossen, die Staatsmacht schlagkräftig zu vertreten. Schon im ersten Band waren sie es, die einen vorzuführenden Zeugen zusammenprügelten, bevor sie ihn bei der Kripo ablieferten.

Die Geiselnehmer

OLDEHOFF: Wie lange wollen Sie die Geschichte denn fortsetzen?

RÖSNER: Ja, wir werden einige Forderungen stellen, wenn die nicht erfüllt sind, dann knallt et!

OLDEHOFF: Wollen Sie es wirklich auf sich nehmen?

RÖSNER: Ja. Wir ham abgeschlossen mit dem Leben. Und wir sind jetzt seit über dreißig Stunden auf der Flucht, und überall sind die Bullen, die uns dauernd verfolgen und die sind ziemlich fertig, die beiden Bankangestellten, und vor allem die Frau, die möchte nach Hause. Wir waren heute bereit gewesen beide wegfahren zulassen, wir hatten einen 230er Mercedes, und die ham uns aber dauernd verfolgt; und da konnten wir zu unserer Sicherheit kein Risiko eingehen und die laufen lassen. Und dann wollten wir denen den Mercedes geben, damit se abhauen können, und wir dann einen anderen Weg. Und dann, kamen uns die Bullen in die Quere: Wir waren so ziemlich sicher, dass uns keiner verfolgt, aber dann ham wir sie doch gesehen.

OLDEHOFF: Sie meinen nicht, dass es besser ist, aufzugeben?

RÖSNER: Aufgeben, auf keinen Fall. Ich kann Ihnen sagen, wie dat dann abläuft, dann knallt et da drin und vor allem mein Kumpel, der is brandgefährlich und das Letzte ist dann diesen hier.

Rösner nahm den Colt hoch und steckte den langen Lauf in den Mund. Die Kameras klickten. Gerd Oldehoff, der für die Nordschau das Interview führte, dachte, sein Herz setze aus. Bisher war ihm die Pistole, die Rösner während des Interviews ganz lässig nach unten gerichtet hielt, kaum aufgefallen.

RÖSNER: Ja, ich hab elf Jahre Knast weg, ich hab dreizehn gehabt. Ich war von Anfang an in Erziehungsheimen und so'n Scheiß da, und ich scheiß auf mein Leben. Das mein ich ganz im Ernst.

OLDEHOFF: Aber die anderen? Die Unschuldigen?

Rösner wandte sich leicht zur Seite, dem Blick des Reporters ausweichend.

RÖSNER: Da kann ich nix für.

OLDEHOFF: Wie geht es jetzt weiter? Was wollen Sie im Moment machen?

RÖSNER: Wir warten jetzt erstmal, was hier abläuft. Ich weiß ja nicht, was die vorhaben.

OLDEHOFF: Und Sie würden tauschen? Also Ihre Geiseln gegen jemand anderen?

RÖSNER: Ja, wegen der Frau da, aus der Bank, dass die nach Hause kommt, und dann will ich aber auch einen Kripobeamten, mit Ausweis und Bild, der muss da reinkommen und Handschellen auf dem Rücken. Und …

Rösner machte eine kurze. Pause. Sah in die Runde der über zwanzig Journalisten.

RÖSNER: Und dann wird noch ne Geldsumme gefordert … Noch mal Geld. So um die drei-, vierhunderttausend.

OLDEHOFF: Welche Chance rechnen Sie sich aus, davonzukommen?

RÖSNER Für mich ist das absolut sicher, dass ich davonkomme, entweder da oder weg. So einfach ist das. Und wenn die meinen, sie können da mit ihren … da hab ich keine Angst vor, ne. Wir haben so soundsoviel Geiseln und wir sind schwerbewaffnet, ich hab in der Tasche auch noch so gewisse Sachen, dat gibt ein Knall und dann ist der Bus …

OLDEHOFF: Handgranaten, oder was?

RÖSNER: Ich möcht nicht drüber sprechen, was ich da hab, so konkret, aber ich hab mich drauf vorbereitet, von Anfang an, hab ich ne Geiselnahme eingeplant …

OLDEHOFF: Haben Sie noch Verwandte?

RÖSNER: Natürlich.

Wieder stockte der Geiselnehmer, wirkte plötzlich hilflos.

OLDEHOFF: Manchmal denkt man ja auch …

RÖSNER: Och, ich hab mit Verwandte so nix zu tun.

OLDEHOFF: Wie kam der Wunsch, so ganz spontan zu viel Geld zu kommen?

RÖSNER: Ich bin von Hause aus ein Verbrecher, also innerlich: Für mich gibt es kein Arbeiten, keine Moral und so ›ne Scherze da. Ich will nach vorne kommen, ich will leben und dat hängt aber auch mit der ganzen politischen Scheiße da zusammen, und ich war schon ein paarmal am Überlegen, ob ich nich so zum Terrorismus übergehe. Aber dann hab ich mir doch überlegt, dass Geld noch besser ist und dann durchkommen, mal sehen.

Ein Passant gab Rösner eine Zigarette aus seiner Packung. Als er sie sich gerade anstecken wollte, merkte er, dass er keine Hand frei hatte, weil in der rechten die Pistole war. Er machte den Mann darauf aufmerksam. Der gab ihm Feuer.

OLDEHOFF: Hatten Sie denn nur einen Bankraub vor oder war das richtig gezielt, also auch die Geiselnahme?

RÖSNER: Wir hatten alles mit dabei gehabt für die Geiselnahme, das war von vorneherein einkalkuliert, falls es passiert.

REPORTER: Sie sind ja länger schon unterwegs, werden Sie denn nicht langsam müde?

RÖSNER: Nee, da ham wir auch unsere Sachen mit für.

Zwei andere Reporter wiesen Rösner darauf hin, dass er ständig mit der Waffe fuchtelte, aber der Geiselnehmer beruhigte sie, dass er den Finger extra vom Abzug genommen habe. Alle lachten. Heiterkeit.

REPORTER: Aber es wird ja bestimmt noch etwas länger dauern …
RÖSNER: Ich würd denen nich raten, so ›ne Zeit aufkommen zu lassen wie in der Bank. Ich bin nämlich ziemlich wild jetzt. Ich bin bereit, sofort einen zu erschießen.
REPORTER: Warum haben Sie die Scheibe eingeschossen? Haben Sie die Wagentür nicht aufgekriegt?
RÖSNER: Ja, die Tür ging nich auf.
REPORTER: Sind Sie denn wirklich überzeugt, dass Sie irgendwohin kommen, wo Sie nicht verfolgt werden?
RÖSNER: Ich hab meine Pläne schon, bloß die sollen mir aus dem Rücken bleiben und von der Seite und diese Scherze, dann komm ich schon durch.
REPORTER: Ihr Kollege und Ihre Freundin, die kommen gar nicht raus, sind die etwas scheuer als Sie?
RÖSNER: Nee, die passen auf die Leute auf
OLDEHOFF: Und Sie sind wirklich bereit, einen zu erschießen?
RÖSNER: Ja, sicher, klar.

20:17Uhr: Haupttäter spricht mit Presseleuten. Täter soll nach Angaben eines Reporters mit einem Revolver und einer automatischen Pistole ausgerüstet sein und 45 Schuss Munition mit sich führen.

Wann immer ich konnte, habe ich aus Originalabschriften der Gespräche zitiert. Auch wenn das manchem etwas dröge und allzu sachlich erscheinen mag, bei einem semi-dokumentarischen Roman gelten die Materialien wesentlich mehr als bei einem fiktiven.

Eine der ersten Reaktionen war, dass ich zu einem Streitgespräch mit dem Bremer Polizeipräsidenten ins Hörfunk-Studio eingeladen wurde. Es sollte eine 60-Minuten-Sendung werden. Ich machte mich auf allerlei gefasst. Aber sollte mich getäuscht haben. Der Polizeipräsident sagte: »Alle Fakten, die Sie aufzählen, sind 100% korrekt – alle Bewertungen, die Sie abgeben, sind falsch.« Insbesondere wollte er nicht meine Einschätzung gelten lassen, dass die Polizeiführung aus eigennützigen Interessen Fehler begangen hatte. (Da der Polizeipräsident im Urlaub war, übernahm der Leiter der Kripo die Einsatzleitung. »Auf bremischem Boden kein Blut!« war seine Devise. Schließlich wollte er selbst Polizeipräsident werden.) Insbesondere der Einsatz der beiden MEK-Beamten, deren Namen von Anfang an als ein großes Geheimnis betrachtet wurden – sie haben auch nicht im Untersuchungsausschuss aussagen müssen – sollte weiterhin im Dunkeln bleiben.

Nicht nur bei Lesungen, sondern auch in Rezensionen und Berichten über das Buch wurde immer wieder darauf abgehoben, dass es ja nur semi-dokumentarisch sei – warum ich denn keine reine Dokumentation geschrieben hätte? (Zwischen dem Zeitpunkt der Geiselnahme 1988 und dem Erscheinen meines Romans 1994 hatte es aber schon eine große Menge an Berichten, Fernsehdokumentationen, ZEIT-Dossiers und SPIEGEL-Extras gegeben.)

Es war die aufwendigste Recherche, die ich je für einen Kriminalroman unternommen habe. Besonders brisantes Material: Ein Mann, der sich »freier Funker« nannte, machte mir die kompletten Mitschnitte des Polizeifunks zugänglich, der an diesem Tag im August 1988 zwischen Mobilen Einsatzkommandos und Spezialeinsatzkommando über den Äther ging. Seinen Namen habe ich niemals preisgegeben, so oft ich auch danach gefragt wurde, denn schließlich war und ist das Mitschneiden von Polizeifunk illegal.

Beim Anschauen des reichlichen Materials – es hat ja inzwischen noch weitere ausführliche Fernsehdokumentationen gegeben – kommt einem der Verdacht, dass man es mit einem kollektiven Versagen von Polizei und Medien zu tun hat. Die Medienmeute hat eine weitere Schallmauer der Sensationsberichterstattung durchbrochen. Wie kommt man dazu, ständig und ungefiltert Schwerverbrecher vor die Kamera zu holen? Das oben zitierte Interview zwischen dem Radio-Bremen-Reporter Günter Ollendorf und dem Geiselnehmer Rösler wurde bei der Überspielung des Materials von Bremen zur *Tagesschau* in Hamburg vom ZDF »gekapert« und im *heute-journal* gesendet, damit man die sensationellen Bilder als erste auf dem Schirm hatte.

Die Polizeiführung hat – aus was für Gründen auch immer – gezeigt, dass Pannen in einer Ausnahmesituation zur Regel werden, trotz aller Einsatzübungen und Katastrophenspielereien. Das wollte sich in den Diskussionen mit Polizeipräsidenten, an denen ich häufiger teilgenommen habe, niemand sagen lassen.

Dabei heißt es im Abschlussbericht des Bremischen Untersuchungsausschusses auf Seite 324: *Anzumerken bleibt, dass es für den Untersuchungsausschuss einen unglaublichen Vorgang darstellt, dass ein Beamter wie der Kom. D., der schon während der Lage in Huckelriede zweimal in Kontakt mit den Tätern geraten war, was gefährliche Situationen heraufbeschworen, wenn nicht gar zur Kaperung des Busses beigetragen hatte, an der Raststätte Grundbergsee wiederum in vorderster Front agieren konnte. Obwohl sich aufdrängen musste, dass er wegen seiner früheren Begegnungen mit den Tätern von diesen hätte erkannt werden können. Dies hätte nicht nur zu einer Gefährdung des Beamten, sondern auch zu einer Eskalation des Tatgeschehens führen können.* (Das steht da so lapidar. War das Tatgeschehen nicht längst eskaliert?)

Besonders die Tatsache, dass bei der Polizei eine Verhandlungsgruppe eingerichtet wurde, die nicht direkt beim Lagezentrum war, sondern Kilometer entfernt, die nie in das Geschehen eingebunden war, zeigt die eklatanten Fehler. Deswegen war der Rücktritt des Innensenators konsequent. Er machte aber Emanuele di Giorgi nicht wieder lebendig.

Vier Wochen nach der Geiselnahme in Bremen kam es zu einer weiteren schlimmen Folge. In einem Innenstadt-Hotel hielt ein Geiselnehmer eine Frau gefangen und forderte Lösegeld. Am frühen Morgen stürmten MEK-Kräfte das Hotel, machten so viel Lärm, dass der Geiselnehmer sie entdeckte. Er erschoss die Geisel und dann sich. Offenbar schienen die Polizeikräfte dieses Mal beweisen zu wollen, dass man solche Vorfälle nur mit Waffengewalt zu lösen in der Lage ist.

Mediensiff (1995)

Der Band Nummer 9 war der am meisten gehasste.

Eine erste Szene, die sich – laut einem alten Bekannten – in der Kantine von Radio Bremen Fernsehen abgespielt haben soll: Eine Redakteurin steht in der Mittagspause auf und ruft in den Raum, wer schon den neuen Alberts' Krimi gelesen habe. Alles verstummt. Niemand meldet sich. Sie hat *Mediensiff* im Italien-Urlaub gelesen: »Eine Riesenschweinerei. So wie der uns diffamiert, unverschämt, wirklich unverschämt.« Hui, da pfiffen die Kugeln nur so durch die Luft. Denn eines ist mir seit sehr langer Zeit klar geworden: Man darf alles und jeden kritisieren und auch niedermachen, wenn es sich anbietet, aber auf gar keinen Fall

Medienmenschen aufs Korn nehmen. Die sind sowas von empfindlich. Die darf man nur ganz vorsichtig mal etwas fragen. Noch besser aber: Schweigen, zuhören, zuschauen und zustimmen.

Natürlich trifft das nicht auf alle zu. Aber mit dem *Mediensiff* hatte ich mich ins feindliche Lager der bösen Kritiker begeben.

Das sollte sich noch steigern, als ich in die Talkshow »3 nach 9« von Radio Bremen eingeladen wurde. Da ich selbst viele Jahre öffentlich-rechtlich gearbeitet habe, konnte ich über eine Menge eigener Erfahrungen verfügen, die der Roman ja auch widerspiegelt. Und darüber hinaus auf Gespräche mit manchmal angetrunkenen Journalisten, die ich abends in den Kneipen traf. (Ich kannte fast alle Mitarbeiter der lokalen Hörfunk- und TV-Redaktionen persönlich.) Das alles hatte ich spielerisch und durchaus fröhlich erzählt, bis dann einer der Moderatoren mir das Wort abschnitt und sagte: »Ich verstehe gar nicht, warum wir solche Leute hier einladen.« Als kleines »Zitat« (in Anlehnung an Fritz Teufel, der »Tinte« auf die Jacke eines Politikers spritzte) hatte ich ein blaues Wasserpistölchen mitgebracht, das ich mir am Ende des sehr kurzen Interviews an den Kopf setzte. Erst in der Video-Aufzeichnung habe ich feststellen können, dass mein Auftritt eine Hinrichtung gewesen war. (Unnötig zu sagen, dass keiner der Moderatoren den *Mediensiff* gelesen hatte, sondern sich lieber Fragen von der Redaktion vorformulieren ließen. Ist ja auch einfacher so.)

Ein Jahr später verschärfte sich die Beziehung zum heimischen Fernsehsender noch weiter. Ich sollte im »Stadtgespräch« Auskunft geben über die Hintergründe des letzten Bandes meiner Bremen-Polizei-Serie *Kriminelle Vereinigung*. Nach wenigen Minuten sagte der Journalist, er kenne sich mit den Zuständen bei der Polizei nicht so aus, deswegen wolle er nochmal auf den Vorgänger-Krimi *Mediensiff* eingehen, der sei doch im Wesentlichen falsch und übertrieben. (Ich habe mich redlich gewehrt, und anders als in der Talkshow ernsthaft auf meine langjährigen Erfahrungen verwiesen.) Obwohl man mich dringend um dieses TV-Interview gebeten hatte, weil ein anderer Interviewpartner ausgefallen war, wurde das Gespräch am Abend nicht gesendet. Auch am nächsten Tag nicht. Oder in der nächsten Woche. Später wurde das Videoband mit dem 10-minütigen Interview gelöscht. Weil der Journalist mich nicht »knacken« konnte, durfte die Aufzeichnung nicht gesendet werden. Erst verschwand sie eine Zeitlang aus dem Archiv und wurde dann heimlich vernichtet, damit niemand auf den Gedanken kam, das Interview doch noch zu senden.

Mediensiff

Zur besten Sendezeit, kurz vor Mitternacht, betraten die beiden Kontrahenten das abgedunkelte Studio. In angemessener Entfernung. Noch hatten sie kein Wort miteinander gewechselt. Der Moderator in der Mitte. Auf keinen Fall wollte er die beiden bremsen. Showdown vor laufenden Kameras.

Der Oberbeleuchter dirigierte am Computer.

Die Kabelhilfen gähnten so laut, dass der Regisseur dazwischen ging. Die Kameraleute erhoben sich.

»Wenn Sie sich bitte eins einprägen«, zischte der Regisseur, »beim Auftritt müssen Sie exakt dort stehen, wo ich auf dem Boden die Kreuze markiert habe.« Er machte eine Pause. »Nur dann stehen Sie im Licht.«

Er nahm die beiden Kontrahenten an der Schulter und führte sie wie Schäferhunde an ihren Platz.

Die Maskenbildnerin, die auch beim Schminken nicht die Zigarette aus dem Mund nahm, hatte alle drei der vorgerückten Stunde gemäß etwas bleicher geschminkt. Als sollten sie in einem japanischen No-Spiel auftreten.

Der Moderator trug ein Jackett, das an die großen Shows der 50er Jahre erinnerte. Beiges Karomuster mit hellroten Streifen. Dies war seine letzte Chance. ›K.O.‹ musste ein Erfolg werden.

»Kamera eins, hast du ihn drin?«

Müdes Kopfnicken.

Der Regisseur fuchtelte wild mit den Armen, um darauf aufmerksam zu machen, wer der wichtigste Mann im Studio war.

Die Sendung, die an diesem Samstagabend zum ersten Mal ausgestrahlt werden sollte, war auf Krawall aus. Natürlich nicht so wie bei den bösen Privaten. Mehr Niveau. Mehr Schlagabtausch. Die Hunde sollten bellen und wenn möglich auch beißen.

Eine Redeschlacht ohne Regeln, ein Live-Talk ohne Limit. ›K.O.‹ sollte Feinde fürs Leben zusammenbringen.

Der Moderator, nach dessen Konzept diese Sendung war, brauchte einen Sieg. Ganz gleich, wer von den beiden Kontrahenten zu Boden ging.

Die Politiker standen vor der schwachbeleuchteten Kulisse und blickten gezielt aneinander vorbei. Schon bei der Begrüßung hatten sie es vermieden, sich, die Hand zu geben. Ein kurzes Nicken. Mehr nicht.

Der Moderator registrierte es mit Freude.

Zwei Kampfhähne.

Alte Freunde. Neue Feinde.

Sie würden übereinander herfallen, würden Leichen aus den Kellern hervorholen und zur Schau stellen, sich nicht scheuen, den anderen zur Strecke zu bringen. Dazu war in den letzten Wochen zu viel geschehen. Weiße Westen bespritzt. Schmutzige Wäsche kilometerweise. Vorwürfe. Denunziation. Menschenjagd. Ein Sockelsturz stand bevor.

»Ich fände es gut, wenn Sie mit einem Lächeln hereinkommen«, sagte der Regisseur zu dem älteren der beiden, »das macht Sie sympathisch. Mit so einer verbissenen Miene verschrecken Sie uns die weiblichen Zuschauer.«

Der Moderator hasste diesen Regisseur, der nur Aufträge bekam, weil die festangestellten Hausregisseure nicht bereit waren, um diese Uhrzeit zu arbeiten. Die Dienstvorschriften machten Programm. Seit Jahren betrieb der Regisseur ein privates Studio, werkelte an Werbung, Pornos und Pop, ließ sich Sondereinsätze fürstlich bezahlen und schikanierte seine Mitarbeiter. Wer ihn kritisierte, flog. Der Moderator hatte versucht, diesen Regisseur für seine ›K.O.‹-Sendung zu verhindern, hatte Briefe geschrieben, Aktennotizen angefertigt. Vergeblich. Auch die heftige Auseinandersetzung darüber, ob ›K.O.' live gesendet oder einige Stunden vorher aufgezeichnet werden sollte, hätte der Moderator beinahe verloren. Er musste die ganze Hierarchie hinauftraben, um sein Konzept zu verteidigen. Immer wieder die gleichen Argumente. Wenn es nicht live ist, gibt es nach der Aufzeichnung regelmäßig Krach, weil einer der beiden Kontrahenten dies, der andere jenes herausgeschnitten haben will. Die Aufzeichnung als Vorzensur.

Der Intendant hatte ein Einsehen, obwohl er sich nur ungern in Programmfragen einmischte. »Das machen meine Mitarbeiter schon richtig«, sagte er, bevor er die wesentlichen Fragen selbst entschied. Der neue Fernsehdirektor, der ›K.O.' unter keinen Umständen live auf den Sender gehen lassen wollte, musste klein beigeben. Er hoffte darauf, dass der Moderator mit seinem Konzept ins Trudeln geriet. Oder dass die gewünschten Gäste ausblieben.

»Wenn Sie bitte jetzt auf Ihre Positionen gehen würden«, befahl der Regisseur. Er wartete darauf, dass die drei Herren seinen Anweisungen folgten. Dann zog er sich zurück.

Im Regieraum wurden Wetten abgeschlossen, ob ›K.O.' sich länger als ein halbes Jahr im Programm halten würde oder nicht.

Als der Regisseur eintrat, verstummten alle Gespräche. Seine Wutausbrüche waren gefürchtet.

»Noch zwei«, zeigte der Aufnahmeleiter an.

Die Kontrahenten standen mehrere Meter voneinander entfernt. Beide hielten die Hände vorm Geschlechtsteil gefaltet.

In der Mitte der Moderator, der als letzter das Licht des Studios betreten sollte, nachdem die beiden Gäste von einer Geisterstimme vorgestellt worden waren.

Bei ›K.O.' handelte es sich um kein neues Konzept. In den weltbestimmenden Fernsehnationen gab es ähnliche Sendungen. In den USA liebte man Moderatoren, die ihre Gäste so provozieren konnten, dass es zu Handgreiflichkeiten kam. Wenn jemand die Beherrschung verlor, stiegen die Quoten.

Die Anfangsmusik.

Der Moderator zischte dem jüngeren der beiden Kontrahenten zu, er solle ins Scheinwerferlicht treten. Fast wäre der Auftritt verpatzt worden.

Fünfzig Sekunden.

Die Geisterstimme zählte Posten und Karrieresprünge auf, nannte Positionen und Kritik, Angriffsflächen, Schwachstellen.

Dann trat der andere Kontrahent hervor: Mit einem Lächeln, wie verordnet. Fünfzig Sekunden. Vorstellung: der Aussteiger, der kein Pardon kannte, aber alle Interna. Der Moderator drückte den rechten Zeigefinger zwischen seine Augenbrauen. Die heilige Stelle. Das machte er, um sich besser konzentrieren zu können. Eine Jin-Jindo-Lehrerin hatte ihm den Trick verraten.

Wenn diese Sendung scheiterte, konnte er sich nach einem neuen Posten umsehen.

›K.O.‹ sollte die Gegner an einen Tisch bringen, die sich niemals mehr begegnen wollten.

Für die zweite Sendung gab es ebenfalls eine Krawallpaarung, die sich sehen lassen konnte: eine Sprinterin, die mehrere Jahre wegen Doping gesperrt war, und ihr Verfolger, ein Professor aus Köln, der sie zur Strecke gebracht hatte.

»Guten Abend, meine Damen und Herren, zum ersten Mal ›K.O.‹, vielleicht nicht ganz zu der Sendezeit, die wir uns wünschen, aber dafür live aus Studio B. Es gibt keine Vorreden, keine …«

In diesem Augenblick krachte ein Schuss.

Von der Decke kam ein Echo.

Die Bildmischerin schaltete um.

Kamera eins schwenkte mit.

Fuhr ran. Großaufnahme, in schwachem Licht.

Der Verletzte, der sich zuckend bewegte.

»Aus!«, schrie der Regisseur über das Studio-Mikrofon. Alle standen wie gebannt.

Niemand reagierte.

Der Oberbeleuchter schob die Regler hoch.

Nun war der Angeschossene gut zu sehen.

»Aus! Aus! Aus!« Die Stimme des Regisseurs überschlug sich.

Die Bildmischerin brachte die Studio-Totale.

Eine Kabelhilfe sprang ins Bild und drehte den Verletzten auf die rechte Seite.

Auf dieses Gespräch hatte Michael Adler lange gewartet. In Deckung gegangen. Im Unterstand eingegraben. Nicht vorgeprescht. Auf dem angestammten Platz ausgeharrt. Wer zu früh startet, den bestrafen die Hierarchien.

Ein früher Morgen im leeren Sender. Der Nachtportier döste. Ausgedehnt. Er gab Adler den Büroschlüssel und nickte gleich wieder ein. Tiefer Schlaf der Büromaschinen. Zwei Staubsauger unterwegs. Irgendwo klingelten Telefone.

Adler ging über den langen Flur.

»Kommen Sie kurz nach acht.«

Ein geheimes Treffen. Auf hoher Ebene. Gipfelkonferenz. Die Zukunft des kleinen Senders. Keine Lauscher und keine Mitwisser. Keine lustlosen Lamentierer, die in der Kantine herrschten.

Frustrierte Studiotechniker, die den ganzen Tag nur rumsaßen. Kabelhilfen beim Dauerskat. Jammernde Sekretärinnen, denen die Chefs davonliefen und die nach drei Telefonaten todmüde waren. Alkoholisierte Nichtstuer, denen man jegliches Programm gestrichen hatte und die nur noch in die Anstalt kamen, um internationale Zeitungen zu lesen. Pfennigfuchser, die sich wichtigmachen wollten. Formularhuber, denen monatlich eine neue Verordnung zur Überwachung des Verbrauches von Toilettenpapier im Studiobereich gelang.

Endlich war jemand bereit aufzuräumen. Schluss zu machen mit diesem aufgestauten Büromief.

Verwaltung mit eigenem Sendemast, so hatte Adler schon vor Jahren diesen Familienbetrieb genannt. Die Wasserköpfe kochten über. Mehrheiten für Bedenkenträger mit eigenem Aktenbock, Programm-Miesmacher mit falschen Federn am Hut, Redaktionsbeamte mit festem Blick auf die Pension. Kleberger wusste, was auf dem Spiel stand. Die Fernsehgewaltigen der Nation hatten schon Papiere ausgearbeitet, in denen dieser Sender nicht mehr auftauchte. Oder nur als Unterabteilung des nächstgrößten Verwaltungsapparates. Landesrundfunkanstalt. Ende. Die Fernsehgewaltigen spekulierten ganz offen darüber, wollten nicht weiter rote Zahlen addieren und den hanseatischen Zuschussbetrieb subventionieren.

Adler schloss sein Büro auf.

Wie lange würde es dauern, bis er zwei Stockwerke höher saß? Wie viele Monate musste er noch warten?

Ihm gingen die Worte nicht aus dem Kopf, die abends in der Kneipe gefallen waren. Wie immer nach dem Streit waren sie in verschiedene. Kneipen gegangen.

Furz-Journalist, hatte eine gesagt. Minuten-Wichser, eine andere. Ein Redakteur bezeichnete einen Frischling, der erst seit sechs Wochen in der Redaktion der Nordschau war, als Blödian mit Rentenanspruch. Die deutschen Generaltugenden Neid, Feigheit, Eitelkeit beherrschten die gruppendynamischen Auseinandersetzungen.

Daran hatte sich in den vierundzwanzig Jahren, die Michael Adler schon bei diesem Sender verbrachte, kaum etwas geändert. Es kamen nur neue Tugenden hinzu: Geiz, Faulheit, Mittelmaß.

Während die Könner von den Privaten weggekauft wurden, und dies geschah mit rasender Geschwindigkeit, zunehmende Tendenz, hockten bei den Öffentlich-Rechtlichen die Versager.

»Kommen Sie kurz nach acht.«

Kleberger würde das ändern. Er hatte versprochen, den kleinen Sender wieder in die erste Reihe zu bringen.

Der war ein anderes Kaliber.

Als es in Paris brannte, hatte er die Kopfhörer auf und berichtete täglich von den Barrikaden. Aufgeregt. Aufregend. Mai 68. Er pries das Spektakel, empfahl Nachahmung. Damals hing Adler jeden Abend am Rundfunkgerät, nur um Klebergers Lageberichte mitzubekommen. Er ließ sich auch nicht schurigeln, als ein Programmchef zufällig im Autoradio eine seiner Brand-Reportagen hörte und versuchte, den Korrespondenten sofort versetzen zu lassen.

Nun war Kleberger Programmchef.

Und Adler bekam seine Chance.

Ein Fernsehdirektor, mit dem er zurechtkommen würde.

Das Gerangel um den Posten war nationenweit. Auslandskorrespondenten versuchten, Kanäle heiß zu machen. Die hausinterne Frauenriege schrieb dutzende Erklärungen, um endlich eine Quotenfrau durchzusetzen.

Die Räte kreisten. Nickten. Winkten ab.

Endlose Sitzungen mit Wunschlisten. Unangenehme Personaldiskussionen mit Klatschgeschichten. Die trinkt. Der ist cholerisch. Jener soll seinen Arsch nicht mehr in der Hose tragen. Die Räte nickten. Kreisten. Winkten ab.

Adler hielt sich bedeckt. Ergriff keine Partei. Insbesondere, um nicht durch sein Votum seinen Kandidaten zu beschmutzen. Wenn der für den ist, dann müssen wir gegen den sein. Einige Kolleginnen nahmen ihm das übel. Feigling. Resigniertes Schwein. Das waren nur die harmlosen Beschimpfungen. Wenn Adler nach Kleberger gefragt wurde, sagte er, ohne Regung zu zeigen: »Der richtige Mann zum richtigen Zeitpunkt.« Mehr nicht.

Die Räte kreisten. Nickten.

»Sie sind schon da?« rief eine Putzfrau völlig entsetzt, als habe sie das Morgengrauen erblickt, »ich wollte mal durchsaugen.«

»Heute nicht nötig«, sagte Adler.

Nachdem sie die Tür leise zugezogen hatte, nahm er den schmalen Hefter aus dem Regal.

Ideen für neue Sendungen. Handgeschrieben. Pläne für einen Anfang. Auf dem Hefter stand: Altpapier. Schon länger beflügelten Adler diese Einfälle. Es wäre falsch gewesen, sie mit vollen Händen, voreilig in die Menge zu streuen. Die Privaten machten sie sofort zu Sendungen. Solche Ideen sickerten schneller in die Medienlandschaft ein, als Regenwasser in Wüstensand.

Manches Mal hätte Adler gern das Terrain gewechselt, wie die Edelfedern im Gewerbe, deren Namen er Woche für Woche lesen musste. In den Gazetten des Ruhms. Zwischen Pfauen und Königstigern. Strahlende Namen. Mit Überheiligenschein. Viele waren nach ihm ins journalistische Gewerbe gekommen und hatten Adler rasch überholt. Namen in gelber Schrift, halbfett von Neid.

Adler begann im Funk. In der wilden Zeit. Brechts Radiotheorie als Bibel. »Durch immer fortgesetzte, nie aufhörende Vorschläge zur besseren Verwendung der Apparate im Interesse der Allgemeinheit haben wir die gesellschaftliche Basis dieser Apparate zu erschüttern, ihre Verwendung im Interesse der wenigen zu diskutieren.« Dieses Zitat hing fast ein Jahrzehnt über seinem Schreibtisch. Skandale blieben aus. Gelegentlich ein Streit im Rundfunkrat. Mal ein blankes Entsetzen über eine Live-Sendung von der Rekrutenvereinigung, als es Keile zwischen Jugendlichen und Polizei gab, oder ein Aufschrei über eine Satire zur Frage: Was wäre aus uns geworden, wenn Maria im Heiligen Land ihren Sohn abgetrieben hätte? Die rotfleckigen Gesichter, die wütenden Schreie der Christdemokraten. Noch eine Handvoll weiterer Beschwerden. Irgendwann nahm Adler den Spruch von der Wand und wechselte zum Fernsehen.

Er hätte mobil bleiben müssen. Neue Aufgaben. Zwei, maximal drei Jahre auf einer Stelle, pendeln zwischen Printmedien und Fernsehpräsenz, langsamer, aber unaufhörlicher Zugewinn an Kompetenz und Einfluss. Nie verharren.

Jetzt konnte endlich der Sprung gelingen. Mit diesem Fernsehdirektor. Mit diesen neuen Projekten.

Zwei Stockwerke. »Wo bleiben Sie denn?« Kleberger über die Gegensprechanlage.

»Komme«, antwortete Adler prompt. Er schnappte sich den Hefter mit der Themenliste.

Die Uhr zeigte 07:57.

Auch gut.

Mehr Zeit zu reden. Das erste Treffen war immer wichtig. Weichen stellen. Auf sich aufmerksam machen. Abtasten. Einen positiven Eindruck hinterlassen.

»Nehmen Sie Platz, Herr Adler«, sagte Kleberger und warf seinen leichten Trenchcoat über das grün-weiß gestreifte Sofa. Ein scheußliches Möbelstück, das er von seinem Vorgänger, einem Werder-Fan erster Ordnung, geerbt hatte. Der ließ für Auswärtsspiele Studiotermine absagen.

Adler blickte vom fünften Stock des Gebäudes auf die Autobahn und das angrenzende Industriegebiet. Keine besondere Aussicht.

»Tee und Kaffee kommt erst mit der Sekretärin, und die kommt nie vor halb zehn. Aber das wird ab kommenden Montag abgestellt sein.«

90 Minuten Zeit, dachte Adler und setzte sich. Kleberger zog den Bürorollstuhl näher heran, verringerte die Distanz zu dem Redakteur.

»Um Ihre erste Frage gleich zu beantworten«, begann er mit einem schmalen Lächeln, »ich hatte wirklich nicht damit gerechnet, dass ich den Posten erklettern könnte. Bei meiner schlechten Reputation. Müssen einige Herrschaften im Mark getroffen sein. Alte Feinde jaulen auf. Haben Sie die spöttische Notiz im SPIEGEL gelesen?«

Adler hatte. »Stört Sie dieses Wadenbeißen?« Er wusste nicht, wohin er den schmalen Hefter legen sollte. Unmöglich konnte er ihn die ganze Zeit auf dem Schoß halten. Von Schreibtisch und niedrigem Couchtisch war er zu weit entfernt. Auf den Boden wollte er das kostbare Stück auch nicht legen. Schnell drehte er den Hefter um, damit Kleberger nicht die Aufschrift las. Er könnte denken, Adler sei bei der Müllabfuhr angestellt.

Kleberger beantwortete die Frage des Redakteurs nicht. Er lehnte sich zurück und dozierte.

Über den langen Weg und die vielen Umwege, die Umleitungen und Sackgassen, über Dienstwege, die beim Programmachen nur störten, über Schleichwege, auf denen Karrieren gemacht würden, eingefahrene Wege, ausgetrampelte Pfade, über die Kriechspuren, an denen die rechtlichen Öffentlichen kaputtgehen würden, Schleimspuren, die er schon hundert Meter gegen den Wind ausmachen könne. »Wenn nicht wenigstens die Hälfte des Personals freigesetzt wird, gehen wir schneller unter als die Titanic. Unser System gleicht jenem der Saurier … das war nicht gerade eine gute Metaphern-Folge.«

Adler hörte seinem neuen Fernsehdirektor zu. So ungeschützt hatte er noch nie jemanden über die eigentlichen Probleme reden hören. Niemand traute sich, solche Gedanken öffentlich zu äußern. Obwohl sie selbst auf dem sinkenden Schiff saßen und die restlichen grünen Blätter von den Bäumen fraßen.

Dann ließ sich Kleberger informieren. Wer gegen wen. Wer mit wem. Wer ohne wen. Aufsteiger. Absteiger. Resignanten. Ärmelschoner. Leichen, Leichen, Leichen. Bleistiftspitzer. Süsslupinisten, die mit hauseigenen Produktionsmitteln in die private Tasche wirtschafteten.

Adler versuchte, auf Distanz zu bleiben. Hinweise mussten genügen. Kooperationsbereitschaft zeigen. Namen nannte er auch auf dringende Nachfragen nicht.

»Ich brauche einen Vertrauten, Herr Adler. Von außen kann ich diesem Laden nicht ansehen, warum er lendenlahm geworden ist. Aber immer, wenn ich irgendwo eine Redaktionstür aufstoße, habe ich das Gefühl, Ruhestörung zu betreiben.«

Das lang erhoffte Gespräch. Endlich war es geschafft.

Adler stimmte in die Klage ein. Gab ein paar Anekdoten zum Besten. Absteigerwitze. Sozialgelächter. Mit welcher Ausrede ein junger Reporter vom Dreh kam. »Mitten im Interview ist dem Senator das Gebiss rausgefallen«, habe er sich entschuldigt. »Und habt ihr es im Bild?« wollte Adler wissen. »Nein, der Kameramann hatte gerade abgeschaltet.«

Sie lachten. Vertraut.

»Wollen Sie Chefredakteur werden?« fragte Kleberger und brachte seinen Rollstuhl in Schwung.

Er fuhr eine Pirouette und landete sicher vor dem Einbauschrank. Mit einem kleinen Schlüssel öffnete er die rechte Tür und schnappte sich einen blassrosa Aktenordner.

»Ich würde die Stelle nehmen«, erwiderte Adler; »aber es geht mir in erster Linie um Veränderungen im Programm.«

»Ach ja«, Kleberger sah ihn überrascht an.

»Ich habe hier …« Adler hob den Hefter mit der Aufschrift ›Altpapier’ hoch, als bräuchte es jetzt eine Geste.

»Augenblick«, unterbrach ihn der Fernsehdirektor. »Chefredakteur oder nicht?«

Im Sender war schnell bekanntgeworden, dass Kleberger darauf bestand, den alten Chefredakteur in die frühzeitige Pensionierung zu schicken. Als Morgengabe. Die Stelle für den neuen war noch nicht ausgeschrieben. Pietätvoll wollten sie die Trauerzeit einhalten. Ein paar Wochen.

»Ich werde mich bewerben«, sagte Adler mit fester Stimme. Wenn er diese Klippe umschifft hatte, bekam er Zugang zu den Schaltkonferenzen, einen Platz im Kommentatoren-Team der Tagesschau. Ein Zuwachs der Aufmerksamkeit um mehrere hundert Prozent. Das vermehrte Gehalt war auch nicht zu verachten.

»Schlagen Sie es sich aus dem Kopf«, sagte Kleberger ohne Regung, »ich brauche junge Kräfte. Wir wollen die Hierarchie auf den Kopf stellen. Nur wenn junge Kräfte den alten Stuhlinhabern Dampf machen, kann aus diesem morschen Apparat etwas werden. Hier muss ein Generationenkampf her.«

»Ach ja«, mehr bekam Adler nicht heraus.

Nun hieß es vorsichtig sein, keine falsche Bewegung. Jeder Schritt konnte zum Absturz führen.

Kleberger öffnete den Aktenordner.

»Ich habe das gründlich studiert, Herr Adler. Die ganze letzte Woche habe ich Personalakten durchgearbeitet. Und ich will Sie auch nicht länger auf die Folter spannen. Ich glaube, dass für uns beide in der gleichen Anstalt kein Platz ist. Sie können es auch drastischer haben, wenn Sie darauf Wert legen.«

Adler sprang auf.

Der Hefter fiel zu Boden. Sie wollen mich rausschmeißen?«

»Sie sind klug genug, es vorzuziehen, sich selbst nach einer neuen Stelle umzusehen. Irre ich mich da?«

Auf dem Teppichboden verstreut lagen die handschriftlichen Ergüsse, die neuen Programmideen. Hektisch sammelte Adler die Blätter ein.

Kleberger sah seinem Untergebenen zu.

Ganz zufrieden mit dem Schock, den er ihm versetzt hatte.

Im Kriechgang kam ihm dieser Michael Adler wie ein Hamster vor, der mit Mühe den Vorrat für den Winterschlaf zusammenscharrt.

Wie ich Medienarbeiter und Politiker in diesem Roman beschrieben habe: ohne jeden Respekt, voller Sarkasmus, durchaus zynisch, ein volles Pfund in die Fresse. Der Stakkato-Stil, teilweise weitläufig assoziativ, abgehackt und zugespitzt.

Ich kann mir gut vorstellen, dass man sich in den Medien über diesen Roman geärgert hat. Weißglut. Neid. Hass auf einen Autor, den man um seine Freiheiten und Frechheiten beneidete. Kein Wunder, dass langjährige Freunde auf Distanz gingen.

Dass die im Roman konzipierte Talkshow: »*K.O. – Feinde fürs Leben treffen aufeinander*« niemals von einem Sender ausprobiert worden ist, wundert mich bis heute. Denn eigentlich würde sie in die neue Medienwelt passen. (Ich habe im Packhaus-Theater in Bremen einige Samstage *Tohuwabohu – die erste anarchistische Redeschlacht* veranstaltet

– Beginn: 23 Uhr. Und es gab auch ein Hörspiel mit dem Titel *Talkshow,* in dem Helmut Kohl und Erich Honecker aufeinandertreffen. Zwei Kabarettisten, Heinrich Pachl und Uwe Steimle, haben die Rollen improvisiert.)

Michael Adler, die Hauptperson in dem Kammerspiel-Krimi, hatte ein deutliches Vorbild bei Radio Bremen: Michael Geyer, der viel zu früh verstorbene Freund. Sein »Gegenspieler« Boysen, Ex-Partei-Schatzmeister der Spezialdemokraten, war eine freie Erfindung. Allerdings die Unterlagen über die Skandale, die Boysen sorgsam gesammelt hatte, um sie nach und nach zu Geld zu machen, hielten sich dicht an reale Vorkommnisse. Der Roman erschien 1995 und war der letzte, der in der alten BRD spielte.

»Gegen den Mediensiff« – so lautete der Titel einer Veranstaltung, die ich für die IG Medien in Bremen organisierte, zwei Jahre vor Erscheinen des Romans. Horst Bieber von der ZEIT, die SchriftstellerkollegInnen Leonie Ossowski und Felix Huby, der Gewerkschaftsvorsitzende Detlev Hensche und der Journalist Christian Berg gaben Auskunft über die wesentlichen Veränderungen in den öffentlich-rechtlichen Medien, seit das Quoten-Diktat herrschte. Es gab starken Zuschauerzuspruch mit einer langen Diskussion nach den Einlassungen der Beteiligten und ausführliche Besprechungen in den Tageszeitungen. Das Thema schien einen Nerv getroffen zu haben. Zwar werden auf den Medienseiten häufig das Programm und einzelne Sendungen kritisiert, aber dabei der Gesamtzusammenhang aus den Augen verloren. Was ich unter dem Stichwort »Mediensiff« versucht habe zusammenzufassen, war nichts weniger als eine Generalkritik an einem veralteten, hierarchisch kontrollierten öffentlich-rechtlichen Fernsehen, das so tut, als richte es sich nur nach dem Wunsch der Zuschauer. Alle Interessierten sollten den Aufsatz von Theodor W. Adorno nochmal lesen: »Kann das Publikum wollen?« Mehr ist auch heute darüber nicht zu sagen.

Zum guten Schluss ein Leserbrief, der am 7. November 1993 im WESER-Kurier erschien: »Herzlichen Glückwunsch zu einem neuen Schreibwort ›Mediensiff‹. Da es das Wort im Duden noch nicht gibt, schlage ich vor, Sie schreiben an die Gesellschaft für deutsche Sprache in Wiesbaden und bitten um Aufnahme des Wortes.«

Kriminelle Vereinigung (1996)

Der zehnte und letzte Roman enthielt wieder ein Polizeithema voller Brisanz. Wilfried Huismann, Bremer Journalist und Kollege, hatte für das Fernsehmagazin *Panorama* einen hanebüchenen Fall dokumentiert: Auf einem bremischen Polizeirevier wurden Afrikaner mit einem Ochsenziemer traktiert, um es klar zu sagen: gefoltert. Die Zeugenaussagen waren wasserfest, die Polizeiführung versuchte alles zu vertuschen. Trotz klarer Beweise wurde niemand suspendiert oder gemaßregelt.

Im Klima einer sich verschärfenden Ausländerfeindlichkeit, Rostock-Lichtenhagen und Hoyerswerda, um nur zwei Exzesse zu erwähnen, wurde auch die Polizei schärfer ins Blickfeld genommen. Einer der makabren Höhepunkte: die Jagd und Scheinhinrichtung eines Afrikaners im Hamburger Hafen. Ich hatte Polizisten und Zeugen befragt, bekam Material von Rechtsanwälten und »Kritischen Polizisten« und schrieb eine letzte Attacke, die nicht wenige Folgen hatte. Während ich in früheren Jahren häufiger mit Polizeipräsidenten auf dem Podium saß, um darüber zu diskutieren, wie man mit den Missständen innerhalb des Apparates öffentlicher umgehen sollte, war nun die Tür zugeschlagen. Anlass: Eine Podiumsdiskussion mit dem Polizeipräsidenten in Gießen. Während einer Criminale, dem jährlichen Treffen der deutschsprachigen Kriminalschriftsteller, hatte ich ihn kennengelernt und er lud mich ein, nochmal nach Gießen zur Diskussion zu kommen. Ich hatte die Veranstalter gewarnt, aber sie bestanden darauf, dass ich aus dem Roman *Kriminelle Vereinigung* vorlesen solle. Der Abend geriet völlig aus den Fugen, als ich das 11. Kapitel des Romans vorlas. Im Saal saßen 150 Polizeibeamte, die sich vor lauter Wut kaum zurückhalten konnten. Es gab wilde Schreierei und wütende Angriffe auf mich. Und auch der Polizeipräsident ging auf Distanz zu mir. Nach der Veranstaltung verabschiedete er sich nicht mal mehr.

Kriminelle Vereinigung

»Dahinten, da isser.«

»Biste sicher.«

»Ja, klar. Den erkenn ich auf tausend Meter.«

»Is aber nur zwanzig Meter entfernt.«

»Das ist der Kerl. Der wird jetzt mal kennenlernen, was es heißt, mit einem Traktor zusammenzustoßen.«

»Der is reif.«

»Wir haben lange genug zugeschaut.«

»Und vom Zuschauen wird's auch nich besser, sachte die Witwe.«

»Ab und zu mal einen aufklatschen, das spricht sich rum.«

»In Silber legen und an den Haaren durchs Viertel schleifen. Was meinste, was dann abgeht?«

»Das wär Krieg.«

»Aber nich lange. Gar nich lange.«

»Meld uns ab.«

»O.K. Mach ich.«

Wissen Sie, wie das ist: fliehen? Wissen Sie, wie weh das tut? Können Sie sich vorstellen, was es heißt, die Kinder zurückzulassen? Aber es gab keine andere Wahl mehr. Nur die Flucht. Nur die verdammte Flucht. Ich musste einfach weg. Sie hätten mich umgelegt, sobald ich denen vors Gewehr gelaufen wäre. Die Leute sagen immer, geht doch dahin, wo ihr hergekommen seid. Als ob ich freiwillig weggegangen wär. Als ob ich einfach so mein Haus und meine Kinder zurückgelassen hätte, um hier ein paar Mark zu verdienen. Wir dürfen doch sowieso nicht arbeiten, solange das Verfahren läuft. Keine Chance. Mir hat mal einer gesagt: Nicht mal Nigger kriegen hier Schwarzarbeit. Der fand das komisch. Ich hab lange Jahre in den Staaten studiert, Ökonomie und politische Wissenschaften. Das war keine leichte Zeit, bestimmt nicht. Ich bin zurückgekehrt nach Nigeria. Ich wollte in der Heimat sein, bei meinem Volk. Ich wollte dort mithelfen und ein wenig von dem zurückgeben, was ich von den Angehörigen zugesteckt bekommen hatte, um überhaupt studieren zu können. Ich fing an, in der Gewerkschaft zu arbeiten. Nach dem Militärputsch hatte ich drei Jahre im Knast gesessen, weil ich vorher Berater der zivilen Regierung war. Aber das hat mich nicht abgehalten, mich der Nigerian Union of Petroleum and Natural Gas anzuschließen. Ich musste es einfach tun, weil ich sah, welche Bedeutung das Öl für unser Land hat und welche Kraft eine Gewerkschaft gewinnen kann, die sich wirklich für die Arbeiter einsetzt. Wir waren mehr als 100.000 Mitglieder. Wir haben einen Streik organisiert, der drei Monate durchgehalten hat.

»Wo läuft der denn hin? Was hat er es denn plötzlich so eilig?«

»Muss sich wahrscheinlich Nachschub besorgen.«

»Ne, der hat den Deal schon hinter sich.«

»Glaub ich nich. Is noch zu früh dafür.«

»Komm, komm, der hat schon abgeladen. Wetten, dass da mindestens ein paar Tausender in der funkelnagelneuen Jeans stecken?«

»Wart ab, der holt frischen Stoff und dann geht er noch mal auf die Strecke.«

»Ich warte.«

»Die ganze Nacht, wenn es sein muss. Aber kurz, bevor es hell wird, mein Junge, da triffst du den Meister Tod und den wirst du nie vergessen.«

»Wird wenig Zeit zum Vergessen haben.«

»Wenn er überhaupt noch Zeit hat …«

»Diese Scheißpolitiker sollten endlich mal ein paar von diesen Typen zum Abschuss freigeben, dann wär Ruhe, innerhalb von wenigen Tagen.«

»Impotente Wichser. Wenn ich das schon sehe, wie die sich immer rumdrücken, wenn es darum geht, Vorsicht: Ausländer, Samthandschuhe, nur nicht anticken.«

»Die sitzen sich die Ärsche platt in ihren warmen Amtstuben, und wir wühlen in der Scheiße. Aber von den wirklichen Dingen nich so viel Ahnung, nich so viel …«

»Würd schon ausreichen, wenn jeder von denen da oben mal einen Monat Schichtdienst schieben müsste, hier im Viertel, mittendrin. Die würden die Todesstrafe sofort wieder einführen. Am besten noch standrechtliche Erschießung, ganz ohne Verfahren.«

»Aber dafür sind wir ja da.«

»Und heute Nacht muss einer dran glauben.«

»Is mal wieder Zeit.«

»Siehste, ich hab recht gehabt, der krabbelt da im Papierkorb rum. Eins von den Verstecken. Na warte, Bürschchen, wir haben dich gleich am Arsch.«

Ich hab immer damit gerechnet, dass sie mich verhaften. War ja ne klare Sache. Die wussten, wer ich war, die wussten, was ich in der Gewerkschaft tat, die wussten, womit sie mich packen konnten. Ich hätte den Knast nicht gescheut. Aber es passierte nichts. Vielleicht auch deswegen, weil wir so viele waren. Als wir dann hörten, wie die Shell das Land meines Volkes, der Ogoni, kaputtgemacht hat, haben einige Freunde und ich mich entschlossen, in den Untergrund zu gehen. Können Sie sich ein Land vorstellen, in dem es trotz Sonne nicht mehr hell wird? Können Sie sich ein Gebiet von mehreren tausend Quadratkilometern vorstellen, in dem es so mörderisch stinkt und qualmt, dass man schon nach einem Tag Erstickungsanfälle kriegt? Überall Fackeln aus dem Boden. Überall kleine Brände. Überall Tod. Ringsherum. Eine riesige Schlacht mit dem

Tod. Die Menschen leben dort vom Fischfang. Aber fast alle Flüsse des Nigerdeltas sind durch die Ölbohrungen verseucht: Es gibt dort keinen einzigen lebenden Fisch mehr. Alles abgestorben. Vernichtet. Und nur, weil die Regierung zusammen mit der Shell beschlossen hat, ein Volk von 500.000 Menschen auszurotten. Nein, das haben sie natürlich nicht beschlossen, das nehmen sie nur in Kauf. Pech für die Einwohner. Wie bei den Indianern. Ich bin in deren Reservaten gewesen, als ich in den USA studierte, kam mir vor wie im Museum. Schaut her, das sind die traurigen Restbestände unserer Ahnen. Sehen doch nett und bunt aus! Das sind unsere lieben Vorfahren, von denen stammen wir ab. Die USA hat eben die besten Museen der Welt, steht in den Werbebroschüren. Vielleicht hat Nigeria ja eines Tages Geld genug gescheffelt, um ein Ogoni-Museum aufzumachen. Wir haben gesagt, wenn man gegen die Pläne von Shell nicht sofort kämpft, nutzt auch der andere Kampf nichts.

»Lass ihn noch ein bisschen laufen. Noch nich. Der muss erst mal mürbe werden. Dann bricht er leichter.«

»Kannste dich noch erinnern, wie wir diesen Bimbo mit dem gelben Hawaiihemd getickt haben. Mann, das war eine scharfe Kiste, der hat gezittert, als hätten wir den an Starkstrom angeschlossen …«

»Das war ne heiße Nacht. Is der noch im Lande?«

»Bestimmt turnt der noch irgendwo rum. Hab ihn lange nich mehr gesehen. Die wechseln schnell das Revier, wenn sie auf Leute wie uns stoßen. Seine Augen waren so weiß, dass ich schon dachte, der findet seine Pupillen nie mehr wieder.«

»Wo kam der noch her?«

»Keine Ahnung. Irgendwo da unten. Irgend so ein Scheiß-Land, wo nix als Aids wächst.«

»Kriegen sie einen rein, muss mal sein. Der machte doch immer noch so Sprüche von: hätte uns nix getan, Mitleid und so'n Quatsch. Das kann ich überhaupt nich ab, wenn die dann auch noch pampig werden. Kanacken-Ärsche.«

»Achtung, aufgepasst, der macht sich davon. Ich dachte, der will zurück ins Viertel. Na, denn eben nich, keine Sorge, du kommst uns heute Nacht nich mehr von der Angel.«

»Also hatte ich doch Recht, der hat seinen Deal schon hinter sich. Keine Ahnung, was der da am Papierkorb zu wühlen hatte.«

»Das werden wir alles herausfinden. Eins nach dem anderen. Ganz schön langsam, damit der Bimbo auch was davon hat. Soll ja nich sagen, wir würden uns keine Zeit nehmen für ihn. Wir haben die ganze Nacht Zeit für diesen schwarzen Freund.«

»Wir sind nicht eilig.«
»Wir sind im Dienst.«
»Lassen uns nicht drängeln.«
»Wär schad drum, nich?«
»Könntest du dir vorstellen, mal so einen Schwarzen in den Arsch zu ficken?«
»Klar! Mit dem Gummiknüppel!«

Irgendwann haben die mich aufgespürt. Kann auch sein, dass wir einen Verräter in der Gruppe hatten. Wir haben ja offen agiert, haben uns nie versteckt. Da konnte jeder mitarbeiten. Also war es auch ganz einfach, wenn sich ein Spitzel der anderen Seite einschlich. Bei uns gab es ja keinerlei Kontrollen. Vielleicht war das falsch. Wir wollten unsere Landsleute dazu bringen, nicht einfach alles mit sich machen zu lassen, wenn die Regierung wieder so ein windiges Umsiedlungsprogramm auflegt, nur weil die Shell ein neues Ölvorkommen gefunden hat. Ein Drittel der Ogoni haben schon ihre angestammte Region verlassen. Wir wollten ihnen klarmachen, dass sie nicht freiwillig gehen dürfen, dass sie kämpfen müssen. Wir haben versucht, Waffen zu beschaffen. Kürzlich ist ein Geheimdokument entdeckt worden, aus dem hervorgeht, dass die Vertreibungen und Morde im Ogoni-Land solange weitergehen werden, bis eine reibungslose ökonomische Situation wiederhergestellt ist. Soll man da nicht kämpfen? Hat es noch einen Zweck zu verhandeln? Das haben die Leute auch verstanden. Sie sahen ein, dass man sie entweder mit der Umsiedlung oder mit der Landzerstörung totmacht. Einige haben sich unserem Kampf angeschlossen. Ein paar Tage hatte ich die Soldaten auf meiner Spur. Wusste genau, ab wann sie hinter mir her waren. Bekam auch Tipps, dass ich abtauchen muss. Hab mich solange vor der Flucht gedrückt, wie es ging. Meine Kinder haben geheult, als es soweit war. Meine Schwester hat sie aufgenommen. Meine Frau ist schon vor einem Jahr von den Militärs getötet worden, um Rache für mich zu üben, weil sie mich nicht zu fassen kriegten. Ich wollte meine Kinder nicht zurücklassen, aber was hatte ich für eine Wahl. Ein toter Vater hätte ihnen auch nichts mehr nützen können. Da sagen viele Deutsche, diese Schwarzen kommen nur hierher, um zu dealen. Ich hab schon in USA gelernt, dass Drogen unsere Kampfkraft schwächen. Ich hab nie etwas mit Drogen zu tun gehabt. Aber auf der Straße heißt es: schwarzer Mann dealt mit weißem Schnee. Gibt welche, klar, das will ich gar nicht abstreiten. Auch aus meinem Land sind welche darunter. Aber ich, ich hab nie etwas damit zu tun gehabt. Ich bin von Gewerkschaftsfreunden nach Deutschland geschleust worden, um hier Asyl zu kriegen. Aber das dauert eben. Wenn ich bei einem Deal erwischt werden würde, könnte ich meinen Antrag sofort zerreißen.

»So, jetzt geht die Jagd los. Der hat gemerkt, dass wir ihm auf den Hacken sind. Aber wir haben das bessere Gefährt.«

»Schalt mal die Lichter aus.«

»Mach ich.«

»Fahr rechts auf den Bordstein, dann spring ich raus und stell mich an die Ecke da.«

»Ne, das bringt gar nix. Wir stellen ihn wie immer. Wagen quer, auflaufen lassen.«

»Oooh, der kann ja rennen.«

»Na bitte, ich sag immer, die gewinnen jede Olympiade, wenn es ans Lügen und ans Laufen geht. Da sind die einfach fix. Aber heute Nacht rennen wir mit. Und du wirst Letzter werden. Keine Medaille. Aus. Scheißspiel, was?«

»Einfach so zum Spaß.«

»Zum reinen Vergnügen. Schier Schandudel. Wollen doch mal sehen, ob der nachher noch piep sagen kann.«

»Pass auf, die Straßenbahn, das war knapp.«

»Wieso sind die denn jetzt noch am Fahren?«

»Nachtlinien, Mensch, für die netten Discomädels, damit die ihre Titten sicher nach Hause kriegen. Wir tun doch was für unseren Nachwuchs.«

»Aber einer kommt heute nicht sicher nach Hause. Dumm gelaufen, hat eben Pech gehabt.«

»Kann ja nicht jeder so ein Glück haben, mit uns Bekanntschaft zu machen.«

»Reißt sich ja auch keiner drum.«

»Mach hinne, der ist dahinten abgebogen.«

»Ich dreh auf.«

»Und jetzt, wo isser?«

»Der muss da vorne rechts ab ...«

»Scheiße, der is weg. Nur, weil du so blöde rumlaberst.«

»Mach mich nich an. Das kann ich nich ab. Wir kriegen den schon.«

»Ich sehe ihn nich mehr.«

»Wozu sitzt du denn auf dem Bock? Ich muss auf die Straße aufpassen, und die Bahn, meinste, ich hätte Augen für alles?«

»Verdammte Hurenscheiße, der is uns tatsächlich entwischt.«

Ich hab gemerkt, dass die mich verfolgten. So was spür ich. So was spürt einer, der im illegalen Kampf gewesen ist. Am Anfang bin ich einfach losgerannt. Hab ein Versteck gesucht. War ja nicht das erste Mal, dass ich mit der Polizei zu tun bekam. Wenn ich durch die Stadt gehe, da kann es passieren, dass ich jeden Tag drei, viermal kontrolliert werde. Papiere her! Und nicht immer freundlich. Eine falsche Bewegung und die drehen dir den Arm auf den Rücken. Einmal hab ich gezählt, da waren es vierzehn Kontrollen an einem einzigen Tag. Nur selten ist ein Passant stehengeblieben. Die meisten gehen weiter. Tun so, als sehen sie nichts. Zugeschaut haben einige. Eine Frau feuerte die Polizisten sogar an. Ein anderer hat gesagt, die müsst ihr richtig hart rannehmen. Protestiert, dass mich die Polizisten anhalten und schikanieren, hat noch nicht einer. Nicht ein einziges Mal hat mich jemand verteidigt. Da bist du ganz allein. Und die sind immer zu zweit. Als ich gemerkt habe, dass die mich verfolgen, wurde mir schnell klar, dass ich sobald wie möglich zum Schiff muss. Dort sind sechshundert von uns untergebracht. Asylantenschiff: 600 in engen Kabinen. Jeden Tag Krach. Jeden Tag Hauerei. Jeden Tag Enttäuschungen, Wut, Tränen. Das gelobte Deutschland. Man glaubt gar nicht, wie dieses Land auf dem Schiff gehasst wird. Ein Schiff voller Hass. Wie konnte ich ganz schnell dorthin gelangen? Keine Ahnung. Ich hatte mich verlaufen. Die blieben an mir dran. Keine Chance, aber ich wollte nicht aufgeben. Dazu bin ich nicht der Typ. Das ist nicht meine Sache. Nur wohin? Ich hab eine Zeitlang im Vorgarten gleich neben einer Tanne gestanden, so in die Äste hineingedrückt, dass es keinen Schatten gab. Ich hab die Luft angehalten. Der Wagen war weg. Irgendwie hatte ich die abgehängt. Weit und breit kein Polizeiwagen mehr zu sehen. Ich hab mindestens zehn Minuten da gestanden. Als ich mich wieder vorwagte, merkte ich sofort, dass ich einen Fehler gemacht habe.

»Tja, so kann es gehen. Gerade noch Weltuntergang und dann schon wieder Sonnenschein. Nun müssen wir einschreiten. Das geht nich mehr anders. Die Zeit is reif, mein schwarzer Freund. Die Uhr läuft. Gegen dich.«

»O.K., ich drück drauf.«

»Jetzt kommt er ins Schwitzen. Jetzt wird er schön heiß, so schön heiß wie in der Wüste, jetzt läuft ihm das Wasser in die Arschrille, jetzt pumpt das Herz, jetzt geht die Muffe eins zu tausend ... Bleib direkt hinter ihm, direkt dahinter.«

»Mach ich, keine Sorge. Der is uns nur einmal entwischt. Jetzt holen wir die Angel raus.«

»Hast du deine Knarre vorbereitet?«

»Ja, sicher.«

»Aber immer schön langsam, wenn ich bitten darf, immer schön langsam, wir wollen unseren Spaß haben. Nichts überstürzen.«

»Meinste, ich vermassel das?«

»Kannste dich noch erinnern, wie der eine Bimbo mit dem dicken Goldring gesagt hat, wenn wir ihn laufen lassen, dann dürften wir mal über seine Frau rutschen? Als wenn das unser seligster Wunsch wäre. Dass ich nich lache. Da bietet der uns seine Frau an. Für was denn? Wir sind doch hier nich auf dem orientalischen Markt. Das kann der bei sich zuhause machen, aber hier nich. Keine Kultur bei den Kaffern.«

»Du hast ihm eins in die Fresse gehauen dafür. Das war die richtige Antwort.«

»Der brauchte das.«

»Die brauchen das alle. So wie die da rumstehen. Alle, ohne Ausnahme. Wenn schon nich die Todesstrafe, dann wenigstens Prügel, dreimal täglich, zwanzig Hiebe auf die schönsten Körperteile. Was meinste, wie schnell die Leine ziehen würden?«

»So, jetzt stopp, der ist dran.«

»Festhalten. Ich fahr Karussell.«

»Stopp. Jetzt geht's los.«

Sie haben mich zu zweit gepackt und zu Boden geworfen. Mehrfach hat mir der eine Polizist, ich nenne ihn den weißen Killer, den Stiefel in den Nacken gesetzt und den Kopf auf das Pflaster gehauen. Der andere, ich nenne ihn den weißen Henker, hat nur gelacht. Immer nur gelacht. Das war so ein meckerndes Lachen, wie es die Affen von sich geben, wenn sie einem anderen die Partnerin weggeschnappt haben. Dann bekam ich Handschellen angelegt und wurde auf den Rücksitz des Streifenwagens geworfen. Da wusste ich, jetzt haben sie dich erwischt. Der weiße Killer schrie und trommelte auf das Steuer: Du wirst jetzt für alle büßen, die du umgebracht hast, mein Junge, jetzt ist die Stunde gekommen, wo wir die Toten auferstehen lassen, die du mit deiner Droge auf dem Gewissen hast. Ich hab versucht zu sagen, dass ich nichts mit Drogen zu tun habe. Da hat der weiße Henker seinen Knüppel rausgenommen und auf mich eingeschlagen. Immer noch im Wagen. Während der andere vor Vergnügen schrie und brüllte: Weitermachen. Weitermachen... Der weiße Killer fuhr mit dem Wagen so schnell, dass ich schon dachte, die beiden sind im Vollrausch, völlig blau, die rasen gleich gegen eine Wand. Aber die waren ganz nüchtern. Die berauschten sich an mir. An meinem Wimmern. An meinen Schmerzen. Plötzlich stoppt der Wagen. Raus, raus, schreit der weiße Henker und zieht mich vom Sitz. Sofort tritt er mir voll in die Nieren. Ich hab nicht mitgekriegt, wie oft er mich getreten hat. Die waren völlig außer Sinnen. Dann haben sie mich gezwungen, mich auszuziehen. Ich hatte solche Schmerzen, dass ich kaum die Hose abstreifen konnte. Schneller, schrie der weiße Killer, schneller, meinste, wir wollen hier die ganze Nacht verbringen. Das ist aber enttäuschend, grölte der weiße Henker, richtig enttäuschend. Was ich da sehe, ist doch kein Niggerlappen, das ist ein mickriger Schwanz. Und er trat mir gleich zwischen die Beine.

Der Schlag war elektrisch, durchfuhr meinen ganzen Körper. So, mein Junge, schrie der weiße Killer, nun geht es ans Sterben. Nun ist deine Uhr abgelaufen. Jetzt bekommst du die gerechte Strafe, die der gute Herrgott für dich ausgedacht hat. Und er nimmt seine Pistole raus und setzt sie mir an die Schläfe. Ich hab so eine Angst gehabt, ich spürte, wie die Scheiße an meinen Beinen runterlief. Willst du noch etwas zu deiner Verteidigung sagen, rief der weiße Henker, der in einiger Entfernung stand. Wir sind ein demokratisches Land, da hat der Angeklagte das letzte Wort. Los, spuck es aus, was du zu deiner Verteidigung zu sagen hast. Ein bisschen plötzlich. Ich sagte nur, es müsse eine Verwechslung sein, ich hätte nie mit Drogen gedealt, ich komme aus Nigeria, bin einer von den Ogoni … Da setzt ein schrilles Gelächter ein und der weiße Killer drückt ab … Ich hab den Schuss genau gehört, er ging direkt an meinem rechten Ohr vorbei … Ich sinke, ich sinke, da kommt der weiße Henker angestürmt und wirft mich über die Kaimauer. Ich weiß nicht, wie viele Meter ich stürze. Als ich im kalten Wasser aufschlage, weiß ich, sie haben mich zum Schein erschossen. Jetzt keinen Mucks mehr. Sollen sie denken, ich bin tot.

»Der hat mir doch glatt auf die Schuhe gepisst.«

»Konnte das Wasser nich halten. Armer Bimbo. Kommt aus so einem trockenen Land und dann muss er hier Wasser lassen, ohne dass er es will.«

»Hatte sofort die Arme oben. Haste das gesehen? Als wenn er gewusst hätte, dass es nun kein Entrinnen mehr gibt. Hat sich nich mal gewehrt, als er sich ausziehen musste. Komischer Vogel. Die schreien doch sonst immer rum.«

»Na, na, geschrien hat er schon, als du ihm die Knarre an den Kopf gesetzt hast.«

»Da würdest du auch schreien, darauf nehm ich Gift.«

»Und du?«

»Aber er hat nur ganz kurz geschrien.«

»Klar, Mann, stand ja direkt daneben …«

»Hat er gezittert?«

»Sicher. Die zittern sich immer eins ab.«

»Augen verdreht?«

»Ne, nich so wie der andere.«

»Aber geschissen!«

»Das tun sie alle.«

»Das nächste Mal bin ich dran. Dann schießt du.«

»O.K., keine Sorge, Kollege, hier wird gerecht geteilt.«

»Das war ne geile Sache, ging gut ab.«

»Ab und zu brauch ich so was. Sonst wird das alles zur Routine.«

»Aber nur mit dem richtigen Partner, nich.«

»Wie du ihn dann nach hinten geschubst hast. Irre! Der is im Wasser aufgeschlagen wie ein toter Hund.«

»Is ja warmes Wasser.«

»Fast wie Pisse so warm.«

»Wenn wir aus dem Hafen raus sind, muss ich erst mal was spachteln gehen. So ein Einsatz macht hungrig. Nich vergessen, dass wir uns wieder dienstbereit melden müssen.«

»Mach ich. Aber erst nachher.«

»Hast du schon mal gezählt, wieviel er dabei hatte?«

Nein, ich kann keine Beschreibung der Gesichter geben. Ich habe sie nicht genau erkannt. Ich habe die Autonummer nicht gesehen. Ich könnte die auch nicht an der Sprache wiedererkennen. Nein, ich möchte nicht mit Polizisten konfrontiert werden, um diese beiden zu identifizieren. Dazu ist meine Wut zu groß. Und mein Hass. Und meine Trauer. Wie können sie einen Menschen derart entwürdigen? Nein, ich werde keine Anzeige stellen, weil ich weiß, dass sie mich finden und umbringen werden. Ich habe das alles nur ausgesagt, weil es festgehalten werden muss.

Manchem mag dieses Kapitel erfunden vorkommen, aber es basiert auf realen Vorfällen im Hamburger Hafen. Die *tageszeitung* veröffentlichte am 22.Dezember 1995 einen Artikel mit der Überschrift: *»Der Neger hat sich fast bepisst und geschissen.«* Der Polizist Uwe Chrobok hat den »Hamburger Polizeiskandal« öffentlich gemacht. (Ich habe ihn aufgesucht und ausführlich über die rassistischen Ausschreitungen seiner Kollegen interviewt.) Betroffen war als erstes Opfer der Ghanaer Jael Boaleng, der eine Schein-Hinrichtung im Hafen erleiden musste.

Teil des Romans ist auch ein Hörspiel, das ich mit Cristián Cortés verfasst habe: *Langer Prozess.* Es handelt von einem Verfahren wegen politischem Asyl, in dem ein deutscher Richter einen Asylbewerber in die Enge drängt und diesen zwingt, minutiös seine Foltererlebnisse zu berichten. Obwohl er kaum die Kraft dazu hat, sich an die Vorgänge zu erinnern, wird er ihn entwürdigender Art von dem Richter befragt.)

Nach der Lektüre aller zehn Romane fällt mir auf, dass es immer auch um eine zentrale Frage ging: Mut oder Feigheit vor Fürstenthronen. Wer traut sich, seine abweichende Meinung zu vertreten, ganz gleich, welche Folgen es für ihn hat – und wer steckt zurück, zieht den Kopf ein, schweigt über Zustände, die eigentlich öffentlich gemacht werden müssten. Ob bei der Polizei oder den Medien, in diesen beiden Arbeitswelten spielen alle Romane, ob in der Hierarchie ganz unten oder ganz oben, immer sind Charaktere gefordert, sich zu bekennen, oder sie knicken ein und verstecken sich. Angefangen vom Hauptkommissar Lindow, der für seine Zivilcourage jahrelang von der Mordkommission verbannt und in das Wirtschaftsressort abgeschoben wurde, bis hin zum Oberkommissar Karl Schlink, der nicht locker ließ, als es um die Folter von afrikanischen Dealern ging und dafür zusammengeschlagen wurde. Strafversetzung oder gar Entlassungen gab es in den Romanen auch im Medienbereich: Der Zeitungsjournalist Grünenberg musste ins Vermischte, später durfte er den Lokalchef spielen, bis er dann wieder kurzfristig suspendiert wurde. Oder Michael Adler, der Fernsehredakteur, dem eine Beförderung zugestanden hätte, die aber die Sendergewaltigen ihm nicht gewährten. Gewiss reflektiert diese zentrale Fragestellung auch ein Problem des Verfassers, schließlich habe ich mich bei vielen Auseinandersetzungen, im Medienbereich, weggeduckt, habe eingesteckt, weil ich weiter Sendungen machen wollte, habe klein beigegeben, weil ich wusste, wenn ich mich allzu heftig widersetze, ist es vorbei mit der »Medien-Herrlichkeit«.

Zitiert seien zum Schluss dieses Kapitels die letzten Sätze des Nachwortes:

Mit diesem zehnten Band endet die Bremen-Polizei-Serie. Das mag mancher bedauern. Auch wenn es kein Trost ist, dem Autor geht es ähnlich.

Es klingt vielleicht ganz gut, aber es entsprach nicht der Wahrheit. Ich war froh, diese zehn Bände gestemmt zu haben – zwischendurch gab es erhebliche Krisen, wie es weitergehen sollte – und dadurch wieder frei zu sein, mich verstärkt anderen Themen zuzuwenden.

Bis ich ein paar Jahre später feststellte, dass ich meine Heimatstadt Bremen noch nicht auserzählt hatte.

Ein kleines Intermezzo, Nummer drei

Von Preisen und Streichen – ein Syndikatler packt aus

Jedes Jahr verleiht das SYNDIKAT den Friedrich-Glauser-Preis für den besten Kriminalroman des vergangenen Jahres. Preisgeld: 10.000 Mark in kleinen und gebrauchten Scheinen. So etwas regt die Phantasie an – nicht nur die kriminelle. Bei Autoren und Autorinnen.

Friedrich-Glauser, unser schweizerisches Vorbild, dessen vier Romane zum Besten gehören, was in deutschsprachigen Landen in unserem Genre verfasst worden ist, hätte sich sicher Zeit seines Lebens über eine solche Ehrung, aber noch mehr über das Preisgeld, gefreut.

Das Syndikat wollte bei seiner Gründung 1987 diesen Autor mit der Namensvergabe ehren. Erster Preisträger war Sam Jaun, ebenfalls ein Schweizer. Er war der einzige der Kollegen, der ungeschoren davonkam.

Es fing eigentlich alles ganz harmlos an.

1988 bekam ich bei der Criminale in Gelsenkirchen von einem hochrangigen SPD-Genossen (sag ich's lieber gleich: Peter Glotz) den begehrten Geldkoffer. Wohin nun mit dem Geld? Tausend Scheine, die lose im Koffer lagen. Immer kühlen Kopf behalten. Gut drauf aufpassen. Bei der Feier nicht zuviel trinken. Im Hotel einen Safe nehmen. Auf der Zugfahrt achtgeben. Erleichtert zahlte ich die Preissumme bei der Bank ein. Und fühlte mich erst dann hoch geehrt. Glück gehabt, nichts passiert. Aber ich lernte so das Gefühl kennen, mit dieser Summe und deren Aufbewahrung Probleme zu bekommen.

Ein Jahr später hatte ich die 10.000 Mark an Bernhard Schlink zu übergeben. Tatort: Literarisches Colloquium Berlin. Und weil es einfach so schön war, eine solche Summe in der Hand zu halten und zu übergeben, spielte ich bei der Geldübergabe ein wenig mit den Päckchen herum, bevor Schlink sie erhielt. Mal aus dieser, mal aus jener Tasche zog ich ein Päckchen hervor – und dabei wurde eine Idee geboren.

Warum nicht die Preisträger ein wenig foppen oder in Angst versetzen oder ihnen wenigstens einen Streich spielen oder – was die höchste Variante ist – versuchen, ihnen das Geld wieder abspenstig zu machen.

Zwei Jahre später bekam das Jürgen Breest zu spüren, als er in Bremen von einem »Kommissar« (gespielt von dem schauspielerisch versierten Juristen Christian Haisch) aufgefordert wurde, die Zehnmarkscheine im

Koffer vorzuzeigen. Begründung: Auf dem Marktplatz seien am Nachmittag vermehrt gefälschte Geldscheine aufgetaucht. Ihm täte die Unterbrechung der schönen Feier auch unendlich leid, meinte der »Kommissar«, noch dazu an einem Samstagabend, aber er müsse halt seine Pflicht tun. Breest weigerte sich standhaft, den Koffer zu öffnen, begriff in der Aufregung nicht, daß der Kommissar nicht echt war. Sie verabredeten, daß Breest am nächsten Tag zum Revier kommen solle, um die Echtheitsprüfung durchführen zu lassen. Als dann eine halbe Stunde später ein vorgetäuschter Anruf aus dem 6. Revier (statt des angekündigten Rundfunk-Interviews mit dem SFB) kam, der Autor möge nicht vergessen, am nächsten Morgen mit Koffer samt Inhalt zu erscheinen, sonst könnte dies juristische Konsequenzen haben, verließ der Preisträger fluchtartig die Feier. Die Familie fuhr in zwei Taxen ab. Vorsorglich hatte sein Sohn den Geldkoffer im anderen Taxi nach Hause transportiert.

1993 erhielt Martin Grzimek in Köln den Preis. Er merkte vor lauter Aufregung gar nicht, daß ich ihm nur 9.000 Mark ausgezahlt hatte. (Welcher Preisträger hat je das Preisgeld nachgezählt?) Ich habe ihm später zum Gelächter des Publikums den restlichen 1.000er nachgereicht: »Habe ich gerade noch gefunden!«

Peter Paul Zahl wurde 1995 geehrt. In Potsdam. Sollte man ihm den Preis in DDR-Mark auszahlen? Das war eine Idee, die Jahre später noch zum Einsatz kommen sollte. Die vielen kleinen Scheine werden bis zur Preisverleihung stets bei einer Bank eingelagert und erst am Tag der Verleihung abgeholt. Es gab also nur einen kurzen Augenblick für den geplanten Austausch. Ich nutzte die Gelegenheit, von den auf der Rückbank im Taxi sitzenden Kollegen ungesehen, die Geldpakete gegen den preisgekrönten Roman von PP Zahl auszutauschen. Die Überraschung war groß, als der Koffer – die ganze Zeit streng bewacht von Preußischen Gardesoldaten – bei der Preisübergabe nicht den erwarteten Inhalt aufwies. »Vorhin war das Geld noch da drin!« rief unser Schatzmeister aufgeregt durch den Saal. Ein perfider Raub. Nach intensiver Suche tauchte die Geldsumme im Flügel auf. (Ein sachdienlicher Hinweis führte auf die Spur: Auf Seite 117 – 117 neu erschienene Krimis waren um den Preis im Rennen – des Zahl-Romans stand der Satz: »Sein rechter Flügel hing herunter!)

Ein Jahr später wurden die Autoren Karr&Wehner, die seit Jahren zusammen schrieben, in Gießen mit dem Friedrich-Glauser-Preis ausgezeichnet. Nach der Laudatio gab es eine zünftige Männerhochzeit auf der Bühne (ausgeführt von einem nicht ganz echten katholischen Geistlichen und unter sangeskräftiger Anteilnahme des Publikums) mit ausgedruckter Heiratsurkunde und … Rechnungslegung. »Für die Unkosten der Trauung berechnen wir Ihnen DM 9.999!« Und zack, waren die Autoren ihr Geld wieder los. (Insider wissen, daß ich an dieser Stelle etwas verschweige … ich habe meine Gründe dafür!)

1997 war Hartmut Mechtel dran, ein Krimi-Autor aus Potsdam. Da kam nun die Idee mit der DDR-Mark zum Tragen. Aus nostalgischen Gründen hatte ich einen kompletten Satz DDR-Geldscheine aufgehoben. (Wann würde es auf deutschen Boden mal wieder einen Hundertmarkschein mit dem Bildnis von Karl Marx geben?) Mittels Fotokopierer stellte ich aus meinen Scheinen 1.000 DDR-Mark her und beorderte einen echten Polizisten aus Jever hinter die Bühne. Bei der Preisverleihung bekam Hartmut Mechtel zu hören, daß wir ihm 9.000 DM in West und 1.000 in Ost geben würden. Noch regte sich keine Miene beim Preisträger. Ich zeigte ihm meine gehorteten Banknoten (Ost), er prüfte sie und bestätigte, daß sie echt waren. Nachdem ich sie zu den anderen (gefälschten) in einen Briefumschlag gelegt und dem Autor die gesamte Summe überreichte hatte, trat der Polizist in Aktion und verhaftete vor versammeltem Publikum Hartmut Mechtel – wegen Besitzes falscher Banknoten. »Das sind alles Ausflüchte«, improvisierte der Polizist, »Sie können Ihre Aussagen nachher auf dem Revier machen!« Hartmut Mechtel konnte nicht mal mehr seine Dankesrede halten.

Unsere beiden österreichischen Kollegen hatten anderes auszustehen. Alfred Komarek musste bis zum Direktor seiner Bank gehen, um einige der durchlöcherten Geldscheine auf seinem Konto einzahlen zu können, Thomas Glavinic hatte im Euro-Zeitalter mit alten Schillingen seine Mühen.

Ein Jahr später sorgte die Hamburger Kollegin Regula Venske bei der Westerwälder Criminale für eine schöne Überraschung. Statt € 5.000 bekam der Preisträger Bernd Jaumann 10.000 DM (in geschredderten Scheinen von der Hamburger Landesbank – samt einer Gebrauchsanweisung, wie man die Scheine in Heimarbeit wieder zusammenleimen kann.)

Manche »E-Literaten« und Kritiker meinen, Krimi-Autoren würden niemals erwachsen und bräuchten immer noch solche Bubenstreiche. Wahrscheinlich haben sie Recht.

Eine schöne Idee blieb unverwirklicht: Dem Preisträger sollten die Geldscheine in einer Plastiktüte überreicht werden, die im letzten Moment ausgetauscht wird. Kurz bevor er die Bühne verlässt, wird er aufgefordert, nochmal nachzusehen, ob das Geld tatsächlich vorhanden ist. Beim Öffnen der Tüte fliegt eine Brieftaube heraus, an ihren Krallen ein Päckchen Geldnoten. Einen Besitzer von Brieftauben hätte man im Ruhrgebiet für diesen kleinen Streich gewinnen können.

1987–2006 Die zehn historischen Romane

Landru (1987)

Was einem zufällt, nennt man Zufall. Diese bescheidene Weisheit trifft auf die Entstehung meines Romans LANDRU zu. Vielleicht sogar darauf, dass er einen renommierten Preis gewonnen hat und mehrere Versuche unternommen wurden, ihn zu verfilmen. Und dabei wäre er beinahe gar nicht erschienen.

Ich habe einen Artikel, hauptsächlich über den Stoff und die Recherche geschrieben, der 1987 im Kriminalmagazin *Schwarze Beute* veröffentlicht wurde. Den Text habe ich mit ein paar Fußnoten versehen, um Ergänzungen anfügen zu können.

Modell Landru

Bei Chabrol durfte er auf der Leinwand charmante Morde begehen und bei Chaplin auch: Landru, in Frankreich verurteilt und hingerichtet als Massenmörder. Schuldig oder nicht schuldig? Opfer eines Polit-Komplotts? Gibt es ein Leben nach der Guillotine?

Es gibt Geschichten, die mich nicht mehr loslassen. Über Jahre stand auf meiner Projekte-Liste der Name Landru. So oft ich diesen Zettel ansah, so oft dachte ich daran, was ich 1978 gelesen hatte.[1]

---

1 Dies geschah während einer schlaflosen Nacht in Essen-Steele, als ich auf einer Luftmatratze pennen musste, weil mal wieder ein Fernsehproduzent Geld sparen wollte. Ich stöberte im Bücherschrank und machte eine großartige Entdeckung.

Aber gleichzeitig fielen mir auch immer wieder Gründe ein, mich nicht mit diesem Namen zu beschäftigen. Es konnte ja sein, daß alles Spinnerei war. Bloßer Zufall, Verquickung von Realitätsblindheit und purer Einbildung. Wenn ich die Themen auf die neue Projekte-Liste übertrug, schrieb ich stets Landru dazu. Ein alter Bekannter. Und dabei wusste ich über den Fall kaum etwas, als ich im Januar 1984 mit der Recherche begann.

Was ein Clown schrieb

Drei Autobiografien hat er verfasst, nennen wir ihn zunächst der Einfachheit halber den Clown. In seiner letzten Lebensbeschreibung fand ich drei Seiten, die mich eine Nacht nicht schlafen ließen. Ein Auszug:

Jetzt zerschnitt er gerade sein Fleisch auf dem Teller. Mein Blick wurde magisch von seinem Messer angezogen. Ja, das war eine geübte Hand! Mit dieser Hand – nein! Ich durfte nicht weiterdenken! Der Appetit war mir vergangen. Auf meinem Teller lag ein duftender Rinderbraten mit grünen Erbsen. Aber um nichts in der Welt hätte ich jetzt ein Stück davon abgeschnitten. Können Sie das verstehen? Ich stocherte hilflos mit der Gabel in den Erbsen. Aber ich war so aufgeregt, daß sie immer wieder von der Gabel kullerten. Schon kicherte jemand. Das machte mich noch nervöser. Der Gedanke, es könnte jemand annehmen, daß ich eben jetzt komisch sein wollte, wurde mir unerträglich. Wie das Kaninchen auf die Schlange, so mußte ich immer wieder auf Landru schauen. Unvermittelt trafen mich seine Augen. Welch kalte, unbarmherzige Augen. Und dieser grausame Zug um den Mund? Ahnte die Frau, mit wem sie sprach?

Neben mir saß der Polizeipräsident von Buenos Aires. Ich verstand nichts mehr. Ich konnte nicht mehr länger sitzen bleiben. Unter dem Vorwand, daß ich telefonieren müßte, bat ich ihn, mit mir zu kommen.

Draußen erfuhr ich die erstaunliche Geschichte von Landru. Der Mann, dessen Hinrichtungsbild durch alle Zeitungen ging, war gar nicht Landru gewesen. Landru war damals bereits in Buenos Aires. Die Massenmorde hatte man erfunden, um das

Interesse der Öffentlichkeit von politischen Vorkommnissen abzulenken, die der Regierung damals sehr unbequem waren. Tatsächlich hatte sich die Öffentlichkeit so sehr mit der Affäre Landru beschäftigt, daß der beabsichtigte Effekt erreicht wurde. Bis zum heutigen Tage bezieht Landru von der französischen Regierung eine hohe Pension unter der Bedingung, niemals wieder nach Frankreich zurückzukehren.

»Aber ich bitte Sie«, sagte ich, »bei der Hinrichtung war doch die Presse anwesend. Ist sie etwa bestochen worden?«

»Nein, das wäre zu gefährlich gewesen. Ein anderer, zum Tode Verurteilter, wurde an seiner Stelle hingerichtet. — Ich bitte Sie, dieses Geheimnis für sich zu bewahren, wenigstens für die nächste Zukunft. Sie werden sich eine Menge Ärger ersparen.« Ich habe auf seinen Rat gehört und dieses Geheimnis dreißig Jahre bewahrt.

Die Daten stimmen. In der argentinischen Zeitung *La Prensa* fand ich mit dem Datum September 1922 eine halbseitige Anzeige, die auf das Gastspiel des Clowns im *TEATRO COLON* hinweist. Nur, wie konnte er einen Mann bei einem Festbankett sehen, der vier Jahre zuvor guillotiniert worden war? Es gab zwei mögliche Lösungen: Entweder jemand versteckte sich unter dem Namen Landru, mit einer auch in Lateinamerika vage bekannten Biografie, um anderes zu vertuschen, oder der Polizeipräsident hat dem Clown einen Bären aufgebunden.

Ein Telefongespräch nach Genf

Aus meiner Recherche über den Clown wusste ich, dass sein langjähriger Partner, inzwischen über 80 Jahre alt, in Genf lebt.[2]

Ich rief ihn an und fragte nach dieser »erstaunlichen Geschichte«: *»Ich habe in der letzten Autobiografie etwas über Landru gefunden, da würde ich gerne mal nachfragen …«*

---

2 Trotz ausführlicher Recherche und eines ausgeklügelten Drehbuchs kam es nicht zur Realisierung des Geburtstagsfilmes.

»Ja, isch weiß, Landru, hahaha, das ist alles fiction. Hat die Geschicht immer wieder erzählt, wenn wir mit die Freunde waren, alles fiction.«

»Waren Sie denn damals auch dabei? In Buenos Aires?«

»Nein, da war er mit Allary auf Südamerika-Tour.«

»Aber Chaplin und Chabrol haben doch Filme über den Fall gedreht, ich denke, die haben die Akten studiert …«

»Alles fiction, glaube Sie mich.«

Solche Ergebnisse, die bestätigen, was man hören möchte, haben mich meist eher verunsichert. Erstens, weil ich erneut angetrieben werde, mich um den Fall zu kümmern, und zweitens, weil plötzlich alles zu logisch erscheint. Hätte der Partner des Clowns nicht wenigstens sagen können, dass er meine Version für eine mögliche Geschichte hält, eine schöne Phantasie, vielleicht auch bloß Angeberei? Aber dieser Clown hatte es gewiss nicht nötig, eine solche Geschichte zu erfinden. Sein Leben war zu voll mit amüsanten Begegnungen gewesen.

Ein paar Zeitungsausschnitte

Was ich über Landru wusste, war, wie gesagt, nicht viel. Er wurde am Ende des Ersten Weltkriegs verhaftet, weil er zehn Frauen und ein Kind umgebracht haben sollte. Ein Blaubart mit merkwürdigem Aussehen, den niemand für fähig hielt, Heiratsschwindler zu sein. Die beiden Filme *Der Mörder von Paris* (Chabrol) und *Monsieur Verdoux* (Chaplin) hatte ich gesehen, aber ich erinnerte mich nur dunkel. Ich musste also in Zeitungsarchiven stöbern, um mehr zu erfahren.

Das Berliner Tageblatt hatte einen Sonderkorrespondenten nach Paris geschickt, mit Namen Paul Block. Als ich las, was er zu Beginn des Prozesses schrieb, wusste ich, dass mich der Name Landru nicht mehr loslassen würde.

In Frankreich wurde Landru mit der Zeit eine Art von Nationalheld der Sensationspresse. Die Geschichte seiner Liebesabenteuer haben tüchtige Journalisten in allen Einzelheiten berichtet. Seine Villa in Gambais, das Zimmer mit dem Ofen, in dem nach dem Volksglauben jede Liebe in

Flammen aufging, die von eifrigen Polizisten aufgefundenen Knochenreste, sein Notizbuch mit dem Verzeichnis seiner Einnahmen: Dies alles wurde in beglaubigten Fotografien dem Publikum vorgeführt, das diesen Kilometerfilm mit wonnigem Grausen aufnahm. Sogar mit der Politik wurde der Fall Landru in Verbindung gebracht. Da die Entdeckung der geheimnisvollen Verbrechen gerade in der Zeit erfolgte, als in Versailles Clemenceau mit dem Vertrag von Versailles beschäftigt war, lag die Vermutung nahe, daß die Sensation der ermordeten Frauen übertrieben wurde, um die Aufmerksamkeit von dem ermordeten Europa abzulenken … Landru ist ein Mann, der, mag man sonst das Schlimmste von ihm denken, sich um das Vaterland verdient gemacht hat. Er hat in schwerer Zeit die Aufmerksamkeit von den Herren Clemenceau und Tardieu abgelenkt und so, auf eigene Art, Frankreich ein wenig mitgerettet. (Berliner Tageblatt, 1.11.1921)

Der Prozess gegen Landru war ein Indizienprozess voller Ungereimtheiten. Es fand sich ein Tagebuch, in dem Landru minutiös die Kontakte zu 283 Frauen notiert hatte; es gab Wäschestücke mit Initialen von verschwundenen Frauen und Möbelstücke, auf die einzelne Zeugen Anspruch erhoben. In immer gleicher Weise lief die Zeugenbefragung ab: Eine Schwester, Mutter, Tante oder Verwandte einer der verschwundenen Frauen erinnerte sich, diesen Mann mit Vollbart schon einmal gesehen zu haben, er habe Heiratsversprechen gemacht, und dann habe man nie wieder etwas von ihm gehört. Was hauptsächlich in diesem Prozess fehlte, waren Leichen, oder wenigstens Leichenteile. Aus ein paar verkohlten Knochenresten rekonstruierten die Gutachter maximal drei Personen, aber sie waren nicht in der Lage zu sagen, ob es sich überhaupt um Frauen handelte.

Landru hatte seine eigene Version: Er sei Möbelhändler, diese Frauen hätten ihn in schwieriger Lage gebeten, ihre Habe zu verkaufen, und was dann mit ihnen geschehen sei, darüber müsse er schweigen, weil es zur Intimsphäre der Frauen gehöre; sie hätten ihn darum gebeten. Und er schwieg, obwohl es seinen Kopf kosten sollte. Er bestätigte die Kontakte zu den Frauen, aber widersprach heftig, wenn Staatsanwalt Godefroy ihm ein Geständnis abpressen wollte. Nach dreißig Tagen Prozess wurde er vom Versailler Schwurgericht zum Tode verurteilt. Die Geschworenen, und sogar einige der Frauen, die ihn im Zeugenstand schwer belastet hatten, unterschrieben noch im Gerichtssaal ein Gnadengesuch. Landru selbst, dessen Witz und Pose einen Monat lang die Pariser Gesellschaft unterhalten hatte, lehnte es ab: »Ich bin unschuldig, ich brauche nicht um Gnade zu bitten.«

Am 25. Februar 1922 wurde er um 6 Uhr 04 vor dem Gefängnis St. Pierre in Versailles hingerichtet. Sein Verteidiger Moro-Giafferi sagte den wartenden Journalisten: *»Denken Sie an Victor Hugo, der einmal zur Todesstrafe formulierte: Um ein nicht wiedergutzumachendes Urteil zu fällen, muß man schon ein unfehlbarer Richter sein.«*

Endlich – nach 62 Jahren – ist der Beweis gefunden...

Wie sehr der Fall Landru heute noch die Öffentlichkeit beschäftigt, zeigt die Tatsache, daß 1984 in der Zeitschrift *Paris Match* zwei große Artikel über den geheimnisvollen Mörder erschienen.

Im ersten Artikel wird der Fall mit seinen Pikanterien noch einmal ausgebreitet; zum Beispiel mit der Anekdote, dass er vor der Hinrichtung Rum und Zigaretten ablehnte, weil das nur der Gesundheit schade.

Der zweite Artikel will nun endlich das Geheimnis lüften. Dazu trägt sogar der Justizminister Robert Badinter bei. Er behauptet, eine Zeichnung entdeckt zu haben, die Landru seinem Verteidiger bei Beginn des Prozesses geschenkt habe. Es ist die Zeichnung seiner Küche in Gambais, der Villa, in der die Frauen umgebracht wurden. Auf der Rückseite der Zeichnung, auf der auch der inkriminierte Ofen zu sehen ist, soll gestanden haben: »Da ist keine Mauer, dahinter man etwas verschwinden lassen kann, aber ein guter Koch kann hier etwas braten.« Brûle soll dreimal unterstrichen gewesen sein. Zu lesen ist heute auf der Zeichnung nichts mehr. Was aber nun wirklich ein »Schwindel« ist: Bereits 1970 tauchten Gerüchte um dieses angebliche Landru-Bild auf, und damals wurde der Beweis von der Presse eher belächelt. Die Inschriften auf der Rückseite des Bildes wurden völlig unterschiedlich zitiert, wie Dennis Bardens in seinem Buch *The Ladykiller* (1972.) schreibt. (Das ist die letzte von einem halben Dutzend Monografien über den Fall Landru, sie ist bisher nur in englischer Sprache erschienen.)

Die zwei Verfilmungen

Orson Welles hatte die Idee und das Material über Landru und wollte einen Film daraus machen, aber Charles Chaplin kaufte ihm für 5.000 Dollar die Geschichte ab und schrieb eine Paraphrase auf den Frauenmörder. Sein Monsieur Verdoux agiert zehn Jahre später, 1929, im Jahr des Börsenkrachs, in dem der Mörder sein charmant errungenes Kapital verliert. Das eigentliche Thema des Filmes aber ist die Diskrepanz zwischen den militärischen und politischen Massenmorden des Zweiten Weltkrieges, für die es Orden und Heldenbezeugungen gab, und dem Geschäft eines Frauenmörders, der dafür enthauptet wurde. Der Film entstand 1944 bis 1946 und war, wegen seiner zeitkritischen Aussage, ein Flop. Erst später entdeckte man, was Chaplin mit dem Film versucht hatte. Eine politische Komödie.

Claude Chabrol inszenierte ein Drehbuch von Francoise Sagan, die offensichtlich ein längeres Aktenstudium hinter sich gebracht hatte. Das Ergebnis ist eine psychologisierende Darstellung des Mörders, wobei Chabrol die Frage interessierte, wieso in diesen Zeiten ein so schlecht aussehender Herr so viele Chancen bei Frauen hatte. Im Film befindet sich — ohne Verbindung zu anderen Szenen— ein Verweis auf die politische Bedeutung des Falles Landru.

Aus dem Drehbuch »*Der Mörder von Paris*«:

Büro des Staatspräsidenten. Clemenceau sitzt, neben ihm steht Georges Mandel (sein Kabinettschef, d.A.)

Mandel: *Meiner Meinung nach konnte uns nichts Besseres passieren. Verbrechen wie diese, bösartige, sadistische — so was wollen die Leute lesen, verstehen Sie? Die reden über nichts anderes mehr als den Fall Landru, und glauben Sie mir, das ist besser, als wenn sie über die Rückschläge bei den Friedensverhandlungen reden. (Clemenceau nickt.) Ich glaube, in zwei Tagen haben wir die Politik von der Titelseite. Ich hab etwas Theaterdonner inszeniert, noch nicht ausgereift, es dauert nur ein paar Stunden, aber wird die Zeitungen tagelang beschäftigen. Auf jeden Fall wird dieser Prozeß in Paris Furore machen. Wir legen ein paar falsche Spuren. Machen die Öffentlichkeit nervös. Und so umsegeln wir dann ohne Probleme die Klippen des Jahrestages des Waffenstillstandes. War ja nicht das erste Mal, daß eine Nachricht vom Vermischten der Politik zur Hilfe kommt.*

Clemenceau: *Interessant … interessant.*

Mandel: *Also, geben Sie mir freie Hand?*

Clemenceau: *Ja, ja … machen Sie schon.*

Der Fall Landru beschäftigt die Titelseiten der Zeitungen. In einer kurzen Meldung: Friedensvertrag unterzeichnet.

Es wäre nicht nötig gewesen, für den Film *Der Mörder von Paris* neue Zeitungsseiten zu gestalten, wie dies Chabrol tat, aber er wollte deutlich machen, dass die Affäre Landru hochgespielt wurde. Daran besteht für ihn und auch fast alle, die darüber Artikel und Bücher geschrieben haben, kein Zweifel. Aber wurde die Affäre Landru erfunden, wie der Clown behauptete?

Was französische Zeitungen wirklich schrieben

Landru wurde am 11. April 1919 verhaftet, es war sein 50. Geburtstag. Bereits zwei Tage später berichten die Pariser Zeitungen vom »Geheimnis von Gambais« und vom »mysteriösen Mörder«. Dann geht es Schlag auf Schlag. Jeden Tag verschwindet eine Frau, gestern waren es sechs Frauen, heute die siebte, jeden Tag eine neue, phantasiepralle Liebesgeschichte mit traurigem Ende, jeden Tag mindestens eine halbe Titelseite. Und so geht es über einen Monat.

Das vergleichende Studium von *Le Temps, L'Echo de Paris, Le Populaire, L'Humanite, Le Matin und Le Petit Parisien* in der Microfiche-Abteilung der Pariser *Bibliothèque Nationale* eröffnet zwar verschiedene Sichtweisen darüber, wie Landru es »getan« hat, aber die Informationen, auf denen die Sichtweisen beruhen, erscheinen in den genannten Zeitungen Tag für Tag synchron. Da ist eine Pressekampagne nicht auszuschließen. Zumal die Polizei ein Interesse an der Aufklärung von solchen Fällen hatte – nach dem Ersten Weltkrieg musste sie allein in Paris rund 20.000 Verschwundene finden. Landru hat im Prozess darauf hingewiesen, dass von all seinen Frauenkontakten nur zehn Frauen, aus was für Gründen auch immer, verschwunden blieben.

Die Zeitungen zeigten Bilder von den polizeilichen Ermittlungen, brachten Frauen mit Landru in Verbindung, von denen später die meisten nie wieder erwähnt wurden.

Nur in *L'Humanite* finden sich zwei polemische Kommentare, die an der ganzen Affäre Landru zweifelten.

6. Mai 1919

Zuerst die Namen: Landru! Gambais! Balzac glaubte an die Vorbestimmung von Namen, er wäre begeistert. Enigmatischer Zweisilbler: Lan-dru, hat etwas Beunruhigendes. Andre ist ein strahlender Vorname, aber Landru hat etwas Tragisches. Und Gambais. Gleich zu Anfang hat man vom »Geheimnis von Gambais« geschrieben. Ganz prophetisch. Ein Mann wird eines Kapitalverbrechens angeklagt, mit dem einzigen Motiv, daß er einen klingenden Namen hat.

Man findet in Gambais keine Leichen im Garten.

Umso besser. Das ist ein guter Beweis, ein starker Beweis. Umso leidenschaftlicher wird die Affäre.

In vielen anderen Gärten findet man auch keine Leichen, aber das ist nicht dasselbe, das würde gar nichts erklären. Man findet einen Zahn zwischen Laub. Wem gehört der Zahn?

Wenn man einen Dinosaurier aus einem einzigen Rippenknochen rekonstruieren kann, dann dürfte es doch nicht so schwer sein, aus diesem Zahn eine Frau zu rekonstruieren.

10. Mai 1919

Ein alter Verführer soll ihnen die Heirat versprochen haben. Wie wundervoll. Die Jungen und die Alten, das stimuliert die Phantasie. Sie haben nur sein Automobil geliebt, denn er hatte ja eins. Wie verführerisch, sie haben es wohl im Auto getrieben …

Ein Thema für einen Film, ohne Zweifel. Aber gab es nicht schon einen? Vielleicht hat Landru den auch nur nachgeahmt. Haben Sie ein gutes Gewissen, Monsieur Pathe?

Drei Wochen konzentrierter Recherche verbrachten wir in der Pariser Nationalbibliothek. Die Ernte: mehr als 2.000 Seiten Fotokopien, die mir freundlicherweise vom ARD-Studio Paris nach Bremen geschickt wurden.

Wovon die Affäre Landru ablenken sollte

Zusammen mit den Alliierten hatte Frankreich den Ersten Weltkrieg gewonnen, aber Anfang des Jahres 1919 kam die Ernüchterung der Sieger: wirtschaftliche Depression. Im Winter gab es keinen Brennstoff, die Transportsysteme waren lahmgelegt und nicht mal Baguettes waren in ausreichenden Mengen vorhanden.

So waren alle Hoffnungen Clemenceaus, der als 70-Jähriger noch einmal die Staatsgeschäfte übernahm und den man wegen seines persönlichen Einsatzes den *»pere-la-victoire«* nannte, auf die Friedensverhandlungen gerichtet. Es wurden phantastische Summen an Reparationszahlungen gefordert: 100 Milliarden Dollar. Deutschland sollte 50 Jahre lang Entschädigungen zahlen. Die Raffgier war enorm. Lenin schrieb damals: »Die Friedensverhandlungen finden als Bund von Räubern statt, von denen jeder davon ausgeht, dem anderen etwas wegzuschnappen.«

Zum eigentlichen Faustpfand für den gewonnenen Krieg sollte für Clemenceau allerdings das Rheinland werden. Zu diesem Zweck wurden bereits kurz nach dem Waffenstillstand Mitarbeiter der Sûreté an den Rhein geschickt, um »Unabhängigkeitsbewegungen« zu inszenieren. Einer, der damals an der Spitze für ein »Freies Rheinland« agierte, sollte später Bundeskanzler werden: Dr. Konrad Adenauer.

Die Forderung nach einem »Pufferstaat«, damit Frankreich für immer von deutschen Großmachtplänen verschont bleibe, wurde von den Alliierten abgelehnt. Im April 1919 ist klar: Woodrow Wilson, der amerikanische Präsident, stimmt höchstens einer Besetzung des Rheinlandes zu, eine Annektion durch Frankreich kommt auf keinen Fall in Frage. Damit war das wichtigste Ziel Clemenceaus verloren. Der *»pere-la-victoire«* verlor seinen Ruhm so schnell, wie er ihn gewonnen hatte.

Die soziale Situation im Lande spitzte sich zu. Anfang April 1919 erlebt Paris Großkundgebungen der Linken mit mehreren hunderttausend Teilnehmern. Clemenceau muss sich vor den Alliierten deswegen rechtfertigen. Noch vor dem 1. Mai hört er sich das Programm der Gewerkschaftsführer an. Er weiß, dass sie seine Feinde sind, aber er braucht ihre Rückendeckung, damit endlich Ruhe einkehrt. Im Eiltempo wird ein Gesetz für die Einführung des Achtstundentages durch das Parlament gejagt; in anderen Ländern wurde dafür jahrzehntelang blutig gekämpft. Acht Stunden ohne Lohnkürzung. Die Unternehmer sind entsetzt. Am 28. April ist die letzte Lesung. Dennoch, der 1. Mai 1919 wurde zum Blut-Mai in Paris, der Straßenkampf mit Eisenstäben, mit denen auf den Boulevards die Bäume eingefasst waren, tobte.

Ein weiterer Faktor kam hinzu: Die Angst vor einer Revolution in Frankreich. Immerhin hatte man Russland vor Augen. Frankreich schickte heimlich Waffen nach Polen, damit nach einem Plan Marschall Fochs dem Sieg über die Deutschen noch schnell ein Sieg über die Bolschewiken hinzugefügt werden konnte. Der französische Botschafter in Moskau hatte bereits Anfang 1919 vor der Kammer der Deputierten geprahlt, es sei ein leichtes, der Sowjetmacht den Garaus zu machen. Zwei französische Kriegsschiffe sollten von Sebastopol aus operieren. Aber anstatt zu schießen, wurde am Ostersonntag, dem 20. April 1919, die rote Fahne gehisst. Ein Signal. Wie in Petrograd, als die Matrosen der »Aurora« den Winterpalast angegriffen hatten. Diesmal wurde die rote Fahne gehisst, als Meuterei gegen die französischen Befehle und um den sowjetischen Bürgern den Frieden zu bringen. Ebenso hatte die Furcht vor einer Revolution in Deutschland ganz handfeste Gründe: Die Alliierten wussten, dass sie dann all ihre Reparationsforderungen umsonst gestellt hätten.

Seit Januar 1919 hatte die Pariser Presse ein striktes Verbot, über innenpolitische Vorgänge zu berichten. Die Zensur-Behörden verhängten jeden Tag Strafen. Die Innenpolitik befand sich im Kriegszustand, trotz des Waffenstillstandes mit Deutschland. So wurde auch die Mitteilung der Presse geahndet, dass der Bruder Clemenceaus Direktor einer Waffenfabrik war und am Krieg ungeheuer verdient hatte.

Es gab also genügend Gründe, den Fall Landru hochzuspielen, um »den beabsichtigten Effekt zu erreichen«. Ein Feuerchen wird angezündet, und alle schauen dorthin, während es an einer anderen Stelle tatsächlich brennt.

Ein besonderes Fundstück

Bei den Recherchen stieß ich auf einen weiteren Mosaikstein, der sehr gut ins Bild passt. In einer englischen Studie über die Friedensverhandlungen befand sich ein Auszug aus einem Polizei-Report der Pariser Polizei vom 14. April 1919. Darin heißt es:

Gerüchte besagen, daß Freunde und Unterstützer Clemenceaus erfreut wären, wenn die bürgerlichen Kreise in Panik geraten würden.

Ein solcher Geisteszustand könnte dem gegenwärtigen Kabinett nutzen. Je mehr Unsicherheit da sei, desto mehr würden sie nach einem starken Mann (un homme à poigne) an der Spitze der Regierung verlangen.

Was hat eine solche Aussage in einem Polizei-Report zu suchen? Immer dann, wenn sich ein Bild vervollständigt, sollte man innehalten, Abstand nehmen und sich überlegen, was man denn nun wirklich sieht.

Wer war Landru?

Henri-Desiree Landru wurde im April 1869 geboren. Sein Vater beging 1912 Selbstmord, angeblich in Sorge um seinen Sohn, der bereits mehrfach straffällig geworden war. Dabei hatte sein Leben einen sehr geregelten Anfang genommen: Klosterschule in der Rue Bretonvilliers, ein guter Schüler, der sich als Chorknabe und später als Messgehilfe auszeichnete. Er begann sich für die technische Laufbahn zu interessieren und wurde in einem Architekturbüro angestellt. Dort blieb er aber nicht lange, wechselte manchmal monatlich den Beruf, Buchhalter, Verkäufer … Dann verkaufte er Fahrräder, die ihm nicht gehörten.

Auf »seinem« Gebiet, der Heiratsschwindelei, machte er schon vor dem Ersten Weltkrieg Erfahrungen. Er schrieb Madame Izoré zärtliche Briefe und erleichterte sie dann um 10.000 Francs. Dieser Betrug brachte ihm, nachdem er bereits kürzere Strafen verbüßt hatte, zwei Jahre Gefängnis. Ein Garagenschwindel (wieder verkaufte er etwas, was ihm nicht gehörte) hätte ihn für vier weitere Jahre hinter Gitter verschwinden lassen, aber Landru tauchte im Juli 1914 unter. Einen Monat später begann der Erste Weltkrieg. Noch im späteren Prozess weist Staatsanwalt Godefroy darauf hin, dass Landru all seine Untaten nur deswegen so unbemerkt begehen konnte, weil sie »eine Folge des großen Dramas sind, das unser Vaterland erlitten hat, eine Folge der Geißel Krieg. Unsere Dienstleistungen waren durcheinander, unsere Polizei hatte genug damit zu tun, unsere äußeren und inneren Feinde zu verfolgen. Ein Verbrecher, so intelligent wie Landru, wußte diese Schwächen des Systems zu nutzen.« Im Krieg begann sein eigentliches Heirats-Verwirrspiel. Unter immer neuen Namen annoncierte er, verabredete sich mit alleinstehenden Frauen, deren Männer an der Front waren und schlich sich in ihr Vertrauen ein, um sie …

Hat er sie verschwinden lassen? Hat er sie ermordet? Hat er sie in seinem Ofen in der Villa in Gambais »in Rauch aufgehen« lassen? Indizien fand die Polizei nur unter großen Bemühungen. So folgte man zum Beispiel der Zeugenaussage einer Frau, die behauptete, sie hätte Landru eines Nachts gesehen, wie er ein großes Paket in den Teich von Bryère warf. Ganze 14 Tage verbrachte die polizeiliche Untersuchungskommission, begleitet von großem Presse-Echo, an diesem Teich – gefunden wurde nichts. »In dieser Zeit«, so vermutete später Landrus Verteidiger, »hat wer auch immer in der Villa Knochenreste und Blutspuren platzieren können.« Bei der ersten Hausdurchsuchung in der Villa war nämlich nichts dergleichen gefunden worden.

In zwei verschiedenen Quellen taucht ein Hinweis auf, dem ich längere Zeit gefolgt bin: Der ehemalige Garagenbesitzer, dem Landru seine Garage abschwindelte, sagte aus, daß sich Landru als Mitarbeiter des französischen Geheimdienstes vorstellte. Das ersparte ihm natürlich mancherlei Fragen, aber vielleicht war er tatsächlich Mitglied der Sûreté.

Seiner letzten Geliebten, Fernande Segret, mit der er bis zu seiner Verhaftung in der Rue Rochechouart 16 in Paris lebte, hatte er erzählt, dass er Weihnachten meist bei seinen Kameraden bei der Sûreté verbrachte.

Das wäre natürlich die Lösung: Jemand aus der mittleren Etage der Regierung erfährt von dem Begehren nach einem öffentlichen Skandal und leitet über die Drähte der Sûreté einen Skandal ein. Ein Mitglied des Geheimdienstes, bereits mehrfach in Gerichtsakten vermerkt, ist mal wieder geschnappt worden, also kann man mit ihm das Spiel spielen. Der Fall wird größer und größer. Aber das sind vorerst nur Spekulationen.

Nach dem Modell Landru, dem bewussten Aufbauschen eines Ablenkungsfalles, haben im Zeitalter der Massenmedien schon wiederholt Regierungen gehandelt. Heute nennt man das, ganz unscheinbar, Informationspolitik, was den eigentlichen Umgang mit Informationen eher beschönigt. Das tägliche Geschäft der Pressestellen wird gelegentlich aus dem Reservoir der Geheimdienste bereichert.

Am Ende – keine Spekulationen

Zurück zu dem, was der Clown Grock 1926 in Buenos Aires gesehen hat: Einen Mann, der eigentlich vier Jahre früher vor den Augen von ein paar Schaulustigen und Pressevertretern, die einen speziellen Ausweis beantragen mussten, hingerichtet worden war.

Wie soll der Austausch vor sich gegangen sein, wenn es sich nicht um eine mystische Wiedergeburt des Mörders Landru handelt? Wie viele Leute haben jemals davon erfahren? Warum hat niemand von ihnen das Schweigen gebrochen?

Immerhin wäre mit dieser Geschichte Geld zu verdienen gewesen. Am Ende bleiben mindestens ebenso viele Fragen, wie am Anfang gestellt werden konnten. Über all diese Spekulationen läßt sich wunderbar phantasieren.

Deswegen am Ende dieses Berichts, an Stelle von erneuten Spekulationen, ein Auszug aus dem Plädoyer des Rechtsanwalts, der neue Fragen aufwirft, Fragen, die weder in der Untersuchung des Falles, noch im Prozess geklärt wurden:

»Glauben Sie mir, wenn Landru diese Frauen getötet hätte, dann hätte man bei ihm nicht diese belastenden Notizbücher gefunden, nicht diese Möbel, nicht diese Kleidungsstücke. Kennen Sie nicht das Merkmal von Delinquenten, bei denen man eine solche Ansammlung von Personaldokumenten findet? Ich kenne welche. Es sind Frauenhändler. Händler mit menschlichem Fleisch. Eines ist sicher: Alle Frauen hatten mit ihren Familien gebrochen, alle kündigten ihre Abreise ins Ausland an. Nun haben Sie ein Augenmerk auf folgendes: Immer zwei Monate lang hat sich Landru bemüht, den Familien vorzugaukeln, die Frauen würden wieder auftauchen. Das ist genauso lange, wie man braucht, um nach Brasilien zu gelangen. So handelt ein Mann, der – im Einverständnis mit den Frauen — ihnen den Rückzug gedeckt hat. War Landru ein Frauenhändler, oder hat er mit solchen zusammengearbeitet?«

Drei Jahre und fast ein Fiasko

»Das sind doch nur Spekulationen, der Alberts soll sich entscheiden, ob der Landru es war oder nicht! Der Schluss des Romans muss geändert werden«, so wurde mir die Entscheidung des geschäftsführenden Verlegers W. vom Rowohlt-Verlag übermittelt. Der Lektor Hansgeorg Heepe und ich waren gleichermaßen entsetzt. Und so unterblieb – nach drei Jahren Arbeit am Manuskript – die Veröffentlichung im

Rowohlt-Verlag. (Als Rowohlt die Rechte meiner ersten historischen Romane kaufte, um sie als Taschenbuch herauszubringen, erschien auch *Landru* in dem Hamburger Verlag. Inzwischen hatte die Verlagsleitung gewechselt.)

Die Zusammenarbeit mit dem Cheflektor des Verlages in Reinbek verlief harmonisch. Er gab mir viele Hinweise, entwickelte gute Ideen zur Recherche und zur Vollendung des Manuskriptes. Wir trafen uns manchmal in Hamburg oder er kam nach Bremen. Immer brachte er die Arbeit voran. Als dann das Verdikt des Verlegers W. kam, schrieb er mir einen überaus traurigen Brief (er sollte nicht der letzte sein) und sagte, er könne verstehen, wenn ich nicht bereit sei, den Schluss des Romans zu ändern und deswegen keinen Wunsch mehr hege, *Landru* bei Rowohlt zu veröffentlichen. Ein Schock! Nach so vielen Jahren und dem Wunsch neben den inzwischen gut laufenden Krimis eine Reihe von historischen Romanen zu veröffentlichen. Themen fanden sich in meinem Ideen-Körbchen zur Genüge. Ich kopierte das Manuskript einige Male und begann mit der Verschickung. Es dauerte kaum 14 Tage, bis sich der Klett-Cotta Verlag meldete. Der Verleger Michael Klett rief an und fragte, ob das Manuskript noch zu haben sei. Klett-Cotta, was für eine Chance! Damals ein renommierter Literaturverlag. Klett sagte: »Ich habe das Manuskript angelesen und unserem Lektor Herrn Krege gegeben, der wird sich baldigst melden. Geben Sie uns ein, zwei Wochen Zeit.« Nichts lieber als das. Krege meldete sich nach einer Woche und sagte, wir wollen das Buch drucken. Schnell handelten wir einen Vorschuss aus, damals waren 15.000 DM eine nette Summe.

Und wieder hatte ich Glück. Von Heepe zu Krege scherzte ich. Auch dieser Lektor war äußerst wichtig für meinen Roman, er gab ihm den letzten Schliff.

Dann ging es Schlag auf Schlag. Eine Pressekampagne wurde gestartet, eine Lesereise zunächst durch die Schweiz, zehn Abende *en suite*. Klett-Cotta druckte eine Extra-Ausgabe des Berliner Tageblattes als Werbemaßnahme und machte *Landru* zum Spitzentitel. Immerhin feierte der Verlag sein 10-jähriges Jubiläum.

Bei den Lesungen konnte das Publikum wählen, ob es den Chabrol- oder den Chaplin-Film sehen wollte. Immer ein lustiges Demokratie-Spiel. (Damals entstand auch die Idee, Lesungen aus meinen Romane stets mit einer anderen künstlerischen Aktivität zu präsentieren.)

1988 – der Glauser für den besten Kriminalroman

Während eines Kongresses der *International Crime Writers Organization* in New York erfuhr ich, dass *Landru* den Glauser-Preis erhalten sollte. Ich bat den Kollegen, an meine Adresse im Sheraton Hotel ein Telegramm zu schicken, weil ich es nicht glauben konnte. Als zweiter Preisträger, nach dem Schweizer Sam Jaun, erhielt ich diese damals in Deutschlands wichtigste Auszeichnung auf dem Krimisektor.

Es wurde an jenem Tag in New York ein sehr langer Zug durch Kneipen, in denen irischer Whiskey ausgeschenkt wurde. Im Central Park machten wir am späten Nachmittag Rast, um das Tempo des Besäufnisses zu drosseln.

Zwei Kollegen, Uwe Friesel und Fred Breinersdorfer, sowie mein Freund und Lektor des Heyne-Verlages, Bernhard Matt und ich kamen erst sehr spät zurück ins Hotel und brauchten einen weiteren Tag, um wieder auf die Beine zu kommen.

Im Stuttgarter Verlag war man stolz, sich einen so jungen Preisträger eingefangen zu haben. Wann mit dem nächsten Buch zu rechnen sei? Das war schon in meinen Kopf entstanden … aber dazu später mehr.

Ich habe einige Jahre später für den *Secret Service* des Syndikats von der »merkwürdigen« Preisverleihung berichtet.

Ein lustiges Erlebnis? Na ja.

1988 bekam ich in Gladbeck den Glauser für meinen Roman »Landru. Geschichte eines Pariser Frauenmörders«. Eine kleine, feine Gesellschaft hatte sich eingefunden. Vielleicht vierzig, fünfzig Zuhörer.

Es begann damit, dass der Oberbürgermeister die Anwesenden begrüßte und sich auch nicht der launigen Bemerkung enthielt, er selber habe ja keine Zeit zu lesen, aber seine Frau, hahahaha, die lese gerne. Er sagte das so im Brustton der Mächtigen, dass es nicht unwidersprochen bleiben konnte.

Danach kam Peter Glotz, der SPD-Hüne, und hielt eine Laudatio. Was jedoch völlig verwunderlich war: Er sprach nicht über meinen Landru, sondern zunächst über den Kriminalroman als wichtige literarisch-gesellschaftspolitische Gattung, nix dagegen, und dann ausführlich über meinen Roman Das Kameradenschwein, Band 1 der Bremen-Polizei-Serie, ein Jahr zuvor erschienen. Ganz am Schluss erwähnte er auch das zu preisende Buch. Mit ein paar dürren Sätzen.

Dann war ich an der Reihe.

Bevor ich mit meiner Lesung begann, sagte ich nach einigen Dankesworten: »Herr Oberbürgermeister, mich entsetzt es doch ziemlich, dass Sie sich vor eine Versammlung von Schriftstellern trauen mit der Bemerkung, keine Zeit zum Lesen zu haben.« Schweigen im Saale. Auch kein Applaus der KollegInnen.

Dann kam die Lesung, später die Häppchen und dann ein giftiger Peter Glotz: »Das ist ja wohl eine Frechheit von Ihnen gewesen, den Oberbürgermeister so anzugehen, das ist ein verdienter Genosse der Partei.« Und wandte sich ab.

Kein Wunder, dass er mir nie den Text seiner Laudatio hat zukommen lassen.

Die Ehre, den Glauser gewonnen zu haben und (nicht zu verachten) der Koffer mit 10.000 Mark, haben diese kleine Verstimmung allerdings schnell vergessen lassen.

Zu den weiteren Publikationen und Übersetzungen

Durch die Vermittlung zweier Kollegen erschien *Landru* in einem Sonderdruck für die Gepa-Bank (10.000 Exemplare) und im Verlag Neues Leben, DDR (40.000) Exemplare – wie schon erwähnt im Rowohlt-Taschenbuchverlag und später im Steidl-Verlag. Insgesamt erreichte der Roman eine Auflage von 150.000 Exemplaren. (Was mir die Gelegenheit bot, mich ganz aus dem Fernsehgeschäft zurückzuziehen.)

Mit den Übersetzungen hatte ich weniger Glück. Eigentlich sollte *Landru* parallel in Deutschland und Frankreich erscheinen, aber daraus wurde nichts. Erst ein Jahr später kam er im Verlag *La Decouverte* heraus und wurde im *Salon du Livre* in Paris mit einer Veranstaltung präsentiert. Aber zu einem Erfolg wie in Deutschland wurde er nicht. Vielleicht weil ein deutscher Autor den Roman verfasst hatte?

Die spanische Übersetzung war derart fehlerhaft, dass ich die Veröffentlichung in der *Edicion Yucar* persönlich gestoppt habe. (Das Gesicht des Verlegers in Gijon werde ich nie vergessen. Er hatte vielen

Krimi-Autoren, die in der *Semana Negra,* dem weltgrößten Krimi-Festival, zusammenkamen, Verträge angeboten. So auch mir. Als ich einige meiner amerikanischen Kollegen Jahre später wieder traf, klagten sie über die miserablen Übersetzungen ihrer Bücher. Für die meisten war dies die erste und letzte Übersetzung in Spanische. Denn wer macht sich schon die Mühe, nochmal im Original nachzulesen ...)

Eine Bemerkung zu den unterbliebenen Verfilmungen. Es hat einige Anläufe gegeben, aus *Landru* ein Fernsehspiel zu machen oder sogar einen Kinofilm – ein renommierter Schauspieler soll Interesse gezeigt haben, Landru zu spielen – es gibt auch ein fertiges Drehbuch, das mein Freund und Kollege Trevor Griffiths für die BBC verfasst hat, aber auch dieses Vorhaben zerschlug sich. Ein Fernseh-Redakteur des ZDF sagte: »Der Roman kommt in mein Schatzkästchen, den verfilme ich, wenn ich im Sender eigene Entscheidungen treffen kann.« Er ist die Hierarchie-Leiter hinaufgestolpert, hat sich aber nie an dieses Versprechen erinnert.

Landru

Als Paul Block auf den Koffer sah, den er neben dem Doppelbett abgestellt hatte, wusste er, dass er sicher an einem falschen Ort angelangt war. Der Portier fragte ihn, ob er wirklich in diesem Hotel abzusteigen gedenke, und spielte damit auf seinen dunkelblauen Tweed-Anzug an, aber er wollte sich das »Crillon« nicht mehr leisten, nicht mehr dazugehören, nicht so tun, als habe sich nichts verändert, auch wenn er sich heimlich davongestohlen hatte, Gleisdreieck, Potsdamer Platz, Möckernbrücke, das lag jetzt alles hinter ihm, kam ihm vor wie ein anderer Kontinent, aus dem er nur diesen Koffer hatte mitbringen dürfen. Im schmierigen Spiegel über dem Waschbecken sah er aus wie ein unrasierter Urlauber, tiefe Ränder unter den Augen, er kühlte sich die Stirne und die Schläfen, Migräne-Anfall, der ihn seit der Gare du Nord quälte, ein Freund hatte ihm das »Esperia« empfohlen, er wollte es ausprobieren, in der Gewissheit, dass er wohl längere Zeit hier verbringen musste, längere Zeit, ist das ein Monat, zwei, wer kann das sagen, sie hatten sich alle verspekuliert, waren überrascht worden, wie von einem Sommerschauer, aber er war in Paris, seiner Lieblingsstadt, er hätte nirgends sonst hinfahren wollen, hier war er jemand, hier gab es Freunde, er versuchte sich auszurechnen, wie oft er bereits in dieser Stadt gelebt hatte, wenn er alles zusammenrechnete, mehr als ein Jahr, die Kollegen neideten es ihm, eine Ehre, unser Mann in Paris, so wenig Wert er anfangs darauf legte, aber immer wenn er keine Lust mehr hatte in der Redaktion festzusitzen, wie er das nannte, dann bat er Markwardt um Paris-Korrespondenz, argwöhnisch betrachtet von seinen Kollegen, die ihn deswegen einen Schleimer nannten, ein Schaf im Wolfspelz, hatte er zu Andrea gesagt, als sie ihn auf den Widerspruch zwischen seinem privilegierten Beruf und seiner kaum dazu passenden politischen Überzeugung ansprach. Wenn er im »Crillon« abstieg, das Feinste war gerade gut genug, dann war er der kosmopolitische Berichterstatter einer Zeitung von internationalem Ruf, dann hatte er das Auftreten jener, die er im geheimen, aber auch in Artikeln verspottete. Der Spiegel über dem Bett zeigte den Auswanderer Paul Block, unschlüssig, in der Entfernung stehend, die Weste aufgeknöpft, aber nicht bereit, den Koffer auszupacken, der fast jeden Tag neu gepackt worden war, er hatte Andrea gedrängt, dass der Koffer bereitstand, konnte kein Abreisedatum nennen, manche seiner Freunde waren gewarnt worden, er hatte davon gehört, wie ein unbezahltes Möbelstück hatte der Koffer in dem geräumigen Berliner Salon gestanden, an einigen Ecken konnte man Spuren sehen, diesmal war der Koffer unbeschädigt angekommen. Andrea sollte Block in der Redaktion ein paar Tage mit Migräne entschuldigen, wie üblich, Markwardt wusste dann schon Bescheid, später sollte sie sagen, er hätte sich zur Recherche einer brisanten Geschichte in den Süden des Reiches begeben, das genügte, um ihn für ein paar Wochen unauffindbar zu machen, bis Andrea die wichtigsten Sachen eingepackt hatte und mit Visum nach Paris kam, nächtelang hatten sie das so besprochen, leise, als seien die Lauscher bereits an der Wand, Paul Block hatte zu ihr gesagt: »Wenn einer Jude ist, dann weiß er, wann er das Land verlassen muss, das wissen wir seit mehr als tausend Jahren, deswegen der stechende Blick und die langen, krummen Nasen«, wie auf Urlaub war er ausgewandert, hinein in ein Hotelzimmer mit Blick auf die Place de la Bastille, und es war laut, wenn die Autos vorbeifuhren, er öffnete das Fenster, ein idealer Ort, um eine Ansprache zu halten, dachte er, an welches Volk?

Esperia, 21. 2. 1933

Seitdem ich auf dem Anhalter Bahnhof das 1. Klasse-Schlafwagen-Abteil betreten habe, denke ich an Andrea. Ich hätte sie nicht zurücklassen dürfen. Der SA-Mann, dem ich meinen Pass geben musste, grüßte mit dem völkischen Heil, ich murmelte etwas zurück, er blätterte kaum interessiert in der Fleppe. »Schreiben Sie was Gutes über uns!« sagte er zum Abschied, wieder den Führer heilend. Das kann ich ihm versprechen, ich war froh, als ich die ersten französischen Laute hörte. Die richtigen Klassenkämpfer sollten erster Klasse reisen in diesen Tagen, das nützt.

Wie spät ist es, dachte Paul Block, als es heftig an die Tür klopfte.

»Paul, Paul, open!«

Er zog sich eins von den gestärkten Oberhemden an, streifte die Anzughose über und drehte den Schlüssel.

Max.

Er zögerte. Sie vergewisserten sich, dass es keine Verwechslung war.

»Du hast dich kaum verändert«, sagte Block, während er sich die Zähne putzte.

»Du weißt nicht, wovon du redest, Paule«, erwiderte Max, der in seinem gefütterten Trenchcoat an der Tür stehengeblieben war. »Woher weißt du, dass ich in Paris bin?«

»Connections, war ganz einfach, ich bin die große Ohr vom Cirque, wenn die Leut wisse wollt, was sich passiert, haben sie mich gefragt. Max, der Ohr.«

»Das Ohr, Max.«

Auf jeden Fall hatte der Clown sein Esperanto nicht verlernt, in den letzten zehn Jahren, solange hatten sie sich nicht gesehen. Cirque d'Hiver, 1923. Grocks großer Erfolg mit seinem Partner Max.

Während Block sich anzog, erzählte Max eine wilde Geschichte aus dem Zug. Die ganze Nacht habe er nicht schlafen können, weil im Nebenabteil eine größere Orgie stattgefunden habe, mindestens drei Frauen und ein Mann, ein Gestöhne, ein Gejuchze. »Ich wär beinah noch selbst rubergegange, aber ich wollt kein Korb tragen.«

Max, der Spaßmacher, dem immer nur komische Sachen passierten.

»Das hast du geträumt, Max, drei Frauen und ein Mann, das ist ein Traum, aber ein gewaltiger. Im Zug.«

Paul Block nahm seinen Mantel auf den Arm.

»Nein, nein, das ist Reality, kein Geschicht, nackte Reality.«

Als sie die Treppen hinunterstiegen, fragte Block: »Spielt ihr wieder im d'Hiver? Das ist toll. Wird sicher ein Erfolg.«

Max stoppte auf der Treppe, dann ging er langsam weiter.

An der Rezeption fragte Block nach Post, aber es war kein Brief von Andrea gekommen. »Sie bleiben?« fragte der bleiche Besitzer. »Sicher«, erwiderte Block.

Dann gingen sie die Rue de Rivoli hinunter, sprachen miteinander, als hätten sie sich gestern erst getrennt. Vertraut auf eine Weise, die Block spürte wie ein Streicheln der Haut, wie eine andauernde Umarmung. Am Kiosk kaufte er sich die »Humanité«, Max sagte, er könne keine Zeitungen mehr lesen, sie seien zu niederschmetternd.

Es war ein warmer Morgen, viel zu warm für die Mäntel, aber die beiden Männer behielten sie an, als glaubten sie nicht recht an das Wetter.

Max sprach unaufhörlich.

»Wir spielten mal in Tivoli Hall, und ich spielte auf die Geige, das war in die sechste Woche von mein Engagement mit Grock, ich spielte mein Solo, und dann fängt das Publikum an zu lachen, ich dreh mich um, da sitzt Grock am Klavier, um mich, um mir zu begleiten, und er macht Grimassen mit dem Publikum, die haben sich gelacht, und ich denke, was ist los, hab ich meine Hose auf oder mein Hemd raus, das kann passieren, in der Mitte von mein Solo, ich hab eine Wut bekomme, ich schlag ihm mit die Bogen auf den Kopf, head. Naturalmente hat er ein Perück gehabt, aber eine weiche, hatte ihm natürlich wehgetan. Er zieht die ganze Deckel von der Klavier da raus und wollte mich verhauen. Ich lauf naturalemente in die Kulisse weg, kennst du ja, und komm zurück, er wieder am Klavier, Hut auf dem Kopf, head, ich sag ganz ruhig: darf man hier ein Concert geben mit die Hut auf, ja, sagt er, aber schlagen Sie mich nicht mehr. And in the end von die Nummer kommen wir in die Garderobe, ich gebe ihm mein Kündigung. Sagt er, in schlechtes Englisch, warum nach sechs Woche. Ja, sag ich, das brauch ich nicht, ich bin bekannt in London, als gute Geigenmann, hab immer mein Brot verdient, dass die Leute da lachen, hab ich nicht nötig. Nimmt er mir by die shoulder und sagt: Komm, Charly, das Musik ist sehr schön auf die Bühne, aber das Publikum muss lachen, die haben bezahlt für Lachen. Wenn wir fünfzig Lachen haben, dann ist unsere Nummer 50 Pfund wert.« Block kannte die Geschichte, aber er wollte Max nicht unterbrechen, wollte warten, bis er sich ausgeprustet hatte.

Als sie das Seine-Ufer erreicht hatten, sagte Block: »Wann fangt ihr an zu gastieren?«

Max blieb ein paar Schritte zurück, zog sich den Mantel aus, er war ins Schwitzen gekommen.

»Paris hat sich gechanged?« Max wischte sich die Tröpfchen von der Oberlippe.

»Ja, gechanged. Für mich auf jeden Fall, Max. Ich sitze im Hotel, laufe durch die Stadt, als würde ich sie zum ersten Mal sehen, lese viel, warte.«

»Worüber?«

»Auf Andrea, oder, dass ich wieder zurückkann, oder, was weiß ich denn.«

Auf dem hellen Wasser glitt ein langer Schlepper dahin.

»Wann kommt dein Partner, Max?« Block freute sich darauf, denn vielleicht war der Cirque jetzt genau das Richtige für ihn. Als sie sich Anfang der zwanziger Jahre kennengelernt hatten, war er fast jeden Abend in der Vorstellung gewesen.

»Er kommt …«, Max stockte.

»Was ist los, was hast du?«

»Er hat mir rausgesetzt.«

»Was? Grock?«

»Ich bin ein Jud, das ist jetzt schwierig in Deutschland, der Lolé, sein Schwager, spielt jetzt wieder mit ihm. Aus. It's over.« Paul Block glaubte, Tränen zu sehen, aber Max weinte nicht.

»Ich hab ein Haus in Genf, wenn du willst, du kannst kommen, jedezeit, ich geh erst nach Genf, you understand.«

Block hatte nicht gewusst, dass Max, den er immer für einen Engländer mit einem holländischen Namen gehalten hatte, ein englischer Jude war. Er drückte ihn an sich.

»Jetzt sind wir beide draußen.«

Max lachte, leise: »Draußen sein, hat man Möglichkeit wieder reinzugehen, wenn du drin bist, ist aus, kein Möglichkeit.« Und dann spielten sie am Seine-Ufer, neun Uhr morgens, das Entree der Nummer. Paul Block versuchte sich an den Text zu erinnern, die ersten Sätze, fragte nach einem Job als Musiker, zählte die Instrumente auf, die er spielen konnte, aber einen Trompeter brauchen Sie nicht, und manchmal, wenn die Antwort für den dummen August passte, dann sagte er:

»Ich bin ein Jud, mein Herr.«

Max spielte seinen Part, der große Geiger, der einen Begleiter sucht, sehr distinguiert, immer die Nase nach oben gerichtet, der serious man in der Nummer: »Schade, dass ich mein Geig nicht dabei hab.«

Sie ließen sich auf eine Bank fallen, um Luft zu schöpfen.

»Anfang war mir greulich, wie ein Überfall auf dem Kopf, dann war ich froh, weil immer die Spannung mit ihm, jetzt weiß nicht, mal sehen, vielleicht mach ich ein eigen Nummer.«

Block bat ihn, wenigstens ein paar Tage in Paris zu bleiben, sie könnten jeden Tag einmal die Zirkusnummer spielen, damit er nicht aus der Übung komme, zusammen würden sie bestimmt viel Spaß haben.

»Spaß kann ich brauche, Paule, viel Wirbel, viele Spaß.« Sie rannten los.

Drei Stunden später saßen sie im 20. Arrondissement in einem kleinen italienischen Restaurant »Bar da Pippo« und tranken Grappa.

»Es wird mir eine Freude sein«, sagte Paul Block, »wenn ich dir die Stadt zeigen kann. Ich kenne mich hier aus.«

»Ich auch, im Cirque.«

Eine Speisekarte gab es nicht, der Wirt zählte die Gerichte auf: Schweinefüßchen mit Erbsen, Schweinebauch in grüner Sauce, Schafskopf gegrillt à la mode Landru.

Block lachte: »Aber bitte ganz lange ziehen lassen.« Der Wirt notierte.

»Nein, nein«, Block schüttete Grappa nach, »bringen Sie uns zweimal doppelte Portionen Nudeln.«

»Grock hat ihn gesehen!« Max formulierte der ausgiebigen Zecherei zufolge sehr langsam.

»Wen?« fragte Block.

»Landru, den mit dem Schafskopf.« Max' Augen verdrehten sich.

»Ich hab ihn auch gesehen.«

»Wo? In Buenos Aires?«

»Nein«, erwiderte Block, »hier in Paris. Ich war sogar bei seiner Hinrichtung dabei.«

»In Buenos Aires?«

»Nein, in Paris, in Versailles. Salute!« Block hob sein Glas.

»Der ist doch gar nicht hingerichtet worden. Grock hat ihn gesehen, in Buenos Aires.«

»Kann er gar nicht, wann denn?«

Paul Block spielte mit, hoffte auf einen Lacher und ließ Max spinnen.

»In Buenos Aires.«

»Nicht in Paris.«

»Nein, in Buenos Aires.«

»Warst du dabei, Max?«

»Nein, da war Grock mit Allary. Bestimmt, er hat das schon häufiger erzählt. Landru war in Buenos Aires, you understand. Schafskopf!«

Paul Block fragte: »Und wann war das?«

»Das weiß ich nicht, vor ein paar Jahre, vielleicht 25, 26, da ware die in Südamerika, beide, on tour, und Grock hat den Landru da gesehen.«

»Und der Kopf saß noch auf den Schultern? Oder besser, wieder auf den Schultern, denn bereits 22 ist er guillotiniert worden.«

»Haben sie dann wieder aufgeleimt, you understand.«

»Quatsch«, Block stieß sein Glas mit der Hand um, »aber eine schöne Geschichte, nur kein Reality.«

»Vielleicht, may be.«

Das Essen kam. Es war höchste Zeit, den Suff zu stoppen. Block fixierte Max, dessen Clownsmund breit genug war, um Gabel und Löffel gleichzeitig aufzunehmen.

»Ich hab Landru im Prozess gesehen, hab zufällig darüber berichtet, und ein paar Monate später hat man ihm den Kopf heruntergeholt. Ich war ein bisschen spät, aber als das Beil fiel, war ich da. Ein scharfer Schnitt, hinein in den frühen Morgen.«

»Und meine Partner war in Buenos Aires, da saß Landru am Tisch mit die Spitzen der Gesellschaft, Bankett für dem großen Clown. Warum sollte Grock lugen?«

Für einen Moment war ein Missverständnis zwischen ihnen, als sei der Sugo der Nudeln zu scharf gewürzt.

»Glaubst du es denn?« fragte Block.

»Vielleicht, may be«, erwiderte Max, »er hat viele Geschichten erzählt, die stimmten. Ich war oft dabei.«

»Aber nicht in Buenos Aires.«

Der Wirt kam an den Tisch, er hatte die grüne Karaffe nachgefüllt, Block legte die Hand über sein Glas.

»Lassen wir ihn entscheiden, Max?«

Der Clown nickte.

»Signore Pippo, lebt Landru oder ist er tot?« Block zog ein Geldstück aus der Tasche.

»Er ist tot.«

»In Buenos Aires lebt er noch.« Max ließ sich nicht beirren. Block warf das Geldstück: »Kopf, siehst du, das heißt, er ist tot.«

»Sicuro«, sagte der Wirt, der schnell die Rechnung präsentierte.

Als sie das Restaurant verließen, waren sie beide so betrunken, dass sie sich gegenseitig stützen mussten.

Ihre Mäntel hingen an der Garderobe.

Café du Dome, I. März 1933

Sie zündeln. Das Feuer, weithin sichtbar, um die Feinde mit Haut und Haar zu verbrennen. Der Feuerschein reicht bis über die Grenzen. Sie sind zu allem bereit. Seht her, wir zünden unseren eigenen Reichstag an, das ist uns die Sache wert, um die roten Ratten aus ihren Löchern zu holen. In vier Tagen ist Wahl. Lange kann das nicht dauern, wenn man jetzt schon zum Feuer greifen muss. Diese Luft konnte ich nicht mehr atmen, der Schwelbrand kann zu Erstickungen führen.

Kaum eine Nacht hatte Paul Block durchgeschlafen, mal war es zwei, mal drei, dann wieder fünf Uhr morgens, und er brauchte sehr lange, bis er wieder in den Schlaf fand, er saß im durchgelegenen Doppelbett und versuchte seine Gedanken zu verscheuchen, immer wieder die Bilder von Andrea, Anhalter Bahnhof, die gemeinsamen Ausflüge, ihr Lachen, das sich oft zu einer Grimasse verwandelte, der Schmerz, hilflos wanderte er am Tage durch die Stadt, um dann voller Energie im Hotelzimmer nichts zu tun, immer größere Entfernung zu all denen, die mit ihren jammervollen Geschichten in den Cafés zu renommieren suchten, das Leid, das Jammern, sicher, er hatte keine finanziellen Sorgen, solange Andrea ihn unterstützte, aber deswegen in Paris mit leichenbittrer Miene zu sitzen, er konnte dieses Leben nicht ertragen, freute sich, dass sein Französisch so gut war, dass er sich durchaus als Franzose ausgeben konnte, einmal hatte ihn sogar jemand wiedererkannt, mit dem er partout nicht reden wollte, Block erwiderte auf Französisch, dass es sich wohl um eine Verwechslung handeln müsste, die Nachrichten aus dem Reich waren heißes Blei, das im kalten Wasser zu giftigen Formen ausfällt, es wäre sicher eine Aufgabe gewesen, dagegen anzuschreiben, aber es hätte sein Leben gekostet, und Block war kein Märtyrer, keiner von denen, die hocherhobenen Hauptes ins Zuchthaus gingen und gestärkt wieder herauskamen, keiner von denen, die behaupteten, dass ein politischer Journalist mindestens einmal hinter Gittern gesessen haben müsste, die Nächte waren grausam, die Traumbilder mit offenen Augen, die irrigen Vorstellungen von Ereignissen, die ihn betrafen, gut, die Wohnung im Grunewald, die kann ich abschreiben, kein Problem, den Wagen wird Andrea mitbringen, schade um die schöne Bücherei, aber dafür wird in Paris sowieso kein Platz sein, gute Anzüge kann man auch hier kaufen, dann fiel ihm der verrückte Ernst von Kammer ein, der über die grüne Grenze vom Saarland gekommen war, sein fertiges Manuskript in die Hose eingenäht, in Paris trennte er die Nähte auf, warf die Hose weg, falsch, er hätte sie behalten sollen, denn sein Manuskript will im Exil niemand haben, ich musste ihm Geld geben, ein Hallodri, die Nächte waren lang, auch wenn er durch spätes Einschlafen versuchte sie so kurz wie möglich zu halten, denn wachte er nach wenigen Stunden Schlaf auf, musste er sich darauf einstellen stundenlang wachzuliegen, an einem Tag war er in der Bibliothéque Nationale gewesen, hatte geschmökert, hatte nach Leidensgenossen gesucht, fand ein Buch von Jakob Grimm, der im Dezember 1837 die Grenze Hannovers überschritt, des Landes verwiesen, eine alte hessische Bauersfrau begrüßte ihn und sagte zu ihrem Enkelkind: »Gib dem Mann die Hand, er ist ein Flüchtling!« Block hatte zwar Freunde gesehen, aber nicht Max, der schon in Genf war, die Nächte waren schlimmer als die Tage. Diese Geschichte von Landru ging ihm nicht aus dem Kopf, warum erzählte Max solchen Unsinn, warum brüstete sich Grock mit diesem Lügenmärchen, hatte der bestbezahlte Clown der Welt es nötig, so etwas zu erfinden, um sich wichtig zu machen, war es Eitelkeit oder bloß Lust an einer merkwürdigen Phantasie, wer hat schon mal einen Wiederauferstandenen gesehen, und gerade Landru, sein Gesicht wie eine bärtige Billardkugel, wie er im Prozess saß, schwieg, kapriziöse Bemerkungen machte, stets die Morde an Frauen verneinte, stets galant, ein Gentleman-Mörder, ein Frauenheld, der seinerseits die Motten anzog, angeschwärmt, angehimmelt noch während des Todesurteilsspruchs, ein Schlächter, der kein Blut an den Fingern hatte, Paul Block war er immer wie ein nobler Nachbar vorgekommen, dem niemand solche Taten zutrauen würde, nie im Leben, warum sollte man den laufen lassen, die Nächte waren bösartig, weil sie entleerten Tagen folgten, kraftlosen

Tagen, für die sie sich rächten, Block telegrafierte fast täglich nach Berlin, dass Andrea nun endlich kommen sollte, aber sie hielt sich bedeckt, immer wieder gab es Gründe, die Abreise zu verschieben, immer wieder gab es Mitteilungen, sie könne morgen reisen, Visum vorhanden, aber sie kam nicht. Die Nächte.

Keplers Traum (1989)

Fangen wir mit dem Ende an. Über 30 Lesungen in deutschen Planetarien, häufig begleitet von Sternen- und Mondshows, einmal sogar unterstützt von einem Trompeter, der frei improvisierte, als ich den »Sonnensturz« las.

Am Schluss der Tournee ereignete sich etwas, was sich mir tief eingeprägt hat: Fest gebucht war eine Lesung im Planetarium des Verkehrshauses Luzern. Marita und ich verbanden mit der Reise einen Besuch bei Bekannten in der Nähe von Klosters. Einen Tag vor der Lesung erreichte mich ein Anruf aus dem Verlag, die Lesung sei storniert worden. Ohne Angabe von Gründen. Etwas angesäuert rief ich dort an, um zu erfahren, dass der Direktor des Verkehrshauses meine Lesung abgesagt habe, weil an diesem Abend eine weitere Veranstaltung stattfinden werde. Schlechtes Timing, dachte ich. Und fragte, ob die auch im Planetarium sein solle. Nein, nein, bekam ich zu hören, die ist im großen Vortragssaal. Um was es sich dann handeln würde, fragte ich, immer noch in der Hoffnung, einen Kompromiss finden zu können. »Der bekannte Schweizer Künstler Hans Erni wird an diesem Abend von ihm gestaltete Wein-Etiketten signieren. Da möchte der Direktor keine Konkurrenz in seinem Hause haben«. So erfuhr ich, was wirklich von Bedeutung ist, auf jeden Fall hat das Signieren von Wein-Etiketten Vorrang. *No doubt about it.*

Nach dem großen Erfolg von *Landru* erhofften sich die Vertreter des Verlages Klett-Cotta nun wieder so einen Seller. *More of the same,* so lautet ja nicht nur in Hollywood die Devise. Sie gaben sich enttäuscht und ließen verlauten, dass nichts Spektakuläres in diesem Roman sei. Was ich nicht verstehen konnte, immerhin war mein Fund, der erste deutsche Science-Fiction und dann auch von Johannes Kepler schon eine Nachricht auf dem Buchmarkt wert. Was sowohl mein Lektor Wolfgang Krege als auch die ersten Rezensionen bestätigten. Aber wenn sich Buchvertreter entschlossen haben, einem Buch bei ihrer Reise durch die Buchhandlungen keine besondere Aufmerksamkeit zu widmen, hat der Autor keine Chance, daran etwas zu ändern. Da helfen auch keine 30 Lesungen oder ein paar Rundfunk-Interviews. (Bei *Landru* waren es ein halbes Dutzend Fernsehbeiträge in Literatursendungen und anderen Magazinen.) So blieb das Buch, das mich fast meine Vernunft gekostet hat, nur unter ferner liefen im Herbst 1989. (Was natürlich Auswirkungen auf meinen Verbleib im Hause Klett-Cotta haben sollte.)

Der Fund, den ich gerade erwähnte, geschah schon ein paar Jahre früher. Und zwar in der Unibibliothek Tübingen, wo ich einen »treuen« Fan hatte. Er kannte meinen Erstling, war Mitglied der Jury für den Tübinger Literaturpreis der Universität gewesen, in der neben Walter Jens auch ich saß, verfolgte meinen Weg und fragte immer wieder nach, was ich so zu schreiben gedenke. Eines Tages gab er mir die lateinische Ausgabe von Keplers *Reise zum Mond* und fügte hinzu, ich solle mir nicht die Mühe machen, den Text zu übersetzen. Wenn mich das Thema interessiere, werde er mir über die Uni-Fernleihe die einzige deutsche Übersetzung vom Ende des 19. Jahrhunderts besorgen. Ich hatte Interesse, bekam das Buch, kopierte es und dann verschwand der Stoff in meinem Ideen-Körbchen. Jahrelang habe ich nicht mehr daran gedacht. Nur beim Übertrag meiner Projekte auf eine neue Din-A4-Seite erinnerte ich mich daran. Mitte der 80er Jahre, als ich entschlossen war, hauptsächlich Romane zu schreiben, begann ich mit der Recherche. Astronomie, Astrologie, Kepler, sein Text von der Mondreise – und dann ging plötzlich etwas zusammen: die ausgedehnte Recherche zu einem ZDF-Filmprojekt über den deutschen Adel. Sechs Mal eine Stunde waren geplant, 3 Millionen Produktionskosten, über 35 Adelshäuser habe ich aufgesucht. Daraus entstand ein 50-seitiges Exposé für die Hauptabteilung Dokumentation. Anhand von sechs Familien wollte ich deutsche Geschichte aus dem Blickwinkel des Adels darstellen. Fast das ganze Jahr 1986 arbeitete ich an der Recherche und sammelte Erfahrungen im Umgang mit Fürsten und Grafen, Herzögen und Prinzessinnen. Während ich die Auswahl traf, welche Familie pro Folge porträtiert werden sollte, fand ich den Plot für *Keplers Traum.* 1930 zum 300-sten Todestag von Johannes Kepler bestellt ein Fürst in Regensburg eine Rede bei einem jüdischen Dozenten, der im Vorgriff auf die kommende Zeitenwende vom Rektor der Universität Erlangen geschasst worden ist.

Im Verlag Klett-Cotta war der Zuspruch zu meinem Romanthema groß. Zumal bekannt war, dass ich direkte Anschauung für einen meiner adligen Protagonisten erworben hatte.

Dass Kepler für Wallenstein astrologische Gutachten erstellen musste, von denen er später nichts mehr hielt, sondern sich lieber um seine astronomischen Forschungen kümmern wollte, war gewiss auch mein Thema. Das immer schwierige Verhältnis von Auftraggebern und abhängigen Wissenschaftlern und Künstlern konnte ich in dem Roman thematisieren.

Warum aus dem ZDF-Projekt nichts wurde, wie ein Prozess am Ende der Zusammenarbeit mit dem Mainzer Sender stand, wie dann doch noch drei Folgen mit unserem Material geschnitten und zu Weihnachten gesendet wurden … all das würde hier zu weit führen.

Zurück zu *Keplers Traum.* Wie schon erwähnt, hätte mich die Niederschrift fast um den Verstand gebracht. Mein Lektor Wolfgang Krege riet mir, den Text zu beenden. Drei Tage haben wir in seinem Stuttgarter Redaktionsstübchen unterm Dach zusammen gesessen, dann war ich froh, endlich das Manuskript abgeben zu können.

Was war geschehen? Es waren die Geschwindigkeiten, insgesamt elf verschiedene Geschwindigkeiten, Drehungen, Verschiebungen im Universum, die mich in Bann schlugen.

Konkrete Frage: Warum spüren wir nichts davon, dass sich die Erde in 24 Stunden um sich selbst dreht. 40.000 Kilometer pro 24 Stunden, das macht eine Geschwindigkeit von 1666,66 km/h. (Ich hab mal in einem Flieger von Kanada nach England die Anzeige gesehen: 1000 km/h. Aufgrund des heftigen Rückenwindes kam dieses Tempo zustande.) Aber wir spüren die Erdumdrehung nicht. Auch die 600 Millionen Kilometer, um die sich die Erde Jahr für Jahr durchs Universum schiebt. Undundund …

Je länger ich mich damit befasste, desto mehr ergriff mich der kosmische Schwindel, wie ich ihn genannt habe. Meine Hauptfigur, der Dozent Arnold Seidenschwarz, weiß davon zu klagen.

Eines wurde mir in diesem Zusammenhang klar: Wir sind wahre Könner auf dem Gebiet der Verdrängung. Schon dies kleine Beispiel, das ich gerade genannt habe, mag dafür herhalten.

Die Niederschrift des Romans, für den ich in Regensburger Archiven gestöbert habe, bereitete mir großen Spaß, weil ich mich in die Figuren verliebt hatte. Nicht nur in den Privatdozenten Seidenschwarz, sondern auch in den Hutmacher Rafael Federl, der angesichts der sich abzeichnenden schlimmen Verhältnisse sich entschlossen hat zu schweigen,

Als kleine Kostprobe habe ich das letzte Kapitel des Romans ausgewählt. (Dieser Text entstand unter Zuhilfenahme von halluzinogenen Ingredienzen und der Musik der Rockgruppe Deep Purple*: River deep Mountain high.* In einer einzigen Nachtsitzung auf Band gesprochen und dann am nächsten Tag zu Papier gebracht.) Die hier abgedruckte Fassung ist eine spätere Publikation in der Anthologie *Regensburger Requiem*, herausgegeben von Barbara Krohn im KBV-Verlag.

Der Sonnensturz. Eine Variation

VORGESCHICHTE

Der jüdische Privatdozent Arnold Seidenschwarz wird 1930 vom Rektor der Universität Erlangen entlassen. Am gleichen Tag erhält er den Auftrag, für einen Unbekannten eine Rede zum 300sten Todestag von Johannes Kepler zu verfassen. Ein lukrativer Auftrag, gewiss. Seidenschwarz, der wenig Ahnung von astronomischen Erkenntnissen hat, muss sich lange einarbeiten und stößt auf einen seltenen Fund: Keplers »Traum vom Mond«, ein posthum veröffentlichtes Werk, das mit Fug und Recht der erste deutsche Scienti-Fiction genannt werden kann – eine Bezeichnung, die damals in Amerika üblich war.

Nach mehreren Versuchen gelingt es dem Privatdozenten herauszufinden, wer die Rede in Auftrag gegeben hat. Es ist der omnipotente Fürst in Regensburg. Bei mehreren Treffen zwischen beiden kommt es zu immer heftigeren Auseinandersetzungen: Der Fürst möchte eine der Zeit gemäße »deutsche« Rede, die Kepler über Galilei stellt, Seidenschwarz will die Abhängigkeit des großen Wissenschaftlers von Fürsten, speziell von Wallenstein, herausstellen. Der Feldherr hatte Kepler immer wieder gedungen, ihm aus den Sternen sein Schicksal zu lesen. »Der Traum vom Mond« könnte ein Kompromiss sein, aber der Fürst lässt den Privatdozenten des Schlosses verweisen.

Seidenschwarz ist wütend und tief enttäuscht, sinnt auf Rache.

Er betrinkt sich überaus heftig und macht sich auf den Weg, nicht ahnend, dass dies sein letzter Gang sein wird.

Leichenreden

Ich muss etwas essen, dachte er, und kehrte im nächsten Gasthaus ein. Bestellte Schweinsbraten mit Knödel, Weichser Radi, der fächrig geschnitten und gesalzen wurde, damit er weinte, bestellte Kipferl und aß alles mit großem Heißhunger auf. Zum Schluss verschlang er zwei Paar Knackwürste.

Derart gestärkt machte er sich auf den Weg zur Walhalla. Warum zum Fürsten laufen, wenn er seine Rede in der deutschen Ehrenhalle selbst aufsagen kann? Vielleicht redet er mir drein, dachte er, der Fürst, der immer dreinredet, weil er eine große Gabe dazu hat.

Er überquerte die Donau. Die steinerne Brücke, quer zum rötlichen Donaustrom. Das Brückenmännchen sprang von seinem Sockel, flüsterte ihm Geheimnisse ins Ohr und tanzte ihm ein Stück des Wegs voraus.

Durch Stadtamhof ging er, wo er sich als jungem Mann begegnete, und fragte sich, wie er am besten hinaufkäme zum Pantheon von König Ludwig I. Und er antwortete sich mit lauter Fragezeichen, denn der junge Seidenschwarz war niemals dort gewesen. Hier irgendwo muss ich gewohnt haben, dachte er, jetzt ist alles unter Wasser. Rotgiftiges Wasser.

Er passierte Weichs und lief dann einfach am Strom längs, ihn ängstlich beobachtend, weil er nach den Passanten schnappte.

Ich werde zu spät kommen, warum hab ich keine Droschke genommen. Verzeiht mir, Ihr Eminenzen, Spektabilitäten, verzeiht mir, daß ich so betrunken und verschwitzt bin und auch noch zu spät komme. Aber ich renne ja schon.

In Schnabelweis verließ er den Fluss und marschierte in Richtung Tegernheim.

Zwei Bäume zeigten ihm den Weg.

»Immer bergan, da können'S nie nicht verfehlen«, sagte die Erle.

»So, hinauf zum Luggi wollt Ihr, gnädger Herr, müsst ganz brav euch ranhalten«, meinte die Kiefer.

Seidenschwarz bedankte sich höflich.

Es dauerte noch zwei Stunden, bis er nach Griechenland kam. Die Walhalla im letzten Abendlicht, die Ruhmeshalle.

»Gegrüßt seiest du, Akropolis«, rief er aus.

»Wir schließen bald«, sagte der Kustos. »Sie müssen sich schon beeilen, wenn Sie noch einen Rundgang machen wollen.« Der Kustos war eine Tanne mit spitzem Wipfel, schwer das Alter zu schätzen.

»Bin ich zu spät?«, fragte Seidenschwarz.

»Ja, schon. Aber wenn Sie die ganze Strecke gelaufen sind, wie ich sehe, dann will ich eine Ausnahme machen. Nur für Sie.«

Dann stand er in dem hohen Saal. Im bläulichen Licht. Die weißen Büsten unterhielten sich. Ganz angenehm. Da schwatzte Beethoven mit Kopernikus, Schiller fluchte über Goethe, der seinerseits mit Invektiven nicht sparte, da quasselten Henlein und Schickart, und auch die Könige und Kaiser palaverten, während andere nur zuhörten.

»Wo ist denn unser Kepler?«, fragte Seidenschwarz.

»Ach, den suchen Sie! Dort, wenn Sie dorthin schauen wollen.«

»Grüß Gott, geliebter Johannes, jetzt bin ich endlich angekommen. Ich weiß, ein bisschen spät, aber hier bin ich.«

Der Kustos bat ihn, nicht so laut zu reden.

»Aber die sprechen doch auch alle miteinander. Hören Sie das denn nicht?«

»Doch, doch, ich höre es auch«, wehrte der Kustos ab.

Seidenschwarz zog seine Rede aus der inneren Jackentasche.

»Ich will Ihnen etwas verraten«. Der Kustos sprach Tannenzapfen. »Das ist gar nicht Kepler, das ist ein ganz anderer.«

Seidenschwarz krauste die Stirn und drehte sich um.

»Das ist eine Büste vom Schöpf, die hat das bayrische Kultusministerium bestellt, weil sie die erste Büste nicht für echt hielten. Der Schöpf hat sie gefertigt nach einem Bilde, das in Regensburg aufgefunden wurde. Und alle glaubten, es zeige den Kepler.«

Der Kustos lachte. Der Wipfel schwankte.

»Diese Büste zeigt den Herzog Ludwig X. von Bayern-Landshut. Ein gänzlicher anderer Mensch. Der Kepler war ja klein, zierlich, schmächtig von Statur und gelenkig und sieht dem da oben nicht im Mindesten ähnlich.«

Seidenschwarz nahm seinen Blick von der Büste. Die Tanne sprach weiter: »Ich hab's ein paar Mal schon erwähnt, weil diese Falschheit eingeweihten Kreisen auch bekannt ist, und nächstens die Feiern hier stattfinden sollen, dann…«

Der Kustos scheuchte eine Schwalbe weg, die sich in der Walhalla niedergelassen hatte. Ein schwarzer, immer größer werdender Vogel mit mächtigen Schwingen, der von Kopf zu Kopf flog und mit lautem Krächzen die Namen der Berühmtheiten rief.

»Aber sie hören ja nicht auf mich, keiner, der sich darum schert, sie werden vor der Büste eines Bayernherzogs ein Gedenken halten, nicht vor einer Büste Keplers. Ich hab meine Besorgnis schon schriftlich eingereicht, aber bis zum heutigen Tage keine Antwort nicht erhalten.«

Da bin ich ja völlig umsonst gekommen, dachte Seidenschwarz niedergeschlagen, was soll ich vor einer Herzogsbüste meine Rede halten, das hat keinen Sinn.

Das Licht, das durch die hohen Fenster fiel, mit bläulichen Gasen vermischt, Qualm aus tausend Pfeifen, ein sprudelndes Blauweiß.

Jetzt waren alle Köpfe still. Die Denker schwiegen. Die Musiker dachten. Die Dichter... Die Uhrmacher hielten die Zeit an.

Nicht einer lachte.

Wie es sich bei einer Totenfeier geziemte.

Nur Kopernikus quatschte dazwischen: »Ich weeß nich, ich weeß nich, verehrter Herr Kolleje, da steht eener uff Ihrem anjestammten Platze.«

Seidenschwarz dankte dem Kustos und verließ das Mausoleum.

Die Nacht war gekommen.

Im Rausch fliegt sich's gänzlich ungehemmt

Sturzbachtal. Weltsturznacht. Sonnensturz.

Wie eine alte Steintür schabt auf steinigem Grund. Wie ein lichtes Grau aufschießt und ins Blauschwarze taumelt. Wie ein Händedruck zum Erwürgen führt. Wie aus dem süßesten Süßpudding stinkender Urin spritzt.

Er nimmt Bewegung auf.

Sie nimmt Bewegung auf.

Es nimmt Bewegung auf.

Und dreht sich an und schiebt sich los und rell-rollt sich rum mit kreiselnder Kraft sich drehend, Kreiselweis kreiselwärts.

Geschwindig

Aufkommt der Sturm, der Orkan bricht auf

Dann dreht sich rasend, bis irgendwann der Faden reißt, die Fuge bricht, die Faser platzt, die Ader knackt

und dreht sich in rasenderem Rasen, bis irgendwann die Schnalle springt

die Schnüre reißen

und irdend

die Erde

entfleucht.

Herr Einstein, die Erde ist aus ihrer Bahn!

Er gähnt.

Herr Einstein, die Erde hat ihr System verlassen.

Er gönnt sich was.

Herr Einstein, wir fliegen davon!

Er: Hab ein kleines Nickerchen gemacht, rufen Sie in einer halben Stunde wieder an. Legt auf.

Mit rasendem Moment die Ellipse verlassen, das lächerliche Gesetz der Gravitation der Planetenbahn, der festgefügten mit zwei Brennpunkten, die Bahn der Bahnen der Bahnen Bahn, und schießt hinaus ins Weltall.

Zur Sonne hin, die heller strahlt und mit jeder Millisekunde und heller und größer wird und heißer und heller und größer und heißer und heller und heller und ihren Rachen aufreißt mit Millionen Grad und heißer und heller und weiß

bis

die Köpfe verschwinden in der Kanalisation, dem unterirdischen System der Städte, der glitschigen Bahn des Morasts, die Abwässer nehmen die Köpfe auf und wässern sie gut und spülen sie weiter und weiter, bis sie in Straßendeckeln stecken. Die Straße hat Augen. Die Nase gewalzt. Und Köpfe rollen rallen rollen rillen. In den Sand Dreck Schlamm Schleim, verstopft und verbittert.

Herr Einstein, sind Sie jetzt wach?

Er gähnt ein wenig.

Herr Einstein, wir brauchen Sie dringend!

Er lässt sich eine Minute Zeit.

Herr Einstein, wo bleiben die Berechnungen?

Er sagt: Auf welcher Grundlage?

Und schläft noch eine Portion.

Warum soll man es aufhalten, warum aufhalten denn nur, warum denn überhaupt aufhalten, und wer?

Seidenschwarz lag auf dem Boden, die Augen ganz starr und stirr, die Sterne über ihm und im Kopf

den Sonnensturz.

Jetzt holten ihn die Geschwindigkeiten ein, nicht die trödelnden Zugfahrten, das gemütliche Bergsteigen, das sanfte Radeln, die Geschwindigkeiten seiner eigenen Zellen

sondern die Drehungen, Kehrungen, Kreisungen auf der Ellipse im Ritt der tatsächlichen Geschwindigkeiten, mit denen die Erde stets durchs Weltall rast – elf Geschwindigkeiten, von Menschen nicht zu spüren oder sie werden verrückt – vierzigtausend Kilometer in vierundzwanzig Stunden und niemand bekommt das mit?

Nun brachten sie ihn um den Verstand, mit einem Mal war es tausendmal schneller herumgerast,

hatte ihn stolpern lassen,

ein, zwei Meter,

die Augen ganz starr und storr, und ihm Kopf der Sonnensturz.

Über allen Wipfeln

spürest du ein Gebraus

hindurch zwischen Riesenplaneten, die eine schmale Schlucht lassen, die langsamer drehend, viel langsamer langsamst die Schlucht

und Augen zu

im Dunkel einer Achterbahn Zwölferbahn Hunderterbahn Neunzehnhundertdreißigerbahn

und Augen zu

Gegenlicht der Blitze

die ferne Hügel zeigen, die graublaue Planetennacht und schießen hindurch mit Donnern von vier Schlägen los

ins nächste Universum.

Herr Einstein, was ist nun, wie sehn Sie die Lage?

Er lacht ein wenig: Sehr spannend!

Herr Einstein, ist das jetzt das Ende unseres Planeten?

Er lacht heftiger: Schon möglich!

Ja, was denn?

Er zeigt seine Zunge.

Hinein in ein helles Universum, wo alles glitzert und strahlt und spitzt und alles ganz grell ist und glitzt, ein weißes Universum, leicht Weiß, leicht hörbar, leicht lesbares Weiß, das ist das nächste, was dahinter liegt, was niemand wusste, dass unser dunkles Universum nur der schmale Schatten ist des weißen Universums.

Und ohne Angst, fast wie geweißt.

Er flog. Endlich die Zeit gekommen, dass er hinaufflog, bereit, sanfte Passagen im Wind, tänzelnd im Sog.

Auf einer Fontäne hernauf wie ein Korbball, wie ein All, wie ein Korb für die Erde, wo ist jetzt ein Korb? Der sie auffängt und bremst in ihrem Sturze urze gepurze. Ein Glühwind ohne Angst, ein Glüh.

So rollt jetzt und rast sich und blast fort und skanst off,

was sich noch angezurret hatte.

Wenn man denn fragt,

ob das Licht des Mondes

die Humores vermehren könnt,
da gibt es nur eine Antwort:
Die sind ein Wunderwerk.
Schreibt Johannes Kepler:
Es ist ein Fehler
wenn es heißt
die Humores vermehren sich mit dem Licht des Mondes,
sondern
man
muss
das Leben
darzu setzen.

Denn auch ein Fass, das bei Neumond mit Wasser gefüllt wird, läuft bei Vollmond nicht über.

Eine Mondfinsternis, mind darkness, wird als Zeichen sein, wer da gegangen ist, wer entschlafen und niemals nicht schlief, ein Lachen der Sterne, die lachten und knurzten, das ist ein Mann, der uns beachtete, jajaja, ein Sternenmann, der soll nicht sterben wie der Sternenmann Kepler, der steige auf, komm herauf zu den Sternen, die du mehr geliebt hast als deine törichten Herren, denen du allweil Unterwürfigkeit bezeugen musstest,

der Sternenmann ist verloren, rufen diese,
nein, er ist gerettet,
und deswegen die Mundfinsternis,
damit ein Schweigen ist.

Sie rasten hinein
ins Welt-Allmetall
des zweiten Universums,
ins Weltmetall
im Staub sich verfestigt
im All
der Staub vom grünen Universum, roten,
dann Ocker
der sich verhärtet
und fräst eine Rinne hinein
und schrammt
und rammt

und ra –
Der eigentliche Mittelpunkt
heißt einfach Mitte.
Rechts vom Zentrum.
Ein Atemzug, dann zerbricht er,
die Knochen gebrochen, verkocht,
fliegt federnd hinweg,
der Faktenmelker,
hinüber ins Licht
der Modelllandmann
frei ins Melodieren
der Mondträumling
und Keplerianer
Ahner.

Nachspiel: Die Lebenden mahnen die Toten

Die Stimme des Rabbi Blum war fast zu leise für diese Gemeinde, die hier zusammentraf und sich nie wiedersehen würde. Juden und Christen, Atheisten und Monotheisten auf dem jüdischen Friedhof an der Schillerstraße.

»Ich hätte wissen müssen, dass Arnold aus der Bahn kommt«, sagte Rabbi Blum und fragte, auf welche Art der Dozent Seidenschwarz denn zu Tode gekommen sei.

»Er war berauscht«, sagten die einen, »und ist die Treppen der Walhalla hinunter gestürzt.«

»Er hat den Freitod gewählt«, sagten die anderen, »Arnold wusste keinen Ausweg.«

»Ihm ist die falsche Kepler-Büste auf den Kopf gefallen«, flüsterte eine junge Frau, deren Gesicht hinter einem violetten Schleier verborgen war, »muss einen mordsmäßigen Schlag getan haben.«

»Der Kustos hat ihn als Letzter gesehen,« tönte ein Mann mit einem schwarzen Zylinder, »aber gesehen hat er nix!«

»Er ist tot«, kam ein vielfaches Echo aus der christlichen Ecke. »Mehr ist nicht zu sagen.« Während des Kaddischs schauten sie verlegen zur Erde.

Dass gehöht
Und das geweiht
Sein Name sei

Im All, erschaffen, wies Ihm fromm'
Und Sein Reich, walt' er's komm
Solang euch Leben
Und Tag gegeben
Und beim Leben des Haus Israel
Dass das bald so geschieht
Und in naher Zeit.
Drauf sprecht AMEN
Sei Sein Nam' erhoben
Welt auf Welt auf Ewigkeit
Preis und Dank.

Rabbi Blum sprach dreimal laut und voller Wehklage:

»Jigadal wejitkadasch sch'me rabba!«

Dann wurde der Sarg in das Grab hinunter gelassen.

Nie konnte in Regensburg geklärt werden, wie der Dozent Arnold Seidenschwarz nun wirklich zu Tode gekommen war.

Unfassbares bleibt unfassbar bleibt unfassbar bleibt Unfassbares.

Es gibt eine Anekdote im Zusammenhang mit meinem Roman Keplers Traum zu erzählen: Während der bereits erwähnten China-Reise 1988 kamen wir gegen Ende in Hongkong an. Während die Gruppe einen Tag in der quirligen Stadt verbrachte, nahm ich ein frühes Boot auf die Nachbarinsel Macao. Um zu zocken. Schon im ersten Casino blieb ich an einem Spieltisch stehen und verfolgte das Treiben. Die spielten m e i n Spiel. Jedenfalls glaubte ich, dass ich es erfunden hatte. Zwei meiner Hauptfiguren im Roman, Arnold Seidenschwarz und Rafael Federl, spielen Würfel und kommunizieren auf diese Weise miteinander. Der Privatdozent erfindet, wie übrigens auch ich, immer neue Würfelspiele. Hier ging es um Prognose. Man muss voraussagen, was die Summe von drei Würfeln ergibt.

In Macao lagen die drei Würfel unter einer abgedunkelten Glasglocke auf einer grünen Filzplatte, die mithilfe eines Elektromotors durcheinander geschüttelt wurde. Auf dem Spielfeld waren die möglichen Ergebnisse in großen Feldern aufgezeichnet, dort konnten die Spieler ihre Chips platzieren. Von der 3 bis zur 18. Die Gewinne waren umso höher, je extremer das Würfelergebnis war.

Ich zögerte nicht lange, tauschte Geld gegen Chips und setzte. Zweimal hintereinander, einmal auf die 16 … die kam! Und einmal auf die 17 … die kam auch. Reingewinn 700 Hongkong Dollar. Getreu einem alten Prinzip – mehr geht nicht, verließ ich das Casino, schaute mir die anderen Spielhallen an, die voller Zocker waren, aß opulent zu Mittag, kaufte Marita eine Jade-Halskette und behielt als Erinnerung einen 10 Dollar-Chip übrig.

Als ich nun nach Jahren mal wieder Keplers Traum las und an die schönen Würfelspiele dachte, habe ich den Chip nochmal hervor gekramt. Casino de Macao steht auf der goldgelben Vorderseite, auf der Rückseite chinesische Schriftzeichen rund um einen portugiesischen Palast.

Zielperson unbekannt – ein Roman aus dem Verfassungsschutz (1990)

Die Recherchen für diesen Roman liegen fast 30 Jahre zurück und dennoch sind sie fest im Gedächtnis eingebrannt. Es war ohne Zweifel die gefährlichste Unternehmung in meinem Leben als Romanschriftsteller, weil ich für fünf Jahre hätte einsitzen müssen, wie mir ein Hamburger Rechtsanwalt erklärte. (Immerhin hatte ich 26 Treffs mit Stasi-Mitarbeitern in Ost-Berlin.)

Ich habe bei Erscheinen des Romans einen längeren Artikel in der Wochenendausgabe der Süddeutschen Zeitung (Nr. 236 vom September 1990) verfasst, nicht zuletzt, um baldmöglichst klarzustellen, warum ich mich mit der Stasi eingelassen habe. (Der Kollege Bernt Engelmann ist im Feuilleton heftig angegriffen worden, dass manche seiner Informationen aus Stasi-Archiven stammten. Kein Wunder, wie später die Auswertung der Rosenholz-Dateien ergab: Engelmann war seit 1982 IM der Staatssicherheit der DDR.)

Ich habe in dem SZ-Artikel einige Fußnoten eingefügt, um Ergänzungen einbringen zu können.

Auf den Spuren der Dienste

Gespräche mit Top-Spionen: Erfahrungen aus drei Jahren Recherche

Es war nicht die Lust an der Gefahr, nicht der Mut zum Risiko, der mich dazu angetrieben hat, drei Jahre lang beharrlich mein Ziel zu verfolgen, mit den Spionen Felfe, Guillaume und Tiedge ins Gespräch zu kommen. Es war vielleicht die Faszination der Romane von John le Carré, der die Welt der Dienste so verdichtet beschrieben hat, oder die Polizeiromane von Joseph Wambaugh, dem Ex-Cop aus Kalifornien, oder die dokumentarische Meisterleistung von Paul Greengrass, der den ehemaligen Mitarbeiter des englischen Geheimdienstes Peter Wright in seinem »Spycatcher« erzählen ließ. Nur eins wußte ich genau: Wenn ich meinen Plot im Kölner Verfassungsschutz ansiedeln wollte, dann mußte ich den Versuch unternehmen, mit ehemaligen Geheimdienstlern zu sprechen. (Wie Versuche verlaufen, noch aktive Mitarbeiter der Dienste dazu zu gewinnen, kann man sich leicht vorstellen. Sobald der Verfassungsschützer erfährt, wozu man die Informationen haben möchte, fällt die Klappe. Dazu hat der Gesetzgeber schon die Hebel richtig gelegt.)

1. Der überraschende Anfang

Als im Jahre 1986 das Buch des ehemaligen BND-Mitarbeiters Heinz Felfe »Im Dienst des Gegners« erschien und dazu ein eher dürftiges Interview im Spiegel, stellte ich den Antrag an das Internationale Pressezentrum in Ostberlin, ein ausführliches Gespräch mit Felfe zu bekommen, als Grundlage für meine literarische Arbeit.[3]

---

3 Außer dem SPIEGEL-Gespräch mit Felfe gab es noch einen weiteren Grund für den Beginn meines Vorhabens. Bei einem Treffen in Köln fragte mich der Verleger Gerhard Steidl, ob ich für ihn einen Roman über den Verfassungsschutz schreiben wolle. Er kannte meine Kriminalromane, hatte vielleicht auch »Die Falle« gelesen, in dem es um geheimdienstliche Belange ging. (Da ich mich damals von den Fernseh-Aufträgen abnabelte, war genügend Zeit vorhanden, um dieses Projekt anzufangen.)

Ein Termin kam im Herbst 1987 schnell zustande, aber nicht Felfe erschien, sondern ein promovierter Historiker, den ich hier den Kontaktmann nennen möchte. Ich skizzierte bei diesem Treffen mein Vorhaben und war erstaunt, daß es offensichtlich keine großen Probleme machen würde, die Interviews zu führen. »Nur eins müssen Sie mitbringen: Geduld«, sagte der Kontaktmann. Ein freundlicher älterer Herr, der aus seiner Vorliebe für Gorbatschows Perestroika keinen Hehl machte. Nicht gerade gewöhnlich damals. Mein Kontaktmann nannte mir die Adresse und die Art und Weise, wie ich mit ihm in Verbindung treten konnte. Schon beim zweiten Treffen, immer noch ohne Felfe, ahnte ich, dass ich in einer Abteilung des Ministeriums für Staatssicherheit gelandet war. Wie man so schön umgangssprachlich sagt: Mir ging die Muffe.[4]

Nach dem Mauerfall haben Marita und ich uns entschlossen, für einige Zeit nach Ost-Berlin zu ziehen, um die »Wende« mitzuerleben. Im Januar 1990 luden wir Herrn B. zu einem Essen beim Inder in der Berliner Kantstraße ein, weil er sich als Liebhaber asiatischer Küche outete. Wir holten ihn am Grand Hotel in Ost-

4 Es war die Abteilung XX der HVA, Hauptverwaltung Aufklärung im Ministerium für Staatssicherheit. Jene Abteilung, die für das Fälschen von Informationen gegen den Westen zuständig war. »Aktive Maßnahmen«, so nannte sich diese Abteilung. (Wer erinnert sich an den Skandal, den die STERN-Meldung auslöste, dass der Bundespräsident Lübke an der Planung eines Konzentrationslagers beteiligt gewesen sein sollte? Diese Meldung wurde von der Abt. XX in Umlauf gebracht und dem STERN wurden gefälschte Negative von Bauzeichnungen zugespielt, auf denen angeblich Lübkes Unterschrift zu sehen war.) Schon das zweite und die nächsten Treffen fanden immer an anderen Orten statt, irgendwann verlagerten sie sich ins damals noch existierende Palast-Hotel. Mir wurde ein Zimmer im sechsten Stock gebucht, der Etage, die völlig verwanzt war, wie ich später erst erfuhr. Der freundliche, ältere Herr B. gab sich als Militärhistoriker aus, der in Potsdam am Institut arbeitete. Das war seine Legende, die er bis zum Mauerfall aufrechterhalten hat. Es gibt ein Erlebnis mit ihm zu erzählen.

Berlin ab, fuhren mit ihm über die offene Grenze, damals wurden schon keine Papiere mehr kontrolliert. Der »Militärhistoriker« hatte nicht viel von seinem Essen, weil er unentwegt redete, als wolle er eine Beichte ablegen: Warum er bei der Stasi war, was sie alles für schlimme Dinge angestellt hätten, wie sehr er sein Tun bereute, wie groß die Zwänge seien, unter denen sie zu leiden hatten undundund … Wir fuhren ihn nach Hause, nein, ganz nach Hause doch nicht, sondern setzten ihn an einer Straßenecke ab. Alte Geheimdienstregel, niemals etwas Privates preisgeben. Als ich ihn fragte, warum er so pausenlos geredet habe, sagte er: »Ich habe fest daran geglaubt, dass ich in eine Falle geraten bin und im nächsten Moment verhaftet werde. Ich hatte mich mit dem Blick zur Tür gesetzt, um eventuell fliehen zu können. Ich hatte eine Riesen-Angst und war darauf vorbereitet, dass ich an dem Abend noch im Knast landen würde. Das ist uns so eingeimpft worden, dass wir alle im Westen verhaftet werden.« Wie glimpflich ist die große Mehrheit der Stasi-Mitarbeiter und IMs davongekommen …)

2. Zwei Tage mit Felfe

Zur Erinnerung: Heinz Felfe war der erfolgreichste Agent des sowjetischen KGB im Bundesnachrichtendienst in Pullach. 1918 geboren, wurde er Anfang der vierziger Jahre Polizeikommissar und wechselte 1943 ins Reichssicherheitshauptamt als Leiter des Referates Schweiz. Nach dem Krieg war Felfe Gefangener der Engländer, bot sich vergeblich den britischen Diensten an, hatte aber dann Glück mit dem KGB, der ihn 1949 anwarb. Zwei Jahre später trat er in die »Organisation Gehlen« ein, den Vorläufer des BND. Bis 1961 war Felfe Doppelagent und lieferte dem KGB wichtige Operationsunterlagen. Der Bundesgerichtshof verurteilte ihn 1963 zu 15 Jahren Gefängnis, von denen er bis zu seinem Austausch sechs Jahre absaß. Sein KGB-Führungsoffizier empfing ihn in der DDR: »Endlich bist du da, wurde aber auch Zeit.« Weil er im »Dienst der Sache« in Haft war, ist Felfe ein besonders in Ehren gehaltener Geheimdienst-Mitarbeiter, der nach seinem Wechsel in die DDR promovierte und schließlich Professor für Kriminalistik an der Humboldt-Universität wurde, ausgezeichnet mit den obligatorischen Ehrennadeln.[5]

Er wollte meine Fragen schriftlich haben, und ich wußte, daß ich meine wichtigsten Fragen keineswegs schriftlich geben konnte, weil dies dazu geführt hätte, daß es zu keinem Interview gekommen oder die Antworten präpariert worden wären. Professor Felfe hatte sich informiert, hatte Romane von mir gelesen und machte gleich nach der Begrüßung Einwendungen, ihm waren sachliche Unrichtigkeiten aufgefallen. Einen besseren Einstieg in ein Gespräch konnte es nicht geben. Ich ließ mich kritisieren, wunderbar.

Als ich das Tonband einschaltete, legte ich die schriftlich eingereichten Fragen zur Seite. »Ich denke, wir sollten uns über das Schachspiel unterhalten«, begann ich. Und das taten wir, eine ganze Zeitlang. Denn Felfe hatte im Gefängnis Schach gegen sich selbst gespielt, die Überlegungen zu Manöver und Taktik hielten ihn am Leben, die Kombinationen verschiedener Spielzüge, der Spaß, eine Finte auszuführen. Felfe sprach sehr konzentriert, fast druckreif, berichtete, wie er im Auftrag des BND Wanzen in die sowjetische Botschaft eingebaut hatte, wie die Überwachung jedes Schrittes der legalen Residenten geplant wurde, erzählte vom Kommißton, der in Pullach herrschte, und wie die alten Nazi-Geheimdienstler wieder eingestellt wurden, inklusive Felfe selbst.

Immer deutlicher entstand für mich der Eindruck, daß die Blütezeiten der Dienste stets die Kriege sind und daß dann in Friedenszeiten nicht mehr »abgerüstet« wird. Alles, was einmal gelernt wurde, als es um Kopf und Kragen ging, wird nun – unter den neuen, demokratischen Voraussetzungen – nur leicht modifiziert angewandt. Angesprochen auf die fehlenden juristischen Grundlagen, zwinkerte Felfe mir zu. Er war überhaupt nicht verlegen.

»Sind durch ihre Mitteilungen an den KGB Mitarbeiter des BND zu Schaden gekommen?«, fragte ich vorsichtig. Es war eine der nicht

5 Felfe wurde mit einigen Privilegien versehen, die auch in der DDR nur wenigen vorbehalten waren, z.B. seinem Auto: Er fuhr einen hochwertigen Mercedes mit holzvertäfeltem Armaturenbrett und goldenem Schaltknüppel. Nicht ohne Stolz kutschierte er mich damit zu »seinem« Institut für Kriminalistik.

schriftlich gestellten Fragen. Felfe wehrte ab: »Nein, das war mit meinem Offizier abgemacht, daß durch die Weitergabe von Material niemand persönliche Nachteile haben durfte.« Kaum glaublich, diese Antwort. Aber sie ist nicht bloß naiv gegeben, so naiv sie auch klingt, nicht zynisch, so sehr man sie auch dafür halten mag. Als ob sich Geheimdienste an solche Absprachen hielten.

Und dann beschrieb Felfe die Eigenschaften eines guten Geheimdienstlers: Er soll kaltblütig sein, kontaktfähig, misstrauisch und penibel in Bezug auf Informanten. Er soll über eine hervorragende Allgemeinbildung verfügen und selbstverständlich ein guter Schauspieler sein, da er ja an verschiedenen Einsatzorten verschiedene Legenden leben und durchhalten muß. Die hohe Schule bedeutete, wenn Felfe in Pullach einen Erfolg vorweisen konnte, den er dem KGB schon vorher verraten hatte.

Zwei Tage blieb ich mit Felfe im Gespräch. Als Motto seines Lebens kann wohl sein Satz gelten: »Lieber ein Stück Holz auf den Wellen, als ein Ast im Meer, der zerbrochen wird.« Mein Kontaktmann nahm die Tonbänder an sich und ließ sie abschreiben, damit sie kontrolliert werden konnten.[6]

Das waren unsere Absprachen, und ich hielt mich daran.[7]

---

6 Rund 800 Seiten hatte man für mich abgetippt, nur an ganz wenigen Stellen waren Zeilen geschwärzt. Aber wenn ich sie gegen das Licht hielt, dann waren sie zu lesen. Belanglosigkeiten allesamt.

7 Hier fehlt ein ganzes Kapitel. Als nächstes sollte ich Günther Guillaume, den Kanzler-Spion, kennenlernen, aber statt eines Treffens wurde ich zunächst mit seiner Autobiografie konfrontiert. Die solle ich erstmal lesen und dann entscheiden, ob ich noch mit Guillaume reden wolle. Das Buch erschien in einer kleinen Auflage im Militärverlag der DDR und war nicht für die Öffentlichkeit bestimmt, sondern nur Funktionären der Geheimdienste zugänglich. Mir wurde das Buch vom »Militärhistoriker« über Nacht zum Lesen gegeben. Zunächst war ich enttäuscht, immerhin hatte ich schon so viele Treffs ohne einen weiteren »Zeitzeugen« vertan. Aber was ich Guillaume fragen wollte, stand alles in diesem Buch. Da blieb kein Rest und nur um ein bisschen die Gedankenwelt des Kanzler-Spions kennenzulernen, war mir die Zeit zu schade. Zudem war mein Plot nicht in Verbindung mit diesem weithin bekannten

3. Der Diener zweier Dienste

Ich wußte vom Beginn der Recherche an, daß Hansjoachim Tiedge für mich der wertvollste Gesprächspartner sein würde, schließlich hatte er bis zu seiner Flucht 1985 zwanzig Jahre im Kölner Bundesamt für Verfassungsschutz gearbeitet. Und genau dort sollte mein Roman spielen.

Mein Kontaktmann in der DDR hielt mich hin. Es sei nicht einfach, Tiedge befragen zu dürfen, er sei noch nicht freigegeben. Ich führte das zunächst darauf zurück, daß Tiedge noch immer Probleme mit dem Alkohol hatte. Das wurde energisch bestritten: »Der ist bei uns trockengelegt worden.« Mancher wird sich noch an die Bilder erinnern, die im August 1985 von Tiedge erschienen waren: ein fetter Säufer im Babydoll-Kostüm zur Karnevalszeit.

Auch Hansjoachim Tiedge hatte inzwischen promoviert, und nach einigen vergeblichen Treffen gestattete man mir, seine Doktorarbeit zu lesen. Ein spannendes Dokument, versehen mit dem VS-Stempel: vertrauliche Verschlusssache. Darin breitet Tiedge all jene Maßnahmen aus, die an der Öffentlichkeit vorbei, in der Abteilung IV, Spionageabwehr des Amtes für Verfassungsschutz, durchgeführt wurden. Immerhin war Tiedge Gruppenleiter in genau der Abteilung, welche die DDR zu bearbeiten hatte. Was ihn als Zielobjekt des Ministeriums für Staatssicherheit natürlich besonders interessant machte. Eine dieser Maßnahmen war die Aktion »Wirbelwind«, bei der in den Sommermonaten Reisende zwischen 25 und 40 Jahren, die mit kleinem Gepäck in Berlin-Tegel eintrafen und dann in den Ostteil der Stadt fuhren, observiert wurden. Dabei stellten die Verfassungsschützer bei der Rückkehr ihrer »Zielperson« die Personalien fest. (Manch einem wird es seltsam vorgekommen sein, dass er beim Abflug in Tegel die Reisedokumente kontrollieren lassen musste.) Am Heimatort wurde dann die Zielperson »nach Hause gebracht«, so daß der Verfassungsschutz sicher sein konnte, wer zu überprüfen war. Tiedge führte in seiner Doktorarbeit viele Suchoperationen

---

Fall zu bringen. Als ich kurz darauf erfuhr, dass ein Fotograf dem SPIEGEL ein Exemplar des »geheimen« Buches überbrachte und dafür ein horrendes Honorar kassierte, erfuhr ich mal wieder, was für Summen im Scheckbuch-Journalismus gezahlt wurden. Der SPIEGEL druckte zwei Folgen mit den entscheidenden Passagen aus der Autobiografie, danach sprach niemand mehr über das Buch.

auf, die entgegen den Bestimmungen des Datenschutzes durchgeführt wurden. In seiner Doktorarbeit nennt er diese Einsätze illegal.[8]

Immer noch gab es keine Chance für mich, mit ihm selbst zu sprechen. Stattdessen durfte ich seinen Führungsoffizier beim Stasi interviewen. Ein korrekter, deutscher Beamter im grauen Einreiher, der nur die Frage, wie lange Tiedge für den Staatssicherheitsdienst gearbeitet hatte, unbeantwortet ließ. Durch ihn erhielt ich die nächsten Unterlagen: ein zerschnittenes Exemplar der Tiedge-Aussagen, die er nach seinem Wechsel in die DDR gemacht hatte, Beschreibungen aus dem Innenleben des Amtes, Vorfälle, Personen, Ereignisse, ganz wie ich es für den geplanten Roman brauchte.[9]

Dennoch bestand ich darauf, mit Tiedge ein ausführliches Gespräch zu führen. Im Oktober 1989 war es dann soweit. Ich habe ihn kaum

---

8 Zusammen mit dem Verleger Steidl verfolgte ich die Idee, meinen Roman und die Dissertation Tiedgens *Über die illegalen Praktiken des westdeutschen Verfassungsschutzes* in einem Schuber gemeinsam zu veröffentlichen. Glücklicherweise wollte Steidl sich absichern und schaltete den Hamburger STERN-Anwalt Heinrich Senfft ein. Er beorderte uns morgens um acht Uhr in seine Kanzlei. »Wir, mein Kollege Kersten und ich, haben uns gut amüsiert bei der Lektüre der Doktorarbeit«, sagte Senfft mit einem Lächeln, »aber wenn Sie das veröffentlichen, drohen Ihnen beiden fünf Jahre Gefängnis. So viel gibt es für den Verrat von Staatsgeheimnissen.« Wir fanden diese Aussicht nicht gerade verlockend und ließen von dem Plan ab. (Was uns ein Kölner Schriftsteller als Feigheit auslegte.)

9 Hansjoachim Tiedge hatte im August 1985, bei seinem »Übertritt« in die DDR in Marienborn, seinen Gegenspieler bei der Stasi anrufen lassen und dann mehrere Tage lang alles ausgepackt. Mir machte es den Eindruck einer Generalbeichte. Als er dann im August 1990 in die Sowjetunion verschwand, wird er wohl wieder eine Menge von Informationen im Koffer gehabt haben, nicht nur über das Bundesamt für Verfassungsschutz, sondern auch über das Ministerium für Staatssicherheit. Jedenfalls hat der KGB ihm Kost und Logis gewährt und zur Ausbildung junger Geheimdienstler eingesetzt. In einem späteren ARD-Interview, ein paar Jahre vor seinem Tod, hat er darüber berichtet. Damals war schon nicht mehr so ein jovialer Getränksmann. Vielleicht ist ihm die Abstinenz nicht bekommen.

wiedererkannt, weil die Bilder aus dem Jahr 1985 noch zu sehr in meinem Kopf waren. Ein vollschlanker, witziger Rheinländer, Jurist und Realist, mit einem außergewöhnlichen Gedächtnis für Aktionen und Agenten. Wir verabredeten einige Treffen, bei denen er mir von der täglichen Routine im Bundesamt für Verfassungsschutz erzählte, von den Operationen, von umgedrehten Stasi-Agenten, die beim Bundesamt ausgepackt haben und weiterverwandt werden, vom Kampf gegen den Alkohol und den Sitten zu Karneval.[10]

Ich hatte inzwischen erfahren, daß Tiedge seine Memoiren schrieb, was mich natürlich davon abhielt, seine Erinnerungen aufzuschreiben, immerhin erlaubte er mir, Einsicht zu nehmen.[11]

---

10 Meine Frau und ich haben in einer Einraum-Wohnung in Berlin-Hellersdorf gewohnt. (Es ist eine zu lange Geschichte, die von diesen drei Monaten mitten in der Umbruchzeit zu erzählen wäre.) Auf jeden Fall konnte ich so ungehindert Tiedge in seinem Haus in Grünau besuchen. Eine durchaus schmucke Villa mit Marmorböden und Sauna, eigenem Biotop und kleinem See, Sauna und Bar. Diese Privilegien waren ihm gestattet worden, weil die Oberen der Stasi ihn bis kurz vor Ende der DDR für einen wertvollen Doppelagenten hielten, der jahrelang der Stasi Material aus dem Kölner Amt zugespielt hatte. So jedenfalls stand es auch in seiner Biografie.

11 Die Anwerbung zum Doppelagenten soll 1977 laut gefälschter (!) Biografie von Tiedge so vonstattengegangen sein:
»Ich fuhr nach dem Mittagessen zum Guckai-See, wo ich als Kind oft gespielt habe. Wegen der schönen Landschaft ließ ich den Wagen stehen und bummelte zwischen den beiden Seen, die hier in der Hohen Rhön nach einer Uferbefestigung entstanden sind. Weil ich nie Räuber-und Gendarmspiele, auch nicht im BfV, liebte, merkte ich bei dem Spaziergang erst etwas, als ich von hinten angesprochen wurde: »Guten Tag, Herr Tiedge.« Ich drehe mich um. Da steht ein Mann, in Anzug aus gutem Haus, lächelt mich an. Er ist etwas älter als ich. »Kennen wir uns?«, frage ich. »Nein«, antwortet der Mann, »aber was nicht ist, kann noch werden. Oder träumen Sie von der Bockjagd und sind in Gedanken beim Tontaubenschießen?« Ich war wie elektrisiert. Den Satz, den der Unbekannte sagt, habe ich häufiger gebraucht. Woher kennt er mich so genau? »Kommen Sie, laufen wir ein Stück.« Wir gingen um den See. Es wurde ein langes Gespräch.«

Wer nun glaubt, daß Tiedge zum Kronzeugen gegen den Verfassungsschutz und dessen trüben Methoden zu gebrauchen wäre, irrt. Es mag unglaublich klingen, aber Tiedge ist ein loyaler Geheimdienstler, der zwei Diensten gegenüber die Treue hält. Das meiste, was in Köln getrieben wird, hält er, auch ohne gesetzliche Grundlage, für völlig zulässig.

Während er in seinen Memoiren beschreibt, daß er sieben Jahre lang gleichzeitig für das BfV und das MfS arbeitete, widerrief er diese Aussage bei einem unserer letzten Treffen. »Das war nur eine Legende, die ich für die Abteilung aufbauen mußte, die mich in der DDR bearbeitete, damit die damit prahlen konnten. Ich war 1985 so fertig, daß es für mich nur eins gab: Strick oder DDR.«

Die Frage, die sich mir schon nach den ersten Treffs mit meinem Kontaktmann stellte, war: Warum ließ das Ministerium für Staatssicherheit einen Schriftsteller so ungehindert mit seinen Spionen plaudern? Es gibt für mich nur eine schlüssige Antwort auf diese Frage: Man wollte mich füttern mit Material, um mich dann später »anwerben« zu können.[12]

Laut Tiedgens Biografie kannte der Mann, der Oberstleutnant des MfS war, viele Details aus seinem Leben. Zwei Tage später trafen sie sich an gleicher Stelle. Zitat: *»Ich wußte, daß mein Gesprächspartner ein hohes Risiko einging. Aber ich muss doch ehrlich gewirkt haben, einfach deshalb, weil ich ihm gegenüber ehrlich war. Er war bereit, ein hohes Risiko einzugehen. Ich auch.«*
Nach seinen eigenen Aussagen traf sich Tiedge dreimal im Jahr, entweder in Holland oder Belgien, mit seinem Oberstleutnant, der ihn angeworben hatte – überworben, wie es in der Kölner Amtssprache hieß. Tiedge will nur wichtige Dinge berichtet haben, und tat auch so, als hätten keine der enttarnten Spione sein Doppelspiel zu erleiden gehabt. Alles pure Erfindung, wie geschildert.

12 Ob man mich wirklich verpflichten wollte, weiß ich nicht, aber es gab ein Parallel-Projekt, an dem nicht nur der »Militärhistoriker« großes Interesse hatte. »Die großen Skandale der Bundesrepublik«, so lautete der Arbeitstitel eines Buches, das ich verfassen sollte. Dazu gab man mir zu jedem Skandal, z.B. die entwürdigende Entlassung des Generals Kießling oder die Affäre um die gefälschten Hitlertagebücher, ausführliche Ausarbeitungen der Stasi. Meist

Es wäre schön, wenn ich eines Tages meine Stasi-Akte einsehen könnte.[13]

Wie ich einmal reich hätte werden können …

Im SZ-Artikel ist eine Tatsache ausgespart worden: meine Arbeit für den STERN.

Ich weiß nicht mehr, wer den Kontakt eingefädelt hat, aber ich hatte einen Termin bei der Chefredaktion in Hamburg. Es ging um die Enttarnung von Tiedge und der STERN wollte den Scoop landen.

Honorar für zwei Folgen: 100.000 DM. So eine Summe hatte ich noch mit keiner Arbeit verdient.

Also schrieb ich die beiden Folgen für den STERN, jeweils 48 Blatt und trug sie in die Redaktion. Es wurde vereinbart, dass meine Reportage parallel zum Erscheinen des Romans im STERN stehen sollte. Alles lief nach Plan bis …

---

auf Durchschlagpapier, mit handschriftlichen Ergänzungen. Da konnte ich dann hanebüchene Analysen über den bösenbösen westdeutschen Staat lesen. Der Chef des »Militärhistorikers« reichte mir jedes Mal ein Schreiben für die Grenzer am Übergang Friedrichsstraße: »Herr Alberts führt wichtige Papiere des MfI, Ministeriums des Innern, mit sich, wir bitten ihn ungehindert passieren zu lassen.« Ich habe drei Artikel geschrieben und dann kam die Wende und ich ließ das Projekt sofort fallen.

13 Ich habe ein paar Jahre später meine Akte bei der Bundeszentrale für Stasi-Unterlagen angefordert. Was für eine Überraschung: Über die 26 Treffs gab es nicht eine Zeile. »Alles geschreddert«, hatte mir der »Militärhistoriker« bei unserem letzten Treffen 1990 gesagt. Auch im eigenen Interesse hat die Abteilung XX den Reißwolf in Gang gesetzt. Es wäre schon interessant gewesen, was mein Führungsoffizier über unsere Treffen zu berichten hatte. Ich weiß von Kollegen, dass da die unglaublichsten Aussagen zu Protokoll gebracht wurden, damit man prahlen konnte, was für hervorragende IMs man führte. (Manche unserer Treffs fanden immer donnerstags statt, da gab es im Palast-Hotel das »Märkische Buffet« und das mochten der »Militärhistoriker« und sein Chef ganz besonders. Die Stasi zahlte ja).

Ich muss etwas einschieben. Eine Mitbewohnerin, die keineswegs in meine Aktivitäten rund um die Tiedge-Geschichte eingebunden war, dachte, wie viele meiner Freunde und Bekannten, dass ich nach München reiste, wenn ich in Berlin Felfe u.a. traf, war ausgezogen. Aber ihre Telefonnummer hatte sie nicht mitgenommen. Nur einer benutzte diese Nummer noch. Und das war Hansjoachim Tiedge. Wenn das rote, haha, Telefon klingelte, wusste ich, wer dran war. Eines Tages rief er an, machte es ganz dringend, ich müsse ihn in Berlin besuchen. Ich war um die Mittagszeit bei ihm in Grünau, wo er mir beichtete, dass 33 Seiten in seiner Biografie frei erfunden seien. Im Auftrag der Stasi-Oberen, die damit seine Bedeutung als Doppelagent hochschrauben wollten. Was tun? Ich fuhr sofort mit der S-Bahn zurück, ging in den Westen, ans nächste Telefon und rief im STERN an. Halt, Stopp, meine Reportage darf nicht in Druck gehen, Tiedge war kein Doppelagent sondern nur ein armes Würstchen, das keinen anderen Ausweg mehr sah, als sich der Stasi zu offenbaren. Zunächst glaubte man mir nicht. Am späten Nachmittag saß ich dann in der Chefredaktion und erzählte nochmal, was ich wenige Stunden zuvor von Tiedge erfahren hatte. »Ich setze meinen Namen nicht unter den Artikel«, sagte ich, »die Autobiografie ist eine Fälschung, der ich aufgesessen bin.« Da erfuhr ich, dass der STERN schon 30.000 DM für Fotos mit Tiedge gezahlt hatte, mit denen meine Reportage bebildert werden sollte. Meine zwei Folgen erschienen nicht, es gab kein Ausfallhonorar, nur eine Entschädigung.

Es war nicht der STERN, der Tiedge enttarnte, sondern ein Reporter der ARD. Tiedge hatte mir etwa im Juni 1990 am Telefon erzählt, dass er reinen Tisch machen wolle. Seine Nachbarn sollten erfahren, dass er nicht Professor Fischer sei, sondern Hansjoachim Tiedge, ein ehemaliger Mitarbeiter des BfV. (Immerhin wurde er vom BKA mit Haftbefehl gesucht! Was auch für mich ein Risiko war: Ich hätte die Kenntnis von seinem Aufenthaltsort melden müssen.) Ich habe ihn gewarnt: Man wird sie verraten. Da will sich jemand ein paar Mäuse verdienen und sie hinhängen. Und genauso kam es auch. Nur wenige Tage später klingelte wieder das Telefon. Tiedge war völlig aufgelöst: »Da steht ein Wagen der ARD vor meiner Tür. Was ich machen?« Der Reporter, der offensichtlich wusste, wer sich hinter dem Türschild Professor Fischer verbarg, wandte einen einfachen Trick an. Er ließ den Teamwagen des Fernsehens ein paar Straßen weiter parken und wartete, bis

Tiedge zum Einkaufen fuhr. Bei seiner Rückkehr stellte er ihn. »Sie sind Herr Tiedge, nicht wahr?« rief er ihm hinterher. Der winkte nur ab und verschwand schnell in seinem Haus. »Superspion enttarnt« hieß es abends in den TAGESTHEMEN.

Aus den vielen Rezensionen, den Fernseh- und Rundfunkinterviews, den Briefen der Leser, einer vorsorglichen Verteidigungsrede meines Rechtsanwaltes Dieter Dette, der auf die Gradwanderung hinwies, die ich mit dem Roman beschritt, will ich eine Reaktion herausgreifen. In der Sendung »Bücher, Bücher« des Hessischen Fernsehens vom 2.11.90 tauchte der damalige Präsident des Verfassungsschutzes, Gerhard Boeden, als Gesprächspartner auf. Der Redakteur Eckard Franke hatte lange auf dieses Interview warten müssen, aber ohne eine Stellungnahme des Geheimdienstes durfte der Beitrag über meinen Roman nicht gesendet werden. Und so kam es zu einer Reihe von denkwürdigen Sätzen.

Ein paar Zitate von Gerhard Boeden:

»Das einzige, was mich an dem Buch ärgert, ist, daß er ihn als Roman auf den Markt gebracht hat, d.h. es ist ein Kunstgegenstand nach unserer allgemeinen Rechtsprechung, und die, die sich zweifelsfrei an einigen Stellen wiedererkennen können, können sich nicht einmal dagegen wehren … Ich bin kein Jurist und auch kein Richter, aber wenn er es als Fachbuch geschrieben hätte, dann hätten sich einige Persönlichkeiten dagegen gewehrt, so … Ich hätte wahrscheinlich, wenn es ein Fachbuch gewesen wäre, eine Rezension geschrieben, aber wie soll man einen Roman rezensieren? Es ist in Deutschland Gottseidank erlaubt, solche Romane zu schreiben … Er hat sich im Wesentlichen mit der Institution Verfassungsschutz in dem Roman auseinander gesetzt, und das auf eine Art, die aus meiner Kenntnis des Verfassungsschutzes, und ich kenne das ja nicht erst, seit ich drei Jahre Präsident bin, sondern aus meiner früheren Tätigkeit, die mit der Realität überhaupt nichts zu tun hat.«

Neben dem Bedauern, es mit einem Roman zu tun zu haben, gegen den man nicht juristisch vorgehen kann, kam es noch zu einem Fauxpas. Es gibt in meinem Roman *Zielperson unbekannt* eine Szene, in der sich ein Verfassungsschützer eine Prostituierte ins Haus bestellt. Als er sich auszieht, betrachtet sie seine »dreieinhalb Zentimeter hängende Männlichkeit«. Dazu Boeden:

»Es scheint der Vorstellungswelt des Verfassers zu entsprechen, sich den Verfassungsschutz und seine Mitarbeiter in bestimmter Weise vorzustellen, so beispielsweise, daß sie ihre menschlichen Bedürfnisse grundsätzlich in einem Freudenhaus abreagieren und selbstverständlich hat ein Verfassungsschützer nicht mehr als dreieinhalb Zentimeter aufzuweisen. Das ist ganz klar. Das ist ungefähr seine Vorstellungswelt. Ist natürlich überhaupt nicht mit der Realität übereinstimmend.« (Boeden zeigte vor laufender Kameras, wie groß wohl diese dreieinhalb Zentimeter sein möchten.)

Die Szene, die ich für den Auszug gewählt habe, war stets mein Zugabe-Schmankerl, wenn ich aus dem Roman las.

Zielperson unbekannt

Es war schon eine Unverschämtheit, daß sein Gast ihn warten ließ, aber so konnte der Präsident seinen Auftritt vor dem Abhör-Untersuchungsausschuss im Fall Traube noch einmal in Ruhe durchgehen. Er saß an der holzgetäfelten Bar und trank seinen Lieblingscognac. Das Ambiente war gemütlich und exklusiv, hatte die Diskretion von militärischem Reglement, und die Küche bot eine Mischung aus derben flämischen und exquisiten französischen Gerichten. Der »Club Astoria«, oder wie er im Amt hieß, der belgische Club, im Kölner Stadtwald gelegen, forderte von seinen Gästen einen Jahresmitgliedsbeitrag von 330 DM. Aber nicht jeder, der bereit war, diese Summe zu zahlen, wurde eingelassen. Den Zutritt regulierte der Oberbefehlshaber der belgischen Streitkräfte in der Bundesrepublik. So war garantiert, daß man unter sich blieb. Es war sogar eine Kleiderordnung erlassen worden. Der Präsident, der auf diese Gediegenheit großen Wert legte, freute sich darüber, daß sein Vize an der Tür einmal abgewiesen wurde, weil er keine Krawatte trug.

»Hey, sorry, let you wait, really sorry, deeply regretting«, der Mann mit dem breiten Texanerhut, den ledernen Halbstiefeln, im weißmelierten Anzug mit locker umgebundenem knallgelben Seidenschlips hielt ihm die Hand hin, »you know, we guys from CIA are a bit late when it comes to meals, but, you know, when it comes to action, we are right there, on the spot, never late. Really sorry. Ick kann auch Doitsch spreken, wenn Sie wollen.«

»Wär mir lieber, Mister Frock«, antwortete der Präsident, der von dieser Sekunde an den neuen »Station chief« der CIA in der Bundesrepublik hasste. Was für ein Auftreten! Was für eine ungehobelte Art, zu spät zu kommen! Was für ein unmöglicher Aufzug!

Sein Englisch war nicht gerade schlecht, aber was dieser Langley-Mann sprach, war schlimmster Slang.

»Wollen wir noch ein Whisky nehm vors Essen?« fragte der Amerikaner.

»Bitte sehr, ich trinke Cognac«, antwortete der Deutsche, der sich immer noch nicht beruhigen konnte. Er fürchtete um seine Reputation im belgischen Club.

Der Barmann kam, nahm die Bestellung auf, hob ein Whiskyglas hoch, um die Quantität zu bemessen.

»Großer, viel großer. Ich haben Durscht«, rief der CIA-Chief.

Der Präsident war außer sich, ließ sich aber nichts anmerken. Sein Partner von der CIA musste für sich selbst geradestehen. Nur eins war ihm schon klar: Es würde kein nächstes Treffen in diesem exklusiven Club hinter dem Müngersdorfer Stadion geben.

Der Präsident schnürte die Aktendeckel zusammen. Er brauchte diese Tätigkeit, die er mit sorgfältigen Bewegungen verlangsamte, um seine Contenance nicht zu verlieren.

»Hier soll man gut dinnern«, sagte Warren Frock, »ick hab gehort, daß dies Club ein wunderbar Salon hat. Werden wir mieten für unsere Feste, great, really great, I like it. Wird was sein für unsere verwohnten Damen!« Er lachte so laut, daß der Barmann sich ein Kichern nicht verkneifen konnte. Der Präsident dachte darüber nach, daß er dem Oberbefehlshaber der belgischen Streitkräfte einen Hinweis geben wollte, sich vor diesem »Station chief« in acht zu nehmen. Er würde ihm in den tollsten Farben ausmalen, wie der Club aussähe, wenn die dreihundert CIA-Leute ihn für ein Fest in Beschlag genommen hätten.

Dann gingen sie hinüber in den Salon, dessen braune, schwere Ledersessel an einen vornehmen Privatclub in England erinnerten. Der Oberkellner reichte ihnen die Karte.

»You got a steak, man, a real big porterhouse steak? I am hungry.«

Der Oberkellner blickte über diesen Gast hinweg, der es nicht für nötig hielt, die Speisekarte zu studieren.

Der Präsident schaltete sich ein: »Mister Frock möchte gerne ein großes Steak haben. Am besten das größte, was Ihre Küche bietet.«

»Ich habe schon verstanden, Herr Präsident. Es mangelt nicht an Sprachkenntnissen meinerseits.«

Der Präsident verzog keine Miene, obwohl er am liebsten losgelacht hätte.

»Und dann bringe Sie mir die Bottle von dem Whisky. Ick bleib bei dieses Getränk.«

»Wir schenken zum Essen nur in Gläsern aus«, erwiderte der Oberkellner, dessen akkurat geschnittener Schnauzbart auf und nieder ging.

»What did he say?« wandte sich Frock an den Präsidenten. »Bitte«, flehte dieser den Oberkellner an, »erfüllen Sie ihm den Wunsch.«

»Bien sûr«, der Oberkellner machte einem Diener, »et Monsieur?«

»Je prends le menu avec un bon blanc de blanc«, erwiderte der Präsident.

»I like Europe, really great country, nur diese vielen Spraken machen mich ganz verruckt.«

Der CIA-Mann nahm den Texanerhut ab und stellte ihn kunstvoll neben den niedrigen Glastisch. Als tänzelte er auf der Krempe.

»Ick habe Sie was mitgebrakt, damit Sie verzeihen meine Verspatung.«

Mit elegantem Schwung griff Frock in sein Jackett, dessen Knopf er mittels Anstrengung seines Bauches öffnete.

Er zog ein paar verknitterte Papiere hervor.

»Wird Sie sicker interessen!« Er lachte wieder und strich die Zettel auf seinem Oberschenkel glatt. Mit der linken reichte er die Blätter, mit der rechten Hand griff er nach seinem Whiskyglas. Das Glas war leer, bevor der Präsident den ersten Satz gelesen hatte.

»Sie braucken das nickt alles zum lesen, ick hasse Papier, wenn ick gewusst hätte, daß Papier und folios, reports, documents die Essenz vom Geheimdienst ist, ick wär nie zum CIA gewechselt. Akten machen impotent, wußten Sie das? Gibt eine research von Federal Bureau, daß Akten impotent machen können, aber nur, wenn man zu viel davon ißt.« Er lachte.

Alle Köpfe drehten sich zu ihnen herüber.

Der Präsident wäre am liebsten aufgestanden und gegangen, hätte den Hanswurst sitzenlassen, diese wandelnde Whiskyflasche.

»Was haben Sie mir denn mitgebracht?« fragte er höflich und hielt die vier zerknickten Zettel hoch. Ihm wäre ein guter Cognac als Gastgeschenk lieber gewesen. Was war das für ein Geheimdienstchef, der nichts von der Vorliebe des Präsidenten wusste?

»Das sind Namen von einige Spione, die hier rumsitzen, in Bonn und Brussels. Ick kenne die Name nicht, aber meine Leute hatten das rausgefunden und ick dackte, Sie könnten was gebrauchen für die Meute!«

Der Oberkellner kam mit gemessenen Schritten heran. »Es ist serviert, meine Herren.«

»Passe Sie auf, daß Sie nickt stolpern über ihre vornehme Spracke, Mister«, der Amerikaner zeigte mit ausgestrecktem Finger auf den Bediensteten, »das kann ganz schnell gehen und boing, Sie liegen auf die Fresse.«

Warren Frock versuchte, sich aus dem Ledersessel zu heben. Aber es gelang ihm nicht beim ersten Versuch.

»Whisky makes the world go around«, stöhnte er. Es folgte ein Schrei, wie ihn die Cheer-Girls beim Gewinn eines Baseball-Spiels loslassen. Dann stand der »Station chief«. Gerade. Er wankte kein bisschen.

»Die Flasche nickt vergessen«, rief er dem beleidigten Oberkellner hinterher.

Er grinste den Präsidenten an. »Diese Jungs glauben immer, sie wurden die Welt regieren, really, und dabei sind Sie kleine Pisser, die hau ich so aus ihrem Pinguindress.«

Dem Präsidenten war es recht, daß er keiner Demonstration des Wahrheitsbeweises dieser Drohung beiwohnen musste.

Sie gingen in den langgestreckten Speisesaal, der einen großartigen Blick auf den kleinen See freigab. Einige der Anwesenden grüßten den Präsidenten. MI-6-Mitarbeiter aus England, Franzosen vom DGSE, vom holländischen BVE war Herr van Onna da mit seiner reizenden Sekretärin. Auch zwei schneidige Offiziere vom italienischen SISMI speisten ausführlich. Der Präsident glaubte bei einigen der Gäste mitleidige Blicke, die auf ihn gerichtet waren, ausmachen zu können. Es gab auch belgische Offiziere, die nicht für ihren Geheimdienst arbeiteten. Und einen deutschen General, dessen goldene Schulterstücke glänzten.

Der Oberkellner hatte offenbar abgelehnt, die beiden Herren weiter zu bedienen. So kam eine Kellnerin im knappen Schwarz-weiß-Dress zu der Ehre, dem Präsidenten und seinem Gast zu servieren.

»I like women, really, the better part of life«, diesmal sprach der CIA-chief mit leiser, dem Ambiente angemessener Stimme.

Sie setzten sich.

Der Präsident probierte den Wein. Nickte einmal kurz. Dann wurde sein Glas halb gefüllt.

Er trank vorsichtig einen Schluck.

»Sie haben noch nickt ein lustig Geschicht erzählt. Ick höre immer, der deutsche Verfassungsschutz ist ein tolle Haufe, so sagt man in Langley.«

»Na ja«, antwortete der Präsident, »unser Ruf ist ganz gut.« In seinem Kopf begann die Suche, jetzt einen Witz oder irgendwas Komisches, möglichst lang, damit der Amerikaner nicht so bald wieder ans Grölen kommt, wie war noch dieser neue Stasi-Witz, den er vor ein paar Tagen gehört hatte, er bekam ihn nicht zusammen. »Doch, es gibt ganz lustige Vorfälle im Amt.« Ausgerechnet jetzt fiel ihm keiner ein. Er dachte an Modick, den Abteilungsleiter VII, aber was sollte schon Lustiges an diesem ewigen Konfirmanden sein.

Das Essen kam.

Ein Aufschrei des Protestes.

»This is not a steak, lady, this is an offense.«

»Wie bitte?« fragte die Kellnerin, deren Haar modisch hoch-gesteckt war. »Ich hab nicht verstanden.«

»Wisse Sie, was ein Steak ist! Das muss großer sein als meine Schuhsohle.« Ungeachtet der Tatsache, daß der Tisch, an dem sie saßen, gedeckt war, hob der Amerikaner sein rechtes Bein hervor. Die würdige Reihe von feinen Gläsern stürzte zusammen wie Dominosteine, ebenso geriet die Whiskyflasche in Querlage.

»Sehn Sie, das ist die Große von ein Steak.«

Der Präsident versuchte ein letztes Mal, seinen Gast zu beruhigen.

»Wir werden das ändern, bitte, Mister Frock, bedenken Sie, wo Sie sind!«

»Es ist das beste Fleisch, was wir in der Küche haben, Rinderlende«, beschwichtigte die Kellnerin.

»Dann bringen Sie mir vier Portionen, really, ick habe nicht die Meinung, in dieses Land zu verhungern.«

Frock lachte. Er schlug mit der Faust auf den Tisch, dass das Besteck ein Tänzchen wagte. Gleichzeitig zog er sein rechtes Bein zurück, was die Tischdecke in Mitleidenschaft geraten ließ. Der Präsident hatte nur Ohren für das anhaltende Gekicher, das von den anderen Tischen herüberdrang, jetzt musste er Haltung bewahren. Jeder konnte sich mal daneben benehmen. Er durfte nicht einschreiten, das würde ihm übel vermerkt werden. Alles ertragen. Wer der hier Anwesenden war nicht schon über die Stränge geschlagen. Wenn auch die Uhrzeit ungewöhnlich war.

»Ick verstehe diese Doitschen nickt, sie haben die Sahn von die Welt und dann sind sie so stilthy mit die Portionen beim Essen. Cheers.«

Der CIA-Mann sah, daß sein Glas leer war, griff sich die querliegende Whisky-Flasche, schüttete den Rest direkt in sich hinein.

»Nein«, rief der Präsident, »das nicht.«

Aber er konnte nicht verhindern, daß Mister Warren Frock die leere Flasche durch den Speisesaal warf. Der Oberkellner fing sie geschickt auf.

»Bravo, great man, really. Ick wußte, daß Sie auch in ihren Land real sportsmen haben.«

Frock war für seinen Beifall aufgestanden.

»Get me a new bottle, sir. Extra tip.«

Der Präsident schaute sich hilflos um. Wie sollte er diese Einladung überstehen? Immer noch suchte er nach einer brauchbaren Geschichte, mit der er das Ungeheuer stoppen konnte. Und wenn es auch nur für die Länge seiner Erzählung war.

Dann fiel ihm ein Wort ein, das Frock gebraucht hatte. »Apropos, was meinten Sie mit Meute, davon sprachen Sie vorhin?«

»Ach, Meute, so nennen wir diese Pressepigs, die Meute will was zu fressen kriegen, also gut, sagen ick, wir mussen sie futtern, die Medienmeute. Und diese Geschickten, die ick Ihnen uberreicht habe, das solln dicke Geschickten sein, really. Haben meine Mitarbeiter fur Sie rausgefunden.«

In der Tat hatte der CIA-chief dem Präsidenten als Gastgeschenk vier Namen übermitteln lassen, von denen die Bearbeitung des ersten Falles zum Erfolg führte. Er handelte sich um eine Sekretärin im Auswärtigen Amt, die der Spionage überführt wurde. Die anderen Namen konnten nicht aufgeklärt werden. Was nicht hieß, daß gegen die genannten Personen nicht weiterhin Verdachtsmomente blieben.

Fátima – ein katholischer Schelmenroman (1992)

Im Laufe unserer Recherche zu dem ersten Reisekrimi *Tod in der Algarve* stießen wir auf einen Hinweis, dass sich das faschistische Salazar-Regime in den 30er Jahren des Wunders von Fátima bedient hat, um politische Parolen als Weissagungen der Mutter Gottes auszugeben. Stoff für einen historischen Roman? Ganz gewiss. Im Jahre 1917 soll in Fátima immer am 13. eines Monats drei Hirtenkindern Maria in einer Steineiche erschienen sein und ihnen aufgetragen haben, drei Geheimnisse zu bewahren. Die Kinder berichteten von diesen Erscheinungen und schon im Laufe des Jahres wurde die Menschenmenge immer größer, die am 13. selbst das Marien-Wunder erleben wollten. Ein gigantisches Betrugsmanöver? Vielleicht.

Ein überraschendes Ende der Zusammenarbeit mit dem Verlag Klett-Cotta zwang mich dazu, eine neue Heimstatt für meine historischen Romane zu suchen. Ob es an dem mangelnden Erfolg von *Keplers Traum* lag oder am Thema, dem Klett-Cotta-Verleger war meine kirchenkritische Absicht nicht verborgen geblieben, oder daran, dass sich niemand im Verlag für die Entzauberung eines weltweit bekannten Wunders erwärmen konnte? Wer weiß.

So kam ich auf Umwegen doch wieder zum Rowohlt-Verlag, wo mich eine Freundin aus Tübinger Tagen als Lektorin betreute: Ursel Locke, die vierte Vertreterin des für den Literaturbetrieb so wichtigen Gewerbes. Auch sie arbeitete gewissenhaft und gründlich mit mir an zwei Romanen. (Eigentlich hätten es drei werden sollen.)

Die Recherche für *Fátima* in Lissabon dauerte mehrere Wochen, nicht zuletzt, weil die Sprachbarriere höher als gedacht war. Ich konnte aufgrund meiner Spanischkenntnisse zwar portugiesisch lesen, einigermaßen jedenfalls, aber es dauerte lange, um verwendbare Details für meinen Roman zu entdecken. (Die mir brauchbar erscheinenden Zitate habe ich mir mit einer Übersetzerin erschlossen.)

Eine äußerst überraschende Tatsache brachte das Zeitungsstudium in der Nationalbibliothek Lissabons zum Vorschein: die katholische Presse hat die Vorkommnisse um die Marienerscheinungen in Fátima mehr als zehn Jahre abgelehnt und sogar bekämpft, obwohl der Zustrom der Pilger jedes Jahr größer wurde. Die liberale Presse hingegen, *libre pensadores,* bejubelte den Tanz der Sonne am 13. Oktober 1917 und berichtete, wie nach sechs Stunden Regen die Mäntel der Gläubigen plötzlich trocken gewesen seien.

Was die drei Hirtenkinder im Jahre 1917 wirklich gesehen haben, oder was ihnen vorgegaukelt wurde, darüber streiten sich die Kenner der Materie noch heute.

Ein besonderer Fund war die Doktorarbeit von João Ilharco, der penibel alles Material über die Mediendarstellungen verarbeitet hat und zu dem Ergebnis kam, dass die faschistische Regierung unter Salazar das »Wunder von Fátima« zu nutzen wusste. Die angeblichen Verkündigungen der Heiligen Mutter wurden sogar in eigens gegründeten Zeitungen verbreitet.

Die drei Geheimnisse von Fátima, die nur nach und nach der Öffentlichkeit mitgeteilt wurden, gipfeln in der absurden Behauptung, dass die Mutter Gottes noch vor der russischen Revolution das Ende des Kommunismus vorausgesagt haben soll.

Eine spezielle Erfahrung für diesen Roman war unsere Reise nach Fátima, zur Wallfahrt am 13.August 1990. Eine Million Pilger auf dem riesigen Platz vor der Kirche, Prozessionen, Gesänge, und dieses erniedrigende Rutschen auf blutigen Knien um die Marienkapelle. An jeder Ecke waren Opferstöcke aufgestellt, in die fleißig gespendet wurde. Wir wollten uns eigentlich der Mehrheit der Pilger anschließen und im Freien übernachten. Die feierliche Messe begann nach Einbruch der Dunkelheit gegen halb elf. Ab Mitternacht dann die Prozession. Aber schon nach Sonnenuntergang wurde es so kalt, dass wir doch ein Hotelzimmer nahmen. Und gleich eine Entdeckung machten: im

Speisesaal saßen die Bischöfe und Kardinäle und becherten lautstark während des Essens. Kurz nach 22 Uhr ertönte ein kleines Glöckchen, alle verließen umgehend den Saal und begaben sich zum Kirchplatz. Dort nahmen sie auf einer Tribüne mit vielen hundert anderen Würdenträgern Platz. Die Pilger sangen inbrünstig: *Avé avé avé Maria …* und hielten brennende Kerzen in den Händen. Ein kaum zu überschauende Menge. Wir waren Teil der Menge und sangen lautstark mit. Während der Messe predigte ein Kardinal. Was er predigte, ernüchterte uns sofort: Tut Buße, tut Buße, tut Buße, ihr habt gesündigt, gegen Wollust und Unzucht, er wetterte gegen Abtreibung und Kondome, er lobte das Leben in Armut, tut Buße …

Hier sprach die erzkonservative Fraktion der katholischen Kirche, die immer noch mit Unterdrückung die Gläubigen in Angst und Schrecken versetzt. Genauso wie mit dem Kriechgang auf der Marmorbahn. Den nur die Frauen machen, die Männer halten sie dabei an der Schulter oder an der Hand, wenn ihre Frauen kilometerlang auf den Knien rutschen.

Wir verließen den Kirchplatz, bevor die Prozession auf dem Kreuzweg begann.

Wie es zu dem Einfall kam, dass in meinem Roman ein Zauberer namens Augusto Benini versuchte, die Hintergründe und Tricks zu erhellen, mit denen die Hirtenkinder und die Gläubigen getäuscht wurden, kann ich nicht mehr so genau erinnern. Die früheste Erfahrung mit Magiern fand in Seefeld/Tirol statt: Damals war ich 9 oder 10 Jahre alt. Ich wollte mir ein Autogramm holen, was lange Jahre eins meiner Hobbies war, und kam gerade in die Künstlergarderobe, als die Assistentin des Zauberers die Tauben unter ihrem weiten Rock entließ.

Bei der Auswahl, mit welchem Zauberer ich für den Roman auf Lesetournee gehen sollte, habe ich mehr als ein Dutzend Künstler angeschaut und war …

Da muss ich etwas einschieben. Kurz nach Fertigstellung des Romans, im Sommer 1990, fuhren Marita und ich nach Rügen. Die Zimmersuche gestaltete sich äußerst schwierig, fast fünf Stunden haben wir nach einer Unterkunft gesucht. Abends trafen wir in der kleinen Kneipe ein Lehrerehepaar aus Pößneck. Ich erzählte von der gerade beendeten Arbeit und sie zeigten sich erstaunt. »Mein Vater ist Zauberer«, sagte Annemarie, »er ist auch auf der Insel.

Wenn du ihn kennenlernen willst …« Ich wollte, ganz sicher sogar. Am nächsten Tag lernte ich Hans Gerhard Stumpf kennen. War es wieder Zufall?

Wir trafen uns am nächsten Morgen. Mehr als 30 Jahre reiste der Schuldirektor Stumpf mit einem Vortrag durch die DDR: »Gibt es Telepathie oder Telekinese wirklich?« Ein »Entzauberer«. (Er besaß den B-Schein für Zauberer des Magischen Zirkels der DDR und durfte pro Abend um die 80 Mark einnehmen.) »Manchmal haben mich die Genossen in der Pause meiner Vorführung angesprochen, ich könne doch nun wirklich hellsehen, so jemand brauche man in der Partei und ob ich ihnen dieses oder jenes vorhersagen könne«, scherzte der Schuldirektor.

Herr Stumpf gab mir sein Buch *Ent-geistert* mit, das ich in der folgenden Nacht verschlungen habe. Ganz in der Tradition eines Harry Houdini, der in der 20er Jahren des 20. Jahrhunderts über 300 Medien entlarvt hat, die vortäuschten, mit Verstorbenen sprechen zu können, hat Stumpf in seinem Buch alle jene »vorgeführt«, die mit diesem Hokuspokus Geld verdienten.

Der Rowohlt-Verlag drängte, welchen Zauberer ich denn nun auf die Lesetournee mitnehmen wolle. Ich sagte, erst müsse ich diesen Mann bei einer Vorführung erleben. Also fuhren ein Freund und Kollege von Radio Bremen, Peter Dahl, und ich sieben Stunden nach Gera, um Stumpf bei seiner Show zuzusehen. Beim Abendbrot beichtete uns der Schuldirektor, dass es nur ein kleines Publikum gebe. Nach der Wende sei das Interesse an seiner Arbeit weitgehend erloschen.

Es war wirklich ein kleines Publikum. Drei Angestellte aus dem ehemaligen Gewerkschaftsheim und wir beide »aus dem Westen«.

Hans Gerhard Stumpf führte acht Versuche vor, mit denen er beweisen wollte, dass er übersinnliche Fähigkeiten hatte. Er konnte zum Beispiel den Namen von Peters Vater sagen, ohne dass der je erwähnt worden war. Oder die richtige Reihenfolge von verdeckt notierten Symbolen aufsagen.

Schon nach den ersten Versuchen waren wir beeindruckt. Von Experiment zu Experiment stieg unser Erstaunen.

Nach der Pause erklärte der Magier vier seiner Tricks. Zum Beispiel die Zauberwürfel, die man heimlich einstellen konnte, auf die Zahlen, die ein Besucher werfen wollte.

Wir trennten uns von Herrn Stumpf, der in seinem biederen braunen Anzug aussah, als könne er kein weißes Kaninchen verschwinden lassen. Sein Image widersprach vollständig seiner Show. Ein größerer Gegensatz zu einem David Copperfield war kaum vorstellbar.

Ich sagte, wir würden uns am nächsten Tag telefonisch bei ihm melden und dann über die Konditionen sprechen. In seinem Gesicht konnte ich lesen, dass er mir kein Wort glaubte.

Am nächsten Morgen habe ich Rücksprache mit dem Verlag gehalten und mitgeteilt, dass ich den geeigneten Partner für die Tournee gefunden habe. Und auch die Honorarfrage sei geklärt. »Für jeden Auftritt bekommt er 500 D-Mark«, sagte ich. Die Summe entsprach meiner Gage. Die ersten zehn Abende waren sofort vereinbart: Grillo-Theater in Essen, TAT in Frankfurt, Stuttgart, München, Berlin, zum Schluss Astoria-Hotel in Leipzig …

Als ich Stumpf anrief, um ihm das mitzuteilen, fragte er: »500 Westmark?« Er konnte es nicht fassen.

Die Tournee, die speziell für Buchhändler, Buchvertreter und zahlendes Publikum organisiert wurde, war ein großer Erfolg. (Sie endete nach mehr als 40 Abenden auf bemerkenswerte Weise in Oldenburg. Nach der Show sagte Hans Gerhard Stumpf auf der Rückfahrt, dass ein Zauber-Kollege im Publikum gewesen sei, der gedroht habe, ihn anzuzeigen, wenn er weiterhin Tricks auf der Bühne verrate. Das erste Gesetz aller Zauberer habe er gebrochen. Und da Hans Gerhard auf keinen Fall aus dem Magischen Zirkel fliegen wollte, haben wir unsere Zusammenarbeit beenden müssen. Es lässt sich leicht erraten, warum der Magier seinen Kollegen Ost anschwärzen wollte. NEID, NEID, dass unsere Bude voll war und er in seinem Club vor drei bis fünf Zuschauern auftreten musste.)

Der Rowohlt-Verleger Michael N. war nicht nur von dem Erfolg begeistert, sondern auch von meinem Roman. Er stellte ihn in eine Reihe mit anderen Autoren aus seinem Haus und freute sich, dass ich nun endlich für den Hamburger Verlag schreiben wollte.

Es gab Drohungen gegen das Buch. Bei einer Lesung in Kiel holte uns der Buchhändler am Bahnhof ab und sagte, er habe einen Anruf aus Münster bekommen, er solle die Lesung absagen, sonst würde sein Buchladen abgefackelt. Wir traten stattdessen vor ganz wenig Publikum in der Stadtbibliothek auf.

Aggressionen schlugen uns in Ulm entgegen. Nach der Lesung kam es zu einem 45-minütigen Wortgefecht zwischen einer Nonne, einem Schwarzkittel und mir. Wie ich am Wunder von Fátima zweifeln könne? Millionen würden es jedes Jahr erleben. Was ich mir einbilde … Der Versuch, mein Recht auf eine andere Meinung zu reklamieren, ging im lauten Gebrüll unter. Der Buchhändler verkaufte so viele Romane wie noch nie nach einer Lesung, war aber dennoch unzufrieden, weil er diesem Konflikt emotional nicht gewachsen war. Schließlich lag die Buchhandlung direkt neben dem Ulmer Münster. (Damals erfuhr ich, dass die Fátima-Gesellschaft in Deutschland mehr als 40.000 Mitglieder hatte, die regelmäßig Bustouren und Wallfahrten nach Fátima organisierten. Ein sehr einträgliches Geschäft.)

Und noch eine Reaktion war bemerkenswert. In meiner Heimatstadt Betzdorf trat ich mit Hans Gerhard Stumpf auf. (Überhaupt die erste Lesung in meinem »Dorf«, seit ich Romane schrieb. Seit 25 Jahren.) Vorschusslorbeeren in der örtlichen Presse (immerhin hatte ich in der *Rhein-Zeitung* während meiner Schulzeit als freier Mitarbeiter Theater-und Kulturkritiken geschrieben) und viel familiäres Publikum. Allerdings fehlte dem Buchhändler etwas: das Rückgrat. Vor Beginn der Lesung entschuldigte er sich für meinen Roman, der allzu kritisch mit der Kirche und dem Wunder von Fátima umginge. (Ich musste sehr an mich halten, um nichts auf diese Unverschämtheit zu erwidern.)

Die Kritiken des Romans waren durchaus gemischt, jubelndes Lob und heftige Ablehnung. Ich hatte schon seit langem gebeten, nicht mehr einzelne Kritiken zugeschickt zu bekommen, sondern die Presseabteilungen darum ersucht, sie immer nach ein paar Wochen en bloc zu senden. Dann setzte ich mich gemütlich ins Bett und las, was man von meinem neuesten Roman hielt. Ein sehr heilsames Verfahren.

Besonders kritisiert wurden die verschiedenen Erzählebenen, die den Handlungsablauf immer wieder stören würden. Neben der Haupthandlung: Ein weltberühmter Magier entzaubert das Wunder von Fátima, tritt der Mönch Athanasius auf, der durch Mittelmeerländer mit dem einzig wahren Evangelium reist, dem Judas-Evangelium. Darin berichtet der abtrünnige Jünger und Verräter, wie es zugegangen ist z.B. bei der Hochzeit zu Kanaan oder wie die Auferstehung Jesu in Szene gesetzt wurde.

Und es gibt noch eine weitere Ebene: den Marmor- und Grabkünstler Ricardo Lopez, der mit einer sehr eigenwilligen Sprache davon berichtet, wie die Granden der portugiesischen Oberklasse nach dem Tode glänzen wollen. Der Friedhof *prazeres*, übersetzt Vergnügungen, in Lissabon ist ein beredtes Beispiel dafür, mit welchem Aufwand, Prunk und Protz sich die reichen Familien Denkmäler setzen ließen.

Diese beiden Erzählstränge unterbrechen die Handlung, kommentieren sich aber gegenseitig und spielen mit parallelen Geschichten in das Geschehen hinein. *Fátima* war für mich ein spielerisches Modell, ganz so wie im Zirkus ein Jongleur sich auch nicht zufrieden gibt, wenn er bloß drei Bälle hochwerfen und wieder auffangen kann.

Übersetzungen oder Feigheit?

Seit 1988 war ich häufiger Gast der Semana Negra in Gijon, dem weltgrößten Treffen von Kriminalschriftstellen. Dort kam man mit internationalen Verlegern zusammen, die nachfragten, was man gerade publiziert habe. *Fátima* war vom Verlag schon einigen Häusern in Italien, Spanien, Frankreich und natürlich auch Portugal angeboten worden.

Verleger-Freunde aus Italien/Mailand und Spanien/Barcelona hatten rundweg abgelehnt, eine Veröffentlichung meines Romans könne ihre Existenz kosten. (Weil in manchen auch katholisches Kapital steckte.) In Frankreich ging es lange hin und her, bis dann alle Verlage absagten.

Und in Portugal? Sechs Verlage hatten das Buch angefordert. Die Reaktionen überall gleich: Kein Interesse.

In Gijon konnte ich einige der Verleger sprechen, die das Buch nicht wollten. Mein Freund Luis Sepulveda, für den ich als Autor offensichtlich seit *Landru* ein Vorbild war, brachte mich mit dem Verleger von ASA zusammen, dessen ablehnendes Schreiben ich mir kopiert hatte. Wie er dazu komme, so ein wichtiges Buch nicht veröffentlichen zu wollen, fragte Luis den alerten Mann. Der Verleger verlegte sich aufs Lügen, er habe das Buch nie zur Prüfung bekommen. Als ich ihn mit der Kopie seiner Ablehnung konfrontierte, behauptete er, dieses Schreiben nicht verfasst zu haben.

Es kam nur zu einer spanischen Übersetzung, die der kubanische Autor Daniel Chavarría gemacht hat und die ausschließlich bei der

Edition Graffiti von Horacio Verzi in Montevideo/Uruguay erschien. Alle Versuche, diese wunderbare Übersetzung doch noch auf dem spanischen Markt zu platzieren, schlugen fehl. Bisher. (2017 Jahr wird in Fátima 100-jähriges gefeiert. Mal sehen.)

Feigheit ist ein sehr weit verbreiteter Wesenszug, auch in der Welt der Freigeister, die sich Verleger nennen.

Fátima – das letzte Kapitel des Marmormetz Ricardo Lopez

Komm hinein ins Klare, erklär dich, schnell, die Zeit zum Sterbm ist zu kurz, sind aufgerufen alle Götter zu helfn, doch sie bleibn fern, lassen sich nich bittn, dienstbare Geister, nich lockn wie das dumme Vieh, aufs Lebn vorbereitet, doch überrascht vom Tod, Ricardo Lopez, Sie wissens schon, der Mann, der Steine spricht und Marmor metzelt.

Ne große Menge von dem edlen Stein, dem schönsten, was der Friedhof braucht, ein Vergnügen zuzusehn, wenn Marmor bricht, die Säge sticht, und der Geruch, wenns Marmormehl sich fein verteilt, so frisch, so jungenzart, als wenn die Lüfte Flügel hättn, der kristalline Kalkstein, selbst aus Deutschland, wo Kriege tobn, aus Schupbach, Franken, Hessen-Nassau krieg ich die Ware, Deutsch-Rot kommt aus den Alpn, und meine Lieblinge, Arabescato aus Carrara, und Vert des Alpes, glänzend, wie die Griechen sagn, gefärbte Adern, tiefes Licht, Zwillingslamellen, kann den Marmor singn hörn, wie jener Capo es gelehrt, ne große Menge, wie gesagt, und ich sollt sie beschaffen.

In jenem Jahr hat ich schon dreihundert Leute, das Gebäude Lopez S. A. war eingeweiht, Sociedade Anónima, vertreten an den großen Plätzen unsres schönen Landes, wenns zum Sterbm geht, dann zu Ricardo, ich hatte einen Spruch für alle Blätter: Wir erfüllen stille Wünsche, darunter dann ein Bild vom Gottesgrab, dem schönsten, das ich je erbaut, und die Adressen samt den Fernsprechnummern, wenns zum Letztn kommt, kommt niemand an uns vorbei.

An jenem Morgen, genau in der Mitte des Aprils, ich fahr hinauf nach Fátima, weil mich der Bischof sprechn will, ganz großer Auftrag, heißt es, nur widerwillig mach ich es, denn mein Stellvertreter darf sich rühmen, mein Geschäft dort wunderbar zu führn, die Fahrt war seltsam, mein Herz setzt aus bei jedem zehnten Schlage, wie eine Trommel, die mal stockt, ein schwarzes Loch, ich zähl auf neun, Pause, dann geht es weiter, als sei nichts geschehn, die Landschaft schön, die Fahrt im offnen Wagn, mit Typen kenn ich mich nich aus, der reiche Kunstmetz unterwegs, und seltsam schmerzhaft dieser Stich in meiner Brust, ich bitt den Fahrer anzuhalten.

Ich brauchte Ruhe, auch wenn die Zeit zum Treffen schon verstrichn. Ich sitz in einer Wiese. Beide Hände auf dem dunklen Stein.

Dann endlich kommt das Herz zurück, die Bahnen wieder freigefegt, auch das Interesse wieder neu erwacht, ich hab die Angst verlorn, dacht ich, da war sie wieder, auch wer mit dem Tod umgeht wie andere mit Holz, kann sich nicht feien, wenns soweit ist, fahr langsam, sag ich, langsam, bitte, ganz gleich, wann ich in Fátima erschein, ich will nicht dort begraben werdn, der Fahrer schleicht die Straße rauf, der schwere Wagen stöhnt, ich spüre, wies hilft, wies besser geht und besser, ein Anfall nur, ne leichte Schwäche, drum sprech ich leis, versteht Ihr mich, so leis, denn schreien musst du, wenn der Marmor knackt.

Gut, dass Sie kommn, die Tischzeit ist verstrichn, nen kühlen Vinho verde kann ich kredenzen lassn, der Bischof in Zivil, ein Mann von Würde, ich möchte lieber klares Wasser, so kenn ich Sie nich, sagt er, sag ich, weiß schon, warum ich lieber Wasser sauf, es dauert eine Weile, bis er mich versorgen lässt, er will das Mittagsgebet nich Versäumen, da bleib ich sitzen in dem kahlen Raum, kein Prunk, kein Bild, nurn Riesenkreuz in dieser Audienz, in der Besucher schon die Kälte spür, die Fátima umweht, im heißen Sommer auch, soviel Escudos ich mit meinen Andenken schon verdient, ich mocht es nie, das Fátima, Ort der Scheinheiligkeiten, Heiligenschein, Ort der Armen, die kein Glück gewinnen, Ort der Kranken, von denen wenige gesunden, enttäuschte Hoffnung, ich mocht es nie, doch wenn der Bischof ruft, mit großem Auftrag, dann muss ich hin, auch wenn das Herz stillsteht.

War zusammen mit den Großen, gelben Kardinälen, violetten Generälen, mit Präsident und PIDE-Chef, den grünen Reedern und deren kaffeebraunen Fraun, Höhe meines Ruhms, geschäftlicher Erfolg, hab doch das Leben schon genossn, geschwelgt im Wein und gutn Speisn, hab alles gehabt, vom Erdehackn bis hinauf zu Samtbordüren, hab Kitsch getrieben, künstlerische Büsten schön gehaun, nun sitz ich, matt, erledigt, im kahlen Raum vorm Kruzifix, als wenn das Blut hineingesunken in die unheilge Erde, der Bischof lässt mich warten warten, bin ich ein Messdiener, will schon gehn, kommt er heran, mit schnellem Schritt, ohne Entschuldigung, jetzt kanns Gschäft beginnen.

Ne große Menge von dem edlen Stein, weißer Carrara, ob ich die liefern könnt, wieviel, wofür, das müsste ich schon wissen, er sagt, wir haben einen Plan, ich wüsste doch, die Pilger, die nach Fátima herkommen, würden die letzte Strecke stets auf Knien rutschen, ja, schlimm, sag ich und unterbreche ihn, ganz schlimm, sehn Sie, sagt er mit klarer Stimme, das wolln wir anders habn jetzt, wir brauchen eine Bahn, die von dem Ende des Platzes vor der Kirche reicht bis dann hinunter zu der Capelinha, wo die Jungfrau erschien, bis dort hinunter und um die Kapelle herum, ein Meter breit, vielleicht auch zwei, die ganze Strecke, in weißem Marmor oder Travertin, kommt auf den Preis an, den ich machen würd, natürlich auch das Legen inbegriffn, óptimo, und was soll da geschehn, frag ich, sagt er, sie werden diese Strecke rutschn, den kleinen Hügel runter in die Senke, bis zur Kapelle und wieder hinauf, die höchste Form der Buße, wenn sies geloben, muss es auch geschehn, ich spür mein Herz wieder, coraçao, wies aussetzt, jeder zehnte Schlag, schon der achte, bitt um ne Pause im Gespräch und frisches Wasser, sicher, der Bischof selbst ist unterwegs.

Die Buße, harte Strafe, auferlegte Pein, das lieben sie, die Kirchenfürsten, die Schäfchen gebückt, wenn blutig geschwitzt die Bauern kommen, die Fischer mit gebeugtem Haupt, die sonst ganz stolz das Meer befahrn, die Angestellten, Angetriebenen, wenn sie auf Knien sind, verstummt im Gebet, das ist die Geißel ihres Glaubens, die Macht, die andern hinzustreckn, und zahlen müssen sie auch, hinein in Opferstöcke, damit die Seel zum Himmel hopst, den Rosenkranz gebetet, Runde um Runde, blutig die Knie, Erniedrigung, nicht aufrecht glauben, sondern im Staube, das Pack, wo's hingehört, in'n Dreck, mit schmerzverzerrtem Glauben, sie lachen später, wenn die Qual vorüber, auch wenn sie matt und glücklich sich umarmen, geschafft den Bußgang, Leidensgang, Martyrium, auch wenn sie Hühner fressn, plattgeschlagen mit Salat und Brot, sie sind erniedrigt, weggestoßn, ein Nichts im Angesicht der weißen Kirche, des weißen reinen Glaubens, der weißen reinen lieblichen Madonna, sie sind der Abschaum.

Nein, sag ich, nein, machn wir nich, das is ja keine Arbeit für nen Kunstmetz, der Bischof rot, erstaunt, wieso, Senhor Lopez, versteh ich nich, Marmor ist Ihre Sache und verlegen kann nich schwer sein, wir haben immer gut gearbeitet, Hand in Hand, warum nun diese Geste, ich sag, der Stein ist dafür nicht geschaffn, das Blut der Knie wird sich einfressn, ne Blutspur wirds dann sein hinunter zur Madonna, ich mag das Knien nich und auch nich diese Art des Glaubens, ich will nicht, dass die Gläubigen leiden. Das gehört dazu, röter der Bischof, die Augen fett geschwolln, im kahlen Raum kommt Spannung auf, Wellen.

Der Hass auf diese Heuchler, wenn sie ihre Lügen färben, wenn sie sich winden, schwanken, drehn, wenn sie erfinden, was die Leute wolln, der Bischof in Zivil, der General im Mord, der PIDE-Chef in seiner Unschuld, sie foltern, demütigen, massakriern, sie lassn sichs nichts kostn, andre bezahln, Hass auf diese Herrn, den ich am Ende stets verspüre, wie sie sich laben, freun, sich sättigen, um dann Parolen rauszurülpsen von Zucht und Glaube, Harmonie und Hoffnung, wie sie verspeisn ganze Völker, die Hände falten, andächtig harrn, den Blick zum Vaterland gewendet, vor unsern Augen Opfer bringen lassn, Heucheln unabdingbar, Verlogenheit verstohlen.

Nein, sag ich, nein, die Leidensbahn werd ich nich machen, auch wenn Sie das Doppelte bezahln, der Bischof krebsrot, tobt, wütet, wer ich denn sei, was ich denn wolle, er könne alle Aufträge stoppen, jedes Gschäft unterbinden, mich wie ne Laus zertretn, er platzt ganz auf in seiner Wut, ein Lopez sei noch nie etwas geworn, er wüßt, dass ich ein simpler Leichenträger war, ein Helfershelfer, Nichtsnutz, ein Wort von ihm, und alles sei zerstobn, da würd niemand mehr ne Büste für die Nachwelt bestelln, entweder Auftrag oder Abstieg.

Es ist mein letztes Wort in dieser Sache, sag ich und nehme meinen Hut, der Bischof brüllt, als hätt ich ihn geschlagn, er schreit, wer keinen Glauben in die Kirche hat, hat keinen Gott, ich steige in den Wagen, sag dem Fahrer, bring mich hinunter, schnell, nach Nazaré, will an den Strand, will laufen, Wellen spüren, will meinen Tag beenden, er fährt mich ruhig hinunter, Kurven, Straßen, ein Herzschlag fehlt, ein Herzschlag, Stillstand, Pause, Einhalt, ein Herzschlag nur.

Ich hab gesehn, wie dies Marmorleiden da entstand, ein und einen halben Kilometer, ein und einen halben Meter breit, der weiße Marmor, eingelassen in den Boden, den kleinen Hügel lang hinunter und im Quadrat um die Capelinha, die Bahn des Leidens, Schmerzensweg, wo Pilger auf den Knien sich geißeln, sich vorwärts beten, Frauen in Schwarz, verhärmte, harte Gesichter, mit Kopftuch, schwerem Rosenkranz, die Männer halten ihre Schultern, damit sie nicht vor Qual zusammenbrechn, ich habs gesehn, die Marmorbahn der Unterdrückung, die ein anderer erstellt, Spinola Sociedade Anónima, schlecht und auch kein richtiger Marmor, zu flach poliert, der Kreuzweg für die Armen, die auf Erlösung von dem Übel Leben hoffen, Gesundung von der Krankheit und dem Leiden, die sich beugen, um ihrem Herrn die Ehre zu erweisen, weil dieser Bischof es so fordert, das war der Hass, der meine letztn Tage nun bestimmte

Ich spreche meinen Zorn, auch wenn die Stimme bald versagt.

Der Anarchist von Chicago (1995)

Ich habe während meines Studiums immer nur am Rande die Schriften der Anarchisten Stirner und Bakunin gelesen, aber es ging von den Texten eine eigentümliche Faszination aus. Klare Analysen der vorhandenen Herrschaftsverhältnisse, präzise Beschreibungen der Unterdrückungsmechanismen, Aufruf zur Tat.

So war das Thema, das ich mir für meinen nächsten Roman vorgenommen hatte, auch der Versuch, einen Ritt durch den europäischen Anarchismus zu machen, bei dem meine Hauptfigur Karl Schasler auf Stirner, Courbet, Bakunin u.a. trifft. Der Plot handelt von der ersten Bombe, die bei einer Demonstration in den USA geworfen wurde – die zum sogenannten Haymarket-Massaker führte und letztendlich auch für die Entstehung des 1. Mai-Feiertages verantwortlich war.

Ich will nicht verhehlen, dass ich die folgenden Zitate (besonders das erste) zu Beginn meiner Lesungen mit Freude vorgetragen habe.

»Regiert werden heißt, bei jedem Werk, bei jedem Handeln, bei jeder Bewegung festgestellt, registriert, zensiert, tarifiert, abgestempelt, geschätzt, mit Abgaben belegt, lizenziert, autorisiert, befürwortet, behindert, reformiert, korrigiert werden; es heißt, unter dem Vorwand des öffentlichen Nutzens und im Namen des allgemeinen Interesses besteuert, dressiert, gerupft, ausgenutzt, monopolisiert, bevollmächtigt, gedrängt, mystifiziert, bestohlen und beim ersten Wort der Klage unterdrückt, bestraft, verunglimpft, schikaniert, verfolgt, gezaust, verurteilt, gerichtet, deportiert, geopfert, verkauft und verraten, dabei noch gefoppt, genarrt, gekränkt und entehrt werden. Das heißt Regierung, das ist ihre Gerechtigkeit, das ist ihre Moral.«

Pierre Joseph PROUDHON, 1841

Anarchismus: Die Philosophie einer neuen sozialen Ordnung, die auf einer Freiheit gründet, die nicht durch ein von Menschen geschaffenes Gesetz eingeschränkt wird; die Theorie, die besagt, dass alle Formen von Regierung auf Gewalt beruhen, und deshalb falsch, schädlich und nicht notwendig sind.

Emma GOLDMAN, 1917

Nach der Revolution wird es keine Gefängnisse mehr geben, keine Gerichte und keine Polizei.
Die Welt wird eine einzige große Kommune sein, in der Lebensmittel und Unterkunft frei sind, in der wir alles miteinander teilen.
Alle Uhren werden zerstört.
Friseure werden in Umerziehungslager gehen und sich die Haare lang wachsen lassen.
Das Pentagon wird durch eine Farm ersetzt, auf der man mit LSD experimentiert.
Es wird keine Schulen oder Kirchen mehr geben, denn die ganze Welt wird eine einzige Kirche und eine einzige Schule sein.

Die Leute werden am Morgen das Land bebauen, am Nachmittag Musik machen und ficken, wann immer sie Lust dazu haben.

Jerry RUBIN, 1968

Häufig wird in Kritiken erwähnt, dass der zweite Roman eines Autors nicht an seinen Erstling heranreiche und deswegen eine Enttäuschung sei. Auch wenn Keplers Traum nicht mein zweiter Roman war, wurde er bei Klett-Cotta nach diesem Schema des sich wie ein abgenutzter Mahlstein bewegenden Literaturbetriebs beurteilt.

Bei Rowohlt erging es mir ähnlich. Was für ein *Déjà-vu!* Nach dem überschwänglichen Lob für *Fátima* waren die Erwartungen besonders hoch und wurden »heftig enttäuscht«. Der Verleger Michael N. veranlasste, dass alle Werbemaßnahmen für meinen Zweitling im Hause Rowohlt gestoppt wurden. (Wie mir mehr als ein Jahr später der Chef der Werbeabteilung erzählte. Als er nicht mehr für den Verlag tätig war! *Corporate identity* nennt man das – deswegen erfahren wir so wenig von den Vorgängen in Verlagen und Medien. Wer den Mund aufmacht und z.B. einem Autor erzählt, dass und vielleicht sogar warum für sein Buch keine Werbung gemacht wird, der bekommt eine Abmahnung. Oder er kann sich gleich die Papiere holen.)

Der Anarchist von Chicago hat dem Verleger Michael N., wahrscheinlich aus politischen Gründen, nicht gefallen. Ein eher konservativer Sozialdemokrat konnte mit anarchistischem Gedankengut so gar nichts anfangen. Er soll gewütet haben, als er das Buch von meiner Lektorin vorgelegt bekam. Aber da war es schon zu spät. (Außerdem hatte ich inzwischen eine Vorschuss-Höhe erreicht, die ihn zurückzucken ließ, dass Buch einfach nicht erscheinen zu lassen. Pro Monat bekam ich vom Verlag 2000 DM. Alle zwei Jahre sollte ein Roman erscheinen.)

Wenn für ein Buch keinerlei Werbung gemacht wird, geht es auf dem Markt unter. Diese Erfahrung musste ich zum wiederholten Male machen.

Die Lesetournee brachte volle Häuser und großartige Kritiken. In der lokalen Presse. Diesmal war »der blonde Engel von Varel«, die damals 22-jährige Elke Martens, an meiner Seite. Sie spielte, von ihr für Akkordeon transponierte, Stücke von Scott Joplin. Und sie verspielte sich mindestens einmal an jedem Abend, wenn nicht gleich mehrfach. (Was ihr immer große Sympathien einbrachte.) Außerdem las sie mit mir das längere Dialogstück aus dem Roman, in dem der Anarchist Karl Schasler seiner geliebten Malerin Florine Starkweather gesteht, dass er die Bombe in die Reihen der Polizei geworfen hat. Als Duo machten wir einiges her. Nicht nur auf dem Plakat, auf dem sie als jugendliche Musikerin mit einem feinen Lächeln und ich als bärbeißiger Autor mit schwarzem Hut und schwarzer Jacke zu sehen waren.

Die Recherche für den Roman fand weitgehend in USA statt. Während eines Jobs am Dickinson College in Carlisle/Pennsylvania (die dortige Bibliothek bot ausgezeichnete Bestände), konnte ich die Geschichte des amerikanischen Anarchismus studieren und alles über die erste Bombe bei einer Demonstration in USA erforschen. (Offenbar gab es unter den Bibliothekaren jemanden, der dem Anarchismus durchaus zugeneigt war.) Zugleich konnte ich die Sprache des *Pennsylvania Dutch* kennenlernen, die ich für eine Nebenfigur, den Schokoladenfabrikanten Milton P. Banter, verwandt habe. Immer noch sprechen mehr als 70.000 Amerikaner *Pennsylvania Dutch*. Oder Deitsch, wie sich die Sprache selbst bezeichnet. Sie ist das Idiom der Vorväter, die sich am Ende des 17. Jahrhunderts in Germantown/Pennsylvania angesiedelt haben.

Zur weiteren Recherche ging es nach Chicago an die Newberry Library. Dort gewährte man mir Einsicht in Zeitungsausgaben der Jahre 1885–87. Die Freundlichkeit der Bibliothekare, die ich auch schon früher gespürt habe, wurde in Chicago noch übertroffen. Immer wenn ich darum bat, etwas fotokopieren zu dürfen, was bei alten Zeitungsbeständen so gut wie ausgeschlossen ist, übernahmen Mitarbeiter der Newberry Library das für mich. Zugleich war Chicago, nicht nur wegen des Waldfriedhofs, wo sich die Gräber der ermordeten Anarchisten befinden und auch das Grab von der von mir sehr geschätzten Emma Goldman, ein wunderbarer Anschauungsort: ob es sich um die alten Schlachthöfe handelte oder das Traditionslokal Berkoffs. Wer immer behauptet, und das tun Steuerprüfer gerne, Autoren könnten die Recherche auch im Internet bewältigen, hat keine Ahnung, was es für einen Schriftsteller bedeutet, vor Ort zu sein und die Atmosphäre zu »schnuppern«. In Erinnerung bleibt die Begegnung mit Studs Terkel, damals schon über 80jährig, der noch jeden Tag eine Stunde Interview auf einem kleinen Kulturradiosender veranstaltete. Ein Anarchist im guten alten Stil, der sich hervorragend in amerikanischer Geschichte auskannte.

Im Nachwort habe ich ein wichtiges Detail erwähnt, dass die Urzelle für meinen Roman war.

Auch dieser Roman kann nicht klären, wer die Bombe am 4. Mai 1886 auf dem Chicagoer Haymarket geworfen hat. Die Theorie, die ich vertrete, ist inspiriert von einem Dokument, das ich seit fast zwanzig Jahren in meinem Archiv habe.

Ein Bremer Wandergeselle behauptet in seiner Autobiografie, dass er in Chicago mit einem Mann namens Franz Wilhelm zusammengetroffen sei, der ihm glaubwürdig versicherte, er sei der Bombenwerfer gewesen. (Er lüftete sein Inkognito, weil er in dem Bremer Besucher einen anarchistischen Freund wähnte.) Als Tätigkeit gab dieser Franz Wilhelm, wie mein Franz Weissenbach, an: Überlandverkauf von billigen Heiligenbildern.

Es gibt noch eine Geschichte zu erzählen, die kurios anfing und mit einem *sciocco* endete.

Eines Tages bekam ich einen Brief aus San Francisco. Ein Mann namens Frank S. hatte von meinem Roman gehört, *only god knows how,* und wollte ihn verfilmen lassen. Wann ich ihn treffen könne ... Ich schrieb zurück, dass ich an einem neuen Roman arbeite, der wiederum in USA spielen werde, aber wann ich nach San Francisco käme, könne ich nicht genau sagen. Prompt kam eine Antwort: Frank S. schrieb, er habe einen Repräsentanten in London, der mit einer Produktionsfirma zusammenarbeite, ob ich nicht wenigstens nach London kommen könne. Flug und Unterkunft werde bezahlt. Ich akzeptierte, flog nach London, wurde mit einer großen Limousine abgeholt und in eine Firma im Westend gefahren. Dort gab es Lunch. Ein Schotte war mein Gesprächspartner. Er wollte alles über den Roman, seine Handlung, die Hintergründe, die Recherchen, überhaupt alles wissen. Sechs Stunden (oder waren es mehr?) habe ich ihm den ganzen Roman, Kapitel für Kapitel, erzählt. Er war begeistert, denn, oh Wunder, es hat bis dahin nie einen Film über die Haymarket-Vorgänge gegeben. Der Schotte ließ mich am nächsten Tag zum Bahnhof bringen, weil ich nach Boston Spa zu meinem Freund und Kollegen Trevor Griffiths fahren wollte. (Er arbeitete seit Jahren für Hollywood, bekam eine Oscar-Nominierung für das beste Drehbuch von *Reds – 10 Tage, die die Welt erschütterten*, mit Warren Beatty und Diane Keaton in den Hauptrollen, und kannte sich sehr gut in der »Weltrauschgiftzentrale Hollywood« aus. So hat Bertolt Brecht sie genannt.) Er riet mir, in den USA direkt mit Frank S. zu sprechen, denn meistens würden Repräsentanten ihre eigenen Interessen vertreten, z.B. die Produktionsfirma an das Projekt durch Vorverträge zu binden.

Es dauerte fast ein Jahr, bis ich während der Recherche für meinen Brecht-Roman die Möglichkeit hatte, Frank S. in San Francisco aufzusuchen.

Ein kleiner, glatzköpfiger Mann in weißen Klamotten fuhr mich mit seinem goldfarbenen Mercedes zu einer pompösen Villa und erzählte unentwegt, wieviel Geld er mit den ersten Konzerten der Beatles in den USA verdient habe. (Auf 40 Seiten hatte er alles aufgeschrieben. Titel: *From Lenin to Lennon.*) Auch die Konzerte von Bob Dylan und anderer Superstars will er organisiert haben. Dass er millionenschwer war, stand für mich außer Frage.

Und dann ließ er sich, wie der Schotte in London, den ganzen Roman erzählen. Eine durchaus schweißtreibende Angelegenheit. Als ich nach einem halben Tag fertig war, fragte er mich, ob man die Geschichte aus der Perspektive eines der tatsächlichen Anarchisten erzählen könne, z.B. aus der Perspektive von Albert Parsons. Ich wollte wissen, wieso – schließlich wäre es eine grobe Geschichtsfälschung, aus einem unschuldig Gehängten einen Bombenwerfer im Film zu machen. (Hollywood bedient sich solcher Fälschungen, um Geschichten zu erzählen, die den Massengeschmack treffen sollen.) Zu meiner Überraschung sagte Frank S., Albert Parsons habe eine dunkelhäutige Frau gehabt, die ihn um zwei Haupteslängen überragt habe. (Ich konnte mir nicht vorstellen, was das noch mit meinem Roman zu tun haben sollte, aber ich ließ mir nichts anmerken.)

Der *sciocco,* auf Italienisch: der Peitschenknall, kam, als die Frau von Frank den Salon betrat. Eine fast zwei Meter große Südstaatlerin, die sich freute, einen richtigen Autor, *a published author,* zu treffen. Frank S. sah neben dieser Hünin wie ein kleines Hündchen aus. Ich könne doch gewiss sorgen, dass ihr bisher unveröffentlichter Kriminalroman ins Deutsche übersetzt werde. (Sie überreichte mir das über vierhundert Seiten starke Manuskript.)

Frank S. vergewisserte sich, dass ich in direktem Kontakt zu Trevor Griffiths stehe, der eventuell am Drehbuch mitarbeiten würde, und ließ mich zurück ins Hotel bringen. Wir werden in Kontakt bleiben, sagte er beim Abschied. (Immerhin habe ich durch diesen Ausflug ein paar Tage San Francisco erleben können.)

Noch ist die Geschichte nicht zu Ende. Wieder ein Jahr später: Trevor probte gerade an der Royal Shakespeare Company in London sein neues Stück und traf mit Frank S. zusammen. Schon nach kurzer Zeit merkte er, worauf der reiche Amerikaner hinaus wollte. Er sollte für Frank S. ein Drehbuch ohne Vertrag und Vorschuss verfassen. (Trevor Griffiths ist ein Autor, der in Hollywood *bankable* ist – das heißt, mit dem man Produktionsgelder einsammeln kann.) Trevor sagte mir nach seinem Treffen mit Frank S., der sei einer der üblichen Gauner, die versuchen kostenlos Arbeitskraft von Autoren abzuzocken. Kurz: das Geschäft mit der Hoffnung auf ein großes Projekt in Hollywood. Dafür fliegt man schon mal nach London oder San Francisco.

Als Auszug aus dem *Anarchist von Chicago* habe ich mein Lieblingskapitel gewählt, das ich oft bei Lesungen zum Besten gegeben habe.

Der Anarchist von Chicago

»May I introduce myself, my name is Jeremiah D. Fowler. I am pastor of the Freedom Tabernacle Bible Church.«

»Ich spreche kein Englisch«, erwiderte Weissenbach, der nur ungern bei der Lektüre eines Marlitt-Romans gestört wurde.

»So haben wir alle angefangen, aber Sie sollten es bald lernen. Gestatten, Fowler, Pastor bei der Freedom Tabernacle Bible Church. Ich möchte Ihnen einen kleinen Deal vorschlagen.«

»Was ist ein Deal?« fragte Weissenbach und legte den Marlitt-Schmöker zur Seite.

Fowler schmunzelte. »Du musst wirklich die Sprache lernen, sonst bist du verloren. Auch als Katholik. Amerika mag keine Verlierer!«

Fowler trug einen Anzug mit zweireihig geknöpfter Weste, an beiden Händen goldene Ringe. Er glich einem der feinen Pinkel, die zum Schluss das Dampfschiff betreten hatten. »Ein Deal ist ein Geschäft, Mister!«

»So. Und was für ein Geschäft soll es sein?« fragte Weissenbach. Zur Demonstration seiner finanziellen Situation zog er das Futter der linken Hosentasche heraus. »Ich kann nichts kaufen.«

»Du sollst etwas verdienen, Bruder!«

Franz Weissenbach wusste nicht, was er von diesem Pastor aus einer ihm unbekannten Kirche zu halten hatte. Schon mehrfach war ihm zu Ohren gekommen, wie Auswanderer mit Verdiensten gelockt wurden.

»Wie heißt du?«

Fowler streckte ihm die Hand hin. Weissenbach erwiderte den Gruß und nannte leise seinen Namen, an den er sich inzwischen gewöhnt hatte. Ein Kampfname ganz besonderer Art.

»Also, it's pretty simple. Da oben«, Fowler zeigte mit dem Daumen zum Oberdeck, »gibt es ein Pärchen, das hat sich entschlossen zu heiraten. Ich würde sie ja gerne trauen, aber sie bestehen darauf, dass sie von einem katholischen Priester getraut werden. Es sind sehr reiche Leute.«

»Und wo liegt nun der Verdienst?« Weissenbach wurde das Gefühl nicht los, dass dies ein besonders fauler Trick war.

»Hochzeit ist doch Erntezeit für uns. Da fallen die Dollars nur so von den Bäumen. Die lassen etwas springen. Alle sind bester Laune. Nur — es fehlt eben ein katholischer Priester. Ich würde sagen: fünfundzwanzig Prozent.«

»Wie bitte?«

»Twentyfive percent, o. k. ?«

»Wovon?«

Weissenbach überlegte, worin der Trick bestehen könnte. Sollte er um seine Soutane gebracht werden, um die letzte Habe? Und wieso fünfundzwanzig Prozent?

Fowler hielt ihm die ausgestreckte Hand hin. »Ist das zu viel? Sagen wir zwanzig. Einverstanden?«

»Fünfzehn«, erwiderte Weissenbach. Ganz gleich, worum es ging, er wollte wissen, was dieser Bibelmann tatsächlich vorhatte.

»Einigen wir uns auf die Mitte: siebzehn und ein halb!« »Was muß ich tun?« fragte Weissenbach, ohne sein Einverständnis zu geben.

»Du kommst mit, wirst der Familie vorgestellt und traust die beiden. Das ist alles. Hast du Gerätschaften dabei?« Weissenbach schüttelte den Kopf.

»Die kann ich dir leihen. Ich bin auf solche Fälle immer vorbereitet. Es ist nicht die erste Fahrt, die ich mitmache. Aber dann möchte ich doch zwanzig Prozent von deinen Einkünften haben.«

»Wie hoch werden die denn sein?«

»Das kann man nie wissen. Es ist eine reiche Familie, und ich hab dir den Job vermittelt.«

Weissenbach willigte ein.

Erst als er sein Priesterkleid anlegte, fiel ihm ein, dass er bisher keine Trauung vollzogen hatte. Was waren die Worte, die er sprechen musste? Ein bisschen Latein hatte er von Franz gehört. Aber es war zu spät, um den Deal rückgängig zu machen. Fowler ließ ihn nicht aus den Augen.

»Du bist Schweizer, aren't you?«

Weissenbach spürte, wie sein Puls sich beschleunigte. »Und du?« fragte er, um ein wenig Zeit zu gewinnen. »Ich habe eine deutsche Mutter und einen irischen Vater. Ich bin in Milwaukee geboren. Seit zehn Jahren habe ich eine

eigene Kirche, that's very good business.«

»Business?«

»Du musst schnell Englisch lernen. Die Geschäfte gehen gut.«

Dann stiegen sie die Treppe zum nächsten Deck hinauf, dann noch eine, und wieder eine. Sie wurden immer komfortabler. Die letzte Treppe bewachten zwei Offiziere mit weißen Handschuhen.

Fowler zeigte sein Ticket und besprach mit den Offizieren ihr Vorhaben. Sie durften passieren.

Weissenbach kam sich im Ornat lächerlich vor.

Das sollte sich ändern, als Senator Smidt auf ihn zutrat. »Sie helfen uns aus einer wahren Verlegenheit, Father. Ich weiß nicht, was in die Kinder gefahren ist, aber sie wollen partout auf dem Schiff heiraten. Also, ich verstehe das nicht. Als ob sie nicht abwarten könnten, bis wir in Amerika sind.

»Wann soll die Zeremonie beginnen?« fragte Weissenbach, der langsam Gefallen an der Rolle fand.

»Nach dem Dinner!« bestimmte Senator Smidt. »Wenn alle in fröhlicher Stimmung sind. Der Kapitän erweist uns die Ehre seiner Anwesenheit. Die Kapelle hat den Hochzeitsmarsch eingeübt. Welche Gesänge schlagen Sie vor?«

»Die werde ich noch aussuchen«, sagte Weissenbach. Ein Gesangbuch hatte sich in der Habe seines Vorgängers befunden.

Fowler machte den Einwand, dass es doch wunderschön wäre, wenn man um Mitternacht die Trauung vollziehen könnte.

Senator Smidt war nicht besonders begeistert von der Idee.

»Ein Spektakel wünsche ich nicht, meine Herren.«

»Aber es ist sehr romantisch«, gab Fowler von sich und zwinkerte mit dem rechten Auge.

Der Senator lud Weissenbach ein, den Nachmittag mit ihm zu verbringen.

»Wissen Sie was, Sie holen Ihr Gepäck herauf. Es gibt noch eine freie Suite, die ich Ihnen zur Verfügung stellen werde. Warten Sie, ich schicke jemand hinunter, der Ihre Sachen holt. Einverstanden?«

Weissenbach war sprachlos.

»Einen Priester kann man immer brauchen. Nicht nur für die letzte Ölung.« Senator Smidt lachte, seine Zähne sahen ganz gelb aus.

Die Suite war für einen Freund des Senators vorgesehen, der in letzter Minute die Atlantiküberquerung absagen musste. Aus geschäftlichen Gründen.

Als die beiden Kirchenmänner in dem geräumigen Ankleidezimmer standen, sagte Fowler: »Den Termin um Mitternacht habe ich nur ins Spiel gebracht, weil die Herrschaften dann in Spendierlaune sind. Zwanzig Prozent, nicht vergessen.«

Weissenbach erinnerte daran, dass Fowler die Gerätschaften bringen wollte.

Er ließ sich auf das Bett fallen und lachte.

Ein Steward brachte sein Gepäck und eine Karte, die als Ausweis galt.

»Willkommen auf dem Oberdeck, Mr. Weissenbach. Haben Sie einen Wunsch?«

Der Steward verbeugte sich.

»Ich würde gerne Wein haben. Den brauche ich für die Trauung.«

Der Mosel war süß, genau wie Weissenbach ihn gerne trank. Zunächst wollte er mit dem Brautpaar und den Eltern die heilige Kommunion feiern. Die hatte er häufig bei Franz gesehen. Dieser Teil der Zeremonie würde keine Schwierigkeiten bereiten. Für die Trauung musste er sich etwas ausdenken. Wie gut, dass noch einige Stunden Zeit waren. Der Wein beflügelte seine Gedanken.

Fowler brachte Messkelch und Altarkreuz, ein Sakramentshäuschen sowie einen silbernen Teller für Oblaten. Auch die gab es reichlich.

Weissenbach bot ihm einen Schluck Wein an.

»Was ist das für eine Kirche, zu der du gehörst?«

»Freedom Tabernacle Bible Church ist die Kirche der Zukunft. Wir haben schon expandiert. Nächstes Jahr erreichen wir New York. Wir werden in der Zweiundvierzigsten ein Gotteshaus bauen. Die Investitionen liegen bereit.«

»Eine christliche Kirche?« Weissenbach sah, dass der Rest in der Flasche für die Trauung kaum reichen würde. Er zog die Klingelschnur. Kurz darauf erschien der Zimmerkellner, der die Bestellung entgegennahm.

»Wir haben die richtigen Ideen, die richtigen Leute. Der Zulauf ist mit mehr als dreißig Prozent jährlich der beste aller Gemeinden in Milwaukee.«

»Und was machen die Katholiken in Milwaukee?«

»Deren Geschäfte stagnieren«, erwiderte Fowler. Er tat so, als habe er in eine unreife Pflaume gebissen.

»Warte, bis ich komme«, lächelte Weissenbach.

Fowler war ein drahtiger Mann, dessen Haar sauber in der

Mitte gescheitelt zur Seite fiel. Er nippte nur an seinem Wein.

»Wir glauben, dass die Zehn Gebote eine Fälschung sind.

Unsere Religion sagt: Alles ist erlaubt, es gibt keine Beschränkungen. Wir haben die Sünde abgeschafft, das ist ein Fortschritt. Die Zehn Gebote behindern nur.«

»Ihr seid Anarchisten!« sagte Weissenbach.

»So würde ich es nicht nennen. Nein, wir sind alles gottesfürchtige Geschäftsleute, die nach dem Grundsatz leben: Alles ist erlaubt, was Profit bringt.«

Am Abend gab es ein siebengängiges Dinner, das Weissenbach an der Seite von Senator Smidt einnahm.

Weissenbach erfand die Geschichte, dass man ihn auf eine besondere Mission nach Amerika geschickt habe, es gehe um die Expansion der katholischen Gemeinden, die ja gerade in Milwaukee ins Stocken geraten sei.

»Ja, expandieren müssen wir alle«, warf Senator Smidt ein, »was glauben Sie, welche Anstrengungen wir unternehmen, um die guten Geschäfte nicht an Bremen vorbeiziehen zu lassen? Die Hamburger versuchen mit allen Tricks, uns das Auswanderergeschäft aus der Hand zu nehmen. Was haben Sie für Ihre Passage gezahlt?«

»Dreißig Taler.«

»Da können Sie sehen, wie geschäftstüchtig wir sind. Der Preis liegt um fünf Taler unter dem Hamburger Preis. Die Zeiten sind schlechter geworden, vor ein paar Jahren hätten Sie doppelt so viel bezahlen müssen.«

Dann stellte der Senator das Hochzeitspaar vor. Die Braut war keine zwanzig Jahre alt, der Bräutigam weit über fünfzig. Sie sah aus, als hätte sie die Höhere Töchterschule gerade erst hinter sich. Wie beschrieb Marlitt diese frischen Mädchen: Sie sind junge Apfelblüten, die mit ihrer gesunden Farbe die Bienen anlocken. Er hatte erfolgreich ein Bataillon im Deutsch-Französischen Krieg geführt. Am Frack baumelten ein paar Orden, die Weissenbach erschreckten.

»Nun erzählen Sie von sich«, bat das junge Fräulein, das ihre Hand auf Weissenbachs Arm legte.

»Ich bin Schweizer, aus der deutschsprachigen Schweiz. Ich komme aus einer kleinen Gemeinde, die heißt Himmelreich …«

Er konnte den Satz nicht beenden, weil ein Gejuchze einsetzte. Jeder am großen Tisch wiederholte das Wort. Es sprang auf die anderen Tische über.

Aus einer Ecke des riesigen Saales ertönte eine Bassstimme.

»I drink to Mr. Himmelreich.«

Einige der Leute erhoben sich.

Auch Weissenbach musste aufstehen und den Toast entgegennehmen.

»Sie sind ja ein idealer Reisebegleiter«, sagte Senator Smidt, der glücklich über seinen Fang war, »bis jetzt habe ich noch keinen Priester gekannt, der witzig war...«

»Ja, bei uns in Bremen«, seufzte das junge Fräulein.

Nach dem Essen kam der Ball. Nach dem Ball ein Treffen an der Kapitänsbar.

In der letzten Stunde vor Mitternacht ergriff Weissenbach eine ziemliche Nervosität. Am liebsten hätte er die Zeremonie abgesagt und sich im Zwischendeck verkrochen Wie diese Kapitalisten miteinander umgingen, so frech, so direkt, nur selten fand er, dass sie Scham zeigten. Aber er saß in der Zwickmühle. Gerne hätte er den ganzen Schwindel aufgedeckt und sich lachend zurückgezogen. Außerdem stand zu befürchten, dass man sein Spiel durchschaute.

Die Trauung fand in einer Kapelle statt, in der Weissenbach eine silbern bestickte Stola fand, die er für die Zeremonie anlegte.

Ohne Schwierigkeiten brachte er die Kommunion hinter sich. Er beobachtete die kleine Gemeinde, die auch keineswegs nüchtern war. Das würde zu seinem Vorteil sein. Dann bat er das ungleiche Brautpaar nach vorne, ließ sie auf den Samtkissen niederknien.

Franz Weissenbach schwenkte den silbernen Weihrauchkessel. »In nomine patrus et filius et spiritus. Amen. Wir sind heute hier zusammengekommen, um die Trauung der Eheleute Smidt und Schankwitz zu begehen. Das ist ein schöner Tag für alle, die die Freude haben, daran teilzunehmen. Sicut erat in principus et nunc et semper in saeculus saeculissimus. Amen. Halleluja.«

Die Gemeinde antwortete mit einem kräftigen »Halleluja«. Weissenbach beobachtete den Senator, der glückselig neben seiner Frau stand. Die Augen halb geschlossen.

»Ich bitte das Brautpaar, sich zu erheben. Küsst euch, ganz fest.«

Das junge Fräulein und der ältere Herr waren verwirrt, folgten aber der Aufforderung.

Weissenbach schloss seine Arme um das Paar.

»Dominus, adiuva me, Gloria Patrius et Filius et Spiritus.« »Amen«, rief die Gemeinde.

»Die Ringe«, flüsterte das Fräulein.

Schankwitz holte sie aus der Westentasche hervor. Weissenbach legte die fein ziselierten Goldringe auf den Oblatenteller und sprach ein Segensgebet.

»Nun verbindet euch, liebes Brautpaar.«

Während die Jungvermählten sich gegenseitig die Ringe an-steckten, sagte Weissenbach: »Die Ehe ist ein Geheimnis. Wir fügen zusammen und wissen doch nicht, ob es zusammen passt. Wir schließen den Bund der Ehe und können doch nicht sagen, ob er hält. Das Geheimnis ist die Liebe. Wir wünschen euch so viel Liebe, wie es auf der Welt gibt, und wie ihr zu geben bereit seid. Denn nur wo die Liebe ist, kann auch eine Ehe sein. Halleluja.«

Die Gemeinde wiederholte folgsam den Ausruf.

»So bitte ich euch, dreimal um den Altar zu schreiten, und euch dabei nicht aus dem Blick zu verlieren.«

Weissenbach bemerkte, wie Unruhe unter den Festgästen entstand. Wenn man ihn fragte, was dies für eine merkwürdige Zeremonie sei, hatte er eine Antwort parat.

Die Brautleute schritten um den Altar.

Weissenbach sang dazu:

»Ecce benedictus dominus, omnes servus dominus. Qui status in domo dominus per noctes.«

Senator Smidt liefen Tränen übers Gesicht.

Als das Brautpaar die letzte Runde vollendet hatte, nahm Weissenbach den Schleier und bedeckte damit die Häupter der Brautleute, so dass die beiden unter einem gemeinsamen Dach standen.

»Wollt ihr euch heiraten? So antwortet: ja.«

Nacheinander antworteten Fräulein Smidt und Herr von Schankwitz.

»Ihr müsst wissen, dass euch nun die Liebe verbindet. Soviel Liebe ihr bereit seid zu verschenken, soviel Liebe werdet ihr empfangen. Nun seid ihr Mann und Frau und könnt eure Hochzeit feiern. Requiescat in pace. Amen.«

»Amen«, wiederholte die Gemeinde irritiert.

Gemeinsam sangen sie »Gott, der nach seinem Bilde aus Staub den Menschen gemacht«. Weissenbach übertönte alle wackligen Kantonisten. Das hatte er Franz abgeschaut, der zum Ende der Messe stets mit seinem lauten Gesang die Gemeinde erweckte.

»Das war die schönste Hochzeit, die ich je erlebt habe«, sagte Senator Smidt, der sich nicht fassen konnte. Sein seiden-besticktes Taschentuch war durchnässt.

Seine Gattin war ganz und gar nicht seiner Meinung. Sie sagte spitz und hansestädtisch, es hätten doch wesentliche Teile der Hochzeitsliturgie gefehlt.

»Ich darf Ihnen sagen, Frau Senatorin«, begann Weissenbach, »dass wir in der Schweiz einen anderen Ritus haben. Und im Himmelreich sollten wir es wissen, nicht?«

Die Gäste und das Brautpaar begannen zu kichern.

Senator Smidt griff in die Hosentasche, zog ein Bündel Scheine hervor und steckte es Weissenbach zu. »Für die Unkosten. Und seien Sie bitte weiterhin unser Gast.«

»Aber dieses Requiescat-in-Pacem sagen Sie wirklich am Ende der Trauung? Das kennen wir nur von der Beerdigung!« zischte die Senatorin.

»In Bremen vielleicht«, fügte das junge Fräulein an.

In diesem Augenblick gab es einen heftigen Stoß. Das Dampfschiff »Hansa« neigte sich zur Seite.

»Was war das?« fragte Senator Smidt.

»Wir sind bestimmt über eine Bodenwelle gefahren«, meinte einer.

»Ein Eisberg«, schlug ein anderer vor.

Eine Dame sagte: »Das war der liebe Herrgott persönlich, der den beiden seinen Segen gibt.«

Weissenbach versuchte, ruhig zu bleiben. »Wir wollen das Brautpaar jetzt alleine lassen. So ist es Sitte.«

Der Senator lud wieder an die Kapitänsbar ein. Die Abwesenheit des Kapitäns bemerkten sie erst in diesem Augenblick.

»Wenn Sie sich umziehen wollen… ich erwarte Sie in zehn Minuten«, Senator Smidt schüttelte dem Priester die Hand.

Kaum war Weissenbach in seiner Suite angelangt, spürte er, wie das Schiff in schweren Seegang geriet. Das Bullauge tauchte unter Wasser. Die Wellen schlugen bis ans Oberdeck. Der Rumpf ragte steil in den Himmel, um dann mit lautem Klatschen aufzuschlagen. Nur mit Mühe gelang es Weissenbach, den Ornat abzulegen. Die Stola verfing sich im Kerzenleuchter, der plötzlich über ihm auftauchte.

Jemand pochte heftig an die Kabinentür.

Weissenbach stand in der Unterwäsche. Er glaubte, Fowler komme, um seinen Anteil zu kassieren. Schnell versteckte er das Geld unterm Kopfkissen.

»Herein«, rief er gegen das Tosen des Ozeans.

Es war ein Herr, den er nicht kannte.

»Sie sind doch Priester? Ich möchte beichten. Es ist eine Stunde der Not, bitte hören Sie meine Beichte an!«

Weissenbach bat, sich zuerst etwas überziehen zu dürfen.

Die »Hansa« schlingerte so heftig, dass die Sessel ins Rutschen gerieten. Der Schrank öffnete die beiden Türen und warf die Garderobe ins Zimmer. Weissenbach entschied sich, das Priesterkleid wieder anzulegen. »Im Namen des Vaters und des Sohnes und des Heiligen Geistes. Amen.«

Der Herr, mit Monokel im linken Auge und akkuratem Schnurrbart, begann seine Beichte.

»Ich bereue, dass ich eine Todsünde begangen habe. Ich bereue es zutiefst, ich muß um Verzeihung bitten.«

Wieder hob sich die »Hansa« steil aus dem Wasser. Als sie zurücksank, schoss der Beichtende, der auf dem Boden kniete, an Weissenbach vorbei.

»Ich habe meine Mutter umgebracht. Ich habe getötet. Verstehen Sie meine Verzweiflung?«

Der Herr ließ das Monokel fallen und sah Weissenbach an. Ein bleiches Gesicht mit blutunterlaufenen Augen.

Er flehte: »Erteilen Sie mir die Absolution.«

Weissenbach musste sich festklammern, bevor er sprechen konnte. Sein Magen revoltierte. Beinahe hätte er sich übergeben.

»Bitte«, rief der Herr erneut, der mitsamt dem Teppich durch die Suite rutschte.

»Ich vergebe Ihnen«, sagte Weissenbach und half dem Beichtenden aufzustehen.

»Es soll Ihr Schade nicht sein.«

Der Herr zückte seine Brieftasche und, kurz bevor er wieder aus dem Gleichgewicht gebracht wurde, überreichte er dem Priester zwei Hundertdollarnoten.

»Danke«, sagte er, »jetzt ist mir wohler.«

Kaum hatte der Monokelträger die Suite verlassen, kam ein Mann, der an den Hochzeitsfeierlichkeiten teilgenommen hatte.

»Ich möchte beichten, Vater. Bitte schenken Sie mir eine Minute.«

»Ich«, mehr bekam Weissenbach nicht heraus. Er musste das Badezimmer aufsuchen, erbrach das siebengängige Menü ins Klobecken.

Die »Hansa« war in einen Orkan geraten, der das schwere Schiff wie ein Jo-Jo tanzen ließ.

Der Mann, der sich als John D. Wertenbaecker vorstellte, klemmte seine Füße unter das angeschraubte Bett. So konnte er sich auf den Knien halten.

»Ich habe unkeusch gelebt, Vater. Meine Gedanken waren unkeusch, meine Handlungen waren unkeusch. Ich habe Hand an mich gelegt, wann immer ich Lust verspürte. Ich habe mit der Frau meines Bruders Verkehr gehabt und mit seinem Hund. Ich habe zwei Bedienstete des Ratskellers geschwängert, ohne je Alimente zu zahlen. Ich habe mich dem sexuellen Rausch hingegeben. Ich bitte um Verzeihung, ich bereue meine Sünden.«

Franz Weissenbach war so blass im Gesicht, dass er erschrak, als er sich im auf- und zuklappenden Spiegel sah. Am liebsten hätte er den Mann gefragt, warum er jetzt noch die Absolution haben wolle, aber er sagte: »Ich vergebe Ihnen.«

Als er die Türe öffnete, um den reuigen Sünder hinauszulassen, sah er die Warteschlange. In feiner Garderobe, mit verrutschten Dekolletés, geöffneten Hemdkragen, mit hochroten Gesichtern, alle verlangten sie nach der Beichte. Alle hielten sich an den goldenen Handläufen fest, um nicht auf den

Boden zu stürzen. Weissenbach hätte sich gerne seiner Angst hingegeben, ihm war entsetzlich übel. Er musste sich anhören, wer wen übers Ohr gehauen hatte, wer schuld am Ableben einer Erbtante auf sich geladen hatte und dies nun bereute, warum ein Oldenburger seine gesamte Familie belog, als er ihnen sagte, er reise ein paar Wochen nach Frankreich, tatsächlich aber beschlossen hatte, für immer in Amerika zu bleiben. Eine ältliche Dame flüsterte, dass sie einen Liebhaber habe, mit dem sie in Gedanken schon tausendmal Unzucht getrieben hätte. Ein Ehepaar legte gemeinsam die Beichte ab, wobei sie gegenseitig erfuhren, welche Seitensprünge sie sich bisher verschwiegen. Und alle zahlten.

So hatte Weissenbach die Beichte in Himmelreich nicht kennengelernt. Er hatte mit seinem Namensgeber darum gestritten, dass die Beichte ein entwürdigendes Mittel sei, die Menschen zu knechten. Für einen Anarchisten komme ein solches Mittel niemals in Frage. Sein Freund antwortete, manche der Gemeindemitglieder beständen darauf, andere hätten schon ein Einsehen gehabt und von der Beichte gelassen.

»Ich habe schwere Verfehlungen begangen, Vater«, sagte ein junges Mädchen, »ich habe alle Marlitt-Romane gelesen. Unser Priester hat es mir streng verboten.«

»Ich lese sie selbst«, erwiderte Weissenbach, »das ist keine Sünde, die du beichten musst.«

Langsam beruhigte sich die See. Der Orkan ließ nach.

Noch zwei Bittgänger standen vor seiner Tür, die erst abzogen, als Weissenbach ihnen mitteilte, dass die Gefahr wohl vorüber sei.

Hitler in Hollywood (1997)

Die Auswirkungen des Misserfolges meines Romans *Der Anarchist von Chicago* bekam ich zu spüren: Acht Monate lang verwehrte mir der Rowohlt Verlag den neuen Vertrag, obwohl das Thema für den nächsten Roman lange vereinbart war. Der Cheflektor Hansgeorg Heepe vertröstete mich, nein, er musste mich vertrösten, wie sich später herausstellte. Noch während der Buchmesse sagte er mir, ich solle mir keine Sorgen machen, es fehle nur noch die Unterschrift des Verlegers. Und der war immer noch Michael N.

Dann kam, kurz vor Weihnachten, ein Brief von Heepe: Ich hätte sicher gespürt, das man sich mit dem Thema des Romans, Brecht in Hollywood, nicht habe anfreunden können und außerdem seien die Brecht-Erben ja bekanntermaßen streitsüchtig und würden juristisch gegen ihnen nicht genehme Texte vorgehen, also: nein, wir werden den Roman nicht bringen. Was für ein verlogenes Argument für die Ablehnung! Der Verleger hatte sich über den *Anarchist* geärgert und zeigte seine Macht. Mir war klar, dass dies nicht die Meinung von Heepe war – aber: *corporate identity* – niemand sagte mir etwas.

Diese monatelang hingezogene Entscheidung hat wesentlich, neben dem Tod meines Vaters, dazu beigetragen, dass sich meine Depressionen verstärkten. Das ging so weit, dass ich mir professionelle Hilfe suchen musste, weil ich häufiger Selbstmordgedanken hatte. Wie sollte es jetzt weitergehen? Zurück zum Fernsehen, was sicherlich nicht leicht gewesen wäre, zu Arbeiten für den Rundfunk, schon eher vorstellbar. Aber ich wollte Romane schreiben. Mögliche Plots hatte ich genügend.

Ich wandte mich an Gerhard Steidl und schilderte ihm meine Lage. Nach dem überraschenden Erfolg des Romans *Zielperson unbekannt* war er nicht abgeneigt. Wir trafen uns in Göttingen und machten einen Vertrag, zu wesentlich schlechteren Bedingungen als bei Rowohlt. (Mein Vorschuss wurde halbiert.) Aber ich konnte Recherche und Planung für *Hitler in Hollywood* fortsetzen.

Das Thema musste über viele Jahre in meinem Ideen-Körbchen schmoren, bevor ich mit der Arbeit beginnen konnte. Damals hatte ich in Brechts *Arbeitsjournal* gelesen, wie er sich über Hollywood beschwerte und die Zusammenarbeit mit Fritz Lang verabscheute. Insgesamt waren es 22 Eintragungen, die er, immer wütender werdend, verfasste. Ständig wurden seine Szenen verändert, Lang wollte »smart lines« haben statt politischer Argumente. Die Arbeit habe ihn fast krank gemacht, schrieb er. (Cineasten wissen, dass Brecht für Hollywood ein Drehbuch geschrieben hat, das von Fritz Lang verfilmt wurde. *Hangmen also die* – Auch Henker müssen sterben, so der deutsche Titel. Die meisten meiner Zuhörer hatten noch nie davon gehört.)

Es ging um das Attentat in Prag 1942 auf Reinhard Heydrich (Reichsprotektor für Böhmen und Mähren – wesentlich verantwortlich für die Deportationen der Juden) und die Folgen für die Prager

Bevölkerung. Brecht und Lang hatten von diesem Geschehen erfahren und entwarfen bei langen Strandspaziergängen in Santa Monica daraus einen Plot.

Ich habe immer wieder an diesen Stoff gedacht, besonders weil ich selbst Erfahrungen in der Medien- und Fernsehindustrie machte: Kein größerer Dokumentarfilm und kein Fernsehspiel ist so gesendet worden, wie ich sie geschrieben oder gefilmt hatte. Was einerseits Vorzensur, im klassischen preußischen Stil war, andererseits dem Machtbedürfnis von Redakteuren entsprach, die ihre *Creative fingerprints* hinterlassen wollten. (Dieser Begriff stammt von Kollegen, wie Gerald Petievich, die für Hollywood arbeiteten. *Working here is hell for us. Or even worse,* sagte Gerald bei einem Mittagessen.)

Meine Idee für den Roman: Eine dokumentarische Rekonstruktion dessen, was Brecht erlebt hatte – so nahe wie möglich an den Fakten. Immerhin lebten ja noch einige Schauspieler, die im Film mitgespielt haben, und auch der Cutter des Films Gene Fowler jr.

Ich fuhr für einige Wochen nach Hollywood und war täglicher Besucher der *Academy of Motion Picture Art and Sciences Library.* Eine einzigartige Einrichtung. Dort gibt es über 400 autobiografische Kompendien mit *oral history* von Mitarbeitern der Filmindustrie, die keine Autobiografie veröffentlicht haben – teilweise 40–50 Gespräche pro Filmschaffendem, abgetippt und chronologisch zugeordnet. Ich konnte jeden ausfindig machen und versuchen, Kontakt aufzunehmen.

Gene Fowler jr. war der Erste, den ich aufsuchte und siehe da, es kam gleich eine überraschende Wendung in mein Projekt. Der Cutter konnte sich gut an den Film erinnern, aber n i c h t an Brecht. Der sei nie am Drehort gewesen. Obwohl er das in seinem *Arbeitsjournal* behauptet hat. Auch die Hauptdarstellerin von *Hangmen also die,* Anna Lee, bestätigte das. Sie habe den deutschen Drehbuchautor Brecht nie kennengelernt.

Nun begann es spannend zu werden. Immer neue Widersprüche tauchten auf: war Brecht vielleicht nur gekränkt, weil sein amerikanischer Co-Autor mehr Geld als er erhielt? Das Honorar, das er für sein Drehbuch bekam, hat ihn viele Monate finanziell über Wasser gehalten. Oder schrieb er etwas in sein *Arbeitsjournal,* das Helene Weigel gewiss las, um ein Alibi für seine fortgesetzten amourösen Abenteuer zu haben?

Nach zwei, drei Wochen kam einer der Bibliothekare an meinen Tisch und sagte, er habe vielleicht etwas für mich. Er zeigte mir in seinem Büro den Durchschlag eines Memos von David O. Selznick, das meinen gesamten Roman-Plot durcheinander brachte.

»To: Miss Katherine Brown, December 11, 1941
Immediately upon your receipt of this wire please drop everything and rush over to the Hays office to register ›Mein Kampf‹ as well as anything else necessary to protect it, such as ›Life of Adolf Hitler‹ and ›My life, by Adolf Hitler‹. I hope that there will be no nonsense about whether this is copyrighted or non-copyrighted work, and I hope the Hays office has the good sense to realize that I consider it non-copyrighted and have the intention of buying rights or paying royalties, which in circumstances would of course be ridiculous. Even before we were at war, publishers considered it in these terms. Keep it utterly secret until I have had the opportunity to check with Washington on the making of the film. I will await wired word from you, but better address me to my home to further guard secrecy, and please caution not to leave any wires concerning it around the desk, and not to even discuss it with people in our own organization. For purpose and wires and letters suggest you refer to it as ›Tales from History‹. To point out importance of treatment l plan for subject, I am thinking about Hecht for script and Hitchcock for directing, but don't want anything said even to these two.«

Selznick war mir als Produzent bekannt. Er hatte für *Vom Winde verweht* mehrere Oscars gewonnen. Wenn er also den Plan hegte, *Mein Kampf* zu verfilmen, dann war das zwar Idiotie, aber dennoch durchaus ernst zu nehmen. Ihm war zu Ohren gekommen, dass sich Hitlers Machwerk mehr als dreimillionenfach verkauft hatte.

Nun drehte sich alles für mich und meinen Roman. Wollte ich mich noch mit der Rekonstruktion der inzwischen fragwürdig gewordenen Brecht'schen Erfahrung aufhalten, wenn ich über einen möglichen Spielfilm *Mein Kampf* phantasieren konnte?

Ich entwarf eine neue Konstruktion: Eine Lektorin macht sich – wie ich – auf die Suche nach Spuren der Brecht'schen Frustration in Hollywood. Sie entdeckt, dass ihre Eltern für das FBI gearbeitet haben und ihr Vater in eine Zwickmühle geraten ist. Er bekam den Auftrag, das

Drehbuch zu *Mein Kampf* zu schreiben, weil er damit prahlte, er habe 1923 den »Führer« in der Feste Landsberg gesehen, als er sich beim Hofgang in die Hose machte – aber dabei keine Miene verzog.

Mit dem neuen Plot gewann ich neue Freiheiten: Eine zentrale Idee war, die deutsche Exilszene in Hollywood in ein Attentatsprojekt auf Hitler einzuspannen. FBI-Agenten behaupteten, sie würden Schauspieler trainieren, die getarnt als SS-Leute nach Deutschland eingeschleust werden, um Hitler zu töten. Die deutschen Schriftsteller sollten ihnen beim Training helfen und deutsche Umgangsformen und deutsches Auftreten beibringen.

Ich spielte mit den realen Autorenfiguren, ließ mich von der Recherche inspirieren, z.B. von dem Gesellschaftsspiel, das Ludwig Marcuse in seinem Buch *Mein zwanzigstes Jahrhundert* beschrieb: *Indication.* Ein Autor musste pantomimisch Sprichwörter aus der Heimat darstellen und die anderen sollten sie erraten.

Als es um die Lesetournee für den Roman ging, hatte ich erneut Glück. Im Bonner Kommunalkino gab es einen Cineasten, leider habe ich seinen Namen nicht mehr parat, der tatsächlich eine ziemlich vollständige Fassung von *Hangmen also die* zusammengeschnitten hatte. Er war froh, mit dieser von ihm vorfinanzierten Fassung ein paar Tantiemen einspielen zu können. Mehr als zwanzigmal haben wir den Film im Anschluss an meine Lesung gezeigt, bis die 16mm-Kopie zweimal während einer Vorführung riss und es nicht mehr zu verantworten war, sie weiterhin zu benutzen. Ab dem Zeitpunkt reiste ich mit der VHS-Cassette von Kino zu Kino. (Inzwischen gibt es eine DVD von dem Film, leider nur eine gekürzte Fassung.)

Das Kapitel, das ich ausgewählt habe, zeigt eine meiner Hauptfiguren, Georg Kupfer, bei der Arbeit. Schon Mitte der 30er Jahre gab es, wie Elia Kazan berichtete, in Hollywood *punchliner,* Autoren, die nur dazu engagiert werden, griffige, witzige, nie gekannte Dialogzeilen zu erfinden.

Hitler in Hollywood

Kupfer war diese neuerliche Störung gar nicht recht.

»Ist dir denn die verdammte Zeile jetzt endlich eingefallen?« rief Jack und schwenkte die Whiskyflasche. Er schaukelte nicht unerheblich, als er das zweistöckige Holzhaus betrat, in dem Kupfer seit ein paar Wochen Quartier bezogen hatte,

1111, Roxbury Drive, ganz in der Nähe von Marlene Dietrichs Art-deco-Villa. Mit seinen ersten Einkünften gelang es ihm, eine bessere Behausung zu beziehen. Die Raten waren nicht besonders hoch.

Seit Stunden saß Georg Kupfer an seinem kleinen Schreibtisch, mit Aussicht auf einen Orangenbaum. Auf dem Boden ein Berg von zerknüllten Seiten. Neben dem Schreibtisch zwei Dutzend Drehbücher, die auf Bearbeitung warteten.

»Schreib mir zwanzig *jokes* in das Script rein!«

»Lass dir was einfallen, wir brauchen da einen *red herring*!«

»Ich glaube, der Liebesszene fehlt ein *climax*!«

»Hast du nicht mal was von einem nackten Typen auf der Bühne erzählt? So was Ähnliches brauch ich da. Nothing obscene, George, o.k.!«

»Wenn die Frau ihn im Restaurant überrascht, wie er mit seiner Geliebten flirtet, da wird eine Zeile benötigt, die zeigt, wie souverän sie das nimmt. Sie muss den Ehemann wegpusten, mit nur einem Sätzchen. *A real blow*!«

Dieses Mal ging es um eine Szene, in der ein Gangster von zwei Detektiven gestellt wird und sofort seine Pistole zieht.

»Das ist kein Dauerlutscher für Schulmädchen, Freundchen«, so lautete bisher der Dialogsatz des Gangsters im Drehbuch, und er gefiel Georg Kupfer ganz gut. Aber der Regisseur mochte ihn nicht, noch weniger der Star.

Seit seinem Auftritt bei Musso & Frank konnte sich Kupfer vor Aufträgen nicht retten. Jeder, der bei Herrn Direktor Lang am Tisch gesessen hatte, schwärmte von seinen Fähigkeiten. Der Neuankömmling kann Geschichten erzählen, wunderbar, der Deutsche hat das richtige *timing*, noch besser, dieser Autor hat ein Gespür für den *punch*, die Schlag-Zeile, die knallige Pointe, die witzige Schlusswendung einer Anekdote.

»Wenn ich meinen Freund sprechen lasse, gibt es zwei Löcher, da können Spatzen hindurchfliegen.« Als Kupfer dem Regisseur diesen Dialogsatz anstelle des abgelehnten vorschlug, meinte der: »Du glaubst doch nicht im Ernst, dass Jim diese Zeile akzeptiert, George!« Ein Regisseur musste immer damit rechnen, dass ein Star etwas nicht akzeptierte.

Manchmal ging Georg Kupfer zu MGM oder Warners und sah sich die kleinen, muffigen Büros der Schreiberlinge an, die für den billigen Wochenscheck Seite um Seite, Idee um Idee ausspucken sollten. Beamtenseelen, Krämerherzen, Tintenkulis. Ständig mussten die Türen offengehalten werden, damit der Produzent unangemeldet eintreten konnte, um nachzuschauen, ob für sein Geld auch etwas aufs Papier kam. Heinrich Mann, der mit einem solchen Job versorgt wurde, soll auf dem Herrenklo mal einen amerikanischen Kollegen gefragt haben, was das eigentlich sei – ein *script*. Manchmal drangen Hilferufe aus den Büros, alkoholisierte Flüche, Wutausbrüche, mephitische Verwünschungen. Georg Kupfer hätte sich nie in eine solche Zelle einsperren lassen! Für ihn galt eine andere Vereinbarung: pro akzeptierter *punchline* bekam er zwanzig Dollar. Klare Verhältnisse.

»Mit diesem Schießeisen blas ich eure Ärsche bis nach Wladiwostok, Freundchen!« Dieser Dialogsatz gefiel dem Star, aber der Produzent wußte nicht, wo Wladiwostok lag. »Und die meisten meiner amerikanischen Landsleute wissen das auch nicht, George. Lass dir was anderes einfallen.« Kupfer versuchte den Einfall zu retten: *« … blas ich eure Ärsche bis nach Mexiko-City.«* Dann erst musste er feststellen, dass dem Produzenten das Wort »Ärsche« nicht behagte. Das sagte er Kupfer allerdings nicht, sondern überließ diese Aufgabe dem Regisseur.

Punchliner konnten ganz gut leben, wenn es ihnen gelang, in der Woche zehn Zeilen durchzukriegen. Ihr Einkommen lag über dem Schnitt. Kupfers Freund, Jack Puddle, der inzwischen wieder bei der MGM unter Vertrag stand, brachte es nie auf mehr als hundertfünfunddreißig Dollar die Woche. Einmal durfte er Bela Lugosi schminken, dessen Gesicht eine böse dreinblickende Grimasse war. Der Horrorfilmstar benutzte nur etwas hellgrüne Fettschminke und ließ zu, dass Jack seine Scheitellinie veränderte und die Schläfen etwas angraute. Alles andere wurde dem Maskenbildner streng untersagt. Direktor Fritz Lang hatte Jack bei jenem denkwürdigen Treffen im Musso & Frank Grill nach anderthalb Minuten zu verstehen gegeben, dass ihn im Moment nur Indianerfilme oder Western interessieren würden.

»Wenn dieser Totmacher mit euch spricht, dann habt ihr zu schweigen, Freundchen!« Kupfer wußte, dass das nicht besonders gut formuliert war, aber er glaubte, den Gangsterdarsteller, der mit diesem Satz Eindruck schinden wollte, gut zu kennen. Aufmerksamkeit erheischen, seht her, ich bin der Beste, ich nehme es sogar mit zweien von euch auf. Dabei war Ironie fehl am Platze. Leider gefiel dieser Dialogsatz dem Regisseur nicht, so dass der Star nie davon erfuhr.

Nur einmal hatte Kupfer es gewagt, nachdem er mehr als zwanzig Vorschläge für eine *punchline* in einem Historienschinken vorgelegt hatte, sich direkt mit dem Starschauspieler in Verbindung zu setzen. Das Ergebnis war katastrophal.

Er musste sich anhören, dass dies das schwächste Drehbuch der Filmgeschichte sei, kein einziger Satz sprechbar, nicht eine Szene wirklichen Esprit besitze, der ganze Plot vollkommen diffus sei und dass die Hauptdarstellerin alle guten Zeilen gepachtet habe. Kupfer versuchte darauf hinzuweisen, dass er gar nicht der Autor des *scriptes* sei. Das komplizierte seine Situation noch weiter. »Was haben Sie dann überhaupt in meinem Haus verloren? Ich rufe meinen Agenten an und lasse Sie auf die Liste setzen, *you bloody asshole!«* Mit Mühe gelang es Kupfer, den Star zu beruhigen, er wolle doch nur, dass die gewünschten Dialogsätze auch dem Charakter dieser wunderbaren Rolle entsprächen. Glücklicherweise hatte der Schauspieler zu Beginn der Dreharbeiten einen Reitunfall und wurde noch am gleichen Tag ersetzt.

Es galt, Rangfolgen zu beachten, Hierarchien zu respektieren, wer durfte mit wem sprechen, wer gab sich mit wem ab. Autoren, die für MGM arbeiteten, blieben unter sich, nie wagte es ein Hundert-Dollar-Schreiber zu seiner Party einen Kollegen, der das Doppelte verdiente, einzuladen. Er wäre mit Sicherheit nicht erschienen.

»Meine Wumme hat schon manchen Friedhof belebt, Freundchen!« Dieser Dialogsatz war knapp, was stets eine wichtige Rolle spielte, hatte männliche Kraft, was der Gangsterdarsteller forderte, war originell, worin nicht gerade sein Vorteil bestand.

Bald schon hatte Georg Kupfer eine Grundregel gelernt, gegen die alle in Hollywood ständig verstießen: Niemand weiß Bescheid! Jeder wies darauf hin, dass er genau wisse, was beim Publikum ankomme. Tatsächlich ähnelte die gesamte Produktionstätigkeit dem Pokerspiel. Jeder blufft. Jeder erhöht den Einsatz. Jeder blufft weiter. Jeder spielt gegen den Ruin. Niemand weiß, welches Blatt die Mitspieler haben.

Und weil die Unsicherheit derart groß war, hielten sich alle am liebsten am schon einmal Erfolgreichen fest und forderten dauernd *remakes*, Kopien des Gleichen.

»Keine Bewegung oder es knallt!«

»Keine Bewegung, schön die Händchen oben!«

»Keine Bewegung, wer zuckt, kriegt eins übergebraten!«

Kupfer kannte alle Dialogsätze der Gangster in Filmen der Schwarzen Serie. Sie schienen ihm verbraucht. Aber damit konnte er nicht gegen die Produzenten argumentieren, weil die ständig danach schielten, was in diesem oder jenem Film schon ausgezeichnet angekommen war.

»George, wir haben eine Verabredung zum Dinner, und du bist noch nicht mal umgezogen. Jetzt steh von deinem Schreibtisch auf.« Jack Puddle setzte die Whiskyflasche an den Hals und nahm einen kräftigen Schluck.

›Jack, ich kann nicht mitkommen. Das hier muss heute fertig werden.«

Er roch die enorme Fahne seines Freundes, dessen Frack nachlässig weggewischte Kotzspuren aufwies.

»George, dann sind wir geschiedene Leute, auf immer und ewig.«

»Hör auf, schlechte Dialoge zu zitieren. Du weißt, ich kann das nicht ausstehen.«

Kaum hatte ein neuer Film Erfolg, gab es einzelne Sätze im Ausverkauf, Pointen wurden heruntergebetet, Kostüme imitiert und zur Schau getragen, und was das schlimmste für die Kreativen war: Jedes Studio suchte umgehend nach einem Stoff, der dem erfolgreichen Produkt bis aufs Detail ähnlich war. Alle Manuskriptberge wurden umgeschichtet, die Schreiberlinge auf Trab gebracht, Stars von längst vereinbarten Dreharbeiten abgezogen. Wenn die Schauspielerin A. im Remake die Geliebte Frankensteins spielen würde, dann werde es zehnmal so oft in der Kasse klingeln. Ohne Zweifel.

Jack Puddle kündigte einen Besucher an.

Es war der Agent des Gangsterdarstellers Jim.

»George, wie weit bist du? – Er hat mich extra hier rausgeschickt, weil er den Satz morgen braucht.«

Der Agent nahm ein paar der zerknüllten Blätter vom Boden auf und strich sie glatt. Kupfer musste an einen Hamster denken, der mühsam den Wintervorrat zusammenscharrt.

»Aber die Szene wird doch erst am Freitag gedreht.«

Ungläubiges Kopfschütteln.

Jack kicherte.

»Heute ist *deadline*, George. Und das weißt du ganz genau.«

Auch der Agent trug einen Frack, allerdings mit goldener Fliege, was ihn wie einen Eunuchen aussehen ließ, der sich für die Operette in Paris ausstaffiert hat.

Jack Puddle bot dem Agenten einen Schluck aus der Flasche an.

»Ich will nur den Satz, dann bin ich schon wieder weg. Bitte, George, welcher ist es? Er reißt mir die Eingeweide raus, wenn ich nicht bald den Satz vorbeibringe.«

Verzweifelt hob er die zerknitterten Seiten hoch.

Kupfer machte eine leichte Verbeugung.

Nun galt es.

»Also Jim zieht die Wumme ganz plötzlich aus der Jackentasche und ruft: ›Klappe halten und Hände falten zum letzten Gebet, sonst fahrt ihr sofort in die Hölle!‹«

»Poooh«, der Agent war überrascht.

Jack rutschte die Flasche aus der Hand.

Kupfer blieb ohne Regung. Zu oft hatte er sich von der ersten Reaktion täuschen lassen. Wenn einem Produzenten auf Anhieb ein Dialogsatz gefiel, konnte es durchaus sein, dass ihm am nächsten Tag jede Menge Bedenken kamen. Hauptsache, er hatte die Zeile akzeptiert und auf der Stelle bezahlt.

»Das ist stark, George. Nicht die Händchen nach oben, sondern falten. Hab ich noch nie gehört. Das wird er kaufen, da bin ich ganz sicher. Die Zeile wird ihm schmecken wie Orangenmarmelade.«

Der Agent zog einen Zettel hervor und ließ sich von Kupfer den Wortlaut diktieren. Eine plötzliche Eingebung. Ein Einfall wie in alten Tagen. Immer wenn er unter Druck stand, fiel ihm etwas ganz Ausgefallenes ein.

Der Eunuch war zufrieden und verabschiedete sich schnell.

Jack Puddle bestand darauf, dass Georg sich sofort umzog, damit sie zu ihrem Dinner nach Beverly Hills fahren konnten. Direktor Fritz Lang werde auch dort sein. Er arbeite momentan an einem Film für die 20th Century Fox, in dem Henry Fonda die Hauptrolle spielen würde.

Als drei Tage später die Gangsterszene gedreht wurde, sagte der Regisseur zu seinem Star: »Soweit ich sehe, ist niemand was Neues eingefallen, was wir gebrauchen könnten. Jim, du ziehst einfach die Pistole und rufst: Hände hoch! Keine Bewegung!«

Der Schauspieler war einverstanden.

Niemand unterrichtete Kupfer von dieser Entscheidung am Drehort, dazu war er ein zu kleines Licht im Gewerbe.

Der Film kam nie in die Kinos, weil er beim ersten *screening* durchfiel.

Der Violinkönig (2000)

Die Idee zu diesem Roman entstand in Norwegen. Ich war zum wiederholten Male als deutscher Vertreter zum SKS-Treffen eingeladen. Dort kommen Krimiautoren aus den fünf skandinavischen Staaten zusammen, jedes Jahr in einem anderen Land. Diesmal war Bergen an der Reihe. Da ich an einem Tag keine Lesung oder Podiumsdiskussion hatte, suchten wir nach einem Tipp für einen Ausflug. Man riet Marita und mir, den Bus nach Hallestrand zu nehmen, uns dann mit dem Boot auf die kleine Insel Lysøen übersetzen zu lassen. »Dann werdet ihr schon sehen …«, hieß es noch.

Wir waren nicht wenig erstaunt, als wir ein »norwegisches Neuschwanstein« vorfanden. Ein Zwiebelturm und Zinnen, Erker und hohe Fenster, Verzierungen und Schnitzereien, alles aus verschiedenen Hölzern.

Wir klopften an der Eingangstür des hohen Portals. Eine junge Frau öffnete uns, leider sei das Haus heute geschlossen, aber … wo wir schon mal da seien. »Dies ist der letzte Wohnsitz des Geigers Ole Bull. Er hat hier bis zu seinem Tod 1880 gelebt.« Nie gehört den Namen, wir sahen uns etwas ratlos an. Sie könne uns eine persönliche Führung geben. Und dann ging es treppauf treppab, in Räume von sonderbarer Pracht, besonders eindrucksvoll war die Konzerthalle, die mit arabischen

Ornamenten wie in der Alhambra ausgeschmückt war. »Aus jedem Land, in dem Ole Bull aufgetreten ist, finden sich hier Elemente. Er hat seine Villa selbst entworfen.«

Was für ein Virtuose musste das gewesen sein, der sich auf einer kleinen Insel so ein gewaltiges Haus, nein eher ein Schloss bauen ließ. Mit jedem Satz der jungen Frau wurde die Story vom »zweitbesten Geiger« seiner Zeit aufregender. Er war so berühmt, dass sein Badewasser auf Fläschchen gezogen und verkauft wurde. Die Programme seiner Konzerte, speziell in den USA, wurden auf Pergament-Papier und in goldenen Lettern gedruckt.

Am Schluss der Führung erzählte die junge Frau: »Ole Bull hatte sogar seinen eigenen Staat in Amerika.«

»Wo?«

»Im Norden Pennsylvanias – ein utopischer Staat der Freiheit und des Glücks für seine Norweger. Anderthalb Jahre hat die Utopie gehalten.«

»Dieser Mann ist eine Romanfigur«, sagte Marita auf der Rückfahrt von der Insel. Das soeben Gehörte ergab fast schon den Plan für den Roman eines Abenteurers, seine Hoffnungen auf ein Utopia und deren Zerstörung. Wie bei *Landru* steckte für mich darin ein Modell für den Zustand gesellschaftlicher Entwicklungen.

Die nächste Reise führte mich wieder nach Norwegen, zu den anderen Häusern Bulls und dann nach Bergen, wo ich alle Archive durchforstet habe. Eine ausführliche Biografie wurde von Sarah Bull, seiner letzten, sehr viel jüngeren Frau geschrieben. Ein Großneffe verfasste eine Promotion über sein Leben.

Eine weitere Überraschung: Für Ibsens Peer Gynt diente Ole Bull als ein Modell. Damit war eine eigene Ebene für meinen Roman geboren.

Wie haben Ibsen und Bull sich kennen gelernt? In Oslo, bei einem Fest für die norwegische Eigenständigkeit. Ole Bull bot dem 23-jährigen Ibsen eine Stelle am Theater an, sein erster Job, fünf Jahre Dramaturg in Bergen. Jedes Jahr musste er ein Stück schreiben und zur Aufführung bringen. Auf Norwegisch. Weil Bull ein Verfechter der Unabhängigkeit Norwegens von Schweden und Dänemark war.

In Ibsens *Peer Gynt* findet sich eine Stelle, die auf Ole Bulls Modellstaat Oleana hinweist.

Mitten im Meer, auf 'nem fetten Eiland,
Geb ich der Norwegerrasse dann Freiland.
Das Gudbrandstal hat schier königlich Blut;
Kreuzung mit Arabern's übrige tut.
Auf einer Bucht ansteigendem Strand
Geb dann Peeropolis allem die Weihe!
Die Welt ist abgelebt. Jetzt kommt die Reihe
An Gyntiana, mein junges Land.

Ich wollte in Erfahrung bringen, was von dem Staat Oleana übrig geblieben war. So führte mich die nächste Reise in die USA. Verbunden mit einem Lehrauftrag am Dickinson College in Carlisle – anders lässt sich das oft für einen freien Autor nicht finanzieren. Eine Reise zu den ungeordnetsten Archiven, die ich je gesehen habe.

Begleitet von einer Professorin des Colleges, Beverly S., fuhr ich in den Oleana State Park und ins lokalhistorische Museum in Coudersport.

Plastikkisten voller Zeitungsauschnitte, 20 Aktenordner, alles durcheinander, so dass es mich fast überkam, erst mal Ordnung zu schaffen. Und dazu sehr freundliche Helfer, die erstaunt waren, dass ausgerechnet ein Deutscher sich für diese norwegisch/amerikanische Geschichte interessiert.

Das Resümee der Recherche waren 600 Fotokopien: alte Zeitungsartikel – inklusive des Vertrages über den Landankauf durch Bull; die überschwänglichen Beschreibungen des neuen Staates – Bull wollte 100.000 Landsleute dort ansiedeln – es waren tatsächlich wohl nicht mehr als 800. Die hochfliegenden Pläne und dann das Desaster: der überaus kalte Winter, die ausbleibenden Zahlungen, die windige Kniffe der Geschäftsführer, die Tricks der Landbesitzer, die Ole Bull übers Ohr gehauen hatten. Bull verfiel in eine fünfjährige Depression. (Damit kannte ich mich inzwischen aus.) Seine vielen Krankheiten, während er fast ständig auf Konzertreise war. Manchmal gab er am Tag vier Konzerte und alle waren ausverkauft. Erst nach sechs Jahren traute er sich wieder nach Norwegen und wurde … noch viel mehr gefeiert als früher. Einer, der etwas gewagt hatte.

Der Roman war Ergebnis einer fast anderthalbjährigen Recherche.

Aber nirgendwo wird geklärt, wie Bull zu dem Einfall kam, einen eigenen Staat zu gründen. Selbst nicht in der ausführlichsten Biografie, die in England erschien, während ich noch recherchierte. Vielleicht spielte seine Selbstüberschätzung dabei eine Rolle. Da musste die Fantasie einsetzen. Die Gründe, warum die Utopie gescheitert ist, brauchte ich nicht zu erfinden. Sie ließen sich aus den Unterlagen rekonstruieren.

Der Auszug, den ich aus dem *Violinkönig* gewählt habe, ist später im Buch gar nicht erschienen, war aber stets die Zugabe bei den Veranstaltungen. (Ich habe mit diesem Text sogar einen *poetry slam* gewonnen.) Bei der lang andauernden Lesetournee trat ich mit dem wundervollen Geigenvirtuosen Nils Økland aus Haugesund auf. Er spielte Stücke von Ole Bull, Edvard Grieg und eigene Kompositionen, auf seiner italienischen Geige und der Hardanger-Fiddle. Beim letzten Auftritt in Emden ließ uns das Publikum nicht mehr gehen – wir mussten bis Mitternacht lesen und spielen.

Grundlage für diesen Text ist ein Brief von Henrik Ibsen an seinen Freund Bjørsterne Bjørnsen, in dem er sich heftig über die erste Kritik seines *Peer Gynt* beklagt – wie weh ihm die Zeilen dieses dänischen Kritikers Clemens Petersen getan haben.

Postludium oder: da capo al fine

Ibsen in Harnisch. Er zetert, schreit auf. Zum Knochenkotzen. Krakeelt er. Zum Katzenficken. Stürzt jählings vom Himmel zur Hölle. Getroffen im Innersten. Pezzo di merda. Dieser Berserker. Wütet er. Dieser vermaledeite Berserker. Wie ein Wurm unterm Fuß. Die Nulpe. Der Dünnmann. Hundmiserable Jammergestalt. Schifoso merdoso porco. Das ist der Comble, der Gipfel, die Höhe. Kujoniert. Die Hand im Blut. Heimtückisch gar. Und hyänisch. War das Dichtung? Repetiert er. Zehn, nein, hundert, nein, hunderthundertfach. War das Dichtung? Den falschen Dänen durch die Hechel ziehen. Ehrenräuber. Ehrenschänder. Lästerliche Frevelzunge. War das Dichtung? Was denn sonst! ´nculasore.

Ibsen spuckt böses Blut. Wirft die Karaffe gegen die Wand. Das Glas zersplittert, der Wein verspritzt. Nimmt eine Scherbe und ritzt seine Maus. Rasch färbt sich die Kerbung. *Leccaculo.* Wie kann dieser Petersen solche Kanonen auffahren? Schäumt er. Jach. Besinnungslos. Heißblütig. Roh. Von der Tarantel gestochen. Auffährt er. *Mangiamerda.* Möchte den Dänen massakrieren. Gleich auf der Stelle. Ihm den Finger in die Schläfe bohren. Hei, wie sein Blut rauszischt. Den Schürhaken überziehen. Zankeisen. Kratzbürstig. Krawallig. Voll Groll.

Alle Dichtung ist Umsetzung der Realität in Kunst. Was denn sonst, du dänischer Kampfhahn. *'anummamacocaz.* Ibsen spuckt Gift, spritzt Galle. Er nimmt sich ein Messer und rammt es in die Zeitungsseite. Der Riss gezackt. Die Buchstaben zerspalten. *Stronzo di merda.*

Als habe der Däne ihm die Hoden abgezwackt.

Clemens Petersen, der Kritikerkritiker. Dem Stück fehlt Poesie, dem Stück fehlt ein Ideal.

Was fehlt dem Kritiker? Tobt er. Was fehlt ihm? Sag es, sag es schnell. Sprühteufel. Stampffuß. *Figlio di minotta.* In der Wunde gewühlt. Zügellos. Rauh. Zum Rasendwerden. *Vafanculo.*

Ibsen im Brass. Hochgehend. Fickerig. Brausekopf.

Das Stück ist keine Poesie, weil weder die Forderungen der Kunst noch der Wirklichkeit erfüllt werden. Dekretiert der Zuchtmeister Petersen.

Stronzaccio.

Ein volles Jahr Arbeit vernichtet. Zerstört. Mit ein paar Lumpenzeilen. Ausgelöscht. Der Heißsporn. Unbändig. Der Eiferer. Grimmig. Pfahl. Stachel im Fleisch. *Porca Madonna.*

Ibsen brandet auf. Will das nicht stehenlassen. Derart darf niemand seinen Peer Gynt besudeln. Keiner, kein Freund, niemand, kein Gegner. Unband. Wildfand. Giftpfeil. *Merdainolo.*

Wie hätte Ole Bull sich diesen Mistkäfer gegriffen, ihn zertreten und zerstampft. Ole hätte seinen Violinenbogen geschnappt und Petersen eine Tracht verpasst, die er sein Lebtag nicht vergessen würde. Oder ihm die Augen ausgestochen, die Ohren durchbohrt, die Eingeweide aufgespießt und seine Leber genüsslich über offenem Feuer geröstet. Ole hätte ihn erledigt. Mit nur einer einzigen Note.

Ibsen greift zur Feder. Stürmisch. Tobsüchtig. Toll. Skorpionengleich sticht er die Feder in die blutige Wunde. Unbeherrscht. Zornig. Schreibt einen Brief an seinen Freund. An Bjørnsterne Bjørnson. Nicht an Clemens Petersen. *Maledetto danese.*

Was ist das eigentlich für ein Höllenspuk, der auf jedem einzigen Punkt uns in die Quere kommt? Es ist, als ob der Satan in Person käme und uns das Licht nähme! Vor einer Stunde habe ich Herrn Clemens Petersens Besprechung in *Fædrelandet* gelesen. Wäre ich in Kopenhagen, ich hätte ihn zum Krüppel geschlagen, ehe ich ihm erlaubt hätte, an Wahrheit und Recht ein so tendenziöses Verbrechen zu begehen. Es ist eine Lüge in Clemens Petersens Artikel verborgen, nicht in dem, was er sagt, sondern in dem, was er verschweigt. Ich weiß sicher, dass dieser Artikel dereinst einmal wie Feuer auf seiner Seele brennen wird.

Ibsen hemmungslos. Verzweifelt. Hitzig. Der Funken entfacht. Gefechtsbereit. Seinen Peer Gynt in Schutz zu nehmen. Parieren. Stirn bieten. Im Brustharnisch. Fehdehemd. Hinterm Fechtschild. Ihm beide Hände brechen. *Critico cavilloso.* Ein harter Schlag auf den Solarplexus. Den haben sie durch einen zu engen Wolf gedreht. Was ist dieser Megalomane für ein Kleinhirn? Ein Pütcher. Plattkopf. Flachpapst. Petersen, der Kümmelspalter. Winkelhuber. *Cacasenno schifosissimo.*

Mein Buch ist Poesie – und ist es keine, dann soll es Poesie werden. Der Begriff der Poesie wird sich in unserem Lande, in Norwegen, nach diesem Buche richten. Ist mein Peer Gynt etwa nicht eine Persönlichkeit – abgeschlossen, individuell? Ich weiß, dass er es ist.

Ibsen ein wenig ruhiger. Fast schon gefasst. Die wutzitternde Hand bald wieder fest. Was kann der Philister mir anhaben. Was denn, was denn nur? *Mignottaro.*

Sakramentbombendonnerwetter. Ein letzter Fluch. Wie die Gasfahne, die dem Vulkan entweicht.

Der Narrenhauskandidat. Heuochs. Hornochs. *Verme cagapalle.* Der Dümmling. Nennt sich erster Kritiker Kopenhagens und kann die Säure nicht halten. Galle-Matthias. Karg von der Natur ausgestattet. Der hat mit Essig gegurgelt. Einen Raptus im Hirn. Dem werd ich das Leder gerben. *Rotto in culo.*

Ibsen springt auf, nachdem er einen Treuegruß an Bjørnsterne Bjørnson verfasst hat, springt die Treppen hinunter, hinein ins römische Treiben, springt auf die Straße, schreit sich die Wut hinaus, nie vergessen die Schmach jenes Beckmessers, nie und nimmer, schwört Rache, wird ihn mit einem hagebüchenen Pinsel blau anstreichen, und dereinst, wenn die Zeit dazu gekommen ist, sein Mütchen schön kühlen.

Die Römer, die ihn derart ausgelassen herumwirbeln sehen, glauben, einen Mann vor sich zu haben, der das ewige Glück gefunden hat. *Il fortunato.*

Familienfoto – Der Aufbruch. Teil 1 einer hanseatischen Familientrilogie (2003)
Es stand – mal wieder – ein Verlagswechsel an. Diesmal nicht aus religiösen oder politischen »Gründen«, sondern aus rein ökonomischen. Ich hatte den Plan, eine Familientrilogie zu schreiben, die mich über sechs Jahre beschäftigen würde und brauchte dafür einen Vertrag samt angemessenem Vorschuss.

Zusammen mit Bernhard Matt vom Heyne-Verlag wurde bei der Criminale in der Eifel (2001) ein Vertrag ausgehandelt, der mir pro

Monat 1.500 € garantierte, damit ich in Ruhe schreiben konnte, ohne weitere Einnahmen durch Rundfunk- oder Fernseh-Arbeiten erzielen zu müssen.

Eine ganze Woche dauerte es, den Stammbaum für die beiden Juristenfamilien zu entwerfen, die sich in der Hansestadt »beharken« sollten. Ich hatte Kontakt zur »Maus«, einem Verein für Ahnenforschung in Bremen, hatte mir Stammbäume angeschaut und kopiert, denn es ist – selbst im rechnerischen Sinne – nicht einfach, so einen Baum zu konstruieren.

Die Stammbäume habe ich auf der Rückseite großer Plakate skizziert, an einem Ort, der weit genug von Bremen entfernt war. Auf der Dachterrasse eines Apartmenthauses in Playa San Marcos auf Teneriffa. Da saß ich Stunde um Stunde, entwarf Namen und Biografien, zeichnete Zweige und Äste, radierte alles wieder aus. Es galt ein Puzzle zu entwerfen, bei dem alle Teile zusammen passten, die aber dennoch Platz ließen, um völlig neue Bilder zu entwerfen.

Warum habe ich zwei Juristenfamilien für meine Trilogie gewählt? Weil mich diese Welt seit meiner Schulzeit fasziniert hat. Während mein Bruder Hans, der in Marburg Jura studierte, auf seiner ersten Station am Amtsgericht Praxis lernen sollte, saß ich mit ihm im Gerichtssaal und sah mit Verwunderung dem Amtsrichter zu. Der trug nicht den Namen Adam, war aber genauso skurril. Unter dem Richtertisch knurrte sein Schäferhund, wenn es seinem Herrchen zu emotional wurde.

Während der Studienzeit in Tübingen saß ich manche Tage in den Gerichtssälen, fasziniert von dem Schauspiel, das sich mir bot. Ich glaube, von Peter Handke stammt der Satz, das beste Theater würde in Kirchen und Gerichtssälen geboten.

Und auch in Bremen, ab 1972, verfolgte ich diese Leidenschaft. Ohne zu ahnen, dass ich eines Tages eine Juristentrilogie schreiben würde, zog es mich immer wieder in Prozesse – ganz unterschiedlicher Provenienz.

Als der Plan gefasst war, mich literarisch dieser Leidenschaft zu nähern, habe ich systematisch ganze Wochen in Gerichtssälen verbracht. In allen drei Bänden finden sich faktische Vorbilder für die Verfahren, in denen die beiden Juristenfamilien aufeinandertreffen.

Zudem, auch das hatte ich mit dem Heyne-Verlag ausgehandelt, brauchte ich kundige Berater, die für die Mitarbeit entlohnt wurden.

Ich suchte einen Rechtsanwalt aus, der sehr engagiert als Einzelkämpfer operierte, Christian Haisch und einen Advokaten, der in einer großen Kanzlei arbeitete, Dieter Dette. Mit beiden sprach ich die Fälle durch, die ich skizziert hatte – bis ins kleinste juristische Detail. Sehr oft kamen Anregungen von den beiden, die für meine Romane überaus wichtig und wertvoll waren. Und sie haben mir die Flausen ausgeredet, die ich mir in meiner »juristischen Unschuld« hatte einfallen lassen.

Im *Familienfoto* ging es um ein Verfahren aus dem Jahre 1968 gegen einen Schüler, der sich erfrecht hatte, in einer Schülerzeitung eine Grafik von Audrey Beardsley abzudrucken, die Männer mit überlangen Penissen zeigte. Skandal, Skandal. Ich suchte den Rechtsanwalt auf, der damals den Schüler Jörg Streese verteidigte. Der war aber nicht an einer romanhaften Aufarbeitung, sondern an einer genauen Rekonstruktion des damaligen Falles und seiner eigenen Rolle interessiert. (Da merkte ich, dass ich nicht zu nahe an die realen Fälle schreiben durfte, sonst könnte es brenzlig werden. Außerdem verliert man die Freiheit zu fabulieren!)

Die beiden Familien in meinen Romanen, Huneus und van Bergen, konnten unterschiedlicher nicht sein. Die erste residiert als reine Wirtschaftskanzlei in einem Glaspalast über der Hansestadt, die letztere hat eine lange Stammfolge von Richtern und Staatsanwälten, allesamt Sozialdemokraten, hervorgebracht. Pech nur, das der Spross Wolfgang daraus ausbrechen will, um eine Kanzlei als Rechtsanwalt aufzumachen. Dabei werden alle Ressentiments, die beamtete Juristen gegen die »Krauter-Anwälte« haben, ins Feld geführt, um den Abtrünnigen zur Räson zu bringen. Pech auch, dass Wolfgang sich in Gabriele, die Tochter das dem guten Hause Huneus, verliebt. Eine Beziehung, die auf jeden Fall unterbunden werden soll. Denn Wolfgang van Bergen ist den Huneus nicht standesgemäß. Als die jüngere Huneus-Tochter Hannah anlässlich des Skandals um die Veröffentlichung in der Schülerzeitung, für die sie presserechtlich die Verantwortung trägt, einen Rechtsbeistand braucht und niemand aus ihrer eigenen Juristenfamilie sie verteidigen will, wendet sie sich an Wolfgang van Bergen. Damit war der Knoten geschnürt, der die Grundstruktur für das *Familienfoto* bilden sollte.

Es würde zu weit gehen, die vielen biografischen Details, die in meiner Familientrilogie eingewoben sind, offenzulegen, aber zwei Hinweise möchte ich noch anfügen.

Der erste Roman spielt 1968, also musste ich die Stimmung der Zeit einfangen. Während wir in Tübingen mitten in der Studentenrevolte steckten, gab es in Bremen, die Universität wurde erst 1971 gegründet, eine heftige Auseinandersetzung um die Erhöhung der Straßenbahntarife. Es galt also, nicht die eigenen Erfahrungen zu verwenden, sondern sie sinnvoll zu transponieren und sie mit Zeitzeugen abzugleichen.

Die Konflikte in beiden Elternhäusern spiegeln sicher einen Teil meiner/unserer Konflikte mit autoritärem Gehabe und konservativen Zwangsvorstellungen wieder, aber wirklichen Einblick in ein hanseatisch-reiches Elternhaus, wie das der Familie Huneus, hatte ich nicht. Da musste ich Lektüre-Früchte zur Hilfe nehmen.

Die Lesetournee war ein Experiment, das jeden Abend Begeisterung auslöste. Ein Trio der Deutschen Kammerphilharmonie unter der Leitung von Ulrich König spielte Musik von Mozart und den Beatles ineinander verwoben. So konnte die konservative Stimmung im Hause Huneus für das 1. Kapitel des Romans, sowie die Aufbruchsstimmung auf den Straßen erfahren werden. Für die Musiker stellte sich diese Idee als sehr positiv heraus: Immer wieder wurden sie mit diesem Programm eingeladen. Auch die zwei weiteren Musikprogramme fanden Beifall: Bach und ABBA für den zweiten Teil – Verdi und Westernhagen für den dritten Teil der Familientrilogie. Wo immer wir auftraten, ständig kamen neue Stücke und Ideen hinzu, wurden stets Zugaben gefordert. Als Ulrich König dann ein grunzendes rosa Schweinchen auf die Bühne brachte und dazu der Beatles-Titel *Little piggies* gespielt wurde, gab es meist kein Halten mehr.

Wie auch immer diese Empfehlung zustande kam: Zur Frankfurter Buchmesse 2003 empfahl die BILD-Zeitung mein *Familienfoto* als eine von fünf herausragenden Neuerscheinungen des Bücherherbstes.

Als Auszug habe ich den Anfang des 3. Kapitels ausgewählt: Die Verhaftung aus dem Unterricht heraus, so unwahrscheinlich sie heute erscheinen mag, passierte dem damals angeklagten Schüler Jörg Streese – der Rest die freie Phantasie.

Familienfoto

»Stehen Sie gefälligst auf, wenn wir mit Ihnen reden!«, befahl Direktor Habermann. Wenn sein lauter Bass im Schulgebäude erklang, hatten andere eine Generalpause.

Augenblicklich änderte sich die Stimmung in der U I a. Nun blickten alle nach vorne. Gerade hatten noch die Schüler geprustet, jetzt hieß es aufgepasst. Ein Zweikampf stand an.

Hannah war ungerührt. Mal sehen, wann der Propeller dieses Mal seine Stimme verliert.

Langsam drehte sie sich nach hinten zur Klasse, blieb aber auf ihrem Stuhl sitzen.

»Sie sollen aufstehen!« Die zweite Aufforderung, eine Tonart höher. Habermann kam näher an ihr Pult. Gefolgt von Engelstein.

Hannah wiegte den Kopf auf den Schultern.

Sie wusste, was die Klasse von ihr erwartete.

Es war nicht ihr erster Tanz.

»Können Sie nicht normal mit mir reden? Ich bin doch nicht so schwerhörig wie unser Lehrkörper.«

Der Direktor, den man seit Schülergenerationen den Propeller nannte, beugte sich vor.

»Als erstes stehen Sie jetzt auf.« Alarmierendes Es-Dur. Überschrien.

Was will er denn schon wieder? An der Farbe seiner Fliege konnte man den Wochentag ablesen. Grüne Fliege hieß Montag. Andacht in der Aula. Vorhin erklang sein tiefer Bass noch ganz protestantisch.

»Hannah, ich denke, Sie sollten sich nun aber wirklich erheben«, sagte der Klassenlehrer Engelstein.

»Erhebe dich du schwacher Geist und stell dich auf die Beine!«, zitierte Hannah ihren Vater.

»Unterlassen Sie das! Aufhören!«

Jetzt will er mir auch noch die geflügelten Worte verbieten, ganz schön dreist heute, dachte Hannah.

»Wird das hier ein Dienstgespräch?«, fragte sie und schaute den Direktor herausfordernd an. Schon manches Mal hatte sie diesem Herrn Paroli geboten.

»Das ist ein consilium abeundi«, tönte Habermann.

»Ach so, Hinrichtung.« Hannah streckte beide Hände vor. »Haben Sie keine Handschellen? Es besteht Fluchtgefahr.«

»Jetzt hören Sie mit diesen unbotmäßigen Äußerungen auf!«, flehte der Klassenlehrer.

»Ich bin unbotmäßig. Haben Sie das nicht gewusst, Engel?«

Habermann trat einen Schritt zurück. Die kleine Stufe zum Podest, auf dem sich das Lehrerpult befand, wäre ihm beinahe zum Stolperstein geworden.

»Meine Damen und Herren« – seit der Obersekunda war diese Anrede im Kreutz-Gymnasium vorgeschrieben – »sollten Sie mit ihrer Mitschülerin sympathisieren, können Sie gleich ihre Taschen packen. Solange ich an dieser Schule Direktor bin, machen nur solche Schüler Abitur, die wissen, was sich gehört...«

»Ich gehöre mir«, fuhr ihm Hannah dazwischen.

Die Klasse applaudierte.

Das fahle Licht, das durch die hohen Fenster hereinkam, gab der Szenerie ein besonderes Flair. Wie ein Abgesang auf abgedunkelter Bühne.

»Hier wird nicht applaudiert, meine Damen und Herren. Wenn Ihnen das nicht passt...«

Der Direktor riss die Klassentür auf. Mit heftigem Schwung prallte sie gegen die Garderobenhaken.

Jetzt kam Hannah hoch.

»Mir passt es schon lange nicht!« Und marschierte los. Dann eben Abgang, sogar die Tür hat er mir schon geöffnet. Wie höflich.

Habermann auf seinem höchsten A: »Sie bleiben gefälligst hier!«

Engelstein wollte sie zurückzuhalten.

Hannah schob seine Hand weg. Nun ist Habermann fällig, gleich wird es wieder passieren. »Wo geht's denn hier zur Schlachtbank?«, fragte sie den Direktor und machte dabei einen tiefen Katzbuckel.

Die Klasse johlte.

»Hannah, um Himmels willen, ich bitte Sie«, ihr Klassenlehrer stellte sich vor Habermann, »warum veranstalten Sie so einen Zirkus?«

»Ich?« entgegnete Hannah. »Sie veranstalten diesen Zirkus! Ich weiß doch nicht mal, warum ich von der Schule fliegen soll.«

Der Direktor zog ein Exemplar der Schülerzeitung aus der Jackentasche. Er schwenkte das hektographierte Blättchen in der Luft.

»Das hier ist...« weiter kam er nicht. Seine Stimme war futsch. Sieg im Sängerkrieg, K.o. in der ersten Stunde. Dem Direktor versagte der Bass. Ging stimmlos zu Boden. Welch schöner Anblick!

Engelstein nahm dem Direktor das »Spektrum« aus der Hand. »Damit haben Sie den Bogen aber wirklich überspannt. Tut mir Leid für Sie. Ich hätte Sie gerne durchs Abitur gebracht.«

»Sie hätten mich gerne durchfallen lassen, Engel.«

Lachsalven in Klassenstärke.

Habermann fuchtelte mit beiden Armen. Immer noch um seine verlorene Stimme bemüht.

Engelstein warf das Blättchen auf Hannahs Pult. »Das wird Sie teuer zu stehen kommen.«

An diesem Montag war die neueste Ausgabe der Schülerzeitung »Spektrum« erschienen. Mit einer Grafik von Aubrey Beardsley, die einen Mann mit hoch aufgerecktem, überdimensionalen Penis darstellte. Anstelle des Kopfes hatten die Redakteure ein Foto des Englischlehrers Möller montiert.

»Dann muss ich den Gabelmann machen«, antwortete Hannah.

»Was?« fragte Engelstein entsetzt.

»Den Gabelmann«, sie hob drei Finger hoch, »Offenbarungseid. Ich hab' keinerlei Rücklagen.«

»Raus!«, Habermann auf schrillster Höhe, »raus, raus, raus…«

Zwei Männer steckten ihre Köpfe durch die Tür.

»Sie können Sie abführen«, krächzte der Direktor heiser, an den Klassenlehrer gewandt: »Sie setzen den Unterricht jetzt fort, Kollege Engelstein. Das ist ein dienstlicher Befehl.«

»Jawoll«, antwortete die Klasse im Chor. »Habermann befiehl, wir folgen!«

Der Direktor schlug die Tür laut zu. Auf dem langen Gang wurden Klassentüren geöffnet. Als die Lehrer ihren Schulleiter erblickten, zogen sie sich rasch wieder zurück.

»Wir sprechen uns noch«, sagte Habermann zu Hannah und ging mit schnellen Schritten davon.

»Sie kommen mit uns«, befahl einer der beiden Männer.

»Ich denke ja gar nicht daran«, erwiderte Hannah. »Mein Vater hat mir verboten, mit fremden Männern zu gehen.«

Der jüngere der beiden zog Handschellen aus der Innentasche seines Jacketts und ließ sie vor Hannahs Gesicht baumeln.

»Wenn Dir das lieber ist!«

»Duzen Sie mich nicht. Wir haben nicht zusammen die Schulbank gedrückt.«

»Klar, ich hab ja auch nur Realschule, Fräulein.«

Hannah rannte los.

Sie sprintete den Gang entlang. Hatte dieses Haberschwein doch tatsächlich die Polypen geholt. Das würde ein Tanz werden, der nach einer ganz anderen Melodie ging. Nicht so wie damals, als sie ihren ersten Schulverweis kassierte.

Hannah schaffte es bis zur Treppe. Dann spürte sie den Zugriff an ihrer Schulter.

»Also doch lieber Silber, Fräulein.«

Der ältere Mann war etwas aus der Puste, als er hinzukam.

»Man hatte uns schon gewarnt, dass du eine harte Nuss bist. Deswegen hab ich mir auch den schnellsten Kollegen von der Fahndung mitgenommen.«

Während der junge Polizist Hannah die Handschellen anlegte, sagte er: »In Mathe und Deutsch bin ich immer nur knapp mit dem Bauch über die Hürden gekommen, aber in Sport hatte ich nie etwas Schlechteres als eins.«

»Du Arschloch«, brüllte Hannah, »du bist so ein grenzmäßiges Arschloch.« Sie trat dem Polizisten gegen das Schienbein.

»Nu, is aber Schluss!«, griff der Ältere ein. »Wir tun hier nur unsere Pflicht. Sie kommen jetzt mit zu einer Vernehmung, ins Präsidium. Dann sehen wir weiter.«

»Wie weit?«, rief Hannah. Sie hatte die Hoffnung nicht aufgegeben, dass irgendjemand sie hörte. Es konnte doch nicht sein, dass die Schulsprecherin des Kreutz-Gymnasiums abgeführt wurde, und niemand bekam es mit.

»Unser Wagen steht auf dem Schulhof, Fräulein!«

»Hilfe, Hilfe!«, schrie Hannah. Der jüngere Polizist stieß sie die Treppe hinunter. Hannah fiel hin, rutschte über zwei, drei Stufen, sackte in sich zusammen.

»Fluchtversuch«, sagte der Ältere, »werden wir gleich auf der Wache zu Protokoll geben.«

Hannah wimmerte.

»Komm, komm, dir ist nix passiert, gar nix. Du markierst doch nur.« Der Jüngere der beiden zog sie an der Windjacke hoch. Eine Naht riss auf.

»Wir haben den Auftrag, Sie ins Präsidium zu bringen«, sagte sein Kollege, als sei die Zeit für Erklärungen gekommen.

Als sie Hannah auf den Hof geschleift hatten, gingen in einigen Klassen die Fenster auf. Erst waren es nur wenige, dann in rascher Folge immer mehr. Die Schüler schauten hinunter.

»Hannah!«, rief einer.

»Was wolln die Bullen?« Ein anderer.

Sie skandierten ihren Namen.

Han- nah, Han – nah, Han – nah.

Es war keineswegs einfach, sich mit gefesselten Händen auf die Hinterbank eines Polizeiwagens zu zwängen. Die beliebteste Methode war, den Festgenommen mit dem Kopf zuerst hinein zu stoßen. Er ruckelte sich dann schon selbst zurecht.

Bei Hannah verfuhren die beiden Fahnder anders.

Wie ein eingespieltes Team ergriff der Jüngere die Beine, brachte Hannah aus dem Gleichgewicht, der ältere Polizist fing sie an den Schultern auf. Ohne hörbares Kommando schwangen sie die Schülerin mit den Füßen zuerst auf die Rückbank.

Sofort wurde die Tür zugeschlagen.

Hannah konnte sehen, dass nun alle Fenster des backsteinernen Schulgebäudes geöffnet waren.

Exit Schulsprecherin, Beifall auf offener Szene.

»Geht es gleich in die Folterzelle oder darf ich vorher noch meine Familie verständigen?«

Der jüngere Polizist startete den Wagen.

»Ich hab' Sie was gefragt!«, setzte Hannah nach.

»Das haben wir gehört.« Kam es vom Beifahrersitz.

»Und warum antworten Sie nicht?«

»Uns sind die Antworten ausgegangen. Mal sehen, vielleicht gibt es morgen ja wieder welche. Kann aber auch sein, dass wir noch ein paar Tage warten müssen. Antworten sind rar geworden in diesen Tagen, Fräulein.«

Noch so ein Blödian, dachte Hannah. Ihr war die Lust vergangen, noch weitere Fragen zu stellen. Ihre Familie würde schon früh genug erfahren, welches Spiel man mit ihr trieb. Das würde sich ihr Vater nicht bieten lassen, der würde sie rausboxen. Schneller als die beiden da vorne Amen sagen konnten.

Familiengeheimnis – Der Verdacht. Teil 2 einer hanseatischen Trilogie(2005)

Der zweite Teil meiner Trilogie spielt zehn Jahre später, 1978. RAF-Anschläge, Stammheim, Mogadischu, der Deutsche Herbst, eine neue Welle der Überwachung, Schleppnetz-Fahndung – das waren die Stichworte. Die Träume der anti-autoritären Bewegung waren zerstoben. Einige machten unverdrossen Karriere, andere bewaffneten sich. Die meisten verfielen in eine Starre. In meinen beiden Roman-Familien geriet manches durcheinander.

Meine juristischen Berater mussten lange daran knobeln, dass sich Vater van Bergen als Staatsanwalt und sein Sohn Wolfgang als Verteidiger mal in einem Prozess gegenüberstehen. Es galt einige Hürden aus dem Weg zu räumen, jede Justizverwaltung hätte zunächst so ein Aufeinandertreffen zu verhindern gesucht. (Keinem Rezensenten des Romans erschien dieses Prozessgeschehen unglaubwürdig.)

Der Fall selbst, Mord bei einem Segeltörn, war mir durchaus vertraut. Mitte der 80er Jahre verfolgte ich einen Prozess, bei dem ein Bootsführer angeklagt war, mehrere Mitglieder einer Yacht umgebracht zu haben. Eine mörderische Auseinandersetzung über die Machtverhältnisse bei einem Schiffsturn. Man hatte dem Bootsführer, dem einzigen, der die Yacht steuern konnte, versprochen, dass er das Schiff nach der Atlantiküberquerung nutzen durfte, um in der Karibik Ausflüge zu veranstalten und damit Geld zu verdienen. Als er merkte, dass man seinen Lebensplan zunichtemachen wollte, schlug er zu. Eine Zeitlang kam er mit der Aussage, ein starker Sturm habe die Yacht-Besitzer und seine Freunde von Bord gespült, davon. Aber die Widersprüche, in die er sich verwickelte, waren zu groß. Aufgrund der Beweise wurde der Angeklagte – unter großem Medienecho – zu lebenslänglich verurteilt.

Mit einem Psychologen, der ein Buch über die Gruppendynamik bei Bootstouren geschrieben hat, habe ich für meinen fiktiven Fall die Eskalation auf dem Schiff minutiös erarbeitet. Mit einer Gerichtspsychologin habe ich den Werdegang von Gabriele Huneus, der ältesten Tochter, und deren Arbeitsweisen bei Gerichts-Gutachten recherchiert. Mit einem Therapeuten habe ich die Grundstrukturen der beiden Familien, die einiges zu verbergen haben, durchleuchtet, so dass mein Romanpersonal mir durchsichtiger wurde. (Es waren nicht die einzigen Ratgeber, aber alle waren sehr wertvoll. Nicht zuletzt die Kinder- und Jugendpsychologin Urte Seidel war mir eine große Stütze.)

Besonders ausführlich habe ich an dem Strang recherchiert, der sich um die kalte Enteignung jüdischen Eigentums unter dem Faschismus drehte. Mit welchen Tricks sich Deutsche damals Häuser, Villen und Firmen zu Spottpreisen aneigneten, ist jenseits aller Vorstellungskraft für mich gewesen. (In meinem Roman ist es ein Journalist, der die Familie Huneus damit konfrontiert, dass ihre prächtige Familienvilla vormals jüdisches Eigentum war.)

Auch einige meiner Medienerfahrungen tauchen in diesem Roman auf. Hannah, die jüngste Tochter aus dem Hause Huneus arbeitet unter Pseudonym als Filmemacherin bei einem Hamburger Fernsehsender. Bis ihre »terroristische« Vergangenheit sie einholt und sie erneut untertauchen muss.

Den Auszug, den ich aus dem *Familiengeheimnis* gewählt habe, war bei Lesungen mein Lieblingstext, auch wenn die Geschichten um Onkel Alfred Huneus – Signore Alfredo, wie er sich nennen ließ – immer nur ein Seitenstrang in der Trilogie war. Sein Doppelleben, das er später zu einem Triple-Leben ausgeweitet hat, gab oft Anlass zur Heiterkeit.

Familiengeheimnis

Erst kurz hinter Münster setzte sich Enrica auf der Zugtoilette die Perücke auf und änderte ihr Make-up. Die Langhaarperücke machte Enrica um einige Jahre älter.

Je näher sie ihrem Ziel kam, desto ruhiger wurde sie. Wie hatte Rosanna immer gesagt: Männer sind dazu da, um schöne Frauen auszuhalten. Sonst kannst du sie vergessen. Alle.

Sehr zum Erstaunen von Enrica traf der Zug drei Minuten zu früh in der Hansestadt ein. Wann war dies mal in Rom passiert? Wahrscheinlich weit vor ihrer Geburt.

Sie hatte sich einen Stadtplan gekauft und fand schnell die Straße, in der die Kanzlei lag.

Als sie den fünften Stock erreicht hatte, spürte sie eine leichte Nervosität. Nichts besser als das. Das machte ihr Vorhaben noch aufregender.

»Ich komme von *dottore* Guilini, *per dare una informazione molto importante al Signore Huneus.*«

Diesen Satz hatte sie viele Male vor sich her gesprochen, ihn immer wieder variiert, mal ganz in Italienisch, mal ganz in Deutsch, dann wieder nur den ersten Teil in ihrem breiten römischen Dialekt. Der Satz sollte ihr die Tür öffnen. So was musste gut geprobt sein, das konnte man nicht dem Zufall überlassen.

»Wen wollen Sie sprechen?« fragte die Giesecke. »Wahrscheinlich Signore Alfredo. Warten Sie dort.«

Mit ausgestrecktem Finger zeigte sie auf das Wartezimmer. Bei dieser Geste glich die ältliche Dame einer griechischen Statue, die Enrica in den Vatikanischen Museen gesehen hatte.

Enrica blickte über die Stadt. Auf der einen Seite ein Park, auch wenn der Tag grau und kalt war, schön anzuschauen, auf der anderen Seite rotbraune Häuserdächer. Alles sehr proper. Hier war Deutschland. Ihre Mutter hatte immer wieder gesagt, eines Tages ziehen wir ganz nach Deutschland. Rom ging Rosanna auf die Nerven. Der Verkehr, che casino, nichts funktionierte, mal fiel das Telefon wochenlang aus, mal streikten die Busfahrer, die Eisenbahner, die Müllmänner, chiuso per sciopero, und in der nächsten Woche die Finanzbehörden oder die Polizei, was einmal zu einem totalen Stillstand auf den Straßen Roms geführt hatte. Während mehr als acht Stunden.

Es war ganz leicht heraus zu finden gewesen, daß Signore Alfredo nicht in Frankfurt wohnte. Auch wenn er das stets behauptete und von dort angeflogen kam. Jedenfalls hatte Enrica das schon vor Jahren durchschaut. Irgendetwas stimmte an diesem Mann nicht. Immer wieder brachte er ihr kleine Geschenke mit, machte mit ihr Hausaufgaben, unterrichtete sie in Deutsch. Manchmal verbrachten sie zu dritt einen Tag am Meer. Fregene, Ánzio, Gaeta. Enrica hatte sich Notizen über den

Mann gemacht, der sie und ihre Mutter über so viele Jahre aushielt. Kleine Beobachtungen, Vermutungen. Und sie hatte einen Verdacht. Den sie aber selbst Rosanna gegenüber niemals äußerte.

»Wollen Sie zu mir?« fragte Heinrich Brock. Von so viel Schönheit geblendet wich er einen Schritt zurück.

»Nein«, erwiderte Enrica.

»Sie will zu ihrem Schwager, Herr Brock«, schallte es hinter dem Rechtsanwalt: »Aber der lässt sich ja mal wieder ziemlich Zeit heute«, rief die Giesecke.

Katzbuckelnd zog sich Heinrich Brock zurück.

Was dieser Schwager in Italien und Spanien trieb, hätte er zu gerne in Erfahrung gebracht. Seitdem die Kanzlei Huneus, Huneus, Huneus und Partner auch mit einem abogado in Barcelona zusammen arbeitete, war von Alfred immer seltener etwas zu sehen. Reisejurist, so nannte ihn Brock heimlich. Die Spesenabrechnungen, das hatte ihm die Giesecke ganz unverblümt verraten, waren exorbitant.

Enrica schaute ihm hinterher. So konnte also ein deutscher Rechtsanwalt auch aussehen. Grauer Anzug, schwarze Schuhe, blaues Hemd, gedeckte Krawatte. Wie langweilig. Da war Alfred nun wirklich ein anderes Kaliber.

Sie mochte ihn. Sie hatte ihn immer gemocht. Auch wenn er in der letzten Zeit nicht mehr so oft in Rom war. *Giovedí*, er kam immer donnerstags, meist am frühen Nachmittag. *Il signore Giovedí*. Einmal im Monat. Manchmal sogar zweimal. Und immer hatte er Zeit für sie. Nicht wie ihre Mutter, die ihre handgemachten Puppen auf der Piazza Navona verkaufte, so sagte sie jedenfalls, und ihr gleich bei der Einschulung einen Schlüsselbund aushändigte. »Damit du weißt, wo du zu Hause bist.«

Enrica hatte ein paar Tage den Unterricht geschwänzt, um diesem Deutschen auf den Fersen zu bleiben. Eigentlich war es ganz einfach gewesen. Kein bisschen Zufall. Alfred schaute niemals zurück. Die Kanzlei Guilini in der Via Condotti, das Hotel »Bella Isola« an der Via XXI Aprile, die auf die Piazza Bologna führte, das Restaurant »Pierluigi«, ganz in der Nähe von Pietros Wohnung. Zwischen diesen drei Orten und ihrem Apartment in der Via Senese pendelte der Deutsche. Überall hatte Enrica Auskünfte über ihn eingezogen und sich in die kleine Kladde notiert, die Alfred ihr schon vor Jahren mitgebracht hatte. »Liebes Tagebuch«, stand in rosa Lettern auf dem schwarzen Einband.

»Er ist jetzt für Sie da, junge Frau.« Die Bürovorsteherin warf der Italienerin einen missbilligenden Blick zu. Wie kamen die in Rom dazu, so ein junges Mädchen allein auf die Reise zu schicken. So etwas gehörte sich doch nicht. Eine wichtige Information. Und warum riefen sie nicht einfach an? Die Giesecke glaubte dieser jungen Frau kein Wort. Aber sollte sich doch der Herr Rechtsanwalt daran die Finger verbrennen. Ihr konnte es gleich sein.

»Enrica, was machst...« Alfred Huneus ließ den Telefonhörer sinken. »Sie können gehen, Frau Giesecke! Danke!« Fertigte er sie ab.

Ohne seinem Gesprächspartner noch etwas zu sagen, legte Alfred den Hörer auf die Gabel.

»Mamma è morta«, sagte Enrica. Auch den Satz hatte sie sich genau überlegt. *Un sciocco.* Wie ein Peitschenknall sollte es ihn treffen.

»Komm, setz dich doch!«

Sie kam um den Schreibtisch herum und drängte sich an ihn.

»Papà, io non posso più!«

Wie sie denn hierhergekommen sei.

»Col treno!«

Und wann Mama gestorben sei.

»La ultima settimana!«

Woran sie gestorben sei.

»Ein Unfall, auf der Piazza Venezia, einfach überfahren vom einem *tassista.*«

Warum ihn den niemand angerufen habe.

»Ich hatte doch nicht deine Nummer!«

Das wäre auch noch schöner, dachte Alfred, der sich jetzt erst bewusst wurde, daß die nächsten Stunden ganz anders verlaufen würden, als er sie geplant hatte. Vielleicht sogar die nächsten Tage. Jahre. Wenn nicht überhaupt das ganze Leben.

Er musste seine Tochter aus der Kanzlei schaffen. So schnell wie möglich, bevor irgendjemand Verdacht schöpfte. Ein falsches Wort. Wenn Gertrud davon erfuhr. Nicht auszudenken. Scheidung, alles halbe-halbe, eine Katastrophe. Ihm gingen so viele Szenarien durch den Kopf, daß er keinen klaren Gedanken fassen konnte.

Wenigstens war der Senior nicht in der Kanzlei. Das Donnerwetter würde biblische Ausmaße haben. Wo war sein älterer Bruder? Ach ja, Düsseldorf, Termin bei Mannesmann. Brock? Der war da, aber der würde nichts schnallen. Sein missratener Neffe Martin Thomas... keine Ahnung, wo der sich mal wieder rumtrieb.

Alfred bestellte umgehend ein Taxi.

»Enrica, du musst jetzt ganz ruhig sein!«

Noch immer stand sie dicht neben ihm.

Er roch dieses Parfüm. Auch Rosanna hatte es immer benutzt. Daß sie einfach so gestorben sein sollte, wollte ihm nicht in den Kopf. Viel zu jung. Mitte vierzig. Wenn nicht jünger. Ein Unfall, Piazza Venezia, diese verrückten Taxifahrer.

»Ich bring' dich erst mal in ein Hotel, Enrica. Einverstanden?«

»Ho capito«, sagte die Italienerin. Sie hatte schon geahnt, daß er sie nicht mit zu sich nach Hause nehmen würde. Sein Spiel war leicht zu durchschauen gewesen. Natürlich war Alfredo verheiratet, hatte wahrscheinlich eine Hühnerleiter voll Kinder und eine deutsche Frau. So wie man sie im Fernsehen sah: verkniffene Mundwinkel, streng nach hinten gekämmtes Haar, immer unmöglich gekleidet, von Mode hatten diese deutschen Frauen ja überhaupt keine Ahnung.

»Hast du keinen Koffer?« fragte Alfred leise.

Enrica sagte, er stehe in der Pizzeria.

»Den holen wir ab.«

Na ja, ich werde ihn nicht abholen, das muss sie schon selbst machen, wie sieht denn das aus, wenn ich… Alfred Huneus kam ins Schwitzen.

Ein falscher Schritt, ein unbedachtes Handeln und alles konnte zusammenstürzen. Und dabei wollte er morgen nach Barcelona fliegen. Wo Maria Lourdes schon auf ihn wartete.

»War es wirklich so eine wichtige Information aus dem Hause Guilini, Herr Huneus?« fragte die Giesecke spitz.

»Molto importante, è vero, moltissimo importantissimo!« antwortete Enrica und lächelte die Bürovorsteherin zu Boden.

Was das denn für ein hübscher Käfer sei, sagte Heinrich Brock, als die beiden die Kanzlei verlassen wollten.

»Eine Botin aus Rom.« Alfred schob Enrica aus der Tür.

»Die muss dir der Papst geschickt haben!«

Enrica drehte sich um.

Welches Hotel, dachte Alfred. Verdammt, welches Hotel? Man kennt mich doch überall. Ich kann nicht einfach…

»Wohin soll's denn gehen, Herr Huneus?« fragte der Taxifahrer.

»Worpswede«, antwortete Alfred, am liebsten hätte er gesagt, auf den Mond.

»Prima Fuhre!« Der Fahrer konnte seine Augen nicht von der jungen Mitfahrerin lassen.

»Nun fahren Sie schon los!« herrschte Alfred ihn an.

Worpswede, Worpswede, da könnten wir erst mal in Ruhe die Sache… Verdammt, er hatte am Nachmittag einen wichtigen Termin, telefonisch absagen, überhaupt alles absagen, am besten krank sein, todkrank sein. Am besten…

»Freuest du dich denn nicht ein *poco*?« Enrica legte ihre Hand auf das Knie ihres Vaters.

»Wer? Ich?« Er hustete. »Natürlich freue ich mich, Enrica.« Er hustete wieder. »Schön, daß du gekommen bist.«

Wie hat sie nur herausgefunden, wo ich lebe, dachte er. Hab ich jemals den Namen der Hansestadt erwähnt? Ich muss betrunken gewesen sein. Immer habe ich als Adresse Frankfurt angegeben. Da war er sich absolut sicher. Ich komme aus Frankfurt, da habe ich ein kleines Haus, leider viel zu klein für uns drei, leider… aber eines Tages werden wir ganz gewiss alle zusammen wohnen, mal sehen, ob in Frankfurt oder in Rom oder ganz woanders…

»Warum hast du uns nicht mehr besucht?« fragte Enrica.

»Später. *Stai zitto, per favore!*« flüsterte Alfred und legte den linken Zeigefinger auf die Lippen. Er spürte, wie Enricas Hand in seine rechte glitt.

Auf so eine Tochter wäre jeder stolz, aber unter diesen Umständen… Mein Gott, wie kommt sie nur darauf, mich aufzusuchen. Was hat sie vor? Will sie etwa bei mir leben? Die kann doch nicht einfach aufkreuzen und mich in so eine Situation bringen… Alfred erfasste ein Schwindel. Am meisten musste er sich vor dem ungeratenen Neffen in Acht nehmen. Sollte Martin Thomas etwas davon erfahren… nicht auszudenken… der würde alles daran setzen, ihn aus der Kanzlei zu drängen. Mit dem Segen des Alten. Ende. Aus. *Finito.*

»Wohin wollen Sie denn in Worpswede, Herr Huneus?« fragte der Taxifahrer und stellte für einen Augenblick das Radio leiser.

»Das sehen wir dann, wenn wir da sind!« Noch hatte Alfred keinen Plan. Erst mal raus aus der Stadt. Gab es in Worpswede ein Hotel, wo er Enrica unterbringen könnte? Er brauchte Zeit, um einen Plan zu fassen. Zeit, Zeit. Barcelona absagen. Das wollte er als erstes in die Hand nehmen, wenn sie angekommen waren. Maria Lourdes würde toben, aber das war ihm jetzt die geringste Sorge.

Während der nächsten vierzig Minuten schwiegen sie. Hand in Hand. Ab und zu warfen sie sich verstohlene Blicke zu. Enrica lächelte. Ein fünfzehnjähriges Lächeln. Sanft wie das Lächeln der Pietà im Petersdom. Vielleicht hatte sie ja doch der Papst geschickt, um meinem sündigen Leben…

Alfred spitzte die Lippen.

Mal sehen, was sie für Forderungen stellt. Natürlich soll sie dort wohnen bleiben, Via Senese. Sie muss die Schule beenden. Von wegen, ab jetzt in Deutschland wohnen. Viel zu gefährlich. Da konnte die Bombe jeden Tag hochgehen.

Was sie sich ausgedacht wohl hat? Wenn sie schon so klug ist heraus zu finden, wo ich tatsächlich lebe, dann weiß sie auch ganz bestimmt, was sie von mir will. Er würde ihr jeden Wunsch erfüllen, jeden, nur nicht den, in die Hansestadt umzusiedeln.

Am Ortsschild Worpswede verlangsamte der Taxifahrer seine Fahrt auf Schritttempo.

»Jetzt sollte ich schon wissen, wohin es geht.« Wieder strahlte er die junge Frau an.

»Café Verrückt!« antwortete Alfred.

»Café Verrückt. Wie Sie wünschen.«

»Café verruckt«, wiederholte Enrica, *»che cosa strana!«*

Alfred gab großzügig Trinkgeld. Vielleicht half das ja dem Taxifahrer zu vergessen, wohin er den Herrn Huneus gefahren hatte.

Sie stellten den Koffer in der Garderobe ab.

Das Personal war dabei, die Tische einzudecken. Die beiden wurden an die Bar gebeten.

Alfred bestellte sich einen doppelten Grappa, Enrica wollte Sekt, am liebsten *Asti Spumante*.

»Darf ich fragen, wie alt das Fräulein ist? Wir dürfen an Minderjährige keinen Alkohol ...«

»Sie sieht nur so jung aus«, unterbrach ihn Alfred, »sie ist schon volljährig.«

»Wenn Sie es sagen!« Der Mann an der Bar pfiff durch die Zähne. Alter Knacker, junges Girl.

»Ich möchte bei Dir bleiben, *papà*. Ich habe ja sonst niemanden auf der Welt.«

Kaum hatte sie das Wort *papà* ausgerufen, fuhr der Kellner herum. »Alle Achtung. Da kann man nur gratulieren. Wer hätte nicht gerne so eine hübsche Tochter?«

»Kümmern Sie sich um ihre Belange«, sagte Alfred ungehalten. »Mal sehen«, flüsterte er Enrica leise ins Ohr, »mal sehen, wie wir das hinkriegen. Jetzt bist du ja erst mal bei mir.« Er bemerkte, daß der Barmann jedes Wort mitzukriegen versuchte.

»Stai zitto, per favore!« Wiederum bat er seine Tochter zu schweigen. Er würde sie keinen Moment alleine lassen dürfen. Es konnte sofort alles zu Ende sein. Wenn auch nur irgendjemand ...

»Der Tisch ist bereit. Lassen Sie die Gläser stehen, ich bringe sie schon hinüber.«

Das Café Verrückt war ein Bau aus den zwanziger Jahren. Bernhard Hoetger hatte ihn gestaltet. Grobe, farbig bemalte Eichenbalken hingen quer unter der Decke. Transparentes, buntes Glas leuchtete in den verwinkelten Nischen.

Obwohl Alfred keinen Hunger verspürte, bestellte er für beide das fünfgängige Menu. Vielleicht kam ihm ja dabei ein Einfall, wie er mit der unerhörten Lage umgehen konnte.

»Ist es immer so kalt hier?« fragte Enrica.

»Da hast du heute noch Glück«, antwortete Alfred. »Das kann noch viel unangenehmer werden.«

Enrica schüttelte sich und trank das Sektglas leer.

Alfred bat den Kellner nachzuschenken.

»Sag mal, diese Perücke, die du trägst«, Alfred berührte ihre Hand, »die ist von deiner Mutter, oder?«

Seine Tochter nickte.

»Steht mir gut, *non è vero?*«

»Ich weiß nicht, sie passt nicht zu dir.«

»Soll ich sie ausziehen?«

»Nein«, sagte Alfred erschrocken, »auf keinen Fall jetzt.«

Das *amuse-gueule* wurde gereicht. Entenleberpastetchen an Trüffeln, Pinienkernen und Brunnenkresse. Der Kellner wünschte allseits Guten Appetit und starrte dabei die Italienerin an.

Enrica verschlang die kleine Portion auf ein Mal.

Inzwischen hatte Alfred Huneus sich ein wenig beruhigt. Die Dosis Grappa war noch zweimal verdoppelt worden. Nun sah die Welt schon wieder beschwingter aus. Es würde sich eine Lösung finden. Für alles hatte sich immer eine Lösung gefunden. Wenn man genügend Einfälle hatte. Maria Lourdes musste eine Zeitlang in Barcelona auf ihn warten. Na und? Nur seine Gertrud durfte nichts davon erfahren, das würde den sofortigen Weltuntergang zur Folge haben. Den Plan, irgendwelche Termine abzusagen, hatte er schnell aufgegeben. Einfach abtauchen. Nur so war garantiert, daß man seine Spur nicht verfolgen konnte.

Enrica sagte, Rosanna habe immer versichert, sie solle sich an ihren Vater halten, es gebe keinerlei Probleme für ihre Zukunft, er würde sich bestimmt um alles kümmern, wie er sich ja in den letzten Jahren auch immer um alles gekümmert habe. »Du hältst doch zu mir, *papà*? Ich hab doch niemanden sonst auf der ganzen Welt. Und auch nicht in Italien.«

»Du musst erst mal in Rom wohnen bleiben«, erwiderte Alfred. »Da sind deine Freunde, da ist deine Schule… überhaupt, was hast du denen denn erzählt, wo du jetzt bist?«

»*Siamo in vacanze!*« strahlte Enrica ihn an. Dieses Lächeln war so verführerisch, daß Alfredo sich am liebsten über den Tisch gebeugt hätte, um seine Tochter zu küssen. Ob sie wirklich Schulferien hatte? Ständig überkam Alfred das Gefühl, unter Beobachtung des Personals und der anderen Gäste zu stehen. »Dann verbringst du eben deine Ferien hier und dann sehen wir weiter. Ich komme dich ab und zu in Rom besuchen.«

Noch hatte Enrica ihrem Vater nichts von Pietro, ihrem *sposetto*, erzählt. So nannte sie ihren Freund, obwohl sie keine Jungvermählten waren. Pietro war drei Jahre älter als sie und hatte gesagt, Deutsche zahlen immer, wenn sie in Gefahr geraten. Mach ihm ruhig die Hölle heiß. Die *tedesci* schaffen alle Probleme mit Geld aus der Welt.

Pietro schien da einige Erfahrung zu haben. Gemeinsam wollten sie in Zukunft von Alfreds Alimenten leben. Er musste eben ein bisschen mehr abdrücken. Dürfte doch bei einem Rechtsanwalt kein Problem sein, *non è vero*?

Aber wenn er nicht dazu bereit war, dann würde nicht nur der Papst über ihren Vater kommen …

Nach dem Essen waren sie so betrunken, daß der Chef des Restaurants ihnen anbot, sie in ein nahegelegenes Hotel zu fahren.

Unter dem Namen Alfons Weihwasser ließ sich der Rechtsanwalt ins Melderegister eintragen. Leider habe er den Pass vergessen … aber er zahle die beiden Zimmer im Voraus und bar.

Was dem Hotelier gefiel.

Der letzte Gedanke, bevor Alfred in alkoholischen Tiefschlaf fiel, war, wie schön es war, daß niemand wusste, wo er abgeblieben war.

Er merkte auch nicht mehr, daß sich seine Tochter in sein Zimmer schlich und sich neben ihn ins Bett kuschelte.

Sie war völlig nackt.

Familiengift – Die Starre. Teil 3 einer hanseatischen Trilogie (2006)

Der letzte Teil der Trilogie sollte nach der Wiedervereinigung spielen und eine Konfrontation in der nächsten Generation beider Familien enthalten. Martin Thomas Huneus als Verteidiger – Wolfgang van Bergen als Nebenkläger.

Ein nicht nur in Bremen mit Spannung erwarteter Prozess, den ich fast alle Gerichtstage beobachtet habe, drehte sich um die Pleite der Bremer Vulkan-Werft. Angeklagt war deren Chef, der Gelder aus Brüssel in dreistelliger Millionenhöhe benutzt hatte, um zwei marode Werften in Mecklenburg-Vorpommern zu sanieren. Die fatale Folge: tausende von Arbeitsplätzen wurden vernichtet. Der Angeklagte leugnete hartnäckig jede Verantwortung für die Veruntreuung der Subventionen, wurde aber zu zwei Jahren (auf Bewährung, versteht sich!) Gefängnis verurteilt. Anschauungsmaterial hatte ich genug, wie ein solches Ost-West-Verfahren ablief. Aber auf welchem Gebiet würde die Konfrontation zwischen Huneus und van Bergen stattfinden?

Schon in den früheren Roman gab es die Familie Gildemeister, Weingroßhändler in der Hansestadt, Rotweinnasen, wie sie genannt werden.

Es brauchte eine Zeitlang, bis ich den entscheidenden Einfall hatte: Gildemeister eröffnet eine Kette von Billig-Wein-Läden in der ehemaligen DDR, expandiert viel zu rasch und geht damit bankrott. Es hat solche Läden, abgesehen von ein paar Weinregalen in Intershops, vor der Wende nicht gegeben. (Kurz nach der Wiedervereinigung haben westdeutsche Verlage die Buchhandlungen im Osten mit Waren aus Lagerbeständen überschwemmt. Lastwagenladungen mit Büchern wurden für wenig Geld dorthin geschafft und machten den ansässigen Verlagen zu schaffen.)

Meine beiden juristischen Berater knobelten an der Möglichkeit, wie der inzwischen renommierte Rechtsanwalt van Bergen als Beistand für eine Nebenklägerin – und damit als Opponent zu Martin Thomas Huneus – operieren konnte. Der Weinhandel in der Billig-Kette bot sich als Terrain an. Gildemeister macht die DDR besoffen, war eine der Spottzeilen.

In diesem Band musste auch das Familiengeheimnis gelüftet werden, das – mittels *cliffhanger* – für die Verbindung zwischen Wolfgang und Gabriele Huneus bedrohlich wurde. (Sie sind miteinander verwandt. Wie? Lesen Sie selbst!)

Bei ihrer Tochter Hannah treten immer wieder Anfälle von Stupor auf, die eine Zeitlang unerklärlich bleiben. Sie sind eine körperliche Reaktion, eine Auswirkung der Vertuschung des »Familiengeheimnisses«. Nur mit professioneller Hilfe gelingt es, Hannah aus ihrer Erstarrung zu befreien.

Besonderen Spaß hat der Strang gemacht, dass ehemalige Stasi-Mitarbeiter Wolfgang van Bergen dazu dingen wollen, gebunkerte Gelder aus der Schweiz weiß zu waschen und ihnen, gegen eine erhebliche Provision, zukommen zulassen. Die Szene, wie drei Herren in einer Autobahnraststätte vorgeführt und dabei gefilmt werden, war ein satirisches Spektakel. (Dass Wolfgang damit in die Schusslinie der Medien gerät, ist die beabsichtigte Fallhöhe im Handlungsablauf des Romans.)

Der 3. Band endet, wie auch schon meine Krimi-Serie, mit dem gleichen Anlass: Die Hansestadt als Ausrichter der jährlichen Feier zum 3. Oktober. (Alle 16 Jahre einmal.) An diesem Tag durften keinerlei Demos stattfinden. Stattdessen hielten wir am Straßenrand weiße Plakate ohne Text in die Höhe. An unserem Haus hing eine lange Fahne, auf die wir gepinselt hatten: *Alle Gewalt geht von oben aus.* Knüppelorgien der Polizei und Festschmaus für die handverlesenen Gäste, verlogene Reden. Ein Gedenktag, den noch viele in Erinnerung haben.

Nachmittags wurde in der ARD eine Stunden-Dokumentation ausgestrahlt: *Bremen – total normal oder verrückt?* Man hatte mich gebeten, die Moderation zu übernehmen: mal als flüchtiger Krimi-Autor im Ratskeller, mal als Scheich im Zelt des Überseemuseums, am Schluss als chinesischer Koch, der im Graben des Bürgerparks mit einem Hackebeil das Wasser ermordet.

Als Auszug aus dem Roman habe ich das erste Kapitel gewählt, damit sich der Bogen schließt: Was ist aus der aufmüpfigen Hannah aus dem ersten Teil der Trilogie geworden?

Familiengift

Als Emma Livingstone aus dem backsteinernen Bahnhof trat, hielt sie inne. Zwei Tage war sie unterwegs gewesen, Busse und Bahnen, die Fähre und wieder die Eisenbahn benutzend, um nach fünfundzwanzig Jahren die Stadt zu betreten, die sie für immer aus ihrem Gedächtnis hatte streichen wollen.

Alles kam ihr fremd und gleichermaßen vertraut vor. Die vierspurige Hochstraße, die den Blick in die Innenstadt verwehrte, der leergefegte Bahnhofsvorplatz, auf dem zwei Losbuden standen, die Sexshops und Spielsalons. Der alte Mann, der den »Wachtturm« feilbot. Eine heftige Böe trieb Abfall vor sich her.

»Versuchen Sie doch auch mal ihr Glück! Mit nur einem Los den Haupttreffer erzielen! Eine Kreuzfahrt in die Karibik für zwei Personen im Gesamtwert von 15.000 Mark.« Die Lautsprecherstimme ließ Emma herumfahren. Solche Ansagen hatte es früher nicht gegeben.

Im braunen Lederkoffer befand sich die gesamte Habe. Soll ich wirklich … Am besten umdrehen, Ticket lösen, schnell den Rückweg antreten. Noch kann ich umkehren.

Das Museum auf der rechten Seite des Bahnhofsvorplatzes, das sie als Schülerin einige Male aufgesucht hatte, zeigte eine Ausstellung mit asiatischen Kultgegenständen. Die ferne Welt als letzter Ort der Hoffnung.

Als erstes muss ich diesen Koffer loswerden. Niemand sollte sie als Heimkehrerin erkennen.

Sie wechselte hundert Pfund in D-Mark, erstaunt über den günstigen Kurs, gab ihren Koffer bei der Gepäckaufbewahrung ab, *only for a couple of hours*, und stand wieder auf dem Bahnhofsvorplatz.

Emmas Blick fiel auf eine Bäckerei. Hastig marschierte sie los. Obwohl sie keinerlei Hunger verspürte.

Sie öffnete die Tür und fühlte sich umgehend wohler.

Emma stellte sich an, hatte genügend Zeit, den wunderbaren Duft einzuatmen, betrachtete die Auslagen an der rückwärtigen Wand. In der Mitte ein Plakat, das eine strahlende Morgensonne umringt von Weizenähren zeigte. Darunter die Zeile: Unser täglich Brot kaufen wir hier!

White bread, brown bread, rolls and scones. Emma sah nichts, was sie nicht selbst hätte backen können. Nur die Torten würden ihr nicht auf Anhieb gelingen …

Was soll ich kaufen, dachte sie. Vollkornbrot, Mischbrot, Weltmeisterbrot. Richtig, Deutschland war Weltmeister geworden, aber lag das nicht schon Jahrzehnte zurück? *The germans are always weltmeisters*, hatte sie in England häufiger zu hören bekommen. Manchmal rollten deutsche Panzer über die Titelseiten englischer Boulevardgazetten.

»Ich hätte gerne ein Stück Butterkuchen«, sagte Emma. Mit schwerem britischem Akzent. Dabei hatte sie sich geschworen, auf keinen Fall deutsch zu reden.

»Der ist noch warm, ganz frisch. Wollen Sie ihn gleich auf die Hand?«

»No thanks. How much?«

Zu Emmas Verblüffung wurde ihr der Preis auf Englisch genannt. *One Mark and ten Pfennigs.*

Nun hatte sie Proviant, aber wusste nicht, wohin sie sich wenden sollte. Hinausfahren zur Villa, zu ihrer letzten Wohnung oder zum Haus von Gabriele? Wohnte die überhaupt noch da? Drei unterschiedliche Richtungen, drei Anläufe, drei gänzlich verschiedene Lebensfahrten.

Lange studierte sie den Plan des Straßenbahnnetzes. Warum setzt du dich nicht einfach in die Tram und fährst durch die Gegend, bis du den Mut gefunden hast, jemandem zu begegnen, dachte sie.

»Kann ich Ihnen behilflich sein?«, fragte ein Mann in dunkelblauer Uniform. An seiner Dienstmütze ein auf Hochglanz poliertes Abzeichen in rot und weiß.

Emma fragte, wie sie zur Marcusallee komme. Sie sprach nur den Straßennamen deutsch aus.

Der Beamte erklärte ihr in flüssigem Englisch, wie weit sie mit der Linie 4 zu fahren habe: *»It's your first time in our wonderful city?«*

»I was here before. Long time ago.«

»Nothing has changed, except of the Ossis.«

Emma hatte nicht ganz verstanden, was der Uniformierte damit gemeint haben könnte, bedankte sich und ging zum Schalter, um ein Ticket zu lösen. Wieder stellte sie sich in die Reihe der Wartenden. »Halten Sie das passende Kleingeld bereit!«, las sie in Druckbuchstaben über dem gläsernen Guckloch. Die Straßenbahntarife, mein Gott, die Erhöhung des Fahrpreises um 20 Pfennig, damit hatte alles seinen Lauf genommen. Ihre erste Demo. Besetzung der Schienen, Zehntausende auf dem Marktplatz, Schlagstockeinsatz der Polizei. Bernie hatten sie einen Schädelbasisbruch verpasst, die Veröffentlichung in der Schülerzeitung, der Prozess... Wie eine Sturzflut kamen die Erinnerungen zurück.

Emma musste sich festhalten. Ihre Rechte griff nach dem Stehtisch neben der Fahrtkartenausgabe. Wie hatte diese Stadt sie damals heraus gefordert. Ins Visier genommen. Zum Objekt heftigen Streites gemacht. Sie hatte sich nicht klein kriegen lassen. Nicht von diesem hanseatischen Spießertum, von diesen kleinkarierten Juristen, nicht vom Herrgott und seinem diktatorischen Gehabe... ob er noch lebte, der alte Herr? Emma rechnete nach, er müsste in diesem Jahr hundert werden. Hatte er nicht am 1.September Geburtstag? Noch lange hin, sehr lange. An diesem Jubelfest würde sie unter gar keinen Umständen teilnehmen.

Die Fahrt durch die Straßen. Fremd und vertraut. Die Fassaden frisch gestrichen, in altweiß, cremefarben oder grau-weiß, die Straßenränder gesäumt mit Kastanien, Ahorn und Platanen, die Stadtteile wie kleine Dörfer aneinander gereiht. Die Bürgerhäuser erst drei- bis vierstöckig, je weiter sie sich vom Bahnhof entfernte, anderthalb- bis zweistöckig. Viele Neubauten füllten die Lücken, die im Zweiten Weltkrieg entstanden waren. Hundertzweiundsiebzig Fliegerangriffe von britischen Bombern. Seltsam, dachte Emma, daß ich mich an diese Zahl noch erinnere.

Sie stieg an der Haltestelle Marcusallee aus.

Sofort erhöhte sich ihr Puls.

Ein paar hundert Meter, mehr war es nicht.

Ein paar hundert Meter, bis zum steinernen Eisschrank, der sich Familiensitz nannte.

Emma hatte sich vorgenommen, an der Auffahrt stehen zu bleiben. Keinen Fuß auf den Kiesweg setzen. Nur schauen, nur kurz einen Blick auf die herrschaftliche Villa werfen.

Schon von weitem sah sie den Baum, der noch mächtiger geworden war. Die Blutbuche thronte in der Mitte des gewaltigen, leicht abfallenden Rasenstücks und zeigte die ganze Größe der Sippe Huneus. So hatte der Herrgott immer seine Familie bezeichnet. Das Bäumchen war beim Einzug von ihrer Urgroßmutter Helene gepflanzt worden. Beinahe wäre sie hundert geworden. Die bleiche Helene in ihrem Sarg, an dem Emma über Stunden gewacht hatte, ihre pompöse Beerdigung, zu der Emma im grasgrünen Kleid erschienen war, die geheuchelten Beileidsbekundungen, der Bürgermeister, der sie wegen ihres unpassenden Aufzuges angegangen war.

»Jeder sollte die Farbe seiner Trauer selbst bestimmen dürfen!«, hatte sie dem Bürgermeister damals erwidert. Ohne jeglichen Respekt vor dem hohen Amt des stiernackigen Politikers.

Je näher sie kam, desto langsamer wurden ihre Schritte. Desto schneller schlug ihr Herz.

Die prachtvolle Villa im matten Mittagslicht. Achtung: Sie verlassen den demokratischen Sektor.

Emma lehnte sich an eine Kastanie, in gebührendem Abstand auf der anderen Straßenseite. Ein klassizistischer Prachtbau mit verzierten Fenstersimsen, einem säulenbewehrten Eingangsportal, zu dem eine steinerne Treppe hinauf führte, vier Stockwerke kalte Pracht. Auch Gabriele war froh gewesen, als sie diesem Eisschrank entflohen war.

Die andauernden Streitereien beim sonntäglichen Pflichtdinner, die Maßregelungen, die Anordnungen des Herrgottes, die peinlich genau zu beachten waren. Der Ohrfeigen-Schlagabtausch zwischen ihrem Vater und ihr. All das kam Emma wieder in den Sinn. Obwohl das ganze Haus voller Juristen war, hatte sie niemand verteidigt, als sie vor fünfundzwanzig Jahren wegen Verleumdung und Verbreitung pornografischer Schriften angeklagt worden war. Feiglinge, allesamt rückgratlose Feiglinge, denen die Reputation ihrer ehrwürdigen Sozietät wichtiger war als der eigene Spross.

Ein dunkelblauer Mercedes brauste den Kiesweg hinunter. Die weißen Steinchen spritzten zur Seite. Ohne an der Ausfahrt anzuhalten schnellte der Wagen heraus und beschleunigte auf der baumbestandenen Allee.

Mein Bruder, dachte Emma, das muss mein Bruder gewesen sein. Sie verbarg sich schnell hinter einem Baumstamm. Wer sollte sie schon erkennen? In ihrem Tweed Kostüm. *Very british.* Manchmal war es besser sich auffällig zu tarnen.

Unverkennbar, das war ihr Bruder Martin Thomas. Der einzig geliebte Nachwuchs, dem alles in den Schoss fallen würde, wenn die Altvorderen das Zeitliche gesegnet hatten. Hoffentlich würde sie ihm nicht begegnen. Ich muss mich sich in mein englisches Schneckenhaus zurückziehen. Ihn einfach nicht zur Kenntnis nehmen. Dazu war der zwei Jahre ältere Martin Thomas den beiden Schwestern zu oft in den Rücken gefallen. Nicht umsonst trug er den Titel: der Verräter.

Emma trat den Rückweg an. Sie hatte genug gesehen. Ihr wäre niemals in den Sinn gekommen, die steinerne Treppe hinauf zu gehen und an der Eingangspforte zu klingeln. Was hätte sie sagen sollen? Die verlorene Tochter ist wieder da. Kann sich noch jemand an mich erinnern? Oder: Eins der sechsundzwanzig Zimmer wird doch wohl für mich frei sein. Würde es überhaupt eine gemeinsame Sprache geben?

Außer der Sprache der Vorwürfe. Else und Kathrine, die beiden Hausmädchen, waren gewiss schon tot.

Sie musste nicht lange auf die Straßenbahn warten.

»Ausländer raus«, stand deutlich lesbar neben dem Sitz, auf den sie sich gesetzt hatte. Darunter hatte jemand mit Kugelschreiber geritzt: »Das gilt auch für dich, Ossi!«

Scheint ja nicht richtig gelungen zu sein, diese Wieder-Vereinigung, dachte Emma. In England hatte sie jede Nachricht aus *bigger germany* begierig aufgenommen. Jeden Abend saß sie vor dem Fernseher und schaute *BBC, ITV, Channel four.* Solange, bis ihr die Augen zufielen. Immerhin musste sie um vier Uhr schon auf den Beinen sein.

Am Hauptbahnhof stieg sie aus. Fest entschlossen, den Koffer aus der Gepäckaufbewahrung zu holen und sich mit einem Taxi an den Osterdeich bringen zu lassen. Dort gab es Pensionen und kleine Hotels. Ein Zimmer mit Blick auf den Fluss. Und dann morgen einen neuen Anlauf nehmen.

Als sie an der Reihe war, den Gepäckschein abzugeben, drehte Emma ab. Ach was, entweder sie nehmen mich auf oder sie schicken mich weg. Warum es nicht gleich heute probieren? Jetzt, auf der Stelle. Emma, reiß dich zusammen. Was soll dieses Gezaudere? Du bist hierhergekommen, um… Ja, warum eigentlich? Was wollte sie in dieser Stadt, die sie nie geliebt hatte. Bei dieser Familie, die sie ins Abseits gestellt hatte. Wollte sie ihre Mutter wirklich wieder sehen? Die Galeristin, die nachmittags mit Freunden Champagner trank und über die intimen Verhältnisse der oberen Fünfzig klatschte.

Emma ging zu Fuß. Mitten hinein in das Viertel, in dem Gabriele wohnte. Den Blick hielt sie gesenkt. Wagte es nicht, die vorbei gehenden Passanten anzuschauen. Die Angst erkannt zu werden, hielt sie in Schach. Sind Sie eine aus dem Hause… Jeden Moment erwartete sie diese Frage. Erkannt, ertappt, dingfest gemacht. Ob der Haftbefehl gegen sie wirklich verjährt war?

Diese Angst war es gewesen, die sie aus dem Land getrieben hatte, die nicht mehr beherrschbaren Ängste plötzlich aufzufliegen, die ständige Furcht vor den Verfolgungsbehörden, die ihr dicht auf den Fersen waren. Ein falsches Wort und ihre Tarnung wäre zerrissen gewesen. Nach jedem Besuch ihrer Schwester in Hamburg wurde dieser Verfolgungswahn stärker. Tagelang war sie wie gelähmt gewesen. Dabei hätte Gabriele sie niemals verraten.

Da: die Ecke, an der Bernie immer den Stoff gekauft hatte, dort: das Kino, in dem die politischen Diskussionen stattfanden. Auf der Dachterrasse dieses Hauses hatten sie nackt getanzt, als ein Feuer in einer benachbarten Schreinerei ausgebrochen war. Eine Menge türkischer Läden. Die gab es damals noch nicht, stellte Emma fest. Ob auch die Ossis hier Läden aufgemacht hatten?

Emma bog nach rechts ab.

Noch eine Runde. Nur zur Beruhigung.

Sie studierte die Anschläge für Konzerte von Punkbands, die auf den Holztüren zwischen den Häusern geklebt waren. Zentimeterdick die Plakate übereinander. Dorthin hatten sie damals auch ihre Flugblätter gepappt.

Heraus zur Demonstration gegen die Tariferhöhung der Straßenbahn AG!

Nehmt der Polizei die Knüppel weg!

Draufhauen! Draufhauen! Nachsetzen!

Das Haus lag im Schatten.

Eine enge Seitenstraße, die in einer leichten Biegung verlief.

Emma blickte auf das glänzende Messingschild. Als sie näher kam, konnte sie erkennen, daß ein Name mit schwarzem Band überklebt war. Betrieb Wolfgang die Kanzlei inzwischen alleine?

Sie schaute hinauf. Dort oben lag das Dachzimmer. Wolfgangs geheime Stube. Vor hier unten war es nicht auszumachen. Dort hatten sie sich geliebt. Schnell, heftig wie ein D-Zug, waren sie übereinander hergefallen. Der Verteidiger und seine Mandantin. Ob Gabriele jemals von diesem *one-night-stand* erfahren hatte?

Nun schlug ihr Puls bis zum Hals.

Zögerlich ging sie die fünf Treppenstufen hinauf.

Klingelte.

Wich sofort zurück.

Noch kannst du umkehren. Emma, schnell. Was hast du hier überhaupt zu suchen?

Nichts rührte sich.

Von der kleinen Terrasse konnte sie durch die nicht ganz zugezogenen Vorhänge in die Kanzlei schauen.

Niemand da.

Emma hielt sich eine Zeitlang am Geländer fest.

Dann drehte sie sich rasch um, eilte die Treppenstufen wieder hinunter.

»Hey, was soll das?«, kam eine helle Stimme hinter ihr her. »Biste nich zu alt für solche Klingelnummern?«

»Does Gabriele still live here?« Emma stand am Treppenabsatz. Das Mädchen trug ein Hundehalsband mit silbernen Spitzen, durchlöcherte Jeans, ein weißes, darüber ein froschgrünes T-Shirt, ein breiter Metallgürtel mit verschiedenen Ketten baumelte um die Taille.

*»Yes, she lives here. But …*die kommt erst heute Abend spät zurück, wenn überhaupt."

»And Wolfgang?«

»Der ist unterwegs, wie immer. Ich bin die Hannah, vorne und hinten mit h. *And who are you?«*

Emma spürte, wie sich ihre Augen mit Wasser füllten. Tränen liefen über ihr Gesicht. Sie war nicht in der Lage, auch nur ein Wort heraus zu bringen.

Mit verschliertem Blick schaute sie auf das Mädchen. Wie alt mochte es sein?

»Can I help you?« fragte die Punkerin. Ihre halb hohen Turnschuhe waren feuerwehrrot. Die Schnürsenkel bestanden aus dünnen Elektrokabeln.

Emma schüttelte den Kopf. Hatte ihre Schwester… Hannah sprang die Treppen hinunter. Baute sich ihr gegenüber auf. »In der Kostümierung kommste nicht weit. Also, was willst du?«

»Ich bin Hannah. Gabrieles jüngere Schwester«, brachte Emma Livingstone stockend hervor. Ihr Gesicht in Tränen. Sie hatte keine Kraft, sie weg zu wischen.

»Ich denk, du lebst im Osten!? Haben die mir irgendwann mal gesagt. Ma wollte schon lange nach dir forschen, war aber immer zu beschäftigt. Komm rein, was stehste hier noch rum. Schließlich sind wir doch verwandt, irgendwie. Oder?«

Die beiden Hannahs umarmten sich.

Dann ging das ungleiche Paar die Treppen hinauf. Eine Hannah stützte die andere.

»Du musst mir alles erzählen!«, sagte Hannah van Bergen. »Warum hast du dich nicht gleich gemeldet? Ihr konntet doch überall hinreisen, nachdem die Mauer eingestürzt wurde.«

»Ich habe in England gelebt«, erwiderte ihre Tante. Wie kam Hannah darauf, sie habe in der DDR gewohnt. Wer hat denn solche Märchen in die Welt gesetzt?

»Na ja, ist ja egal, wo du warst. Jetzt biste hier. Auch wenn die Alten noch nicht da sind, ich nehm dich schon mal auf. Platz haben wir genug. Hier hat früher mal ne WG gehaust. Jetzt ist nur noch der olle Kuno da. Aber der pennt um diese Zeit immer.«

Hannah führte sie in die geräumige Gemeinschaftsküche im ersten Stock. Hier hatten sie gekifft, sich heiß geredet und wild gekichert, hier gab es eiskalten Vanillepudding mit Bananen und Schokoladenstückchen. Auf dem abgebeizten Schrank, dessen Glastüren heraus genommen waren, standen die vier geklauten Bierkrüge aus dem Münchener Hofbräuhaus. Eintrittskarte der männlichen Mitglieder der Wohngemeinschaft. Die hatten damals schon dort gestanden.

»So wie du aussiehst, willst du sicher einen Tee.« Hannah setzte Wasser in einem glänzenden Kessel auf.

Ihre Tante saß am Küchentisch.

Sie klammerte sich an der Tischplatte fest.

Ihre Augen weit aufgerissen. Ein nervöser Tick, den sie nicht stoppen konnte. Ein Zucken, das durch den ganzen Kopf ging. Bis hinunter in die Schultern. Ein Krampf, der den ganzen Körper erfassen konnte. Manchmal dauerte dieser Zustand eine viertel Stunde.

Hannah van Bergen drehte sich um. »Was hast du? Brauchste einen Arzt?« Schon hielt sie den Telefonhörer in der Hand.

»No, please, wait…« Mehr brachte sie nicht heraus.

Es dauerte eine ganze Weile, bis sie wieder zu sich kam. Tiefes Einatmen, am besten durch die Nase, langsam, immer tiefer werdend, nur auf das Atmen konzentrieren, alles andere wegdrängen, so hatte ihr es ein Arzt in Wetherby beigebracht.

Sie hielt sich am Küchentisch fest. Mit beiden Händen. Der Rücken kerzengerade, angespannt.

Minutenlanges Schweigen.

Langsam, ganz langsam löste sich der Krampf.

»It's over!« Sie blickte ihre Nichte an. »Das hatte ich schon lange nicht mehr so heftig. Nur noch ein Nachspiel… du bist vom gleichen Schlag, aus der gleichen Sippe, wie dein Urgroßvater uns zu nennen pflegte.«

Hannah stellte das sprudelnde Wasser ab. »Oder brauchste was Stärkeres? Ich weiß, wo Paps die *spirits* stehen hat.«

Paps, hat meine Nichte Paps gesagt, dachte sie. So wie ich meinen Vater nannte. Solange er noch auf meiner Seite stand.

»Ein Tee wäre besser.«

Dann fragte sie nach ihrem Bruder, Martin Thomas. »Den Arsch sehen wir nur von hinten.« Nach ihrer Mutter Karoline. »Die steigt bald aus dem Kunsthandel aus. Macht noch ne letzte Party und dann isses vorbei. Ein paar Festtagskontakte, zu den hohen Feiertagen, sonst sehen wir uns nicht mehr.« Nach ihrem Vater Thomas Anton. »Der Gebückte sitzt meistens stumm rum. Ich hab mal die Worte gezählt, die er zu mir beim letzten Besuch gesagt hat, es waren genau: Drei. Guten Tag und Wiedersehen. Einmal bin ich bei diesem Sonntagsdinner gewesen. Ich kann dir sagen, das war die reine Tierquälerei.« Sie fragte nach ihrem Großvater, dem Herrgott: »Der ist gestorben. Genau an dem Tag, als ich geboren wurde. Wassen Zufall, nich?«

Noch zwei Mal musste Hannah van Bergen neues Teewasser aufsetzen. Ihre Tante hatte so viele Fragen.

Gabriele van Bergen zog wie immer sie als erstes ihre Kostümjacke aus und warf sie über den Stuhl. Die Aktentasche stellte sie an der Garderobe ab, die für die Klienten von Wolfgangs Kanzlei bestimmt war.

»Wir haben Besuch!«, rief Hannah vom Treppenabsatz hinunter. »Wenn du rätst, wer es ist, Ma, geh ich morgen in die Schule.«

»Das wüsste ich aber«, schallte es von unten herauf.

Es dauerte eine ganze Weile, bis ihre Mutter in der Küche stand. »Nun sag schon, wer es ist.« Gabriele schaute die Absender der Briefe durch, die sich auf der Ablage unterm Spiegel stapelten.

»Sie schläft.«

»Wer... schläft... hier? Komm, mach es nicht so spannend, ich hatte heute einen Scheißtag.«

»Wird nicht verraten, Ma. Du wirst es morgen erfahren. Lass se pennen, die ist völlig fertig.«

»Sag mal, spinnst du, Hannah? Du lässt hier fremde Leute übernachten, wo kommen wir denn da hin? Und wenn es jemand ist, der uns beklauen will...«

»Die nicht.«

»Schluss jetzt, wo ist sie?«

»Im Gästezimmer.« Hannah stemmte die Arme in die Hüften, die Ketten klingelten am Gürtel.

Mit schnellen Schritten eilte Gabriele in den zweiten Stock. Riss die Tür auf. Machte das Licht an.

Die Schlafende schlug sofort die Augen auf und setzte sich im Bett aufrecht.

»Hannah?«, rief Gabriele aus. Und wieder: »Hannah?« Ungläubig wiederholte sie den Namen. »Hannah!« Bis sie Gewissheit verspürte. »Hannah!!«

»Kann ich ein paar Tage bei euch unterkommen?« Ohne jeglichen Akzent brachte sie diesen Satz hervor.

Gabriele setzte sich aufs Bett, umarmte ihre Schwester, strich ihr über das kurze Haar.

»Ein paar Tage?«, rief Gabriele aus. »Ein paar Jahre! Meinetwegen für immer. Mein Gott, Hannah, ich fass es nicht. Du bist zurück. Endlich!«

Ihre Tochter tauchte in der Tür auf.

»Das muss gefeiert werden«, rief sie aus. »Die Schule sieht mich jedenfalls morgen nicht!«

»Shit«, entfuhr es Gabrieles Schwester, »ich hab meinen Koffer am Bahnhof vergessen.«

Immer wieder gab und gibt es Zuschriften, hauptsächlich per E-Mail, in denen ich gebeten werde, diese Familientrilogie fortzusetzen. (Auch ich war, wie der Schluss des Nachwortes vom 3. Band zeigt, durchaus daran interessiert.) Und es gibt auch bereits eine Idee: *Die beiden Hannahs* – soll der Roman heißen. Zeit der Handlung: 20 Jahre später, also 2013. Ort der Handlung: die Hansestadt, die zur Verwunderung mancher Leser, niemals Bremen genannt wurde, obwohl die Trilogie eindeutig dort spielt.

Wahrscheinlich werde ich diesen »vierten Band der Trilogie« schreiben. Auf ein Neues.

Ein kleines Intermezzo, Nummer vier

Kurz über Kurzgeschichten

Ist es inflationär, wenn ich in weniger als 30 Jahren mehr als 65 Kurzgeschichten geschrieben habe? Oder einfach nur der Ausdruck davon, dass immer wieder neue Herausgeber von Anthologien bei mir (später meist bei uns) anfragten, ob wir zu diesem oder jenem Thema eine Story beisteuern könnten? Ob es sich um Dessous oder Ostfriesische Inseln handelte, um Hotelstorys oder Geschichten aus der deutschen Provinz, um Wein, Whiskey oder Weiber – die Anfragen waren vielfältig und boten immer neue Schreibanlässe.

Viele der Storys habe ich mit KollegInnen geschrieben: Maj Sjöwall, Sandra Lüpkes, die meisten mit meiner Frau Marita. Der Band »Auf ein Mord!« versammelt 25 Kriminalstücke, die uns besonders am Herzen liegen. Lesungserprobt, meistens in zwei oder mehr Stimmen geschrieben, rufen sie oft ein mörderisches Gelächter im Publikum hervor.

Die lange Serie von J.B. Cool-Geschichten, ja, das ist der Detektiv, der immer kifft und nur die ganz schweren Fälle zu lösen hat, z.B. warum Werder Bremen so schlecht spielt oder warum sich die Weser zur Beratung zurückgezogen hat, entstand aus einem kleinen »Betriebsunfall« bei Radio Bremen.

Ich sollte zehn 5-Minüter schreiben, eine fortlaufende Geschichte, die über zwei Wochen jeweils zweimal am Tag ausgestrahlt werden sollte.

Ich schrieb die Texte, kümmerte mich nicht um die Produktion – was ich sonst immer getan habe – und musste feststellen, dass ein Schauspieler meinen verrückt-bekifften Detektiv J.B. Cool mit Knattersprache verhunzt hatte.

Ich zog meinen Namen von der Produktion zurück.

Die Hörspiele wurden dennoch gesendet.

Kurz darauf fragte mein Lektor Bernhard Matt, ob ich eine Geschichte für den Jahresband des Heyne-Verlages beisteuern wolle.

Ich wollte. Auch als kleine Rache gegenüber dem Sender. Denn durch das Zurückziehen des Namens habe ich das Copyright an dem Stoff behalten.

Dass daraus mal mehr als 30 Storys werden würden, und sogar ein Roman *Der große Schlaf des J.B. Cool* konnte niemand erahnen.

Kaum hatte ich 2005 bekanntgegeben, dass nun Schluss mit J.B. sei, kamen weitere Anfragen.

Nur einmal habe ich mich umstimmen lassen. Nach fünf Jahren Pause. »J.B. Cool und die Weindegustierung« war ein anarchistisches Finale, das auf Mallorca spielte und nicht mehr in der Hansestadt. Aber danach war endgültig Schluss.

Bei den Kurzgeschichten, die ich zusammen mit Marita schreibe, geht es häufig um Erinnerungslücken und Widersprüche im ehelichen Zusammenleben. Was sind wir? Besserwisser, Besserkönner, Verbesserer des Partners oder einfach nur Individuen, die das gleiche Geschehnis, es muss nicht immer Mord sein, verschieden wahrgenommen und in Erinnerung behalten haben. Auch eine Art, ein langes, gemeinsames Leben zu erzählen. In Kurzgeschichten.

Reise-Romane (1985 – 2011)

Tod in der Algarve (1985)

Ein Spaziergang am Strand von Praia da Rocha steht am Anfang einer Serie von acht Romanen, die ich zusammen mit meiner Frau Marita geschrieben habe. Im Frühjahr 1984 hatten wir an der Felsen-Algarve ein wunderbares kleines Hotel, das *Bela Vista,* entdeckt und uns dort für ein paar Tage eingemietet. Ein Schlösschen. Seit 1936 ein Hotel, zu dem die ersten englischen Touristen aus Lissabon per Schiff und Boot transportiert wurden. Die Zimmer mit Antiquitäten ausgestattet, überall weiß-blaue Azulejos an den Wänden, großzügige Salons, in denen wir uns heimisch fühlten. Es war noch Vorsaison, deswegen gab es kaum Besucher am kilometerlangen Strand. Durch einen Felsentunnel gelangte man an sehr entlegene Stellen. Plötzlich kreist ein Sportflugzeug über uns. Kaum bedrohlich, aber wir waren schon damals mit Katastrophenfantasien begabt und geplagt, ruft Marita gegen die Wellen: »Wenn die jetzt auf uns schießen, hätten wir keine Chance Hilfe zu holen.« »Ein guter Anfang für einen Roman«, war meine erste Reaktion.

In Portimão kauften wir uns ein *caderno diario,* ein Schulheft, und notierten darin unsere Einfälle. Kapitel für Kapitel. In einem Strandlokal bei *vino verde* und frischem Fisch. Alles ganz spielerisch, kein Gedanke daran, etwas veröffentlichen zu wollen. Der Plot wuchs und wuchs. Wir hatten zwei Hauptfiguren, die nach unseren englischen Freunden modelliert waren, Max und Gill. Die Zeit, in der unser Roman spielen sollte, legten wir fest: Die letzten drei Wochen vor der Nelkenrevolution 1974. Das unheilvolle Wirken der PIDE, des portugiesischen Geheimdienstes, die staatsterroristische Macht des Salazar-Regimes und als Finale der Exodus der Reichen und Korrupten aus Portugal. Dazwischen eine Liebesgeschichte mit Hindernissen.

Als ich meinem Freund und Lektor Bernhard Matt davon erzählte, gefiel ihm die Idee. Warum keine politischen Reise-Krimis veröffentlichen? Damals gab es nichts Vergleichbares. (Wie sich herausstellen sollte, kamen wir mit dieser Idee ein paar Jahre zu früh.) Die Sekretärin von Bernhard Matt fragte am Telefon allen Ernstes, warum Maritas Name auch auf das Cover solle. Mein Name sei eingeführt, aber … Wir haben uns durchgesetzt. Aber Marita erschien unter ihrem Mädchennamen Kipping. (Obwohl wir schon zehn Jahre verheiratet waren.)

Es bedurfte noch einiger Recherchen. Damals ist unsere Arbeitsteilung entstanden. Marita ist eine großartige Rechercheurin, sie hat für jeden Roman immer einen prallen Aktenordner mit Materialien zusammengestellt. Den jeweiligen Kapiteln zugeordnet. Ich habe nach dem gemeinsam – meist bei Spaziergängen – ausgearbeiteten Plot die erste

Fassung geschrieben, versehen mit Fundstücken aus der Recherche. Marita hat die Korrektur zur zweiten Fassung übernommen, die dann nach letzter gemeinsamer Durchsicht an den Verlag ging.

Wir bemühten uns um Lesungen, schrieben an Hotels an der Algarve, bekamen einige gute Kritiken, sogar ein Fernsehbeitrag wurde gedreht.

Ein Journalist sah meinen grauen Filzhut, den ich in Portimão als Schutz gegen den Sonnenbrand gekauft hatte, und ließ aus dem Fundus des Senders eine Reihe von Hüten herbeischaffen, mit denen ich vor einer weißen Wand über den Bürgersteig lief. Immer einen anderen Hut auf dem Kopf. Der Erfolg war enorm: Ich bekam per Post und auf anderen Wegen über 30 Mützen, Kappen, Hüte zugeschickt. Mein Image-Accessoire war geboren.

Wir erhielten einen heftigen Verriss, ich glaube im *Schwarzwälder Boten*: »Es gibt zwei Feinde des deutschen Waldes: der saure Regen und die schlechten Schriftsteller, für deren Bücher Bäume gefällt werden müssen. Dazu gehören Marita Kipping und Jürgen Alberts.« Zack, das saß und zwar heftig.

Entführt in der Toskana (1988)

Wir hatten die Idee zu einem zweiten Reise-Krimi, aber Bernhard Matt lehnte ab, nicht zuletzt, weil sich das Portugal-Buch nur schleppend verkaufte. (Was auch daran lag, dass es dem sonst so umtriebigen Vertrieb des Heyne-Verlags nicht gelang, Exemplare unseres Romans an die Algarve zu schaffen. Was andere Verlage längst erreicht hatten. Ferienlektüre, die vor Ort spielt, wurde schon damals gerne gekauft.)

Wohin also mit unserem Toskana-Plot? Die Lektorin des S. Fischer-Verlages, Inge Seelig, war bereit, sich dieses Titels anzunehmen.

Hintergrund für den Roman war die Entführung der Kinder des ZDF-Journalisten Dieter Kronzucker in der Toskana. Da Marita und ich bei italienischen Freunden ganz in der Nähe der Kronzucker-Villa die Ferien verbrachten, bekamen wir die Vorgänge aus nächster Nähe mit. Der STERN-Redakteur Claus Lutterbeck, den ich seit Jahren kannte, recherchierte die Hintergründe und gab uns später sämtliches Material, das bei STERN und SPIEGEL zu dem Fall gesammelt wurde. (Er wurde im Roman zu dem freien Journalisten Clas Lutter. Nicht besonders einfallsreich, oder?)

A red herring, eine falsche Fährte, für die Leser hatten wir auch: Zum damaligen Zeitpunkt waren nicht nur sardische Entführer aktiv, die erhebliche Geldsummen erpressten, sondern auch die Brigate rosse, die RAF Italiens. Wir entwickelten den Plot durchaus nahe an den realen Vorgängen.

Wir schrieben diesen Krimi als politischen Roman, der sich u.a. mit geheimen Vorgängen im bereits von der Mafia strangulierten Italien befasste und die überzogenen Maßnahmen der Terrorismusfahndung thematisierte.

Die Reaktionen waren durchaus gemischt. Im Verlag mochte man das Buch, auch unsere Lesungen waren beliebt. (Nicht zuletzt, weil wir damals begannen, mit verteilten Rollen zu lesen.) Aber der Verkauf ließ auch diesmal zu wünschen übrig. Wie Heyne so hatte auch der S. Fischer-Taschenbuchverlag es versäumt, die Bücher über den Vertrieb in die Toskana zu bringen.

Heutzutage ist das Buch im Print und als Ebook wieder erhältlich. S. Fischer reaktiviert Titel von der Backlist.

Gestrandet auf Patros (1989)

Für den dritten Reiseroman mussten wir wiederum den Verlag wechseln, da unser Exposé die Lektorin nicht überzeugte. Der Grafit-Verlag bot sich an. Nachdem ich mir im Krimi-Bereich schon Terrain erarbeitet hatte, wollte der Verleger Rutger Booß es mit uns versuchen – zumal der Plot wiederum einen politischen Roman versprach. Es ging im zweiten Handlungsstrang um die Gräueltaten der deutschen Faschisten auf den griechischen Inseln im 2. Weltkrieg. Während wir an dem Roman schrieben, in Lanzarote, das inzwischen zu meinem Winterdomizil geworden war, brach uns die Konstruktion zusammen – mitten in einem dreitägigen Calima, dem warmen Wüstensandsturm. Wir mussten die ganze Geschichte neu aufzäumen. Uns kam eine Griechin zu Hilfe, die im gleichen Hotel wohnte. Elena hat uns in traditionelle Riten, speziell bei Beerdigungen, eingeweiht, mit ihr konnten wir einen Teil der Recherche bewältigen. (Wir selbst waren jeweils nur kurz in Griechenland gewesen – anders als bei den vorherigen Romanen hatten wir kaum eigene Erfahrungen und Erlebnisse. Was man *Gestrandet auf Patros* durchweg anmerkt.) Die Hauptgeschichte, griechische Frauen vertreiben auf raffinierte Weise unliebsame Hippie-Touristen, war zu simpel und trotz des fulminanten Finales kein Gewinn für unseren Roman.

Und so kam es, dass wir nach drei »Flops« unsere gemeinschaftliche Produktion von Reise-Krimis einstellen mussten.

Wir sollten uns getäuscht haben. (Um das noch anzufügen: trotz der schwachen Verkaufszahlen haben wir die Arbeit an den ersten drei Titeln genossen. Reise und Recherche sind eine wunderbare Kombination. Man erfährt die Länder gänzlich anders, wenn man auf der Suche nach Geschichten ist.)

Sieben Rosen im Atlantik. Roman von den Kanarischen Inseln (1999)

Mitte der 90er Jahre bekamen wir einen Anruf aus einer Kölner Kneipe. Der Kollege Günter Wallraff war dran und fragte, ob wir Lust hätten, einen Roman zu schreiben, der in Lanzarote spielt. Wir hätten doch schon drei Reise-Krimis geschrieben. Er gab den Hörer an den Lektor Helge Malchow von Kiepenheuer&Witsch weiter, der die Frage wiederholte.

(Hier muss ich einschieben, dass ich Günter Wallraff Ende der 60er Jahre im Zusammenhang mit dem Werkkreis Literatur kennengelernt hatte. Für das ZDF haben wir ein Fernsehspiel verfasst: *Ermittlungen gegen Unbekannt.* Auch in Lanzarote waren wir häufig mit ihm zusammen und kannten seine Idee für einen Reise-Krimi: Es ging um zwei Kaziken, Großgrundbesitzer in Yaiza und Costa Teguise, die sich gegenseitig das Leben schwermachten. Der Plot war durchaus nicht »ungefährlich«, weil einer der beiden, ich weiß gar nicht mal wer, schon Widersacher aus dem Weg hatte räumen lassen. Wallraff wollte auf keinen Fall etwas darüber publizieren, weil er sich unbehelligt in seinem Haus am Meer aufhalten und von der anstrengenden Arbeit entspannen wollte.)

Ich sagte dem Cheflektor, dass ich mit Marita sprechen werde und wir uns nach der Buchmesse im Kölner Verlag treffen könnten.

(Der Verlag Kiepenheuer & Witsch hatte damals einen großen Erfolg mit einem Reiseroman gelandet: *Mallorca, ein Jahr*, geschrieben von

Breloer/Schaumann. Nun sollte eine Reihe mit Reiseromanen gestartet werden.)

Wir dachten uns einen Plot aus, formulierten ein Exposé und reichten es beim Verlag ein. Die Einladung zu einem Gespräch ließ nicht lange auf sich warten.

Die Story: Ein Gauner treibt auf drei Inseln das Geschäft mit der Illusion vom eigenen Heim auf den Kanaren – er verkauft Häuser, die ihm nicht gehören. Er wechselt die Inseln schnell, niemand kann ihn verfolgen. Auf jeder Insel hat er ein anderes Pseudonym. (Ein Gebrauchswert dieses ersten von drei Romanen: Man kann sie lesen wie einen Reiseführer. Am Schluss gibt es einheimische Rezepte.)

Das war nun keineswegs der Stoff, den der Cheflektor und Wallraff geschrieben haben wollten, aber er gefiel. Und so bekamen wir einen fürstlichen Vertrag. 25.000 DM Vorschuss. Davon ließ sich lange recherchieren. Wir verbrachten sämtliche Schulferien Maritas auf den Kanaren. Zwei Jahre lang.

Die Begegnung mit *canarios* in Gran Canaria, Teneriffa und Lanzarote und die Erkundung von nicht so bekannten Zielen auf den Inseln bildeten den Hintergrund für unseren Roman.

Der Einfall, wie wir den Roman präsentieren wollten, kam uns während der Recherche, bei der wir immer ausführlich fotografierten. Wir entwarfen eine 90-minütige Ton-Dia-Schau: 300 Bilder, mit kurzen Textpassagen aus dem Roman, Vorstellung der Schauplätze und Personen, die wir im Original zu Wort kommen ließen, unterlegt mit Musik des Landes – und das Ganze gepaart, wenn wir in Restaurants auftraten, mit einem landestypischen Büfett. (Die Erstellung dieser Präsentation dauerte fast so lange wie das Schreiben des Romans.)

Wir konnten uns vor Auftritten nicht retten, reisten mit Equipment: Karussell-Projektor, Dia-Kästen, Ton-Anlage, Leinwand etc. quer durch Norddeutschland. Oftmals fragte man uns, was denn als nächster Schauplatz für einen Reiseroman käme.

Da hatten wir schon eine Idee.

Cappuccino zu dritt. Roman aus der Toskana (2001)
Seit jeher war die Toskana unser Reiseziel Nr. 1 – in einer Auflistung der über 200 gemeinsamen Reisen nimmt Italien die *pole position* ein; fast 40 Reisen gingen in das Land unserer Träume. (Durch meinen halbjährigen Aufenthalt in Rom 1978 war die Liebe zu Land und Leuten immer weiter angewachsen. Die Sommer 1979 und 1980 verbrachte ich bei meinem Freund Lionello Punzo in der Nähe von Siena. Damals wäre ich bereit gewesen, nach Italien zu übersiedeln, denn meine Arbeiten für Fernsehen und Radio hätte ich auch von dort organisieren können.

Der Plot: Zwei Frauen wird in Montecatini Alto der Sportwagen gestohlen. Ein freundlicher Italiener hilft den beiden bei den Nachforschungen, weil die Polizei untätig bleibt. So beginnt eine kleine Liebesgeschichte. Alessandro nimmt Katharina mit auf eine wunderbare Entdeckungsreise, die durch die Toskana bis in die Maremma führt. Zu erforschen gibt es aber nicht nur die verborgenen Lieblingsplätze Alessandros, sondern auch ein fast verloren geglaubtes Gefühl. Die Beziehung der beiden wird durch rätselhafte Botschaften getrübt, die Katharina von einem unbekannten Verehrer erhält.

Um nicht die ausgetretenen Touristenpfade der Toskana zu benutzen, haben wir für diesen Roman ausgefallene Orte besucht: Capalbio zum Beispiel, wo das Grab eines berühmten Banditen ist, oder den *Giardino dei Tarocchi* von Niki de Saint Phalle, die etruskischen Grabanlagen von Vitozza. Über das Palio in Siena haben wir viele Hintergrundinformationen gesammelt und eingewoben.

Der Erfolg des Romans war enorm, fünf Auflagen in drei Jahren, fast 70.000 Exemplare verkauft – über achtzigmal haben wir unsere Toskana-Schau gezeigt – an manchen Spielorten zweimal hintereinander.

Der Grund für den Erfolg: *Cappuccino zu dritt* läßt sich als Reiseführer lesen. Folgt man unseren beiden Hauptpersonen, kann man manche kulturelle und kulinarische Entdeckung machen.

Es gibt eine Geschichte, die sich in Siena zugetragen hat. Auf der wunderschönen *Piazza del Campo* treffen zwei deutsche Paare aufeinander. Beide haben unser Buch in der Hand. »Wir haben gerade in dem Lokal gegessen, das hier im Roman angegeben ist. *Osteria Le Logge.*« Darauf die anderen: »Wir sind auf dem Wege nach Monte Oliveto

Maggiore, um uns dort die Wandmalereien anzusehen, die im Roman beschrieben werden.«

Nach einer Lesung erzählte uns eine Frau, dass auf ihrer Busreise in die Toskana die Reiseleiterin zu Einstimmung aus *Cappuccino zu dritt* vorlas.

Wir beschäftigten uns mit dem nächsten Plot. Diesmal sollte es um Cuba gehen. Ein Land, das wir seit 1979 viele Male bereist hatten. Aber im Verlag hatte man gerade den Roman einer Exil-Cubanerin veröffentlicht. »Das würde nicht gehen, zwei Romane über die gleiche Region.«

(Ob das eine gute Entscheidung war? Zumal das Buch *Buenos dias, Cuba,* das Anfang der 80er Jahre nach einer Journalistenreise erschienen war, 48 Auflagen erlebte und damals noch ein Standardwerk für Individual-Reisende war.) Wir mussten umdisponieren. »Portugal ist doch auch ein beliebtes Reiseziel für Deutsche«, schlug man uns vor. Nach einigem Überlegen willigten wir ein.

Die Farben des Fado. Roman aus Portugal (2004)
Wie auch bei den vorherigen Romanen galt es neuerlich, einen Plot zu entwickeln, bei dem unsere Hauptfiguren das Land oder wenigstens einen größeren Teil bereisen. (Auch um den Lesern Fundstücke unserer Recherche zu bieten.) Die Algarve und Lissabon kannten wir schon, aber weder das Alentejo noch den Norden des Landes.

Wir haben uns Zeit gelassen, die uns unbekannten Regionen zu erkunden und Eindrücke vor Ort zu gewinnen.

Der Plot: Eine Deutsche sucht in Lissabon per Inserat einen persönlichen Reisebegleiter. Sie wählt Amando aus und fährt mit ihm zunächst an die Algarve. Die junge Frau scheint irgendein Geheimnis zu haben. Trotz seiner Skepsis lässt er sich auf die Reise ein. Eines wird Amando bald deutlich: Sie hat diese Reise schon einmal gemacht … Sie verbringen wundervolle Tage, reisen die Küste entlang und entdecken gemeinsam das Hinterland. Hannah ist beeindruckt von Amandos amüsanten wie traurigen Erzählungen über Portugal, seine Literatur und seine Legenden.

Als Buchhandelsvertreter liebt er die Bücher, kennt aber auch das Land durch seine vielen Reisen. Doch je mehr sich die beiden kennen lernen, je näher sie sich kommen und schließlich ineinander verlieben, desto größer werden Amandos Zweifel an Hannahs Geschichte. Als sie in Fátima plötzlich verschwindet, macht sich Amando erst große Vorwürfe, sie an diesen Ort gebracht zu haben, um sich dann auf die Suche nach ihr und der Wahrheit zu begeben.

Der Erfolg des Romans war eher mäßig. Vielleicht lag es daran, dass Portugal nicht so ein Reiseziel wie die Toskana war.

Leider kam es nicht zu einem weiteren Projekt mit Kiepenheuer & Witsch, denn es war im Verlag die Entscheidung gefallen, die »Aquarell-Reihe« – wie sie intern wegen des aquarellierten Covers genannt wurde – einzustellen.

Es half auch nichts, dass unser Toskana-Roman nach dem Mallorca-Titel der erfolgreichste der Reihe war.

Statt neuer Reise-Romane konzentrierten wir uns nun auf Ton-Dia-Shows: Andalusien, Cuba und La Palma, drei der Länder, die wir häufiger bereist hatten. (Wir hatten so viele Veranstalter, die uns Jahr für Jahr drängten, doch möglichst bald wieder mit einer neuen Show wieder zu kommen.) Das Konzept blieb. Statt eigener Texte haben wir Literatur und Musik aus dem jeweiligen Land ausgewählt.

Es gab später noch zwei weitere Reise-Romane, die erschienen sind. Unter veränderten Bedingungen und Umständen.

Der Fremdenführer. Roman aus dem Odenwald (2006)

Nach einer Veranstaltung in Rothenberg/Odenwald fragte mich ein Vertreter des Wirtschaftsressorts in Erbach, ob ich mir vorstellen könnte, einen Roman zu schreiben, der im Odenwald spiele. Marita hatte gerade die Ruhephase ihrer Altersteilzeit begonnen, sie war hocherfreut über die anstehende Recherche und das neue Romanprojekt. (Die erste Reise dorthin, es regnete fast die ganze Zeit, ließ uns zweifeln. Der Odenwald war wie unsere Kindheits-Landschaft, das Siegerland. Aber ein paar Begegnungen mit Menschen in Erbach und Michelsbach überzeugten uns, dass wir den Roman angehen wollten.)

Wir machten einen Vertrag mit einer ansehnlichen Summe als Vorschuss und begannen mit der Arbeit. Ein Jahr lang reisten wir monatlich für eine Woche in den hessischen Odenwald. Die Recherche war ergiebig, denn wir lernten sachkundige Leute kennen, die uns gerne ihre Heimat näher brachten. Einige der über 30 Einheimischen, mit denen wir gesprochen haben, treten im Roman auf.

Der Plot: Elaine und John Snyder aus Hershey/Pennsylvania folgen der Spur eines Fotos, das eine Frau im schwarzen Hochzeitskleid zeigt. Auf der Rückseite steht in Sütterlin: *Odenwald 1910.* Das Foto ist in der Mitte durchgerissen, nur die Hand eines Mannes ist noch auf der Schulter der Braut zu entdecken. In Michelstadt treffen sie auf Gustav, einen wunderbaren Cicerone, der sich in Geschichte, Kultur und Lebensart des Odenwaldes gut auskennt. Er will ihnen bei der Suche nach der unbekannten Braut behilflich sein. Jeden Tag zeigt er ihnen die Schönheit der Städtchen und Landschaften, kann kundig von Sagen und Bräuchen berichten und weiß auch die heimische Küche zu schätzen. Trotz seiner Freundlichkeit werden Elaine und John misstrauisch. Was will dieser Fremde von uns? Hat Gustav *ulterior motives*, Hintergedanken? Ihre Ängste steigern sich so weit, dass die Snyders überstürzt aus Erbach abreisen. Gustav stöbert sie wieder auf und lüftet einen Teil seines Geheimnisses. Aber wer ist die schwarze Braut auf dem Foto?

Nach dem Erscheinen des Romans haben wir viele Lesungen gemacht, an den Orten, an denen *Der Fremdenführer* spielt. Häufig lasen dabei die erwähnten Einheimischen ihren Part im Roman mit. Einmal war sogar ein Männerchor mit von der Partie, der im Buch auftritt und das Lieblingslied des Landrates Horst Schnur zum Besten gab. Der Landrat und seine Frau ließen es sich nicht nehmen, an diesem Abend anwesend zu sein. Es wurde eine sehr lange Nacht mit Lesung und Gesang.

Die verliebten Zypressen. Roman aus der unbekannten Toskana (2011)

Seit langer Zeit beziehen wir Produkte der Fattoria La Vialla, die seit über 30 Jahren ökologischen Landbau in der Nähe von Arezzo betreibt. Da uns die individuell gestaltete Werbung (z.B. handgeschriebene Texte zu den einzelnen Produkten, liebevolle Gestaltung der Broschüren etc.) animierte, wollten wir wissen, ob die Realität der Public Relation standhielt und buchten uns auf der Fattoria ein. Wir fühlten uns dort sehr wohl und so entstand die Idee, einen dritten Toskana-Roman zu schreiben, der bei La Vialla und in der Umgebung spielen sollte.

Mit Bandino Lo Franco, einem der drei Brüder, die das Unternehmen leiten, vereinbarten wir ein paar längere Aufenthalte, damit wir den Betrieb und die vielen kleinen sehenswerten Orte der Provinz Arezzo kennenlernen konnten. Die unbekannte Toskana.

Jedes Mal, wenn wir dort waren, haben wir vor dem Abendessen ein paar Auszüge aus dem noch nicht fertigen Roman gelesen. Zur Freude der Gäste und der Familie Lo Franco – denn die Szenen spielten ja vor Ort bei gutem Essen und Trinken.

Der Plot: Ein Ex-Sternekoch aus Stuttgart nimmt eine Auszeit und arbeitet eine Zeitlang auf der Fattoria mit. Dort lernt er eine Berufsfotografin kennen, die ausschließlich Steine porträtiert. Während gemeinsamer Ausflüge kommen sich die beiden näher. Es gibt wundervolle Städtchen wie Lucignano, Poppi und Anghiari oder Caprese Michelangelo, den Geburtsort des berühmten Künstlers, zu entdecken. Sowie die Klöster Camaldoli und La Verna, wo sich die Einsiedelei des Heiligen Franziskus befand. Sie folgen den Spuren des Malers Piero della Francesca.

Ihre Beziehung wird bedroht von einem hartnäckigen Engländer, der mit üblen Methoden der Fotografin nachstellt. Der Koch muss zu drastischen Mitteln und einem Trick greifen, um den Stalker abzuschütteln …

Für unsere Reise-Romane gibt es ein Resümee: Wir haben wunderbare Zeiten bei den Recherchen gehabt und einige unserer Urlaubsländer ganz neu kennengelernt. Nicht nur verborgene Winkel, die es zu entdecken galt, sondern auch Menschen, mit denen uns Freundschaften bis heute verbinden.

Einzelstücke 1996 – 2016

Der große Schlaf des J.B.Cool (1996)

1995 war das Jahr, in dem meine Depressionen verstärkt auftraten. Immer wieder dachte ich an Selbstmord. Ich schrieb eine Chronik meiner Depression, tippte oft stundenlang besinnungslos ohne nachzudenken immer weiter weiter weiter … füllte viele Seiten mit schwarzen Gedanken. Katastrophenphantasien ohne Ende.

An meinem Geburtstag 1995 passierte das lange schon Gefürchtete: Der Computer stürzte ab. (Ich hatte mich lange geweigert, überhaupt mit dem Computer zu arbeiten, weil bei fast allen Freunden dieser Fall eingetreten war und Manuskripte verschwanden. Früher machte ich von jeder geschriebenen Seite entweder einen Durchschlag oder eine Fotokopie, weil ich panische Angst hatte, mein Text würde verlorengehen. Allzu lange habe ich mich dagegen gewehrt, meine Romane am Computer zu schreiben. Bis es dann vom Heyne-Verlag in München hieß: keine maschinengetippten Manuskripte mehr, nur noch Disketten.)

Nichts mehr da. Alle Dateien verschwunden.

Ich rief meinen Freund Michael Wolff an, in heller Panik. Er kam eine halbe Stunde später, versuchte mich zu beruhigen. Und machte sich mit dem Norton-Disc-Doctor ans Werk. Er rettete alle Dateien. Bis auf eine. Die Depression-Datei ließ sich nicht rekonstruieren. Es klingt erfunden, aber genauso ist es gewesen.

In der Bremer Beratungsstelle wurde mir ein Psychotherapeut genannt, der mir über Jahre professionelle Hilfe gewährte.

Es war die Zeit, in der mein Vater starb. (Zwar hatte er nie viel für meine Arbeit übrig, aber nun konnte ich ihm auch nicht mehr beweisen, dass ich doch zu etwas taugte.) Es war die Zeit, in der plötzlich die so sicher geglaubte berufliche Situation komplett ins Wanken geriet. (Acht Monate keinen Vertrag in der Tasche zu haben, hat mich mürbe gemacht.) Und es war die Zeit, in der alte Ängste wieder aufflammten. (Wie z.B. Treppensturz: ich konnte keine Treppe betreten, ohne die Angst hinunterzustürzen; geschlossene Türen: hinter jeder Tür vermutete ich jemand, der mich ins Gesicht schlagen und niederstrecken wollte.)

In dieser Zeit schrieb ich den Roman *Der große Schlaf des J.B.Cool* – ein Pastiche auf *The Big Sleep* von Raymond Chandler.

Ein wildwüstes Werk, das zunächst die kalifornische Szenerie ins Bremische übertrug und eine Zeitlang auf paralleler Bahn erzählt wurde. Philipp Marlowe war halt J.B.Cool. Ab der Mitte des Romans ging ich eigene Wege und überdrehte die gesamte Geschichte so weit, dass ein heilloses, komisches Durcheinander entstand. Es gibt eine längere Schachpartie im Text, die ich mit Hilfe eines frühen Schachcomputers entwickelte.

Das Schreiben dieses Romans hat gewiss geholfen, meine depressiven Schübe zu mildern. Denn so lange ich schrieb, war ich in meinem Element und dachte an nichts anderes, als den Fortgang der spinnerten Handlung.

Ich erinnere mich an die völlig verwirrte Lektorin des Haffmans-Verlages, die stundenlang aus Zürich anrief und mit mir das Manuskript durchging. Immer wenn sie einen schrägen Vergleich, z.B. härter als Osnabrück, nicht verstand, sagte ich: »Das ist der Stil des J.B.Cool, meines bekifften Detektivs!«

Als ich erfuhr, dass dieser Roman den Preis der Raymond-Chandler-Gesellschaft gewonnen habe, war ich sehr erstaunt. Erstens hatte ich noch nie von dieser Ulmer Gesellschaft gehört, zweitens dachte ich nicht, dass so ein Chaos-Roman je eine Chance haben könnte, einen Preis einzuheimsen.

Mark Scheibe, mein musikalischer Begleiter bei Lesungen von J.B.Cool-Geschichten, und ich reisten nach Ulm zur Preisverleihung. Geld gebe es nicht, aber die Spesen würden bezahlt. (Der Preis war nicht dotiert.) Ach, wären wir doch nur zuhause geblieben.

Der gut besuchte Abend, zu dem auch Freunde und Verwandte angereist waren, geriet zum Debakel. Erst hielt jemand eine längliche, schwermützige Laudatio, dann überreichte man mir eine Art hölzernen Grabstein mit Plakette und dann kamen wir und machten unsere abgedrehte Musik-Lesung. Mark Scheibe, der ein begnadeter Entertainer ist, sang die Dialog-Passagen von J.B.Cool und begleitete sich auf dem Piano. Keiner verstand nichts. Alle saßen auf den Händen. Gerade noch gelobt, jetzt der vollkommene Absturz.

(Sowas war uns beiden schon mehrfach passiert. Im Bremer Ratskeller haben wir den halben Saal leergespielt; in Dresden das Publikum einer Stadtbibliothek schockiert. Mark nahm dort ein Buch mit vietnamesischen Gedichten aus dem Regal und rezitierte ein paar Zeilen, um mit dem Satz zu enden: »Das haben Sie jetzt aber verstanden. Oder auch nicht?«)

Es gab in der Ulmer Presse zwei dreispaltige Zeitungsberichte über diesen Abend. 100%ige Verrisse. Wie gesagt, wär'n wir doch besser zuhause geblieben und ich hätte mir den Grabstein per Post schicken lassen. Jetzt dient er als Bücherstütze.

Es sind noch einige längere J.B.Cool-Texte erschienen, darunter *J.B.Cool meets Jesus Christ*, so lautete auch der Titel eines von vier Bändchen, die im Temmen-Verlag erschienen sind. (Siehe auch: Kurz über Kurzgeschichten)

Für einen Roman, dessen Verfassen gegen depressive Schübe half, einen Preis zu bekommen – schon ein sehr merkwürdiges Gefühl. Nur die engsten Freunde wussten damals von meinen gesundheitlichen Problemen. (Es hat einige Zeit gedauert, bis meine Depressionen weniger wurden. Und anderem haben mir damals Wanderungen in der Schweiz und eine Fahrt mit der norwegischen Hurtigruten-Linie geholfen.)

An dieser Stelle möchte ich Dr. Gerd H. danken. *El sabe porque.*

Sabotage (2000)

Im folgenden Text fallen einige unflätige Ausdrücke. (Wer die ... nicht abkann, sollte das Kapitel einfach überspringen.)

Es geht um die größte Sauerei, die mir als Romanautor widerfahren ist.

Nach dem lange hinausgezögerten und dann doch ausgeschlagenen Vertrag für meinen Roman *Hitler in Hollywood* hatte ich mir geschworen, nie wieder für den Rowohlt-Verlag zu arbeiten. Eine solche Demütigung wollte ich mir nicht mehr gefallen lassen. Dazu gab es zu viele andere Verlage, die durchaus interessante Angebote machten: Herr Alberts, könnten Sie sich vorstellen, für uns mal einen Roman zu schreiben? Das hörte ich nicht nur auf den Buchmessen, sondern bekam es auch schriftlich – mit der Schneckenpost.

Und dann rief ein Krimi-Lektor des Rowohlt-Verlags an und fragte, ob ich nicht Lust hätte, unter einem Pseudonym einen Roman für eine besondere Reihe zu schreiben. (Es war das erste und einzige Mal, dass ich ein Pseudonym verwandt habe. Wenn ein Autor für seine Bücher nicht mit seinem Namen stehen kann, sollte er den Beruf wechseln.)

Wie soll denn das Pseudonym heißen, wollte ich wissen.

MIKE JAEGER, bekam ich zur Antwort. Großartiger Einfall, was? Natürlich würde im Innentitel auch mein Name stehen, aber auf dem Cover würden alle Autoren MIKE JAEGER heißen. Ob man dem Chef der Stones mal von dieser Verballhornung erzählt hat?

Ein Kollege, den ich sehr schätzte, Robert Brack, hatte für die Krimi-Serie bereits das Personal von Ermittlern zusammengestellt, das hauptsächlich Organisierte Kriminalität, europa-, nein weltweit, ins Visier nehmen sollte. Er gab eine Liste von möglichen Plots heraus, aus denen die Autoren auswählen konnten.

Ich habe eine Zeitlang gezögert, dann fand ich die Aufgabe reizvoll und dachte, es ist ein Experiment. Das Buch nicht zur Veröffentlichung freigeben, kann ich immer noch entscheiden, wenn ich es geschrieben habe.

Ich wählte die EXPO in Hannover, die im Jahre 2000 stattfinden sollte, für meinen Plot. Der Band sollte am Tag der Eröffnung in den Vertrieb kommen.

In Hannover habe ich mir die Entwürfe für die Pavillons zeigen lassen und mit ein paar »Machern« der EXPO Gespräche geführt.

Irgendwann bekam ich den Vertrag geschickt und musste mich sputen. Schon waren die ersten zwei Bände von Kollegen unter dem dämlichen Pseudonym erschienen.

In genau 22 Tagen habe ich den Roman dann geschrieben. Der Plot war heftig: Jemand aus der oberen Etage des Organisationsteams der EXPO erpresst mit terroristischen Anschlägen eine riesige Geldsumme, die nach Kuba transferiert werden muss, damit die Gewalttaten aufhören. Schon im ersten Kapitel gibt es einen Anschlag auf den deutschen Pavillon. Die architektonisch einzigartige Glasfassade fällt in sich zusammen. Mit einem lauten Knall. Während der Führung von Journalisten durch die deutsche Erfolgsgeschichte von Benz bis Airbus.

Mit wenigen Worten wurde für den Roman in der Verlagsvorschau des Rowohlt-Verlages geworben. Es war allerdings klar, es gibt Anschläge auf die EXPO.

Drei Tage vor der Veröffentlichung des Buches ruft der ehemalige Verleger Michael N. beim Verlag an und verlangt, dass mein Roman nicht ausgeliefert werden dürfe. Eine ungeheuerliche Forderung. Er erdreistet sich, im Namen der Generalkommandantin (oder wie deren Ehrentitel hieß) Birgit B. zu handeln, die darauf bestehe, dass mein Buch auf keinen Fall erscheint.

Ich habe von diesem »Anschlag« durch eine Indiskretion eines Mannes im Rowohlt-Verlag erfahren, der keineswegs damit einverstanden war, dass man mir als Autor den Laufpass gegeben hatte.

Hatte jemand in Hannover das Buch gelesen? Ach wo, sie kannten die dürren Zeilen in der Programmvorschau. Mehr nicht. Hier sollte Vor-Zensur im preußischen Sinne ausgeübt werden. *Par ordre du mufti.* Übers Wochenende mussten die Rowohlt-Juristen ran, das Buch lesen und dann entscheiden, was zu tun ist. Ich weiß nicht, ob sie diesen Job gerne gemacht haben.

Keine Bedenken, hieß es, der Roman wird erscheinen. Artikel Fünf, eine Zensur findet nicht statt. Schon mal gehört, Herr N.?

Inzwischen war etwas geschehen, was die Sache brisant machte. Ein NDR-Team hatte bereits einen langen Beitrag über meinen EXPO-Krimi gedreht, mit sehr schönen Actionszenen, er sollte im Kulturmagazin ausgestrahlt werden. An dem Tag, an dem die EXPO ihre Pforte öffnete.

Im NDR entschied man, den gut gemachten Beitrag in die ARD-TAGESTHEMEN zu heben, sehr aktuell. Jedoch nur, wenn sich jemand aus dem Verlag bereitfand, vor der Kamera die Entscheidung zu vertreten, sich nicht der Zensur zu beugen und den Roman auszuliefern.

Aber niemand von Rowohlt hatte den Arsch in der Hose – wer auch immer gefragt wurde, nein, vor die Kamera wollte keiner treten. Großartige Feiglinge. Dabei war Michael N. schon gar nicht mehr deren Chef. (Aber man weiß ja nie, vielleicht trifft man ihn später wieder und er kann einem nützlich sein …)

Der NDR-Beitrag wurde im Kulturmagazin des 3. Programms gezeigt und … verpuffte. Der Verlag hat sich nach der Devise verhalten: Decke über den Kopf und warten, bis das Gewitter sich verzogen hat. Jahre später hat einer der Verantwortlichen von Rowohlt zugegeben, dass man sich auf die Linie des Totschweigens geeinigt habe, um nicht noch mehr Öl ins Feuer zu gießen. Ein bisschen schämte er sich für diese Feigheit, die erst nach dem Ende der EXPO presseöffentlich wurde. Immerhin wurde noch ein Statement von mir gesendet, in dem ich auf die geplante Vor-Zensur hinweisen durfte.

Ach ja, Michael N. wurde später Kulturstaatsminister in Berlin.

Erbsensuppe flambiert (2003) – Ein kriminelles Doppel (2009)

Schriftsteller werden häufig gefragt, wodurch sie zum Schreiben animiert wurden, und manche geben dann einige von ihren frühen Lese-Erlebnissen preis. Bei mir war es nicht anders. Ich habe schon immer Kriminalromane verschlungen: mit 14 Jahren waren es die von Christie/Wallace/Queen – mit 16 Jahren Chandler/Hammett und mit 30 Jahren die Romane von Per Wahlöö und Maj Sjöwall.

Das schwedische Autorenduo stand Pate für meine eigene, zehnbändige Polizeiroman-Serie, die in der Hansestadt zwischen 1975 und 1994 spielt.

Ich kann also sagen: Die beiden waren (und sind) die Idole meines Genres.

1988 kam es zu einem ersten Treffen mit Maj Sjöwall in Gijón beim weltgrößten Krimi-Festival. Es war schon ein merkwürdiges Gefühl, im Zug von Madrid nach Asturien dieser Kollegin gegenüber zu sitzen und ihr »beichten« zu müssen, dass ich seit drei Jahren an einer deutschen Polizei-Krimi-Serie schreibe, die nach ihrem Modell operiert.

Wir verstanden uns auf Anhieb, nahmen an gemeinsamen Diskussionen über das Genre teil, ließen gemeinsam Fernsehtermine platzen, weil man uns aufforderte, mit unserem schlechtem Spanisch vor die Kamera zu treten und entdeckten, dass wir den gleichen Whiskey mochten. (Den schreibt man mit ey – weil es irischer ist – genauer gesagt Paddy Whiskey!)

Seit dieser Zeit haben wir gemeinsam Krimi-Festivals besucht, viele Krimi-Nächte bestritten, Lesetourneen absolviert und uns immer besser kennen gelernt.

Kurz vor einer sonntäglichen Live-Sendung beim Hessischen Rundfunk sagte Maj mir, dass sie nach 50 Jahren ununterbrochenen Nikotin-Konsums das Rauchen aufgegeben habe – ein Wunder. (Dass wir es den Hörern gleich mitgeteilt haben, versteht sich von selbst. Großer Applaus.) Das war der »simple« Anlass für uns zwei, daraus eine Geschichte zu spinnen. Entstanden ist *The Last Smoker*, die Geschichte eines süchtigen Rauchfanatikers, der erst über dem Atlantik erfährt, dass sein Flug zu einem Nichtraucherflug deklariert wurde. Er bringt der Reihe nach Passagiere und Personal um, nur damit er in Ruhe eine »schmöken« kann … (Wie es ausgeht, wird nicht verraten.)

Und wie ist die Geschichte entstanden? Ganz spielerisch. Nachdem wir die Grundidee entwickelt hatten, trafen wir uns bei der nächsten Tournee, hatten ganze Tage im Zug und Nächte an Hotelbars Zeit, die Fäden weiter zu spinnen, bis dann am Ende ein so dichtes Gewebe des Plots vorhanden war, aus dem ich die erste Fassung schrieb. (Maj kann genügend deutsch, um sie zu lesen, und genügend englisch, um für die zweite Fassung Änderungen einzubringen.) Die Geschichte erschien in dem Heyne-Band *Die Sieben Todsünden* und bescherte uns gleich eine weitere Lesetournee. (Besonders auch in den neuen Bundesländern, in denen die Romane von Sjöwall/Wahlöö noch bekannter waren als in der Bundesrepublik. Manchmal kamen Leser mit einem Arm voll zerlesener Exemplare, um sie sich von Maj signieren zu lassen.) Wenn sie mit ihrem heftigen schwedischen Akzent ihre Passagen auf Deutsch las, war die Aufmerksamkeit des Publikums immer besonders groß.

Auf der nächsten Lesereise kreuz und quer durch die deutschen Landen, nun schon erfahren, wie die Zusammenarbeit läuft, haben wir den Kurz-Roman *Erbsensuppe flambiert* für meine Reihe mit internationalen Gourmet-City-Krimis geschrieben. (Der Europa-Verlag, dessen Verleger unter eigenem Namen einen erfolgreichen Verlag in Frankfurt besessen hatte, gab mir die Möglichkeit, Kollegen einzuladen, einen Kurz-Krimi zu verfassen. Unter den Mitautoren waren: Polina Daschkowa, Edith Kneifl, Janwillem van de Wetering, Patrick Raynal, Andreu Martin, Stuart Kaminsky, Peter Zeindler, Daniel Chavarria ...)

Wer unseren Text von der gelben Erbsensuppe liest, wird sich vorstellen können, wie viel Freude wir beim Erfinden der Details, beim Ausdenken der Personen, beim Planen der Wendungen, beim Ausspinnen der Handlung gehabt haben. Ein Ping-Pong-Spiel. Die bessere Idee ist der Feind der guten.

»Ich möchte nur noch Texte schreiben, die den Leuten Spaß machen«, sagte die damals 70-jährige Maj Sjöwall, »die Realität ist traurig genug. Zu viele Katastrophen überall.« (Ein Grund-Satz, den ich mir auch zu Eigen mache.)

Viele Jahre kam Maj für einige Wochen nach Las Palmas, wo ich seit 2001 überwintere. Sie wohnte nur zwei Apartments weiter auf der gleichen Etage. Wir haben Weihnachten (mit Bloody Mary als Auftaktdrink) und Silvester gefeiert, und haben jedes Jahr eine neue gemeinsame Geschichte ausbaldowert – nicht zuletzt, weil häufig

Lektoren und Kollegen uns aufforderten, zu ihrer Anthologie etwas beizusteuern.

Kriminelles Doppel, so lautete der Titel des Bandes, der alle (bis auf einen) unsere Texte versammelt – als Abschluss unserer literarischen Zusammenarbeit. Ein paar Jahre länger haben wir noch Lesungen durchgeführt, bis es für Maj zu beschwerlich wurde zu reisen und vorzulesen. Nun besuchen wir uns nur noch privat und lassen die Erinnerungen aufleben.

Eine von vielen Anekdoten unserer wunderbaren Freundschaft: Während meines Bremer Festivals Prime Time Crime Time sollten Maj und ich in Bremerhaven lesen. Wir fuhren mit dem Taxi dorthin. (Damals hatte das Festival noch genügend Geld.) Etwa auf der Hälfte der Strecke wollte ich angeben und fragte den Fahrer, ob er wisse, dass er neben einer der berühmtesten europäischen Krimi-Autorinnen sitze. Er drehte sich langsam zur Seite und sagte: »Agatha Christie?«

Tod in der Quizshow (2008)

Ein Anruf des Literaturredakteurs Volker Albers vom HAMBURGER ABENDBLATT: »Uns ist ein Titel ausgefallen, haben Sie vielleicht was auf Lager, für unsere kleine Reihe *Kaliber 64*, wird nicht so gut bezahlt, hat aber großes Renommee …«

So fängt es manchmal an. Und dann muss man schnell überlegen, weil der Text ja eigentlich schon am nächsten Tag …

Rückblende: Einige Jahre zuvor schrieb ich mit meinem Freund und Kollegen Felix Huby in Usedom an einem Drehbuch. Ich weiß nicht mehr, für welchen Fernsehstar, Götz George oder Hardy Krüger. Mein Bruder Hans rief an und fragte, ob ich am Samstag schon etwas vorhabe. Er wusste genau, dass ich Freitagabend zurückkommen würde. Nichts, antwortete ich. O.K., wir haben ein Casting. Es gebe da so eine neue Quizshow mit Jörg Pilawa, er hätte uns übers Internet dazu angemeldet, am Samstag sei das Casting in Hamburg und wir wären dazu eingeladen.

Ich war nicht sonderlich begeistert von der Idee, aber warum nicht. Konnte ich wissen, was für ein Debakel daraus werden würde?

Das Casting fand im bier- und rauchgeschwängerten Festsaal eines viertklassigen Hotels statt. Alle zwei Stunden wurden 30 Quiz-Paare getestet. Fragebogen ausfüllen mit *multiple choice*. Die ersten 20 mussten gehen, weil sie zu viele falsche Antworten angekreuzt hatten – mit zehn wurde ein Test vor der Kamera veranstaltet, Dankeschön, auf Wiedersehen, Sie hören von uns …

Hans und ich schienen uns bei dem Test ganz gut geschlagen zu haben, wurden aber bei der zweiten Frage schon ausgeknockt. War das ein Omen?

Monatelang hörten wir nichts. Hatten die Sache schon wieder vergessen. Inzwischen lief *Das Quiz* im Vorabendprogramm der ARD, mit einigem Erfolg.

Dann kam ein Brief. Sie sind ausgewählt, kommen Sie am Dienstag, den … und halten sich den folgenden Dienstag frei, denn falls Sie in die Sendung kommen, die dann eine Woche später fortgesetzt wird …

Wir fuhren mit dem Zug nach Hamburg, raus nach Tonnstedt, zum Studio Hamburg, einen Ort, den ich nur zu gut kannte. Ich hätte es wissen müssen.

Ab 12 Uhr 30 wurden wir getestet. Acht Quiz-Paare waren eingeladen worden – für zwei Aufzeichnungen, bei denen maximal 3–4 Paare dran kamen. Aber erst mussten Papiere unterschrieben werden, vergleichbar jenen, die man vor einer Operation im Krankenhaus unterschreiben muss. Lauter Ausschlussklauseln, Sie gewinnen nicht, wenn … 23 Klauseln insgesamt. Mein Juristenbruder meinte, da hätte er gleich sein Todesurteil unterschreiben können. Noch eine letzte Warnung?

Sechs Stunden lang wurden wir getestet, kalte, halbwarme, warme, heiße Proben. Beim Essen, beim Verhalten im Aufenthaltsraum, wahrscheinlich auch auf dem Klo – versteckte Kameras. Schließlich geht es ja um die perfekte Vorabendunterhaltung, da darf man nichts dem Zufall überlassen.

Kurz nach 18 Uhr wurde die Rangfolge der Paarungen mitgeteilt. Hans und ich kamen auf Platz 2, das hieß gute Chancen, in *Das Quiz* mit Jörg Pilawa zu kommen. Die Spannung stieg. Nochmal kurz zuhause anrufen. Vorfreudig, durchaus vorfreudig. In der ersten Aufzeichnung wusste ein Bürgermeister aus dem Süden samt seiner Sekretärin so gut wie nichts, aber sie konnten prima raten und so verging die erste Aufzeichnung, ohne dass noch jemand von den getesteten Paaren drankam.

Dann wurden wir ins Studio gebeten. Mein Bruder als Juristenprofessor, der Polizisten ausbildet, ich der Krimi-Schreiber. Es wurde ein bisschen gewitzelt – wer bellt und wer beißt von Ihnen – die Anfangsminuten verliefen äußerst entspannt.

Erste Frage. Kein Problem.

Ach ja, die Gewinnstufen, die hatten wir hoch angesetzt: 20.000 und 100.000 Mark. Schließlich wollten wir ja absahnen. Bescheiden wie wir waren.

Zweite Frage: Wie nennt man in der Mode eine dreiviertellange Hose? Mein Bruder Hans meint, Knickerbocker, aber das stehe nicht zur Auswahl. So entscheidet er sich nach einiger Überlegung für Fidschi-Shorts. Ich weiß es nicht besser. Pilawa versucht, mich zum Tauschen der Frage zu bewegen. Weil ich es ja auch nicht weiß. »Sie können die Frage auch tauschen.« Wiederholt er.

»Nein«, sage ich trotzig, »mein Bruder hat ein gutes Bauchgefühl.« Und bleibe dabei.

»Das hat es ja noch nie gegeben«, sagt Pilawa. Recht hat er, denn die Sendung lief erst ein paar Monate, »Dass hier Leute mit Null Mark rausgehen, schade, ich hätte gerne noch mit Ihnen weitergespielt …«

Ich hatte unseren letzten Roman *Cappuccino zu dritt* in der Jackentasche und schenkte ihn dem Quizmaster. Der hielt ihn in die Kamera: »Das machen wir sonst nie, aber kaufen Sie den Roman, der Autor hat es nötig!« (Keine Ahnung, wie viele Exemplare dieser Hinweis verkauft hat, ein paar hundert können es gewesen sein.)

Nach sechs Minuten war alles vorbei. Aber nicht der Spießrutenlauf, der nach der Ausstrahlung der Aufzeichnung – ein paar Wochen später – einsetzte.

Zu unserem Unglück lief nicht nur der verpatzte Auftritt am Freitagabend, sondern das Regionalmagazin *buten un binnen* machte die Wochenendausgabe damit auf. Eingeleitet mit einem eitlen Kommentar: »Sie haben sich ja erst jetzt bei uns eingeschaltet, aber das wollten wir Ihnen nicht vorenthalten, wie ein Bremer Krimiautor und sein Bruder an einer Modefrage scheitern.«

Caprihose, wäre richtig gewesen. Eine von den vier Antworten, für die ich mich als Letzte entschieden hätte. Wie kann man eine Hose nach einer Insel … Wenn man sich doch nicht für Mode interessiert …

Fast ein Jahr lang bekam ich immer wieder das Wort Caprihose zu hören. Als sei es mein zweiter Vorname. Mir wurde eine Zeichnung per Post zugeschickt: Mit Hose – mit Caprihose – ohne Hose. Spott macht Spaß, wenn man auf der richtigen Seite steht.

Beim Signieren von Büchern in Oldenburg, zusammen mit Maj Sjöwall, trat ein Mann an mich heran und sagte, er habe mal eine Frage. Ich wusste, was kommen würde. Caprihose, na klar. »Sagen Sie mal, Herr Alberts, Sie haben extra falsch geraten, Sie wollten aus der Sendung raus, so schnell wie möglich, Ihnen war das alles peinlich, das hab ich genau gesehen …« Ich nickte, resigniert. Auch wenn der Mann nicht Recht hatte, es wäre eine souveräne Lösung gewesen.

Die Aufzeichnung dieser Sendung ist bei uns zuhause oft zum Vergnügen der Gäste gezeigt worden. Nur einer hat sie sich nie wieder angeschaut: Hans.

Schneller Vorlauf: Es gäbe noch viele Geschichten um diesen Fernseh-Auftritt zu erzählen, aber die würden zu viel Platz beanspruchen.

Dass meine Erfahrungen mit dem *Quiz* zu einem Roman verarbeitet werden würden, war für mich keine Frage. Ab ins Ideenkörbchen … Mal sehen, was sich daraus machen ließ.

Dann kam dieser Anruf des Redakteurs vom Hamburger Abendblatt: Könnten Sie vielleicht … 64 Seiten … warum eigentlich nicht.

Mit Marita habe ich den Plot ausgeknobelt. Die Recherche lag ja schon hinter mir. Wir entwarfen ein paar raffinierte Wendungen und ein überraschendes Finale. Und dann konnte ich loslegen. 64 Seiten sind schnell geschrieben. Was dem Redakteur besonders gefiel.

Der Einfall, dass sich ein bekannter Drehbuch-Autor bei der Quizshow für die Quotenpleite seines Fernsehspiels rächen will, ließ Spielraum, ein paar Spitzen gegen den Mediensiff loszulassen.

Leiche über Bord – ein Tatsachenroman (2008)

Wann bekommt man als Kriminalautor die Gelegenheit, mit einem aktiven Polizeipräsidenten einen Roman zu schreiben? Mir war dieses Experiment vergönnt, über dessen Ausgang ich mir durchaus ungewiss war.

Eckard Mordhorst kannte ich seit den Jahren, als er noch Leiter der Bremer Kripo war. Besonders eindrücklich eine Führung durchs Polizeihaus für die internationalen Krimi-Autoren, die ich zum Festival

Prime Time Crime Time eingeladen hatte. Jeder wurde erkennungsdienstlich behandelt, mit Foto und Fingerabdrücken, und dann ging es zu ein paar sehr interessanten Fällen.

Wenn ich Eckard Mordhorst traf, bei Lesungen oder Diskussionen, sagte er stets: »Wir müssen mal einen Roman zusammen schreiben.« (Das habe ich so oft gehört, dass ich auf dem Ohr etwas taub bin.) Aber Eckard ließ nicht locker. Eines Tages rief er mich an und fragte, ob ich zwei Stunden Zeit für ihn habe. Ich hatte und fuhr ins Polizeipräsidium. »Willsten Kaffee?« Ich wollte. »Setz dich. Kekse?« Ich lehnte ab.

Auf dem Tisch lag ein Fotoalbum. Aha, es geht also um seinen Plan für einen Roman.

Eckard zündete sich eine Zigarette an. »Ich darf eigentlich nicht rauchen. Verrat mich nicht!« Ich verriet ihn nicht.

Und dann erzählte er bei drei Tassen Kaffee und fünf weiteren Zigaretten seinen Einsatz an der Elfenbeinküste. Eine Mord-an-Bord-Geschichte mit ein paar sehr handlungsstarken Details. Da der Frachter unter Bremer Flagge segelte, wurden zwei Kommissare aus der Hansestadt nach Abidjan geschickt, um die beiden Mörder festzunehmen und auf dem Schiff bis nach Bremen zu begleiten, wo ihnen der Prozess gemacht wurde.

»Ist das Stoff für einen Roman?« Eigentlich eher nicht. Wenn Eckard nicht Eckard gewesen wäre. Seine dramatische Erzählung, sein Temperament, sein Lust am Fabulieren …

Ich willigte ein. Und dann begann eine sehr merkwürdige Zusammenarbeit. Eckards Terminkalender war etwa so voll wie mein Archiv, wo sich die Unterlagen für die verschiedenen Romane auftürmen. Es mussten also Lücken gefunden werden. Mal hier eine Stunde, mal dort eine Abendschicht. Ich hatte hunderte Fragen, brauchte weitere Details. Eine Reise an die Elfenbeinküste wäre interessant gewesen, lag aber zeitlich und finanziell nicht drin.

Ich habe all unsere Gespräche auf Tonband aufgezeichnet und mich langsam dem Schreiben genähert. Immer noch unsicher, ob es auch wirklich ein Roman werden könnte. Erst als uns der Einfall kam, die beiden Täter zum Sprechen zu bringen – einzelne Kapitel dialogisch anzulegen – wurde mir klar, wir können aus dem farbigen Stoff etwas bauen, wenn … ja wenn wir uns von der Faktenfolie lösen und frei aufspielen.

Wir haben die Dialoge zwischen den beiden Tätern improvisiert und akustisch festgehalten. Eckard spielte (aus seiner Erinnerung) den Aktiveren, ein Haudrauf der Seemannswelt, ich den Zauderer, der am liebsten alles gleich gestehen würde. Wir hatten großen Spaß bei dieser ungewöhnlichen Art, einen gemeinsamen Text zu kreieren. Es bedurfte noch ein paar Recherchen, z. B. wie Abidjan zwanzig Jahre zuvor ausgesehen hatte. Eckard besaß nur wenige Fotos in seinem Album. Im Zeitungsarchiv des *Weser-Kuriers* fanden sich Berichte von dem Prozess, sowie ausführlich die Aussagen der beiden Täter.

So wurde aus dem Polizeipräsidenten eine Romanfigur, die real und zugleich erfunden war.

Schon bei der Buchpremiere war zu spüren, worin der Reiz unseres Experimentes lag. Wir hatten uns einen Plan zurecht gelegt, wie wir den Roman präsentieren wollten. Die Ausgangslage als mündliche Erzählung, dann eine kurze, witzige Lesung, wie der Kommissar an die Elfenbeinküste geschickt wird, Gespräch, Lesung einiger Dialoge, Gespräch ... Das Publikum folgte uns und dem außergewöhnlichen Fall mit großer Aufmerksamkeit.

Von Abend zu Abend machte es dem Polizeipräsidenten mehr Freude, diese für ihn ungewohnte Rolle zu spielen. Wann kommt ein aktiver Polizeipräsident dazu, aus einem eigenen Kriminalroman vorzulesen?

Leider wurden es nur sechs Veranstaltungen.

Im Januar 2009 erfuhr ich – in unserem Las-Palmas-Winterquartier – vom plötzlichen Herzversagen meines Co-Autors. Ich habe ihn in guter Erinnerung. Und trauere immer noch um einen Freund.

Goethe und das Taubstummenorchester

Zwei Gaunerromane zum Preis von einem (2010)

Es war schon ein verwegener Plan, den ich Anfang der 90er Jahre einem bekannten Frankfurter Verleger unterbreitete: Wir veröffentlichen exklusiv »Original«-Seiten aus Goethes Werther auf der Buchmesse und präsentieren sie als sensationelle Fundstücke. »Die Literaturgeschichte muss danach umgeschrieben werden!«

Schon am Tonfall hört man, worauf das Ganze hinauswollte. Der Verleger dachte sogar daran, den gerichtsnotorischen Fälscher Konrad

Kujau für den Job einzuspannen, zwei Seiten in Goethes Handschrift zu produzieren. (Was mir allerdings zu offensichtlich war.)

Eine Idee zu diesem *Scoop* lag lange zurück. Bei der ersten Lektüre des Werther, ich weiß nicht mehr genau, wie alt ich damals war, überlegte ich, was wohl geschehen wäre, wenn Werther nicht sich, sondern Albert, Lottes Beamten-Ehemann, aus dem Wege geräumt hätte. Immerhin hatte der ihm ja schon seine Pistolen geliehen. Für was eigentlich? Doch wohl nicht für den Freitod, oder? Das erschien mir ziemlich unglaubwürdig.

Als junger Spund sah ich es nicht ein, dass eine so romantische Liebe wie die zwischen Lotte und Werther zu Ende gehen und die traditionelle Ehe überleben sollte.

Ich hatte bei frühen Recherchen herausgefunden, dass die ersten Raubdrucke des Werther, bei denen nicht mal der Name des Verfassers auf dem Titel erschien, von einem Berliner Verleger namens Himburger eigenmächtig verändert wurden. Warum sollte es also nicht eine Ur-Fassung dieses Frühwerks Goethes geben? Eine Mordgeschichte, zugegeben. Mord aus Leidenschaft oder so ähnlich.

Gewiss war der Selbstmord Werthers im Roman wirkungsvoller, was ja auch die zahlreichen Freitode belegten. (Die Zahl derjenigen, die sich nach der Lektüre des Romans tatsächlich umgebracht haben, ist übrigens wesentlich geringer gewesen als immer behauptet wurde. Eine Übertreibung zu Werbezwecken?)

Immer wieder überlegte ich, wie ich diesen Einfall verwerten könnte. Denn eines verbot sich von Anfang an: Mit Goethe, selbst dem jungen, zu konkurrieren, kam nicht infrage. Einfach eine Variante zu schreiben, die man jedem Autor um die Ohren hauen würde, nein, das ging nicht.

Deswegen die Idee, daraus ein reales Gaunerstück zu machen. Wie gesagt, ein verwegener Plan.

Der aber dann doch nicht in die Tat umgesetzt wurde, weil er uns am Ende zu albern vorkam. Und auch zu durchschaubar. Hätte sich der Verleger tatsächlich auf der Frankfurter Messe an die Presse gewandt und behauptet, er habe nun die Ur-Fassung des Werther entdeckt und zwei Tage später komme er mit dem »neuen« Text (den ich schreiben wollte) in einer Riesenauflage heraus?

Man spinnt halt so rum, um Aufmerksamkeit zu erheischen!

(So ist auch der Plan, in einer gläsernen Zelle auf der Buchmesse in fünf Tagen einen ganzen Roman zu schreiben, nie verwirklicht worden. Dabei sollte dieser wahnwitzige Versuch gar nicht erst unternommen werden! Geplant war eine gewiss sehr aufschlussreiche und wahrscheinlich auch hochnotpeinliche Dokumentation darüber, wie sich Kritiker und Medien auf den Fünf-Tage-Roman-Autor stürzen und über dieses literarische »Ereignis« berichten. Es hätte ebenso ein Gaunerstück werden können. Wer jahrelang wie ich keine Buchmesse weder in Frankfurt noch in Leipzig ausgelassen hat, der träumt von einem Paukenschlag, um die Nase im literarischen Rennen vorne zu haben.)

Der Goethe-Werther-Plan indes blieb in meinem Kopf, bis ich einen anderen Hundertseiter geschrieben hatte, der allerdings zu kurz für eine Veröffentlichung war. (Siehe weiter unten: *Das Taubstummenorchester.)*

Es bedurfte noch zwei weiterer Ingredienzien: Zum einen ein Opfer – wer soll getäuscht und blamiert werden, zum anderen einen Täter. Der letztere war schnell gefunden. Ich hatte bereits eine Kurzgeschichte geschrieben, in der ein Skandalbereiniger auftaucht. Ein Berufsstand, den es sicherlich gibt, aber über den nie in der Öffentlichkeit verhandelt wird. (Zusammen mit Felix Huby habe ich ein Drehbuch geschrieben, in dem eine Skandalbereiniger-Firma bei einem Spielbankencoup eine Rolle spielt.)

Warum für meinen zweiten Hundertseiter nicht den Spieß umdrehen und den Täter zum Opfer machen?

Der Skandalbereiniger muss »bereinigt« werden, weil er zu viel weiß und zu viele Karrieren zerstören kann. Mittels der Geschichte, dass ein Insasse in einer Nervenheilanstalt sich für Goethe hält, wird er auf die Fährte gelockt, angefüttert, wie man das im Geheimdienstjargon nennt, um dann – vielleicht – in die Falle zu tappen, mit dem gefälschten »Ur-Werther-Manuskript« aufzufliegen …

Eine Gaunergeschichte mit doppeltem Salto. Geschrieben wurde sie wie die meisten meiner Romane der letzten Jahre in Las Palmas. Mit Blick auf den wilden Atlantik – und der Lust zum grenzenlosen Phantasieren.

Dass Goethe durchaus seinen Werther hätte anders enden lassen können, ist mir bis heute nicht auszureden. Ob allerdings der gute und gutmütige, naive, romantisch verspielte und verliebte Werther den Mut zu einer mörderischen Tat besessen hätte, um seine Lotte für immer an sich zu binden, ist zu bezweifeln.

Einige Jahre früher ist schon mein Text: *Erste Geige taub, zweite Geige stumm* entstanden. Oder auch: *Das Taubstummenorchester.*

Bei einem Strandspaziergang am Playa de las Canteras. In einem Gespräch mit Kollegen, es ging um die Schwierigkeit, im überhitzten literarischen Betrieb Aufmerksamkeit zu erzielen, sagte ich: »Heutzutage muss man schon ein Orchester mit lauter taubstummen Musikern aufbieten, um noch Gehör beim großen Publikum zu finden.«

Was hier so kalauernd anklang, war der Grundgedanke. Und es war auch schnell klar, dass nur behauptet wird, alle Musiker des Orchesters seien taub. Eine Werbemasche mit durchschlagender Wirkung. Wer will nicht einmal taubstumme Musiker eine Symphonie von Brahms oder Sibelius spielen hören. (Die sorgfältig ausgesuchten Musiker müssen sich schriftlich verpflichten, das Geheimnis auf immer zu bewahren.) Das Interesse des großen Musikpublikums sollte geweckt werden. Weltweite Aufmerksamkeit, applausi, applausi.

Seit Jahren sind wir regelmäßige Besucher des *Festival internacional de la musica Gran Canaria* und haben sehr viele unvergessene Musikerlebnisse genießen dürfen. Anschauungsmaterial in Hülle und Fülle.

Es bedurfte einiger Recherchen. Mein Bruder Hans und der Oboist Ulrich König, mit dem ich schon viele Lesungen bestritten hatte, haben mir geholfen und das Manuskript kritisch gegengelesen.

Was für ein wunderbares Zusammenspiel: tagsüber am Taubstummenorchester schreiben und abends die großen Orchester aus Chicago, London, Berlin anzuhören.

In wenigen Wochen entstand der Roman, der lange auf seine Veröffentlichung warten musste. Immer wieder hieß es in den Absagebriefen der Verlage: 100 Seiten sind zu wenig und sinnvoll verlängern lässt sich dieser süffig geschriebene Text nicht, dann würde er nicht mehr so spritzig sein.

Nun denn, er hat sein »Brüderchen« gefunden und mein Freund Ralf Kramp hat, mit einem köstlichen Cover versehen, ein schönes Bändchen in seinem KBV-Verlag herausgebracht.

Aus dem Goethe-Text habe ich nie vorgelesen, aber das Taubstummenorchester hatte einen großen Auftritt. Im Sauerland.

Der umtriebige Dirigent Georg Scheuerlein hat mit einem Jugendorchester der Musikhochschule Hochsauerlandkreis ein Programm für meine Lesung zusammengestellt. Es war ein Heidenspaß mit einem fast 80köpfigen Orchester aufzutreten. (Schon ein paar Jahre zuvor hatte Georg Scheuerlein mir den Auftrag gegeben, einen neuen Text für den *Karneval der Tiere* zu verfassen, damit wir ihn mit einem seiner Orchester auf die Bühne bringen konnten. Er ließ mir freie Hand, *carte blanche*, und ich deutete den Karneval als Jahrestreffen der Mafia um. Die einzelnen Tiere des Stücks von Saint-Saens repräsentieren die einzelnen Geschäftszweige der Mafia, die zum Rapport beim Boss anzutreten haben. Mein Text verstörte das Publikum ein wenig. Viele Familien mit Kindern waren da, die hatten gewiss auf schöne Tiergeschichten gehofft und werden kaum verstanden haben, was ich da von mir gab.)

Die Vorliebe für Gaunerstückchen ist bei mir geblieben. Momentan taucht sie in meinen/unseren Kurzgeschichten auf.

Einschalttote (2016)

Wie es einem »gestandenen« (?) Autor ergehen kann, wenn er aus der Zeit fällt oder aus dem Genre oder nicht gut genug aussieht oder was weiß ich denn ... zeigt die bisher letzte Erfahrung in meinem Roman-Schaffen.

Dazu erstmal ein paar schöne Textbeispiele – von Absagebriefen.

Leider muss ich Ihnen – was eine Veröffentlichung bei **Kiepenheuer & Witsch** angeht – eine Absage zukommen lassen. Man möchte Ihre Ideen eigentlich phantasievoll nennen, aber noch eindrücklicher ist doch, dass sie einem nicht abwegig vorkommen. Ihre Story und Ihre Sprache sind originell, die Dystopie des gläsernen Menschen erschreckend gezeichnet. Dennoch: Wir verlegen generell keine Science-Fiction-Literatur und denken (auch im Hinblick auf unsere sehr begrenzten Programmplätze), dass Sie in einem anderen Verlag damit besser aufgehoben sind.

Das ist ja hard stuff. Gut geschrieben, aber zu sehr Science fiction für uns. Aber für andere Verlage könnte das vielleicht anders aussehen! Nicht aufgeben! (**Edition Nautilus**)

Ich spüre schon nach den ersten dreißig Seiten deutlich: Ein toller, einfallsreicher Science-Fiction-Stoff, bei dem es einen graust, weil doch alles schon so beängstigend authentisch scheint, und der jetzt auch deutlich mehr Krimiaspekte hat als vorher. Aber trotzdem passt er leider überhaupt nicht in den **KBV**. Das haut bei uns niemals hin, wir werden am Ende nur ein weiteres Buch haben, das sich nicht verkauft, weil es an unserem Zielpublikum vorbeigeht.

Tolles Ding – hat mir gut gefallen! Ist für uns auf jeden Fall interessant.

Ich fühlte mich bei der Lektüre an John Brunner erinnert, dessen Bücher ich sehr schätze. An der »außermedialen Welt«, die ja vor allem in Form der großen Überschwemmung und der Flüchtlings-Abwehrkämpfe erwähnt wird, natürlich auch als »Postdemokratie«, könnte man vielleicht noch etwas tun. Etwas mehr davon fände ich persönlich besser. Schwierig ist die Kategorisierung des Buches. Der »reine« Krimileser ist sicher überfordert, aber »SF« als Genrelabel schreckt zu viele Leute ab. Wie nennen wir das Kind? »Thriller aus der Medienzukunft«? (1. Antwort vom **Leda-Verlag**)

Jetzt bin auch ich mit dem Lesen der Einschalttoten fertig geworden. Das Manuskript hat mir gefallen, allerdings möchte ich es so, wie es ist, lieber nicht ins Programm nehmen. Ich habe in letzter Zeit eine Menge aktueller SciFi gelesen. Am spannendsten waren diejenigen, die die Strukturen dieser neuen Gesellschaft nicht nur anrissen, sondern gut und nachvollziehbar zeichneten, und viele Details der völlig umstrukturierten Welt vermitteln konnten.

So gesehen, würde ich deinem Manuskript einen Ausbau und eine Anreicherung mit Details wünschen sowie den Aufbau eines tragfähigen Protagonisten. Danach würde ich es sehr gerne noch einmal lesen! (2. Mail vom **Leda-Verlag**)

Vielen Dank für Ihr Vertrauen, und nichts für ungut, aber ich verlege Kriminalromane von Frauen. Nicht nur, weil wir als feministisches Projekt angefangen haben, sondern auch, weil Ariadne nach wie vor als Gegengewicht fungiert: Denn bis heute findet sich (anders als im Regio- oder Romanzenbereich) unter den anspruchsvolleren, nennen wir es mal »feuilletontauglichen« Kriminalromanen eine signifikante

Mehrheit männlicher Autoren. Mein kleines feines Programm tritt an, um zu zeigen, dass der weibliche Blickwinkel im Feld des gehobenen politischen Kriminalromans bereichernd und unverzichtbar ist. Das ist unser Projekt. Insofern nehmen Sie es mir bitte nicht übel, wenn Ihr Medienkrimi anderswo ein verlegerisches Zuhause finden muss. (**Argument-Verlag**)

Leider kann ich das Marketing und den Vertrieb nicht überzeugen … schade! Ich hätte gerne mit Ihnen zusammen ein Projekt realisiert! (**Gmeiner-Verlag**)

Medienthema, dann auch noch in der Zukunft – das wird bei uns nicht funktionieren. Dafür sind wir doch trotz Deon Meyer und Co. im Krimi doch ein wenig zu konventionell aufgestellt. Ich muss mit Bedauern leider ablehnen. (**Aufbau-Verlag**)

Hinzu kommen noch die Absagen vom Heyne-Verlag, von Rowohlt und Steidl (Verlage, in denen ich mehr als einen Titel veröffentlicht habe) die per Schneckenpost eintrafen und die ich – wahrscheinlich aus Wut oder Enttäuschung – zerknüllt und weggeworfen habe.

Vier Jahre hat es gedauert, bis *EINSCHALTTOTE* herausgebracht wurde. Zunächst als Ebook, dann im Print.

Die allererste Idee entstand bei einer Wanderung im Süden Gran Canarias. Mit unseren Freunden Dorothee und Jürgen Mücher waren wir nach Playa de Veneguera unterwegs. Kurz von Puerto de Mogan steht auf einem Berg ein Turm, fast so wie der Zehn-Meter-Turm in einem Schwimmbad. Es ist kein Leuchtturm. Welche Funktion hat er mal gehabt? Ein Platz für Selbstmörder, die sich von dort in die Tiefe stürzen könnten? Daraus entwickelte sich im Verlaufe des Gespräches: In einer Fernseh-Show findet das Finale an diesem Turm statt. Fünf Selbstmörder unterwegs … Springen sie oder springen sie nicht? unsere Einfälle waren kaum zu stoppen.

1970 gab es ein Highlight deutscher Fernsehgeschichte: *Das Millionenspiel* geschrieben von Wolfgang Menge. Ein Kandidat soll diese Summe ausgezahlt bekommen, wenn er seinen Häschern und deren Gewehren über Tage entkommt. So etwas, nur sehr viel perfider, schwebte mir für *EINSCHALTTOTE* vor. Ein Produzent, namens

Jamie Jones, entwirft die Shows der Medienzukunft. Tote und Verletzte inklusive – Shows, bei denen die Zuschauer auf den Ausgang wetten können. Dagegen montiert: ein Team von Wissenschaftlerinnen, die einen Helm für virtuelle Reisen konstruieren, unternehmen. Kopf-Reisen, die den Konsumenten bis an den Rand des Wahnsinns bringen können. (Diese Idee, und da schließt sich ein Kreis, geht auf eine Kurzgeschichte zurück, die in meinem Bändchen: *Aufstand des Eingemachten* aus dem Jahre 1970 nachzulesen ist. Titel: *Abendprogramm für Axel Jensen.*) Noch lässt sich nicht sagen, wie *EINSCHALTTOTE* von Lesern und Kritikern aufgenommen wird …

Nachwort – oder: ist jetzt alles zu Ende?

Während ich das schreibe, läuft die Flut ein. Las Palmas zeigt sich mal wieder von seiner besten Seite. Hochsommer, während in Deutschland Winter ist. Von unserem Mini-Apartment schaut man direkt auf den Atlantischen Ozean – an klaren Tagen kann man den Teide auf der Nachbarinsel Teneriffa sehen.

Sollte jemand nach einer Bilanz fragen – es gibt keine. Nach so vielen Zufälligkeiten, Hochflügen und tiefen Tälern – wie sollte ich da etwas bilanzieren können.

Wie geht es weiter? Sicherlich bald wieder mit Romanen. Ideen für zwei Projekte sind schon sehr weit gediehen. Ich muss mich nur noch entscheiden.

Ach ja, der Titel meiner Autobiografie. Sieht nach einem Schreibfehler aus, oder? Und dann gleich im Titel? Sonderbar.

Bei Lesetourneen im süddeutschen Raum bin ich häufiger im Hotel *Wilder Mann* untergebracht worden. Ein wunderbares Familienhotel mit sehr netten Wirtsleuten. In Lauf bei Nürnberg.

Vor der Badewanne lag eine kleine, in verschiedenen Blautönen gehaltene Matte mit der Aufschrift: *Wilder Mann Lauf*. Die wollte ich unbedingt haben, weil mir die drei Wörter für meine – noch in weiter Ferne liegende – Autobiografie gefielen. Ich ging an die Rezeption zu Herrn Völkle und sagte, dass ich die Badematte klauen würde. Darauf bekam ich zur Antwort: »Sie wollen doch sicher ein sauberes Exemplar. Kostet 20 DM und es gehört Ihnen!«) Herr Völkle zog unter dem Tresen ein in Cellophan eingepacktes Exemplar hervor und reichte es mir. Seitdem liegt es vor unserer Badewanne, hundertfach gewaschen, hat aber immer die Farben behalten.

Neben all den im Text erwähnten Freunden und Kollegen danke ich besonders meiner Frau Marita für ihr exzellentes Lektorat.

Bibliografie der Romane

2016 Einschalttote –ein Krimi aus der Medienzukunft
2014 Auf ein Mord (mit Marita Alberts)
2011 Die verliebten Zypressen – (mit Marita Alberts)
2010 Goethe und das Taubstummenorchester – Zwei Gaunerro mane zum Preis von einem
2009 Kriminelles Doppel (mit Maj Sjöwall)
2008 Leiche über Bord – ein Tatsachenroman (mit Eckard Mordhorst)
Tod in der Quizshow (mit Marita Alberts)
2006 Familiengift – Die Starre – Teil 3 einer hanseatischen Trilogie.
Der Fremdenführer – Roman aus dem Odenwald (mit Marita Alberts)
2005 Familiengeheimnis – Der Verdacht – Teil 2 einer hanseati schen Trilogie.
2004 Die Farben des Fado – ein Roman aus Portugal (mit Marita Alberts)
2003 Erbsensuppe flambiert (mit Maj Sjöwall)
Familienfoto – Der Aufbruch – Teil 1 einer hanseatischen Trilogie.
2001 Cappuccino zu dritt (mit Marita Alberts)
2000 Sabotage, der Expo-Krimi, unter dem Pseudonym Mike Jaeger
Der Violinkönig
1999 Sieben Rosen im Atlantik (mit Marita Alberts)
J.B. Cool meets Jesus Christ
1997 Hitler in Hollywood
1996 Kriminelle Vereinigung
Der große Schlaf des J.B. Cool
1995 Mediensiff
Der Anarchist von Chicago
1994 Die Geiselnehmer
1993 Tod eines Sesselfurzers

1992 Der Tiermörder
Fátima – ein katholischer Schelmenroman
1991 Die Selbstmörder
1990 In der Gehirnstation
Die Falle
Zielperson unbekannt
1989 Die Chop-Suey-Gang
Gestrandet auf Patros, (mit Marita Alberts)
Keplers Traum
1988 Landru
Der Spitzel
1987 Das Kameradenschwein
Entführt in der Toskana (mit Marita Alberts)
1985 Tod in der Algarve (mit Marita Kipping)
Entdeckung der Gehirnstation
1984 Die Gehirnstation (mit Sven Kuntze)
1981 Die zwei Leben der Maria Behrens
1969 Nokasch u.a. – Drei Romane für eine Person

(Alle Romane sind als Ebook erhältlich, mehr unter www.juergen-alberts.de)

Jürgen Alberts

Brecht in Hollywood

Roman

324 Seiten
Format 14 x 22 cm, Broschur
16,90 Euro
ISBN 978-3-95494-082-0

In rasanter Abmischung von hervorragend recherchierter Zeitgeschichte, die nicht erfunden scheint, und Erfindungen, die lebensechter nicht sein könnten, fängt Alberts die revolutionäre Biergartenatmosphäre genauso ein wie die Eigentümlichkeiten in der deutschen Exilantenszene, in der das FBI Jagd auf Kommunisten macht. Die »Weltrauschgiftzentrale«, wie Brecht Hollywood nannte, ist ein Ort, an dem für Geld alles möglich ist. Auch die Verfilmung von »Mein Kampf«.

Toby Martins, Liliane Skalecki (Hg.)

Muse, Mord und Pinselstrich

22 illustrierte Kunstkrimis

176 Seiten
Format 13,5 x 21 cm, Broschur
mit 22 s/w-Illustrationen
12,- Euro
ISBN 978-3-95494-048-6

22 kriminelle Hommagen an die Kunsthalle Bremen, die im Mittelpunkt der Geschichten aus den Federn von Autorinnen und Autoren des Bremer Krimistammtisches um Jürgen Alberts stehen. Da wird gestohlen, gelogen und gemordet, denn auch die Welt der Kunst ist nicht vor Verbrechen gefeit. So entsteht eine seltene Melange aus Erhabenheit und Niedertracht – für Kunst- und Krimi-Freunde gleichermaßen. Jede Geschichte ist gekonnt illustriert von Illustratorinnen und Illustratoren aus Bremen.